律师业务与执业技能丛书

赢略

跨国公司在华公司诉讼
应对策略与法律实务

KUAGUOGONGSIZAIHUAGONGSISUSONGYINGDUICELUEYUFALUSHIWU

张保生 夏东霞 周 伟●主编
郭勤贵 程世刚 陈湘林 李 响 吴 颖●参编

图书在版编目(CIP)数据

赢略:跨国公司在华公司诉讼应对策略与法律实务/张保生,夏东霞,周伟主编.—北京:北京大学出版社,2012.3
（律师业务与执业技能丛书）
ISBN 978-7-301-20166-4

Ⅰ.①赢… Ⅱ.①张…②夏…③周… Ⅲ.①跨国公司-经济纠纷-民事诉讼-研究-中国 Ⅳ.①D925.104

中国版本图书馆 CIP 数据核字(2012)第 018060 号

书　　　名：赢略——跨国公司在华公司诉讼应对策略与法律实务
著作责任者：张保生　夏东霞　周伟　主编
责 任 编 辑：郭薇薇
标 准 书 号：ISBN 978-7-301-20166-4/D·3052
出 版 发 行：北京大学出版社
地　　　址：北京市海淀区成府路 205 号　100871
网　　　址：http://www.pup.cn　电子邮箱：law@pup.pku.edu.cn
电　　　话：邮购部 62752015　发行部 62750672　编辑部 62752027
　　　　　　出版部 62754962
印 　刷 　者：三河市博文印刷厂
经 　销 　者：新华书店
　　　　　　965 毫米×1300 毫米　16 开本　24.25 印张　377 千字
　　　　　　2012 年 3 月第 1 版　2012 年 3 月第 1 次印刷
定　　　价：54.00 元

未经许可,不得以任何方式复制或抄袭本书之部分或全部内容。
版权所有,侵权必究
举报电话:010-62752024　电子邮箱:fd@pup.pku.edu.cn

前言

自1979年7月8日中国颁布第一部外商投资企业法——《中华人民共和国中外合资经营企业法》以来,跨国公司陆续来到中国投资。之后,随着中国市场不断对外开放,跨国公司在华投资迅猛发展,在投资结构、投资方式以及本地化经营等方面不断深入。对于来中国投资、经营的跨国公司而言,由于身处与其总部不同的法律环境、经济环境和文化环境,不可避免地面临着诸多的商业风险和法律风险的挑战。在法律方面,除了常规的因合资、合作纠纷引发的仲裁案件外,近年来越来越多出现的就是发生在中国法院的公司诉讼。

与普通的民商事诉讼相区别,公司诉讼最核心的特征是与公司内部法律关系直接相关,它是对基于公司内部法律关系产生的"公司纠纷"进行解决的一种诉讼,主要包括因股东与股东之间的纠纷引发的诉讼、股东与公司之间的纠纷引发的诉讼、公司或股东与公司高级管理人员之间的纠纷引发的诉讼。

由于公司诉讼主要是基于公司内部争议而引发的诉讼,因此,对于来中国投资、经营的跨国公司和其他境外投资者而言,如果对该类诉讼处理不当,将严重影响所投资公司的发展经营,甚至决定所投资的公司的生死存亡。

2005年12月27日由全国人民代表大会修订的《中华人民共和国公司法》("《公司法》")①,受西方公司法发展的影响,对中国传统公司法理论进行了重大突破,推出了一系列创新制度,极大地增强了《公司法》的可操作性和公司纠纷的可诉性。近年来,跨国公司因在中国投资而引发的公

---

① 本书下文所称《公司法》,若非特别说明均指2005年12月27日由全国人民代表大会修订的《中华人民共和国公司法》。

司诉讼的数量大幅增加,新型案件不断出现,给跨国公司提出了严峻的挑战。

根据上海市第二中级人民法院的统计,该院受理外商投资纠纷诉讼案件,2001年为9件,2002年为35件,2003年为42件,2004年为49件。[①]根据北京市高级人民法院的统计,2006年,北京市法院系统终审审理的公司诉讼案件达到600件。[②]

由于公司诉讼涉及多种复杂的法律关系和各种具有特殊内容的商事法律规范及商事运作规则,与传统的民事诉讼相比,公司诉讼具有较强的专业性。而跨国公司在中国投资引发的诉讼,因其所受规制实体法和程序法的不同,还具有与普通的公司诉讼不同的特点。这些特殊性往往使跨国公司处理在中国的公司诉讼时面临更大的挑战。

参与编写本书的各位律师在多年的律师执业过程中,关注并潜心研究公司诉讼,代理跨国公司和其他境内外投资者处理了大量的、多种类型的公司诉讼案件,对跨国公司如何应对中国的公司诉讼案件,积累了丰富的实务经验,并形成了独特的、具有现实意义的专业视角。本书旨在结合我们的实务经验,着重论述跨国公司如何从战略层面应对其在中国的公司诉讼,希望能对跨国公司处理和预防相关公司纠纷和公司诉讼有所启迪和帮助。同时,也对国内投资者如何应对与跨国公司在中国的诉讼,从律师实务角度提出了我们的看法。

本书共设上、中、下三篇。上篇对跨国公司在华公司诉讼作全貌式概览,共设三节。第一节是全书的引子,简单介绍几起近期发生的涉及跨国公司的公司诉讼案例;第二节简述公司诉讼的概念、常见类型和发展趋势;第三节概述跨国公司在华常见的各类公司诉讼。中篇概括介绍跨国公司在华公司诉讼应该了解的诉讼制度和常见法律问题,共设两章。第一章为中国公司诉讼法律制度和民事诉讼制度概览;第二章针对跨国公司关注的在华公司诉讼的一些具体和常见的实体和程序问题,予以详细解答。下篇是全书的重点,主要从实务角度论述跨国公司如何应对发生在中国的公司

---

① 上海市第二中级人民法院:《我院外商投资纠纷案件审理情况分析》,载http://www.shez-fy.com/ljfy/gzdt_view.aspx? id=1710,2009年12月7日访问。
② 见北京市高级人民法院民二庭课题组:《关于新〈公司法〉适用中若干问题的调查研究》,参见"中国律师精英网",载http://www.ceolawyer.com/html/zhdt_776_11650.html,2011年12月10日访问。

纠纷和公司诉讼,共设六章。第一章分析跨国公司在华通过诉讼手段解决投资争议的利弊;第二章分析、研究跨国公司在华发生公司诉讼的原因,并从战略层面提出如何预防;第三章是本书的核心,重点从实务角度论述跨国公司在出现公司纠纷时如何制定恰当的应对策略和具体的应诉方案;第四章从国内投资者的角度出发,论述国内投资者如何应对涉及跨国公司在华公司诉讼;第五章研究境外 PE 投资者来华投资引发的一种特殊的公司诉讼——PE 诉讼;第六章剖析我们代理的几个典型的公司诉讼案例,从具体实例中探讨跨国公司应对公司诉讼的策略和技巧。附录部分包含了本书引用较多的有关公司诉讼的几个司法解释。

  本书参与编写的人员均系金杜律师事务所富有公司诉讼和仲裁实务经验的合伙人和律师,包括张保生、夏东霞、郭勤贵、程世刚、陈湘林、李响、周伟和吴颖。全书由张保生整体策划,由张保生、夏东霞和周伟修改和统稿。叶渌律师为全书的撰写提供了很好的建议,并提供了部分案件资料。北大出版社的郭薇薇编辑对全书的体例和篇章安排提出了非常好的建议。在此,特对上述人员表示衷心的感谢。

  本书主要是为跨国公司更好地应对发生在中国的公司诉讼而出版,由于篇幅的限制和对客户保密义务的承诺,有关案例仅供参考,本书中提到的法律观点,不代表金杜律师事务所对有关问题的法律意见,而仅仅是作者的个人意见。任何仅依照本书的全部或部分内容而作出的作为和不作为决定及因此造成的后果由行为人自行负责。

张保生
2011 年 9 月

Contents 目 录

上篇　跨国公司在华公司诉讼全貌概览

- 003　第一节　近年来发生的几起涉及跨国公司的公司诉讼
- 009　第二节　公司诉讼的界定、常见类型和发展趋势
- 023　第三节　跨国公司在华常见公司诉讼类型概览

中篇　跨国公司在华公司诉讼法律必备

第一章　必须了解的中国公司法律制度和民事诉讼制度

- 053　第一节　中国公司法律制度
- 068　第二节　人民法院的职权及其设置
- 074　第三节　中国民事诉讼制度概况

第二章
跨国公司在华公司诉讼常见法律问题解答

- 097 第一节 跨国公司在华公司诉讼常见实体问题解答
- 127 第二节 跨国公司在华公司诉讼常见程序问题解答

下篇 利弊权衡、攻守策略及实操案例

第一章
跨国公司在华通过诉讼解决公司纠纷的利弊

- 149 第一节 跨国公司在华通过诉讼解决公司纠纷的益处
- 157 第二节 跨国公司在华通过诉讼解决公司纠纷的风险与困惑

第二章
跨国公司如何预防在华公司纠纷和诉讼

- 166 第一节 跨国公司在华发生公司纠纷和诉讼的原因
- 183 第二节 跨国公司如何预防在华发生公司纠纷和诉讼

第三章
跨国公司如何应对在华公司诉讼

- 201　第一节　跨国公司应对在华公司诉讼的总体策略
- 218　第二节　跨国公司作为公司诉讼原告的应对策略
- 238　第三节　跨国公司作为公司诉讼被告的应对策略

第四章
境内投资者如何应对与跨国公司在华的公司诉讼

- 248　第一节　跨国公司应对在华公司诉讼的特点
- 259　第二节　境内投资者应对与跨国公司在华公司诉讼的策略

第五章
境外 PE 投资者保护境内投资权益的公司诉讼

- 264　第一节　PE 的概念和特征
- 275　第二节　PE 的几种常见架构
- 280　第三节　PE 纠纷的类型和特点
- 287　第四节　PE 纠纷可能面临的法律问题
- 299　第五节　PE 投资者可以在华采取的法律行动

第六章
典型公司诉讼实操案例

- 320　案例一　跨国公司委派到合资企业的外籍董事被诉竞业禁止案

325	案例二	中国首例股东因出资不到位被法院判决限制股东权利诉讼案
330	案例三	中外合作经营企业的股权确权纠纷案
337	案例四	中外合作开发房地产合同纠纷案
343	案例五	合资公司的外方董事被中方股东提起诉讼并被限制离境纠纷案
349	案例六	中外合资企业诉其高管损害公司利益赔偿纠纷案
354	案例七	境外PE投资者与公司实际经营管理人的公司控制权争夺纠纷案
359	案例八	境外PE投资者并购境内公司被欺诈而引发的纠纷案

附　　录

365	附录一	最高人民法院关于适用《中华人民共和国公司法》若干问题的规定（一）
366	附录二	最高人民法院关于适用《中华人民共和国公司法》若干问题的规定（二）
371	附录三	最高人民法院关于适用《中华人民共和国公司法》若干问题的规定（三）
376	附录四	最高人民法院关于审理外商投资企业纠纷案件若干问题的规定（一）

上篇

跨国公司在华公司诉讼全貌概览

严格来讲,跨国公司并非公司法意义上的概念,在国际上也没有一个统一的法律定义。起初,人们把跨国公司称为"多国公司、全球企业、多国企业"等等。1983年,联合国跨国公司委员会①在拟订《跨国公司行为守则》时所下的定义为大多数国家接受:跨国公司是指由分设在两个或两个以上国家的实体组成的企业,而不论这些实体的法律形式和活动范围如何;这种企业的业务是通过一个或多个活动中心,根据一定的决策体制经营的,可以具有一贯的政策和共同的战略;企业的各个实体由于所有权或别的因素相联系,其中一个或一个以上的实体能对其他实体的活动施加重要影响,尤其可以与其他实体分享知识、资源以及分担责任。

中国国家外汇管理局在《关于跨国公司外汇资金内部运营管理有关问题的通知》(汇法[2004]104号)中,给跨国公司下的定义是,"本通知所称跨国公司,是指同时在境内外拥有成员公司、且由一家在中国境内的成员公司行使其全球或区域(含中国)投资管理职能的企业集团,包括中资控股企业集团(即中资跨国公司)和外资控股企业集团(即外资跨国公司)"。

本书所述跨国公司是指外资跨国公司,本书所述跨国公司在华公司诉讼,是指跨国公司、跨国公司在华投资的公司、跨国公司委派的董事、监事和高级管理人员作为一方当事人参与的公司诉讼。

---

① 联合国跨国公司委员会成立于1974年,是经社理事会的辅助机构,总部设在美国纽约。1994年7月,经社理事会同意该委员会转为联合国贸发会议贸易和发展理事会的辅助机构,并改名为联合国国际投资和跨国公司委员会。

第一节 近年来发生的几起涉及跨国公司的公司诉讼

自1978年中国确定改革开放政策以来,外资开始进入中国市场。1979年12月29日全国人民代表大会颁布了《中华人民共和国中外合资经营企业法》("《中外合资经营企业法》"),作为对外开放基本国策之重要内容的利用外资工作开始起步。

经过三十多年的努力,随着中国外商投资法律体系和管理制度的逐步完善,外资进入中国市场的规模也不断扩大。2008年发生的全球经济危机对世界经济影响重大,各经济实体均受到不同程度的影响。中国经济虽然受到一定冲击,但依然保持了强劲的增长势头。进军中国,扩大在中国的市场份额,依然成为许多跨国公司重要的全球经营战略。

对于来中国投资、经营的跨国公司而言,由于身处与其总部不同的法律环境、文化环境,不可避免地面临诸多法律风险的挑战,其中之一就是发生在中国的公司诉讼。由于公司诉讼主要是基于公司内部(如股东与股东之间、股东与公司之间、股东或公司与高级管理人员之间)争议而引发的诉讼,跨国公司如果对发生在中国的公司诉讼处理不当,往往影响公司的经营成败,有时甚至决定公司的生死存亡。如何应对发生在中国的公司诉讼,成为每个跨国公司在中国经营和发展过程中必须面对的课题。

下文将介绍几起最近发生的跨国公司在中国的公司诉讼案,使大家对跨国公司在中国的公司诉讼有所了解。

案例一:跨国公司派驻合资企业的董事被诉违反竞业禁止原则

2007年5月发生在世界食品饮料巨头法国达能集团与中国的食品饮料巨头娃哈哈集团之间的系列纠纷,在中国外商投资和法律界引起广泛的关注,双方之间发生的几十起商业纠纷中,公司诉讼占相当的比例。

法国达能集团及其关联公司与中国杭州娃哈哈集团及其关联公司曾先后在中国合资设立了39家合资企业。这些合资企业经营状况良好,利润连年攀升。2007年5月,双方围绕合资公司的控制权发生纠纷,在中国国内和海外多个地区陆续爆发诉讼仲裁大战,双方相互指责对方违反了合资合同。

达能集团及其关联公司首先在瑞典斯德哥尔摩国际商会仲裁院提起8件仲裁案件,以违反同业竞争条款为主要理由,向娃哈哈集团及其关联方索赔8亿欧元。之后达能集团的关联公司又在美国加州法院针对娃哈哈集团总裁宗庆后的妻女及其关联公司提起诉讼,索赔至少3亿美元。

针对达能集团提出的仲裁和诉讼,娃哈哈集团在中国国内提起了一系列针对达能集团及其派驻中国合资企业高级管理人员的公司诉讼案件。其中,比较典型的案件为达能集团派驻合资企业的董事被多家合资企业的中方股东,在多家中国法院提起股东代表诉讼,起诉达能方面委派的董事在达能投资的多个其他中外合资公司中兼任董事而违反公司法规定的竞业禁止的规定。

其中,沈阳陵东实业发展总公司代表沈阳娃哈哈饮料有限公司对达能方委派的董事秦某提起的违反"竞业禁止"诉讼,2008 年 6 月 27 日,沈阳市中级人民法院作出一审判决:达能董事秦某因违反中国《公司法》"竞业禁止"的相关规定,停止其在沈阳娃哈哈饮料有限公司担任的董事职务,其在担任其他竞业公司职务期间所得收入 20 万元人民币归沈阳娃哈哈饮料有限公司所有,并另需赔偿沈阳娃哈哈饮料有限公司经济损失 20 万元人民币。①

我国 2005 年修订的《公司法》第 149 条规定:董事、高级管理人员不得有下列行为:……(五)未经股东会或者股东大会同意,利用职务便利为自己或者他人谋取属于公司的商业机会,自营或者为他人经营与所任职公司同类的业务。这是公司法关于董事、高级管理人员竞业禁止的规定。

但是,跨国公司的董事在其投资的多家中外合资或合作公司中兼职是跨国公司的通常做法,在达能与娃哈哈之间的公司诉讼之前,这种做法基本上没有被挑战过。达能与娃哈哈之间有关董事兼职的公司诉讼的经验教训,成为这方面近年来最重要的发展之一,值得跨国公司从中吸取教训。

---

① 相关报道请见 2008 年 6 月 27 日:http://news.qq.com/a/20080627/006153.htm。

案例二：中外合资纠纷中跨国公司派驻合资企业的董事被法院限制离境

另外一个类似的案例是，2008年8月，在全球汽车制造领域居于领先地位的某跨国公司派驻中国合资企业的总经理邓某某，在上海机场出关时被边防部门告知，他已被中国的某中级人民法院采取了限制离境措施，导致其无法出境。

经了解，邓某某及外方股东被中方股东以"董事、经理损害公司利益"为由起诉到该中级人民法院。该中级人民法院根据原告的申请，决定限制邓某某出境。后经律师与法院紧急交涉，并提供适当担保后，邓某某才被该法院取消限制离境的措施，得以出境。

上述纠纷发生的真实原因是，随着中国汽车零部件加工业向外商独资企业的逐渐开放，中外双方对合资企业的发展战略存在重大分歧，且无法通过和谈达成一致意见。中方股东遂以外方派驻合资企业的董事与外方股东损害合资企业利益为由，以中方股东名义代表合资公司，在合资企业所在地的中级法院提起诉讼，并请求法院采取措施，限制外籍董事离境，借以给外方股东制造压力。

通常而言，跨国公司派驻中外合资经营企业的董事都是跨国公司的高级管理人员，这些人员被法院限制离境，不仅影响其个人自由进出境，影响跨国公司的全球业务管理，而且对被限制离境的个人的声誉也是极大的损害。因此，跨国公司对该类事件的处理一般高度重视。

如果说过去中外合资、合作企业的股东之间的纠纷通常都通过仲裁解决的话，上面列举的两类案件说明，在中外合资、合作纠纷中，越来越多的中方股东可能通过在中国法院提起公司诉讼的方式来给外国投资者施加压力，仲裁已经不再是解决中外股东合资、合作纠纷的唯一途径。这一现象和趋势应引起跨国公司关注，并采取相应措施予以应对。

案例三：中外合资经营企业对其总经理提起损害赔偿诉讼

第三个案例是，福建某电力有限公司是1993年成立的中外合资经营企业（"福建合资公司"），注册资本2亿元人民币。因福建合资公司董事长和董事会成员大部分为外籍人员，不能长期在我国国内履行职务，故该合资公司一直聘请总经理负责公司的具体经营管理工作。

2006年1月,福建合资公司聘请张某担任公司总经理。张某在担任合资公司总经理期间,实际控制了公司的运营,将该公司财务部门整体转移到其个人的关联公司的办公地点。而且,该合资公司的外方股东任命的董事长后来了解到,张某还利用该合资公司赋予其签订贷款合同的权利,以该合资公司固定资产为抵押,与银行签订了巨额借款合同,并将上述款项转移到其控制的关联公司。该合资公司董事长察觉到张某的上述行为后,于2007年12月底作出董事会决议,免除了张某的总经理职务,要求其向董事会新任命的总经理交接工作。

但是,张某在被解除公司总经理职务后,非但不向该公司新任命的总经理交接工作,反而继续占有该公司的所有财务资料,而且假冒其董事长的签名,使用其所控制的该公司公章,将该公司持有的另一公司的全部股权,转让给其控制的关联公司。

2008年5月,合资公司被迫向福建省高级人民法院提起诉讼,要求判令张某立即返还其占有的合资公司财务资料,判令张某假冒合资公司名义与其关联公司恶意串通签订的股权转让协议无效,并判令张某赔偿因其侵权行为给合资公司造成的经济损失近1亿元。目前,该案仍在法院审理过程中。有关该案的详细情况请见本书第三篇第六章的案例六。

该案是一起典型的公司高级管理人员利用职务之便损害公司利益的诉讼。该类纠纷,在跨国公司监控不严、疏于管理的合资、合作企业中较为常见。

案例四:境外PE(私募)投资者并购境内公司被欺诈引发纠纷

还有一个实例是,北京某农产品集团公司原为一家由三个自然人作为股东的国内有限责任公司,为家族企业,经营农产品及农产品制品。新加坡某PE投资公司(以下称"外方公司")后来投资收购了该公司的部分股份,变成该公司的股东之一。但该公司仍然由三个自然人担任公司的主要管理人员,负责公司的实际运作(以下称"大股东和实际控制人")。

2008年1月18日,大股东和实际控制人与外方公司签订了《合作经营合同》和《增资并购协议》及股东借款协议,约定外方公司向目标公司投入3000万美元,其中,作为新增注册资本投入1800万美元,作为股东无息贷款投入1200万美元。

上述协议签订后,目标公司经依法批准成为中外合作经营企业,外方公司成为目标公司的新股东,持有目标公司25%的权益,原有股东仍持有目标公司75%的权益。大股东和实际控制人之一齐某继续担任目标公司的董事长,实际控制目标公司。

2008年7月,外方公司经调查了解到,在外方公司收购目标公司过程中,目标公司及其实际控制人制作虚假财务资料,以骗取外方公司的投资,并在其后将目标公司的投资用于归还银行贷款以及汇入个人账户。截至2008年9月,目标公司银行账户上仅余资金一千多万元人民币。

外方公司在得知上述情况后,认为大股东和实际控制人的行为构成欺诈,并涉嫌犯罪。因此,委托律师及会计师对目标公司进行尽职调查,了解大股东和实际控制人的造假和转移公司资金的情况,并向北京市公安机关报案。目前,该案仍在进行中。有关该案的详细情况请见本书第三篇第六章的案例八。

案例五:中外合资经营企业董事会决议因召集程序不合法被法院依法撤销

第五个案例是人民法院对一起中外合资企业大股东要求撤销公司董事会决议的案件。[①]

上海晟峰软件有限公司(简称"晟峰软件公司")系中外合资有限责任公司,于2003年1月13日设立,注册资本450万美元,合资方上海晟峰科技有限公司(简称"晟峰科技公司")出资230.85万美元,占51.3%;合资方日本株式会社OBS出资181.8万美元,占40.4%,合资方日本株式会社SORUN出资37.35万美元,占8.3%。

晟峰软件公司的章程记载:合资公司设董事会,是合资公司最高权力机构,共有9名董事组成,董事长由晟峰科技公司委派,是合资公司的法定代表人;董事会例会每年至少召开一次,经1/3以上董事书面提议,可召开董事会临时会议;董事长应在董事会开会前20天书面通知各董事,写明会议内容、时间和地点。

2007年11月30日,晟峰软件公司在未通知全体董事的情况下召开董

[①] 该案例援引自《人民法院报》2008年5月16日报道《面对公司章程,岂可绕道而行》,http://rmfyb.chinacourt.org/public/detail.php?id=119274。

事会,并形成三份董事会决议:(1) 免去张某董事长、总经理职务,任命徐某为董事长,任命阮某为总经理,任命陈某为董事;(2) 委托陈某负责公司财务审计的投资清算,一周之内审计结束后向公司董事会汇报;(3) 从即日起,晟峰软件公司及相关子公司、投资公司的账务活动全权委托给阮某、徐某签字审核,直至工商变更手续完成为止;其间,所有相关公司公章、财务印鉴、法定代表人印鉴等委托阮某、徐某保管。

2008 年 1 月,晟峰科技公司认为三份董事会决议违反章程规定,将晟峰软件公司起诉到上海市静安区人民法院,请求判令撤销被告 2007 年 11 月 30 日董事会三份决议。

法院经审理认为,根据公司法的规定,公司董事召集董事会,并对公司事项作出决议,是董事履行职责的正当性权利;董事会产生的决议违反法律、章程规定的,权利人可以请求人民法院确认无效或撤销。原告作为被告的股东,对被告董事会决议持有异议,向人民法院提起诉讼,其诉讼主体资格适格。按照被告的章程规定,董事会由股东委派的董事组成,董事长由原告委派;1/3 以上董事书面提议,可召开董事会临时会议;董事长应在董事会开会前 20 天书面通知各董事,写明会议内容、时间和地点。本案中,由被告部分董事提议召开的董事会,未按照章程规定通知全体董事;其更换董事长的决议也有悖于被告章程的规定。因此,原告要求撤销被告董事会三份决议,符合事实,法律依据充分,法院予以支持。最终,法院判决撤销了被告晟峰软件公司 2007 年 11 月 30 日形成的三份董事会决议。

该案是一起典型的合资一方试图通过董事会决议争夺公司控制权的案例。

案例六:境外隐名投资者与境内显名股东产生争议引发诉讼

2007 年,某台资背景的 BVI 公司与中国公民张某、李某签订《委托代理投资协议》,协议约定:BVI 公司实际出资,委托张某、李某作为其投资的代理人,在中国境内投资成立多家连锁的商业零售公司;在中国法规许可下,BVI 公司有权随时通过股权转让的方式收回所投资公司的全部股权,张某和李某不得有任何异议并需配合办理相关手续。协议签订后,由 BVI 公司实际出资、以张某和李某名义在中国境内设立了多家连锁的商业零售公司,并由 BVI 公司委派的人实际控制和经营该连锁公司。连锁公司设立后,效益良好。

2009年,隐名投资的BVI公司拟成为境内连锁公司的正式股东(显名),并要求张某和李某配合办理显名的相关手续,但张某和李某拒绝配合办理。BVI公司和张某、李某多次协商不成,随后起诉到法院,要求确认其系境内连锁公司的实际股东,并要求法院判决张某和李某配合办理显名的相关手续。目前,此案仍在诉讼过程中。

改革开放以来,外商在我国的投资领域一直受到一定限制,对允许外商投资的行业还实行严格的审批和准入制度。而隐名投资就是外商规避我国法律强制性规定的方式之一。司法实践中,外商投资者往往采取这样的方法:以中国公民的名义到工商部门登记注册公司,该外商与中国公民即公司的显名股东签订委托投资协议,规定公司的实际出资人和经营者均为外商,这样就达到了外商规避我国法律限制性规定的目的。通过这种方式,外商可以省去各种繁琐的审批程序,在办理相关手续方面非常方便,但同样存在一定的法律风险。在显名股东不愿意执行委托投资协议或隐名外商希望成为显名股东时,隐名外商和显名股东之间容易发生纠纷。对该类纠纷应当如何处理,请参见本书中篇第二章第一节的常见法律问题解答部分内容。

第二节 公司诉讼的界定、常见类型和发展趋势

一、公司诉讼的界定

相对于通过协商谈判和仲裁来解决纠纷而言,诉讼是纠纷或者争议的另一种解决方式。本书所述的公司诉讼,并非指公司作为一方当事人的纠纷所引发的所有诉讼,而是指对公司内部的纠纷进行解决的一种诉讼,主要包括因股东与股东纠纷引发的诉讼、股东与公司纠纷引发的诉讼、公司或股东与公司高级管理人员纠纷引发的诉讼。因公司外部纠纷而发生的诉讼不属于本书所探讨的公司诉讼范围。

(一) 公司内部纠纷与公司外部纠纷

1. 与公司有关的法律主体

公司是现代企业制度的核心组织形式,是社会经济活动最重要的主体,广泛地参与各种社会关系。《公司法》第 3 条规定:"有限责任公司和股份有限公司是企业法人。"

除公司这一法律主体外,与公司有关的其他法律主体主要还包括:发起人、股东(或实际出资人)、董事、监事和高级管理人员、外部债权人、破产管理人等。股东会、董事会、监事会等属于公司内部的组织机构,不能成为独立的法律关系的主体。[①]

2. 公司的内部法律关系和外部法律关系

围绕公司而发生的平等主体之间的法律关系可以分为两类:一类是与公司组织形式直接相关的,即在公司的设立、存续、内部运作和解散等各环节,公司及其出资人、股东、管理者、债权人、其他利益相关者相互之间所发生的法律关系。这一类法律关系因直接同公司这一特定组织形式相联系,一般称为"公司的内部法律关系",因此发生的纠纷为公司的内部纠纷。

另一类为除上述法律关系以外的与公司有关的法律关系,主要指在公司日常生产经营活动中,公司与上游供应商、客户、消费者等发生的交易关系。这一类法律关系由于仅涉及公司外部,与公司的组织形式和内部运作无关,一般称为"公司的外部法律关系",因此发生的纠纷为公司的外部纠纷。

3. 公司诉讼是对基于公司内部法律关系产生的"公司纠纷"予以解决的诉讼

公司诉讼并非一个严格的法定概念,不仅在立法上,而且在学理上也缺少一致认可的阐述。通说认为,公司诉讼最核心的特征是与公司内部法律关系直接相关,或者说是对基于公司内部法律关系产生的"公司纠纷"进行解决的一种诉讼。

[①] 实践中,就股东会、董事会、监事会能否成为诉讼案件的当事人存在争议。有的地方法院也曾受理过董事会或监事会作为原告的公司诉讼案件。但我们倾向于认为,股东会、董事会及监事会仅是公司内部的机关,其最终的行为都需以公司的意思予以体现,而且,司法实践中也大多不支持股东会、董事会和监事会作为一方当事人的观点。

公司诉讼与其他民商事诉讼最大的区别就是所产生的法律关系基础不同。"公司诉讼的法律关系具有特定性,其请求权基础可以是公司法、公司章程或者公司决议的内容,法律关系的内容是公司法上的特有权利义务模式。"①

例如,甲公司因销售产品而与乙公司产生买卖合同法律关系,该种法律关系因不属于"公司的内部关系",也与"公司的内部关系"毫无关联,由此产生的诉讼即不属于本书所讨论的公司诉讼的范畴。

如果乙公司拟对甲公司进行投资,与甲公司或其股东签订增资扩股协议,虽然权利义务关系也发生在甲乙之间,但由于此种行为与公司组织形式密切相关,受公司法律法规的规范,因此,由此引发的纠纷而产生的诉讼,则属于本书所讨论的公司诉讼的范畴。

(二) 公司诉讼不同于其他民商事诉讼的特征

公司诉讼作为民商事诉讼的一种,具有民商事诉讼的一般特征,但同时,公司诉讼又与其他的民商事诉讼相互区别,体现在实体法和程序法两个方面。

1. 实体法方面的特征

公司诉讼在实体法方面的特征主要表现为,在诉讼过程中,法院主要适用公司法方面的法律法规和司法解释进行裁判。经常适用的成文法有《公司法》、《中华人民共和国公司登记管理条例》(简称"《公司登记管理条例》")、《最高人民法院关于适用〈中华人民共和国公司法〉若干问题的规定(一)、(二)、(三)》等。如系外商投资企业,还应适用《中外合资经营企业法》、《中华人民共和国中外合作经营企业法》(简称"《中外合作经营企业法》")和《中华人民共和国外资企业法》(简称"《外资企业法》")等法律及其实施细则。

例如,《公司法》第 22 条第 2 款规定:"股东会或者股东大会、董事会的会议召集程序、表决方式违反法律、行政法规或者公司章程,或者决议内容违反公司章程的,股东可以自决议作出之日起 60 日内,请求人民法院

---

① 奚晓明、金剑锋:《公司诉讼的理论与实务问题研究》,人民法院出版社 2008 年版,第 15 页。

撤销。"

股东要求撤销股东会决议或董事会决议,必须依据上述规定提起诉讼,法院也必须依据上述规定作出裁判。换言之,股东不能依据《中华人民共和国民法通则》(简称"《民法通则》")第59条[①]或《中华人民共和国合同法》(简称"《合同法》")第54条[②]中关于可撤销法律行为的规定提起诉讼,要求撤销股东会或董事会决议,法院也不应依据《公司法》之外的《民法通则》或《合同法》进行裁判。

2. 程序法方面的特征

程序法方面,公司诉讼不同于其他民商事诉讼的特征主要在于诉讼主体和诉讼程序。

公司诉讼的诉讼主体限于公司相关的利益主体,其他主体不太可能进入公司诉讼。相应而言,公司诉讼中涉及的相关利益主体应当参加诉讼,这是由公司内部法律关系的特殊性所决定的。

比如,在隐名股东股权确认之诉中,即使隐名股东未将公司列为当事人,法院通常也会依职权追加公司为被告或第三人。这是因为,隐名股东能否显名事关公司的切身利益,决定公司向哪一主体分红,因此,追加公司参加诉讼具有必要性。而在其他的民商事诉讼中,即使案件审理涉及其他主体的利益,如买卖合同不能履行将导致一方当事人对诉讼主体之外的其他当事人违约,与公司诉讼中法院主动追加当事人不同,法院原则上不会依职权直接予以追加,而通常会告知当事人另案解决。

公司诉讼案件在具体诉讼程序方面的特殊性主要体现为前置程序等方面。公司诉讼是司法权对于公司自治的强制介入,但应当尊重和遵守公司自治原则。前置程序,是在尊重自治的原则下所设置的特别诉讼制度,意味着倡导公司尽其所能将公司纠纷在内部机制下解决,不到万不得已不

[①] 《民法通则》第59条规定:"下列民事行为,一方有权请求人民法院或者仲裁机关予以变更或者撤销:(一)行为人对行为内容有重大误解的;(二)显失公平的。被撤销的民事行为从行为开始起无效。"

[②] 《合同法》第54条规定:"下列合同,当事人一方有权请求人民法院或者仲裁机构变更或者撤销:(一)因重大误解订立的;(二)在订立合同时显失公平的。一方以欺诈、胁迫的手段或者乘人之危,使对方在违背真实意思的情况下订立的合同,受损害方有权请求人民法院或者仲裁机构变更或者撤销。当事人请求变更的,人民法院或者仲裁机构不得撤销。"

求助于法院。①

例如,《公司法》第152条②规定,股东在提起股东代表诉讼前,必须书面请求监事会、董事会提起诉讼,只有在遭到监事会、董事会拒绝或30日不予答复,或情况紧急时,股东才能以自己名义代表公司提起诉讼。

二、公司诉讼的类型

对公司诉讼进行分类是全面了解公司诉讼的较好途径。按照不同的标准,公司诉讼可分为不同的类型。

按照诉权性质进行分类,公司诉讼可以分为直接诉讼和代表诉讼;按照诉讼标的进行分类,公司诉讼可以分为股东权益诉讼、公司资本诉讼和公司人格否认诉讼;按照诉讼主体进行分类,公司诉讼可以分为公司提起的诉讼、股东提起的诉讼、董事、监事及高管人员提起的诉讼、债权人提起的诉讼。③ 此外,还可以按照最高人民法院司法解释规定的案由对公司诉讼进行分类。

(一)根据诉权性质的分类

根据诉权性质的不同,公司诉讼可以分为直接诉讼和代位诉讼。

1. 直接诉讼

直接诉讼,是指原告在其自身权利受到直接侵害后以自己名义对侵害人提起的诉讼。

例如,我们在第一节介绍的第三个案例,即是一起公司对高管人员提起的直接诉讼。该案中,原告合资公司认为,其高级管理人员张某在被公

---

① 奚晓明、金剑锋:《公司诉讼的理论与实务问题研究》,人民法院出版社2008年版,第16页。

② 《公司法》第152条规定:"董事、高级管理人员有本法第150条规定的情形的,有限责任公司的股东、股份有限公司连续180日以上单独或者合计持有公司1%以上股份的股东,可以书面请求监事会或者不设监事会的有限责任公司的监事向人民法院提起诉讼;监事有本法第150条规定的情形的,前述股东可以书面请求董事会或者不设董事会的有限责任公司的执行董事向人民法院提起诉讼。监事会、不设监事会的有限责任公司的监事,或者董事会、执行董事收到前款规定的股东书面请求后拒绝提起诉讼,或者自收到请求之日起30日内未提起诉讼,或者情况紧急、不立即提起诉讼将会使公司利益受到难以弥补的损害的,前款规定的股东有权为了公司的利益以自己的名义直接向人民法院提起诉讼。他人侵犯公司合法权益,给公司造成损失的,本条第1款规定的股东可以依照前两款的规定向人民法院提起诉讼。"

③ 奚晓明、金剑锋:《公司诉讼的理论与实务问题研究》,人民法院出版社2008年版,第17页。

司解聘后继续占有公司的财务资料,并且假冒公司董事长的签名将公司持有的另一公司的全部股权转让给其控制的关联公司,该行为构成侵权,损害了公司的合法权益。原告合资公司遂以张某为被告起诉到法院,要求判令张某立即返还其占有的合资公司财务资料,并判令张某假冒合资公司名义与其关联公司恶意串通签订的股权转让协议无效。

绝大部分公司诉讼都属于直接诉讼,不管是公司、股东、高级管理人员抑或债权人都有各自的请求权基础,以保证自身的权益得到法律的保障。

2. 代位诉讼

代位诉讼是指一个主体代替另一主体进行的诉讼,提起诉讼的主体并非权利受到直接侵害的主体。

例如,我们在第一节介绍的第二个案例,即是一起由公司股东代表公司提起的代位诉讼。该案中,合资公司的中方股东认为,外方股东与外方股东委派到合资公司的董事共同实施了损害合资公司利益的行为,于是,中方股东作为原告,代表合资公司,将外方股东和外方股东委派到合资公司的董事列为被告,起诉到法院。

上述案例中,原告中方股东是代表合资公司提起的代位诉讼。代位诉讼不同于直接诉讼,代位诉讼基于法律的明确规定,只有法律规定某主体有代位诉讼权时,才能产生代位诉讼。法律规定公司代位诉讼制度的主要原因是大股东或管理层侵犯公司利益,而在其操纵下公司却无法提起诉讼,间接损害了小股东或所有股东的利益,因此,法律赋予股东代表公司提起诉讼的权利。中国2005年修订的《公司法》根据实践需要参照国外的立法引入了股东代表诉讼制度。

(二)根据诉的主体的分类

诉的主体主要包括原告、被告和第三人。由于原告、被告和第三人是相对应存在的,因此,依据这一要素进行分类时,一般以原告为基础进行。根据提起诉讼的原告不同,可以将公司诉讼分为以下几类:

1. 公司作为原告提起的诉讼

公司作为原告提起的诉讼主要包括:公司向股东提起的诉讼;公司向董事、监事、高管人员及实际控制人提起的诉讼;公司向股东、董事、监事、高管人员、实际控制人和其他共同侵权人共同提起的诉讼;分立公司之间的诉讼等。

公司对股东提起的诉讼包括违约之诉和侵权之诉。就违约之诉,主要基于公司与股东之间的契约法律关系①,如股东因虚假出资或抽逃出资而产生的诉讼。就侵权之诉,主要基于股东对公司的不法侵害行为,如股东违反法律规定或章程规定使公司为他人提供贷款或提供担保,进行损害公司利益的关联交易等。股东应就滥用股东权利造成公司损失的行为对公司承担赔偿责任。

实践中,存在第三人和公司股东恶意串通损害公司利益的情形,此时,也可将该第三人作为共同被告。此外,公司就发起人在设立公司过程中给公司造成的损失,也可提起诉讼。

公司为维护自身合法权益可向公司董事、监事或高级管理人员或实际控制人提起诉讼。此类公司诉讼主要包括:公司因董事、监事及高级管理人员违反勤勉或忠实义务致公司损失而提起的损害赔偿诉讼;公司要求撤销董事、监事及高级管理人员有关损害公司利益的关联交易的诉讼;公司要求将董事、监事从事竞业禁止业务所得收益归入公司的诉讼;公司请求董事、监事等相关人员返还公司印章、财务账簿的诉讼等。

2. 股东作为原告提起的诉讼

股东作为原告提起的诉讼包括:股东对股东提起的诉讼;股东对公司提起的诉讼;股东对董事、监事和高管人员提起的诉讼;股东代表诉讼。

股东之间的诉讼,由于股东之间存在章程约定的合同关系,基本上都是违约之诉。例如,股东违反出资义务、股东不配合其他股东办理股权转让或变更手续等。

股东对公司提起的诉讼包括违约之诉和侵权之诉。违约之诉主要包括股权确认诉讼和股东权益诉讼。股权确认诉讼,即股东请求公司确认其享有股东资格的诉讼。股东权益诉讼,即当公司拒绝股东行使其基于股权而享有的收益权、知情权、决策权、新增资本优先认购权等权利时,股东对公司提起的诉讼。侵权之诉主要发生在公司决议侵害股东合法权益时股东提起的诉讼。股东提起诉讼请求确认公司股东会、董事会决议无效或撤

---

① 公司法理论认为,公司法在一定意义上是各公司利益主体相互之间所达成的契约的集合。

销公司股东会、董事会决议,可归入到侵权之诉中。

此外,依据《公司法》第 153 条的规定,就董事、监事、高级管理人员侵害股东利益而造成的损失,股东有权通过诉讼的方式要求赔偿。

3. 董事、监事、高管人员作为原告提起的诉讼

董事、监事、高管人员作为原告提起的诉讼主要基于上述人员与公司之间的合同法律关系(劳动关系),在本质上由于与公司的组织机构没有直接关联,因此原则上不属于公司诉讼。

但也有专家认为,以高管人员为原告的公司诉讼,主要是高管人员对高管人员提起的诉讼,主要包括:董事违法行为停止请求之诉、侵害高管人员权利的侵权之诉、高管人员因履行职务承担连带责任的代偿给付之诉。① 这类诉讼属于公司诉讼。

4. 公司债权人作为原告提起的诉讼

公司债权人作为原告提起的公司诉讼包括:债权人向公司提起的诉讼,债权人向股东提起的诉讼,债权人向董事、监事、高管人员提起的诉讼。

债权人向公司提起的诉讼,在公司诉讼制度下并不包括普通的合同纠纷和侵权纠纷,而仅基于公司法律制度而产生,如债权人提起的公司法人人格否认诉讼、请求公司破产清算②等。

债权人向股东提起的诉讼,主要包括公司法人人格否认诉讼,债权人请求突破股东的有限责任原则而直接请求股东承担公司债务的诉讼,还包括在股东出资不足或抽逃出资的情况下,债权人要求股东在补足出资的范围内清偿债务的诉讼。

(三)根据法律规定的案由进行的分类

1. 诉讼案由的实践意义

在中国的民事诉讼法律制度中,案由是一个特殊的法律制度。理论上讲,案由是法院对诉讼案件所涉及的法律关系性质进行概括后形成的案件名称。在司法实践中,案由是规范法院民商事立案、审判和司法统计工作

---

① 奚晓明、金剑锋:《公司诉讼的理论与实务问题研究》,人民法院出版社 2008 年版,第 37 页。

② 有观点认为,公司的破产和强制清算案件,属于适用特殊程序的非诉案件,并非典型的公司诉讼案件。

的依据和切入点。在起诉时明确案由,有助于立案庭法官将案件分配到具体的审判庭和审判法官。法院在统计案件类型时,通常也会以案由为依据和标准。

根据我们的诉讼经验,司法实践中确定法律关系的性质即案由,通常不被视为法院的职责,而更多地被认为是当事人(即提起诉讼的原告)的义务。

实践中,当事人在提起诉讼时,法院的立案庭法官通常会要求当事人确定案件的案由。我们还遇到由于当事人在民事起诉状中没有明确案由而导致法院立案庭法官不予立案的情况。当然,在案件由人民法院立案庭立案后,如果人民法院经过实体审理认为当事人主张的案由与实际不符的,一般会调整案由,最终应以法院审理后认定的案由为准。

因此,在中国的公司诉讼中,了解和明确公司纠纷的案由对推进公司诉讼具有一定的现实意义。

2.《民事案件案由规定》对公司诉讼案由的规定

最高人民法院于2000年10月发布《民事案件案由规定(试行)》,并于2007年10月颁布《民事案件案由规定》取代了《民事案件案由规定(试行)》。2011年2月,最高人民法院再次对《民事案件案由规定》予以修改。根据该新的规定,公司诉讼的案由主要规定在第八部分"与公司、证券、保险、票据等有关的民事纠纷"中,共计58个三级案由。

(1)与企业有关的纠纷。包括:企业出资人权益确认纠纷、侵害企业出资人权益纠纷、企业公司制改造合同纠纷、企业股份合作制改造合同纠纷、企业债权转股权合同纠纷、企业分立合同纠纷、企业租赁经营合同纠纷、企业出售合同纠纷、挂靠经营合同纠纷、企业兼并合同纠纷、联营合同纠纷、企业承包经营合同纠纷、中外合资经营企业合同纠纷、中外合作经营企业合同纠纷。

(2)与公司有关的纠纷。包括:股东资格确认纠纷、股东名册记载纠纷、请求变更公司登记纠纷、股东出资纠纷、新增资本认购纠纷、股东知情权纠纷、请求公司收购股份纠纷、股权转让纠纷、公司决议纠纷、公司设立纠纷、公司证照返还纠纷、发起人责任纠纷、公司盈余分配纠纷、损害股东利益责任纠纷、损害公司利益责任纠纷、股东损害公司债权人利益责任纠纷、公司关联交易损害责任纠纷、公司合并纠纷、公司分立纠纷、公司减资纠纷、公司增资纠纷、公司解散纠纷、申请公司清算、清算责任纠纷、上市公司收购纠纷。

（3）与合伙企业有关的纠纷。包括：入伙纠纷、退伙纠纷、合伙企业财产份额转让纠纷。

（4）与破产有关的纠纷。包括：申请破产清算、申请破产重整、申请破产和解、请求撤销个别清偿行为纠纷、请求确认债务人行为无效纠纷、对外追收债权纠纷、追收未缴出资纠纷、追收抽逃出资纠纷、追收非正常收入纠纷、破产债权确认纠纷、取回权纠纷、破产抵消权纠纷、别除权纠纷、破产撤销权纠纷、损害债务人利益赔偿纠纷、管理人责任纠纷。

我们在本篇所列举的案例中，第一个案例中娃哈哈和达能之间的大部分纠纷都属于中外合资经营企业合同纠纷，第二个案例和第三个案例属于损害公司利益责任纠纷，第五个案例属于股东资格确认纠纷。

三、公司诉讼的司法审判原则

中国自20世纪70年代末改革开放以来，经济发展迅速，中国的法制建设也发生了翻天覆地的变化。

中国的《公司法》最早颁布于1993年，后又进行了多次修改和修订，成文法的历史较短。而且，中国市场经济进程起步时间较晚，与公司有关的商业规则正在逐步形成之中。相应的，中国法院的公司诉讼审判活动还处于起步和初步发展阶段。尽管如此，在既有的法律法规和司法实践基础上，也可以总结出如下理论界和司法实践界基本一致认可的公司诉讼的司法审判原则。

（一）维护公司社团关系稳定性的原则

公司作为社会的团体性组织，法律承认其具有独立的权利能力和行为能力。公司作为一个社会团体或社会组织，所涉及的利益主体众多，法律关系复杂，其内部关系一旦不稳定，极容易产生矛盾和纠纷。因此，维持公司主体的稳定性，进而维持在此基础上产生的各种交易关系，是公司法在立法方面的价值取向。

司法审判中，人民法院处理公司诉讼案件，一般尽可能地使公司成立有效，不轻易否认公司已经成立的行为，不轻易否认公司的法人人格，不轻易使公司股东直接对公司债务承担责任,不轻易判决解散公司,而注意保持公司内部各种法律关系的相对稳定。① 这些都是维护公司社团关系稳定性原则在司法审判中的体现。

(二) 尊重公司章程自治原则

公司章程是公司的宪法。依据《公司法》确定的意思自治的原则,尽量减少法律对公司内部事务的强制性干预,维护公司通过公司章程实现公司自治。

首先,公司诉讼审判不轻易否定公司章程的效力。一般而言,公司章程的内容包括绝对必要记载事项、相对必要记载事项和任意记载事项。《公司法》第25条②、第82条③分别规定的有限责任公司和股份有限公司章程绝对必要记载事项是《公司法》对公司章程这一内部契约的限制。但是,如果章程对该事项的记载存在欠缺或者瑕疵,原则上应允许由当事人协议补充或根据有关规定予以补救,而不必然导致公司章程无效或解散公司。轻易否定公司章程,不仅会使业已进行的公司行为变得更为复杂,加重股东责任,而且有损于公司债权人利益,影响社会交易关系的稳定。

例如,在江西省赣州市中级人民法院审理的(2004)赣中民二终字第60号案件中,针对原告提出的公司章程约定的股东不符合设立有限公司的法定条件,法院终审判决认为:本案中齐发公司的公司章程尽管有瑕疵,但属于可补救的瑕疵,不足以影响公司章程的效力。据此,并结合其他事实,最终驳回了原告要求解散公司的诉讼请求。④

---

① 李国光、王闯:《审理公司诉讼的若干问题——贯彻实施修订后的公司法的司法思考》,载中国民商法律网,http://www.civillaw.com.cn/article/default.asp? id=30802,2009年12月7日访问。

② 《公司法》第25条规定:"有限责任公司章程应当载明下列事项:(一)公司名称和住所;(二)公司经营范围;(三)公司注册资本;(四)股东的姓名或者名称;(五)股东的出资方式、出资额和出资时间;(六)公司的机构及其产生办法、职权、议事规则;(七)公司法定代表人;(八)股东会会议认为需要规定的其他事项。股东应当在公司章程上签名、盖章。"

③ 《公司法》第82条规定:"股份有限公司章程应当载明下列事项:(一)公司名称和住所;(二)公司经营范围;(三)公司设立方式;(四)公司股份总数、每股金额和注册资本;(五)发起人的姓名或者名称、认购的股份数、出资方式和出资时间;(六)董事会的组成、职权和议事规则;(七)公司法定代表人;(八)监事会的组成、职权和议事规则;(九)公司利润分配办法;(十)公司的解散事由与清算办法;(十一)公司的通知和公告办法;(十二)股东大会会议认为需要规定的其他事项。"

④ 载"北大法宝—中国法律检索系统",http://172.16.0.61/,2009年12月7日访问。

其次,就公司章程中对《公司法》任意性规范的规定,公司审判中予以充分尊重。《公司法》法律规范分为强制性规范和任意性规范,公司章程可以对《公司法》的任意性规范进行选择适用或变更,如股东会或董事会表决权的确定、红利的分配方式、出资的估价、股东大会和董事会的权利划分、股权能否继承等。对于此类公司章程对《公司法》任意性规范的选择适用或变更,公司诉讼审判中一般予以尊重。

(三) 穷尽公司内部救济原则

诉讼手段是解决公司纠纷的最终手段,因此,除非万不得已,不应采取诉讼手段解决公司纠纷。这是因为,公司作为社团具有人合性,具备一定的解决纠纷的机制和能力。如果在公司内部机制没有充分发挥作用的情况下,法院的司法权力强行介入公司内部的经营管理,将破坏整个公司法律制度的基础。

穷尽公司内部救济原则在《公司法》上多有体现,如前述的有关前置程序的规定。《公司法》在许多诉讼制度上都设计了前置程序,要求必须穷尽公司内部救济方式尚不能解决后才能通过司法途径解决,这在审判实践中应当予以遵循。

例如,股东提起股东代表诉讼,必须首先请求公司治理机构向危害公司利益的不当行为实施者主张赔偿,在请求遭到拒绝或公司治理机构消极不作为的情况下,人民法院才应受理股东代表诉讼。又如在司法解散公司诉讼中,只有公司僵局通过其他途径确实无法解决时,人民法院才能判令解散公司。

实践中,法院以当事人未穷尽公司内部救济为由而判决驳回原告诉讼请求的案例非常常见。如在北京市西城区人民法院(2008)西民初字第13694号案件中,法院最终以原告民族报社未事先请求格莱瑞中心的监事会和董事会提起诉讼为由,认定民族报社未穷尽内部救济,进而裁定驳回了民族报社提起的股东代表诉讼。①

(四) 维护商法的外观主义原则

外观主义原则是商法的基本原则。第三人在与公司进行交易时,通常

---

① 载"北大法宝—中国法律检索系统",http://172.16.0.61/,2009年12月7日访问。

只能通过公司所公示的外在情况来了解公司,并作出相应的决策判断,如所公示的内容与公司的实际情况不符,其风险不应当由第三人来承担,这是商法外观主义原则的基本要求。这一原则在保证交易安全,尤其是在股权转让时对交易安全的保护具有重要意义。

公司法属于典型的商法,公司诉讼纠纷属于典型的商事纠纷。因此,在审理公司诉讼案件时应注意商法外观主义原则的适用。《公司法》第33条规定,公司登记事项发生变更的,应当办理变更登记,未经登记或变更登记的,不得对抗第三人。该规定赋予工商登记的公信力就是商法外观主义的体现。

例如,在海南省海口市中级人民法院审理的(2007)海中法民二终字第103号案件中,针对原告海南黄金空调工程有限公司提出的请求确认享有海南新华安电子安全工程有限公司股权的诉讼请求,法院认为:股东资格的确认应以工商行政部门的登记为第一标准,工商行政部门的记载具有法定的权利推定力。若否认工商记载的股东的身份,相关权益者应当对其为实际股东负举证责任。本案中,海南黄金空调工程有限公司并未提供相关证据,且有关当事人予以否认,故驳回其诉讼请求。①

公司法要求,公司应当将其股东、资本等基本情况以法定的形式予以公开,使交易相对人周知,相对人不承担因公司外观特征不真实而产生的交易成本和风险。例如,实际投资人委托他人代为持股,股权登记在受托人名下,受托人将股权转让第三人,一旦发生纠纷,法院应当依据商法的外观主义原则,认定受托人和第三人签订的股权转让协议有效,第三人有权取得相应股权,除非受托和第三人恶意串通。

四、公司诉讼的发展趋势

公司是各种利益和多产权主体的有机统一体,权力和利益的多元化势必会导致股东与股东之间,股东与董事、监事、高管人员之间,小股东与大股东之间,乃至债权人与公司之间多方的利益冲突,这便是公司诉讼产生的根本原因。

《公司法》为各种不同公司主体之间的纠纷提供了救济途径,但同时还需根据实践情况进一步发展和完善。根据我们的实践经验,我们预测,

---

① 载"北大法宝—中国法律检索系统",http://172.16.0.61/,2009年12月7日访问。

中国的公司诉讼在未来可能存在以下发展趋势。

(一) 公司诉讼的类型将会不断增多

《公司法》一个突出的立法宗旨就是加大对中小股东的保护,规定了股东的若干新的可诉权利,这必将改变过去许多受害的中小股东因缺乏法律依据而无法通过诉讼维护自己权益的被动局面。

相对于旧《公司法》而言,新《公司法》创设了多种新类型的公司诉讼。新《公司法》增加的公司诉讼类型包括:小股东对大股东的滥用控制权诉讼;公司法人人格否定诉讼;董事、监事、高级管理人员赔偿诉讼;股东决议撤销与无效诉讼;股东知情权诉讼;异议股东评估补偿权诉讼;公司设立不能诉讼;股东代表诉讼;公司司法解散诉讼。这解决了长期以来困扰公司诉讼实践法律依据不足的多个难题。[①]

因此,随着法律规定的不断完善,以及中国公司商业制度的逐渐成熟和民商事主体权利意识的觉醒,将来公司诉讼的类型将会不断增多。

(二) 公司诉讼的数量将会逐渐增加

近年来,中国的经济发展十分活跃,公司设立数量一直在迅速增长,相应的,公司纠纷的数量一般会逐渐增加。

如前言部分述及,上海、北京两地法院受理的公司诉讼案件数量在逐年增长。从该统计数据以及我们代理类似案件的数字看,公司诉讼案件在民商事诉讼案件中将越来越多。我们预测,这个趋势将在相当长的一段时期内一直持续下去。

(三) 法官的自由裁量权在一定时期内仍然很大,但相应审判规则会逐渐完善

《公司法》为相关公司主体提供了多种司法救济途径,但由于法律规定还相对原则,很多公司纠纷的各种责任认定以及诉讼的具体程序还有待于进一步细化。截至目前,最高人民法院就《公司法》的实施已经出台了三个司法解释。据了解,最高人民法院正在起草的《公司法》的司法解释

---

① 钱卫清:《新〈公司法〉催生了崭新诉讼生态》,载中外民商裁判网,http://www.zwmscp.com/list.asp? unid=2532,2009年12月7日访问。

还有若干个将要出台。

在此过程中,法官的思维方式、裁判标准、审判理念等都面临着新的考验,自由裁量权在一定时期内仍会影响案件的裁判,甚至可能存在案情类似但裁判大相径庭的可能。但随着相关审判实践的不断发展,有关审判规则会逐渐形成和完善,司法裁判对当事人行为的指引作用也会逐渐形成。

例如,在我们代理的一起隐名股东与公司之外第三人之间的执行争议案件中,不同的法院甚至同一法院的不同法官均存在不同认识。有的法官认为,在显名股东未就隐名股权进行任何处分的情况下,应当优先保护隐名投资人的利益。而有的法官则认为,无论显名股东是否就代为持有的股权进行了任何处分,均应当优先保护公司外部第三人的利益。

第三节 跨国公司在华常见公司诉讼类型概览

《公司法》第218条规定:"外商投资的有限责任公司和股份有限公司适用本法;有关外商投资的法律另有规定的,适用其规定。"因此,跨国公司在中国的经营活动受到双重法律规定的规范。一方面,其需要遵守中国《公司法》等基本公司法律制度的规定,另一方面,鉴于其特殊的外资背景,又需要遵守中国一系列外商投资企业法律的规定。[①] 此外,跨国公司在中国的经营活动还会受到中国外资产业政策的影响。

正是由于跨国公司法律适用上的双重性,加之其实践活动的多样性,所以跨国公司在中国多发的公司诉讼也具有一定的复杂性。基于对《公司法》、《中华人民共和国民事诉讼法》(简称"《民事诉讼法》")一般规则的梳理和对相关外资法律法规的介绍,结合我们参与和解决公司诉讼的实践经验,现对跨国公司在中国多发的几类公司诉讼作如下介绍和分析。

一、因出资问题引发的公司诉讼

出资是设立公司的基础,是进行投资最核心、最实质的经济行为。跨

---

① 包括但不限于如下法律法规:《外资企业法》、《中华人民共和国外资企业法实施细则》("《外资企业法实施细则》")、《中外合资经营企业法》、《中华人民共和国中外合资经营企业法实施条例》("《中外合资经营企业法实施条例》")、《中外合作经营企业法》、《中华人民共和国中外合作经营企业法实施细则》("《中外合作经营企业实施细则》")等。

国公司在中国以公司这一组织方式进行运作时,必然涉及对公司的出资问题。在此过程中,容易产生纠纷和诉讼。

(一)因出资方式引发的公司诉讼

关于股东的出资方式,《公司法》有详细的要求,这对中方出资人和外方出资人都有约束力。如果出资人不按法律规定的要求和合资、合作合同的约定履行出资义务,则可能引发纠纷和诉讼。

1. 货币出资纠纷

货币出资,是指直接以现金方式缴纳公司的出资。《公司法》规定的出资数额都是以货币金额的方式直接表示的。司法实践中,货币出资存在的问题主要是以非法取得的现金或者以借贷取得的现金出资的效力问题。

《公司法》并未明确规定"现金出资来源必须合法"。我国公司法理论认为,如果非法所得财产,如贪污、受贿等犯罪手段,因该财产的取得方式侵害了社会公共利益,因此司法实践中一般不予认可其出资的合法性。而若取得财产的方式是合法的,即使出资人并非财产的所有权人,也应当认可其出资的合法性。

就此,《最高人民法院关于适用〈中华人民共和国公司法〉若干问题的规定(三)》(简称"《公司法司法解释三》")第 7 条规定:"出资人以不享有处分权的财产出资,当事人之间对于出资行为效力产生争议的,人民法院可以参照物权法第一百零六条①的规定予以认定。以贪污、受贿、侵占、挪用等违法犯罪所得的货币出资后取得股权的,对违法犯罪行为予以追究、处罚时,应当采取拍卖或者变卖的方式处置其股权。"

此外,根据 2000 年 3 月 3 日中国人民银行颁布的《中外合资、合作经

---

① 《中华人民共和国物权法》(2007 年 3 月 16 日颁布)第 106 条规定:"无处分权人将不动产或者动产转让给受让人的,所有权人有权追回;除法律另有规定外,符合下列情形的,受让人取得该不动产或者动产的所有权:

(一)受让人受让该不动产或者动产时是善意的;

(二)以合理的价格转让;

(三)转让的不动产或者动产依照法律规定应当登记的已经登记,不需要登记的已经交付给受让人。

受让人依照前款规定取得不动产或者动产的所有权的,原所有权人有权向无处分权人请求赔偿损失。

当事人善意取得其他物权的,参照前两款规定。"

营企业中方投资人新增资本贷款管理办法》许可境外中资商业银行对中外合资、合作经营企业的中方投资人增加注册资本时,对不足部分发放人民币或者外币中长期贷款用作出资。根据此规定,应当肯定以借贷取得的现金出资的合法性。

2. 实物出资纠纷

实物出资,是指以有形财产出资。实物出资通常需要满足以下条件:首先,此实物必须可以用货币估价并可以依法转让;其次,出资人对用于出资的实物享有所有权和处分权,设立担保的财产和已经出租的财产原则上不得作为出资的实物;最后,出资人应当对其出资的实物承担权利瑕疵担保责任,即保证第三人不会就该出资的实物向公司追讨或主张权利。

《公司法司法解释三》第10条规定:"出资人以房屋、土地使用权或者需要办理权属登记的知识产权等财产出资,已经交付公司使用但未办理权属变更手续,公司、其他股东或者公司债权人主张认定出资人未履行出资义务的,人民法院应当责令当事人在指定的合理期间内办理权属变更手续;在前述期间内办理了权属变更手续的,人民法院应当认定其已经履行了出资义务;出资人主张自其实际交付财产给公司使用时享有相应股东权利的,人民法院应予支持。

出资人以前款规定的财产出资,已经办理权属变更手续但未交付给公司使用,公司或者其他股东主张其向公司交付、并在实际交付之前不享有相应股东权利的,人民法院应予支持。"

因此,以实物资产向公司出资,除要移转实物资产的占有外,对需要登记的实物资产,比如房产、车辆、船舶等,还需要办理产权登记变更手续。否则,容易引发纠纷。

3. 知识产权出资纠纷

知识产权的范围包括工业产权、非专利技术和著作权,工业产权包括专利权和商标权。《中华人民共和国专利法》(简称"《专利法》")所保护的专利权包括发明、实用新型和外观设计。《中华人民共和国商标法》(简称"《商标法》")所保护的商标包括商品商标、服务商标、集体商标和证明商标。但是,专利权和商标权属于有期限的权利。因此,专利权和商标权的出资必须在其有效期内。《中华人民共和国著作权》(简称"《著作权》")第10条明确规定了著作权的14项财产权利可以转让。

以知识产权出资,除了其知识产权应符合相应要求之外,还需要满足出资比例的要求,即《公司法》规定有限责任公司股东用知识产权出资最高不能超过注册资本的70%。

随着中国保护知识产权意识的逐渐苏醒,中国企业越来越重视对商标等知识产权的保护。在中外合资或合作开办企业过程中,商标和其他知识产权往往成为出资纠纷的焦点。例如,在前文提到的法国达能集团和杭州娃哈哈集团之间的系列纠纷案件中,"娃哈哈"这一商标是否已经作为出资转让给了合资公司,即是争议双方在杭州仲裁委仲裁案件中的主要争议焦点。

4. 土地使用权出资纠纷

中国土地制度实行的是全民所有制和劳动群众集体所有制的公有制,不允许任何民商事主体包括外商投资企业享有土地的所有权。城市的土地属于国家所有;农村和城市郊区的土地,除法律规定属于国家所有的以外,属于集体所有。基于中国特定的土地制度,土地出资只能是土地使用权的出资,而非土地所有权的出资。

关于土地使用权,分为国有土地使用权和集体土地使用权,而国有土地使用权又分为划拨土地使用权和出让土地使用权。国有出让土地使用权以向国家交纳土地出让金的方式有偿取得,可以作为出资;国有划拨土地使用权为各种社会组织基于其特定的社会职能由国家无偿分配,一般不能作为出资。实践中,由于集体土地使用权用途受限,民商事主体多以国有土地使用权出资。而基于划拨土地使用权的特殊性质,在划拨土地使用权作为出资时产生的纠纷较多。

5. 其他形式出资产生的纠纷

除上述出资形式和对应而言的出资纠纷外,中国公司制度中也在逐渐产生其他的出资形式,如债权出资、股权出资等。目前,因债权出资、股权出资产生纠纷发生诉讼的情况亦逐步出现。

(二) 因出资瑕疵引发的公司诉讼

根据公司法的公司契约理论,公司本质是一种合同的集合,是股东之间就设立公司、分享权利和承担义务等内容所订立的协议,股东对公司的出资义务也是合同义务之一。借鉴合同法上违约行为的概念体系,根据股东违反出资义务的形式即出资瑕疵形式的不同,因出资问题引发的纠纷可分为不履行出资义务的纠纷和不适当履行出资义务的纠纷。不履行出资义务是指股东根本未出资,具体又可分为虚报注册资本纠纷、虚假出资纠纷、抽逃出资纠纷。不适当履行出资义务是指出资数额、出资时间、出资手续不符合规定或者约定,具体又分为出资不足纠纷、逾期出资纠纷、出资不当纠纷等。结合实践情况,现将各种出资问题引发的纠纷介绍如下。

1. 虚报注册资本纠纷

虚报注册资本,是指出资人申请公司登记时使用虚假证明文件或者其他欺诈手段,虚报注册资本,欺骗公司登记主管部门并取得公司登记。

《公司法》规定了虚报注册资本的行政责任①和刑事责任②,曾经轰动一时的原科龙董事长顾雏军案件,即是典型的股东因虚报注册资本而承担刑事责任的案件。

在顾雏军刑事案件中,广东省佛山市中级人民法院一审查明:2001年11月,为收购科龙电器的法人股,顾雏军欲设立注册资本总额为12亿元的顺德格林柯尔企业发展有限公司,但顾雏军名下的企业中并不具有上述实力。同月,顺德格林柯尔凭借一份政府部门的担保函,在未验资、未评估的情况下完成了顺德格林柯尔企业发展有限公司的设立登记。该公司股本中,顾雏军无形资产出资达9亿元,占注册资本总额的75%。为将无形资产降到法定比例,顾雏军指使他人在顺德容桂农村信用社,将来自科龙电器的1.87亿元通过账户之间来回倒账的方式,取得以天津格林柯尔投资顺德格林柯尔共计6.6亿元的进账单,并于当天又将1.87亿元转回科龙电器,还指使他人伪造了上述款项流转所依据的《供货协议书》、收据等文件。可见,此6.6亿元注册资本即为虚假出资。法院最终认定顾雏军构

---

① 《公司法》第199条规定:"违反本法规定,虚报注册资本、提交虚假材料或者采取其他欺诈手段隐瞒重要事实取得公司登记的,由公司登记机关责令改正,对虚报注册资本的公司,处以虚报注册资本金额5%以上15%以下的罚款;对提交虚假材料或者采取其他欺诈手段隐瞒重要事实的公司,处以5万元以上50万元以下的罚款;情节严重的,撤销公司登记或者吊销营业执照。"

② 《公司法》第216条原则规定了虚报注册资本的刑事责任,与《刑法》规定的刑事责任进行衔接。《刑法》第158条规定:"申请公司登记使用虚假证明文件或者采取其他欺诈手段虚报注册资本,欺骗公司登记主管部门,取得公司登记,虚报注册资本数额巨大、后果严重或者有其他严重情节的,处3年以下有期徒刑或者拘役,并处或者单处虚报注册资本金额1%以上5%以下罚金。单位犯前款罪的,对单位判处罚金,并对其直接负责的主管人员和其他直接责任人员,处3年以下有期徒刑或者拘役。"

成虚报注册资本罪。广东省高级人民法院二审判决维持原判。①

虽然《公司法》就虚报注册资本的民事责任没有明确规定,但是,由于虚报注册资本,公司的资本丧失了真实性,涉及公司对外民事责任时公司无法偿还债务,这种情况下,公司债权人应可以根据《公司法》第20条的规定,直接起诉虚报注册资本的股东,要求其在虚报注册资本的范围内对公司债务承担连带责任。

2. 虚假出资纠纷

虚假出资,是指股东认购出资而未实际出资,本质特征是股东未支付相应对价而取得公司股权,如《公司法》第200条所指的情形。

实践中,虚假出资主要表现为:(1) 以无实际现金或高于实际现金的虚假银行进账单、对账单骗取验资报告从而获得公司登记;(2) 以虚假的实物投资手续骗取验资报告从而获得公司登记;(3) 以实物、工业产权、非专利技术、土地使用权出资,但并未办理财产权转移手续;(4) 作为出资的实物、工业产权、非专利技术、土地使用权的实际价额显著低于公司章程所定价额;(5) 未对投入的净资产进行审计,仅以投资者提供的少记负债高估资产的会计报表验资。

3. 抽逃出资纠纷

抽逃出资,是指股东在公司成立后即将其出资巧立名目抽回,并继续保有股东身份和出资比例。②

抽逃出资具体表现形式有:(1) 股东设立公司时,为了应付验资将资金转入公司账户后又立即转出,公司并未实际使用该资金进行经营;(2) 公司收购股东的股份,未按法律规定处置回购的股份;(3) 未提取法定公积金即先行分配利润;(4) 未弥补上一年亏损前即先行分配利润;(5) 制作虚假财务会计报表虚增利润进行分配;(6) 利用关联交易转移利润。

司法实践中,抽逃出资是十分典型及常见的公司诉讼类型之一。比如,上海市高级人民法院审理的(2007)沪高民四(商)终字第46号案件即

---

① 参见"第一财经网":《顾雏军案终审维持原判 判刑10年并处罚金680万》,http://www.china-cbn.com/s/n/000004/20090410/000000112010.shtml,2009年4月19日访问。

② 厦门市中级人民法院民二庭课题组:《关于审理公司纠纷案件法律问题的调研报告》,载赵旭东主编:《公司法评论》2005年第1辑,人民法院出版社2005年版。

涉及抽逃出资问题。法院判决认定：1997年3月25日，上海申汇精密陶瓷公司（简称"申汇公司"）与上海市地质物资供应站（简称"供应站"）、北京海淀华庆高陶新材料研究所（简称"华庆所"）签订合资合同及章程，合资成立上海黑马耐磨蚀装备有限公司（简称"黑马公司"）。同年4月10日，供应站以借款名义将78万元款项注入申汇公司账户，再由申汇公司将上述款项注入验资账户，作为黑马公司的注册资本。同年5月4日，黑马公司将78万元划至供应站账户，用于代申汇公司还资本金78万元。最终，法院认定申汇公司的上述行为构成抽逃出资，应对其抽逃出资行为承担相应的民事责任。①

在承担民事责任的基础上，抽逃出资行为还涉及行政责任的承担，工商行政管理机关可依据《公司法》对抽逃出资行为进行处罚。例如，在某投资公司抽逃出资案件中，工商行政管理机关认为：注册资本是公司进行生产经营活动的物质基础，公司以其注册资本对外承担责任，股东以其认缴的出资额为限对公司承担责任，因此法律规定股东不得随意抽回其出资。某投资公司以自有资产进行投资，但之后将新增出资的部分款项划回自己账户，属于变相抽逃出资行为，违反了《公司法》第36条"公司成立后，股东不得抽逃出资"的规定，构成抽逃出资人民币140万元的违法行为。在此基础上，工商行政管理部门对股东进行了处罚。

4. 出资不足纠纷

出资不足，是指在公司章程规定的期限内，股东仅履行了部分出资义务而未能补足出资的情形。出资不足的具体表现形式有：货币出资只履行了部分出资义务；作为出资的实物、知识产权、土地使用权的实际价额显著低于公司章程所定价额等。

随着新《公司法》的实施，理论和实务界对公司诉讼相关问题研究的深入，因出资不足而引发的公司诉讼纠纷呈逐渐上升趋势。比如，我们代理的北京首都国际投资管理有限责任公司诉安达新世纪巨鹰投资发展有限公司股东权确权赔偿纠纷案，即属股东出资不足应否影响股东权利行使的纠纷。在该案中，最高人民法院首例判决确认，出资不足不影响股东资

---

① 载中外民商裁判网，http://www.zwmscp.com/list.asp? unid=4947，2009年12月7日访问。

格的取得,但其股东表决权、利润分配请求权及新股认购权等股东权利应受限制(详见本书下篇第六章案例二)。

《最高人民法院关于适用〈中华人民共和国公司法〉若干问题的规定(三)》第17条亦就此作出规定,"股东未履行或者未全面履行出资义务或者抽逃出资,公司根据公司章程或者股东会决议对其利润分配请求权、新股优先认购权、剩余财产分配请求权等股东权利作出相应的合理限制,该股东请求认定该限制无效的,人民法院不予支持"。可见,随着相关法律、法规和司法解释的不断完善,出资不足所引发的纠纷将逐步成为公司诉讼的典型。

5. 逾期出资纠纷

《公司法》和相关的外资企业法律制度允许注册资本分期缴纳,规定了首次出资的最低限额。股东如果没有按照公司法的规定,按时缴足首次出资,公司登记机关依据公司法的规定拒绝进行公司登记。因此在这种情况下,原则上不会发生逾期出资纠纷。实践中,经常发生纠纷的是股东首次出资的交纳符合法律规定,但是未按公司章程规定的时间履行分期出资的义务。这种情况下,没有在规定期限内缴足出资的股东,违反了章程约定的出资义务,可能发生纠纷或诉讼。

二、因公司控制权争夺引发的公司诉讼

(一) 公司公章、财务章、营业执照、批准证书等的争夺纠纷

在中国的法律环境下,公司公章、财务章、营业执照、批准证书通常由公司实际控制人控制。公司开展经营、对外签订合同一般需要加盖公司公章,公司在开户银行存取款项、对外支付,需加盖财务章才具有法律效力,而营业执照是证明公司合法经营最重要的凭据。所以,对公司公章、财务章和营业执照的争夺,是跨国公司在公司控制权争夺中的一个重要表现。[①]

实质上,公章、财务章、营业执照、批准证书是公司法人身份的证明,属于公司的财产。通常而言,公章应由公司管理层负责人员根据公司章程的

---

① 参见袁芳:《跨国公司财务管理策略浅谈》,载《商场现代化》2007年6月(中旬刊)总第506期;刘建民:《论跨国公司财务管理的特点》,载《商场现代化》2005年9月(下旬刊)总第444期。

规定或规章制度的规定掌控,而不应当由任何一个股东进行掌控。一般情况下,公司的公章、财务章和营业执照由公司专门的保管机构和保管人员保管。但是,由于其突出的重要地位,尤其是在中外合资或合作企业中,往往是其中一个股东(中方或外方)负责中外合资或合作企业的经营管理,因此很容易出现负责管理公司的股东(中方或外方)为了自身的利益,违反公司章程、内部规章制度或董事会的相关决议规定而控制公司公章、财务章和营业执照,从而侵犯了公司及公司其他股东的利益的情况。

这种行为在本质上属于一种侵权行为,无论是股东、实际控制人,还是高管人员,违反公司章程、内部规章制度或董事会的相关决议规定,控制公司的公章、财务章或营业执照为自己单方的利益服务,都是侵犯公司合法权益的行为。根据《公司法》第152条的规定,公司可以提起直接诉讼,或者在公司怠于起诉的时候,符合条件的股东可以提起股东代表诉讼。

在实践中,我们曾处理多起公司公章、财务章以及营业执照被他人不当占有的案件。例如,天津某贸易公司为一外商独资企业,股东为香港某医药公司。甲为天津贸易公司的法定代表人,同时也是持有香港医药公司80%股权的股东。香港医药公司属于家族企业,甲作为父亲,为安排亲属经营自己的生意,将女儿乙派驻到天津贸易公司担任总经理,公司的公章、财务章、营业执照等均交由乙来保管。后由于甲的妻子去世,甲与乙在遗产继承问题上发生矛盾,甲遂解除了乙在天津贸易公司的总经理职务。乙在被解除公司职务后,拒不交还公司公章、财务章和营业执照,还利用控制公司的便利条件,使用财务章进行转款,给天津贸易公司造成巨大损失。我们受甲的委托处理该纠纷。我们建议,可由天津贸易公司提起对乙的诉讼,要求返还公司公章、财务章、营业执照等重要物品,并同时对乙转移走的财产采取保全措施。考虑到纠纷双方的特殊关系,我们同时建议双方尽可能进行协商,争取先化解矛盾再解决纠纷。后甲、乙双方最终达成和解,解决了公司因公章、财务章和营业执照争夺而发生的纠纷。

(二)公司决议效力、撤销纠纷

对公司控制权的争夺还表现在各方关于公司股东会决议、董事会决议效力的争议上。根据《公司法》第22条的规定,股东会、董事会决议的瑕疵分为内容瑕疵和程序瑕疵。对于实体内容违反法律、法规的决议,股东可以向法院提起确认无效的诉讼。对于决议内容违反公司章程的，或召集程序、表决方式等程序事项违反法律、法规和公司章程的，股东可以向法院提起撤销决议的诉讼。实践中，关于公司决议效力的纠纷有以下三类：

1. 公司决议无效纠纷

根据《公司法》的规定，公司决议无效是指股东会、董事会决议的内容违反法律、行政法规的情形。

但是，并非决议内容违反法律、行政法规的所有规定，相关决议都应被视为无效。参照《合同法》第52条的规定，即只有在违反法律或行政法规的强制性规定的情况下，合同才能被确认为无效，公司股东会决议或董事会决议也只有在违反法律和行政法规强制性规定的情况下，才能被确认为无效。一旦公司决议被法院判决确定为无效，应属于自始无效、当然无效和绝对无效。

在江苏省常州市天宁区人民法院审理的(2010)天商初字285号案件中，常州市东亚电子设备器材厂起诉要求确认常州亚细亚电子有限公司（下称"亚细亚公司"）董事会决议无效，该院判决认为：亚细亚公司系中外合资经营企业，公司董事会的召集、主持、议事和表决，均应依照法律规定、公司章程的规定履行程序规则，方可形成有效的董事会决议。薛某某无权以常州市东亚电子设备器材厂的名义向亚细亚公司委派董事长和董事，其委派的董事参加亚细亚公司董事会会议进而作出的董事会决议，既不符合法律规定，也不能代表实际投资人常州市东亚电子设备器材厂和亚细亚公司的真实意思表示，因此，该董事会决议无效。①

2. 公司决议撤销纠纷

公司决议撤销纠纷是指股东会、董事会的召集程序、表决方式违反法律、法规或者公司章程，或者决议内容违反公司章程的，股东可以自决议作出之日起60日内，以公司为被告向法院提起诉讼，请求撤销股东会、董事会的决议。一旦法院裁决撤销股东会、董事会决议，则此撤销具有溯及力，被撤销的决议自始无效。

实践中，召集程序违法及违反章程的表现形式主要有：（1）召集权瑕

---

① 该判决书的详细内容请参见"江苏省常州市中级人民法院网站"：http://www.jsczfy.gov.cn/cpws/plus/view.php? aid = 1064，2011年1月10日访问。

疵;(2)召集通知程序瑕疵;(3)召集通知中未按照规定载明召集事由、议题;(4)召集对象有遗漏。

表决方式违法的主要表现方式有:(1)无表决权人参加表决;(2)主持人无主持权;(3)表决事项瑕疵;(4)表决权数计算有误;(5)个别股东行使表决权的意思表示瑕疵。

实践中,法院可能会以程序瑕疵是否影响股东实际权利的行使来裁判是否撤销公司决议。本篇所举的第五个案例,就是一起典型的公司董事会决议效力纠纷。该案中,上海市静安区人民法院认为,上海晟峰软件有限公司部分董事提议所召开的董事会,未按照章程规定通知全体董事;更换董事长的决议也有悖于公司章程的规定,依据《中外合资经营企业法》第6条第1款、第2款和第15条之规定,判决晟峰软件公司于2007年11月30日形成的董事会三份决议予以撤销。

3. 公司决议不存在纠纷

公司决议不存在纠纷是指股东会、董事会的召集程序或者表决方式存在重大瑕疵,股东可以向法院提起诉讼,请求确认股东会决议或者董事会决议并不存在。此处的"重大瑕疵"应达到可以确认股东会或董事会的决议不存在的程度。

实践中,我们曾处理过一起此类案例。某有限责任公司股东之间发生纠纷,股东甲电话通知股东乙召开股东会,股东乙以合理理由提出延期,股东甲未置可否。事后,股东乙得知股东甲已经作出股东会决议,对公司生产经营中的重大事项作出了安排。股东乙为保护自身合法权益,提出撤销股东会决议,并委托我们代理案件。在代理案件过程中,我们提出,电话通知并不符合公司章程规定的召开公司股东会的程序要求,在股东乙未参加股东会的情况下,股东甲无权单方作出股东会决议,事实上股东会决议并不成立,即股东会决议不存在。法院最终判决支持了我们的观点。

(三)法定代表人变更引发的纠纷

法定代表人指依据法律或公司章程规定代表公司行使职权的负责人。《公司法》实行单一法定代表人制,一般认为法人的正职行政负责人为其唯一法定代表人,如董事长、执行董事或总经理。

法定代表人与公司法人在内部关系上往往是劳动合同关系,故法定代表人属于雇员范畴。但对外关系上,法定代表人对外以法人名义进行民事活动时,其与法人之间并非代理关系,而是代表关系,且其代表职权来自法律的明确授权,故无需法人的授权。所以,法定代表人对外的职务行为即为法人行为,其后果由法人承担,并且,法人不得以对法定代表人的内部职权限制为由对抗善意第三人。

因此,法定代表人的变更会在公司对外关系上产生影响,并且由于司法实践中法院一般根据工商登记的法定代表人来确定公司的法定代表人。所以,当法定代表人变更后未及时办理工商登记变更时,此变更是否产生效力、产生何种效力就会存在较大的争议。实践中,公司因经营管理需要、股东变更或其他原因,变更法定代表人的情况经常发生,原公司法定代表人因利益驱动或其他原因不配合办理工商变更登记的情况也时有发生。在此情况下,谁有权代表公司提起诉讼或应诉存在争议。

我们认为,工商登记原则上是对私权的确认或认可,在法定代表人问题上,应当充分尊重公司内部的自治,如果公司依据章程规定经过相应程序变更了新的法定代表人,则新的法定代表人即可代表公司进行民事行为和参与诉讼。

实践中,我们曾处理过类似案例。在我们代理的北京首都国际投资管理有限责任公司诉安达新世纪巨鹰投资发展有限公司股东权确权赔偿纠纷案件[①]中,原告的原董事长在辞职并被免职后迟迟不配合公司办理法定代表人变更的工商变更登记手续,致使原告董事会委任的新董事长不能在工商局办理变更登记手续。我们根据北京首都国际投资管理有限责任公司新任董事长的委托对被告提起诉讼,被告对原告的新任董事长是否有权代表公司提起诉讼并委托代理律师参与诉讼提出挑战。最高人民法院的终审判决认为:公司的法定代表人的更换并不影响诉讼进行。北京首都国际投资管理有限责任公司通过合法的程序召开了股东会和董事会,免去了原董事长陈某某的董事及董事长职务,并选举苏某为新任董事长。在陈某某带走营业执照导致公司无法及时进行工商变更登记的情况下,公司亦就本次诉讼专门授权管理层处理。因此,公司的新任董事长有权代表公司提起诉讼,并有权委托代理人参与本案诉讼。

---

① 有关该案的详细情况请参见本书下篇第六章案例二。

因此，如果公司依据公司章程的规定依法选举了新任法定代表人，即使未办理工商变更登记手续，司法实践也通常认可新任董事长有权代表公司提起诉讼或应诉。

（四）股东知情权纠纷

根据《公司法》第6条、34条、98条、117条、166条的规定，股东知情权可以分为查阅权、检查选任请求权和质询权。

实践中，因为跨国公司的业务遍布全球，其母公司与子公司之间的联系，特别是与跨国公司在中国境内的全资子公司或者与参与合资或合作公司之间的联系，相对于纯内资公司与其股东之间的联系就会稍显松散。在此情况下，股东知情权的重要性不言而喻，所以在因公司的控制权争夺引发的纠纷中，股东知情权纠纷就处于举足轻重的位置。

股东知情权纠纷最核心的问题就是公司信息有哪些是需要披露给股东的，有哪些是无需对股东披露的。根据《公司法》的规定，公司应当根据不同情况向股东披露公司基本信息[①]、公司财务信息[②]及公司经营决策相关信息。[③]《公司法》将有限公司股东知情权和股份有限公司股东知情权分开规定，两者权利范围不尽相同。

根据《公司法》第34条的规定，股东可以要求查阅、复制公司财务会计报告，查阅公司会计账簿。然而，就股东是否可以要求查阅原始会计凭证，《公司法》没有明确规定。司法实践中的主流意见是，原始凭证应包括在股东知情权的范围内，如此，才可实现股东真正了解公司经营状况的目的，维护股东的利益。

在香港帕拉沃工业有限公司与北京富裕达房地产开发有限公司特别清算委员会公司知情权纠纷案中，帕拉沃公司诉称：其和北京昆泰房地产开发集团（简称"昆泰集团"）是北京富裕达房地产开发有限公司（简称"富

---

① 公司基本信息，是指与公司组织直接相关的信息。在形式上主要表现为包括公司章程、股东名册、公司债券存根、董事、经理、监事名单及联系地址等文件。

② 公司财务信息，包括财务会计报告、会计账簿和会计凭证，与公司的经营状况密切相关。根据2006年公布的《企业会计准则》，财务报表至少应当包括资产负债表、利润表、现金流量表、所有者权益变动表、附注等。

③ 公司经营决策信息，是指公司作出重大经营决策的相关决定与记录，以及与公司经营决策有关的重大事件如公司重大资产处置、关联交易等。主要包括股东会会议决议与记录、董事会会议决议、监事会会议决议、重大合同、交易记录等文件。

裕达公司")的股东,从2004年6月起昆泰集团以非法手段单方控制了富裕达公司的经营管理权直至2006年3月富裕达公司进入清算阶段。由帕拉沃公司、昆泰集团和北京市商务局指派的人员共同成立清算委员会,公司的全部文件及账册由三方共同保管,存放在保险柜中,帕拉沃公司、昆泰集团和清算委员会的人员各持一把钥匙,必须三把钥匙同时使用才能打开保险柜取得账簿。在清算工作开始后,帕拉沃公司根据公司合同、章程有关规定,多次要求查阅富裕达公司账册尤其是昆泰集团单独经营期间的账册和文件,均被拒绝。故帕拉沃公司向法院提起诉讼,请求判令清算委员会向帕拉沃公司提供富裕达公司全部会计账册和公司文件,包括公司章程、股东会记录、董事会决议、财务会计报告和经营合同,供帕拉沃公司查阅。

北京市第二中级人民院经审理认为:帕拉沃公司作为富裕达公司的股东,有权了解公司财产的使用情况及有关经营事项,同时《公司法》第34条第1款也规定了股东查阅、复制公司章程、财务会计报告等文件的权利。现在富裕达公司进入清算阶段,清算委员会作为清算主体应当向帕拉沃公司提供富裕达公司1996年1月1日至2007年12月31日期间的公司章程、股东会记录、董事会决议、财务会计报告、会计账簿,供帕拉沃公司查阅。法院最终判决支持了原告要求查阅公司章程、股东会记录、董事会决议、财务会计报告、会计账簿的诉讼请求。①

(五)分红纠纷

股东的分红权,即是股东的股利分配请求权。股利,包括股息和红利。所谓股息,指的是股东定期从公司获得的固定比率的利润。所谓红利,指的是股息分配后仍有剩余而另按一定比例分配的利润。在股东权益中,股利分配请求权是股东获取投资回报的主要手段。由于股利分配方案需要股东会(外资企业为董事会)通过,基于资本多数决原则,公司的大股东可能资本多数决原则损害中小股东的利益。

此外,股东投资于公司,虽然主要目的是为了获取回报,但在获取回报

---

① 参见北京市第二中级人民法院(2008)二中民初字第6591号民事判决书,载http://www.flssw.com/caipanwenshu/info/2090256/,2010年3月23日访问。

的方式选择上可能存在差异。有的股东希望将更多的利益留在公司,将公司做大做强以便将来获得更多的收益。而有的股东则希望即时分配利润,不愿冒公司经营失败的风险。基于此,分红纠纷的产生有着不同的原因,需具体分析。

股东分红纠纷的类型可以分为两类,一类为因公司违反股利分配规则引发的纠纷,另一类为因公司实质上侵害股东权利引发的纠纷。由于公司的股利分配有着一套严格的程序,所以分红纠纷的第一个层次便是因公司未遵守股利分配规则而产生的诉讼。此外,由于公司的股利分配是一个商业判断性很强的公司实践,所以也有不少纠纷产生的原因是股东认为股利分配虽然符合程序要求,但实质上侵害了其合法权利。

当然,基于司法不轻易干预公司事务的一般原则,司法实践中人民法院通常认为,股东要求分配股利的诉讼,必须先经公司有权机构(有限公司的股东会和合资企业的董事会)决议。未经公司内部有权机构决议分红,股东径行向法院提起诉讼要求分红不应得到支持。比如,在河南省济源市中级人民法院[2004]济中民一终字第359号案件中,法院认为,在没有公司股东会决议的情况下,应当驳回股东要求分配红利的诉讼请求。原告金福平与他人于2002年8月成立了济源裕恒工贸有限公司,经过几年的经营,该公司获得可观的盈利。由于各股东间对公司发展持不同意见,一直没有对该盈利进行分配。后原告金福平于2004年2月26日向济源市人民法院提起诉讼,请求法院判令济源裕恒公司支付其应得的分红款。法院经审理后认为,公司盈余分配问题属于公司自治的范畴,法院无权决定公司的盈余分配。股东未经股东会决议而要求分配公司盈余的起诉,不属于人民法院受理范围,对此类起诉应当不予受理,已经受理的,应当驳回起诉。①

(六)控股股东滥用公司法人独立地位纠纷

探讨控股股东滥用公司法人独立地位纠纷的问题,首先应厘清在实践中有哪些情形可以导致此种纠纷的产生。对此,《公司法》第20条仅作了原则性的规定,而至于何为"滥用",并未予以明确。我们认为,控股股东

---

① 载"北大法宝—中国法律检索系统",http://172.16.0.61/,2009年12月7日访问。

滥用公司法人独立地位目的是利用法人人格这一法律制度逃避债务,损害债权人和/或中小股东的利益。因此,判断是否构成"滥用",应以公司的独立人格在实践中是否得到尊重和维护为标准。

股东滥用公司法人独立地位在结果上体现为:公司的资本显著不足,偿债能力严重下降,公司丧失了独立意志和利益,成为为股东谋取个人利益的工具。实践中,存在股东滥用公司独立地位使公司陷入经营困境形成巨额债务后,原公司的人、财、物与公司脱钩,另行组建新公司进行独立经营,逃避亏损公司的巨额债务的情形。

在我们代理原告的一起案件中,黑龙江省哈尔滨市中级人民法院裁判时运用法人人格否认原则支持了原告的诉讼请求。2004年,黑龙江某公司与某房地产开发公司签订《购房协议》,购买该公司开发的一座综合办公楼。但在付款后,房产开发公司却始终未履行办公楼的竣工验收、办理产权过户等合同义务。经调查发现,房地产开发公司所售办公楼的国有土地使用证、建设用地规划许可证、建设工程规划许可证、建设工程施工许可证均登记在某高科技公司名下,而房产开发公司仅以其名义办理了商品房预售许可证。该高科技公司系房产开发公司的大股东,两公司的法定代表人均为邹某某。我们代理购买房产的公司以房产开发公司和高科技公司为共同被告提起诉讼,请求房产开发公司完成竣工验收及办理产权手续等义务,同时要求高科技公司对房产开发公司的上述责任承担连带责任。

哈尔滨市中级人民法院一审认为:"原告与被告房产开发公司所签订的购房协议及补充协议是双方的真实意思表示,被告房产开发公司具有有关部门颁发的销售许可证,且协议不违反有关法律的强制性规定,双方均应自觉履行。""原告要求被告高科技公司承担连带责任,因被告高科技公司既是原告所购房屋所涉及的土地证、建设许可证的名义人,又与被告房产开发公司系同一行政管理、同一财务管理,属法人人格混同,原告要求被告高科技公司承担连带责任符合相关法律规定。"哈尔滨市中级人民法院一审判决:房产开发公司应限期完成消防工程,为甲公司办理产权过户手续,并承担合同约定的违约金;高科技公司对房产开发公司应承担的责任承担连带责任。对于该判决,原、被告均未上诉,一审判决生效。①

三、因并购境内企业引发的公司诉讼

(一)跨国公司并购境内企业的主要形式

跨国公司在华投资的一种形式表现为外资并购境内企业。根据2006年商务部、国务院国有资产监督管理委员会、国家税务总局、国家工商行政管理总局、中国证券监督管理委员会、国家外汇管理局等六部委联合发布的《关于外国投资者并购境内企业的规定》,"外国投资者并购非上市境内企业"有两种法定方式:股权并购和资产并购。

股权并购,即外国投资者购买境内非外商投资企业(或称"境内公司")股东的股权或认购境内公司增资,使该境内公司变更设立为外商投资企业;资产并购,即外国投资者设立外商投资企业,并通过该企业协议购买境内企业资产且运营该资产,或者外国投资者协议购买境内企业资产,并以该资产投资设立外商投资企业运营该资产。下文所探讨的内容为股权并购中多发的纠纷。

(二)股权并购中多发的纠纷

1. 因违反股权转让的一般规则引发的纠纷

实践中容易产生纠纷的大多为有限责任公司的股权转让。根据《公司法》第72条②规定,有限责任公司的股东之间可以自由转让股权,也可以在章程中对转让股权的具体事宜加以协商规定。实践中,为防止部分股东的股权不被稀释,或者阻止公司的竞争者或对公司怀有敌意的人购买公司,公司章程往往约定特殊的股权转让规则。除公司章程对股权转让规则

---

① 张保生、夏东霞:《新〈公司法〉颁布后法院对新〈公司法〉生效前的行为适用"法人人格否认制度"判令股东对公司债务承担连带责任的首起判例解析》,见"中外民商裁判网":www.zwmscp. com/list. asp? unid = 9393,2010年2月21日访问。

② 《公司法》第72条规定:"有限责任公司的股东之间可以相互转让其全部或者部分股权。股东向股东以外的人转让股权,应当经其他股东过半数同意。股东应就其股权转让事项书面通知其他股东征求同意,其他股东自接到书面通知之日起满30日未答复的,视为同意转让。其他股东半数以上不同意转让的,不同意的股东应当购买该转让的股权;不购买的,视为同意转让。经股东同意转让的股权,在同等条件下,其他股东有优先购买权。两个以上股东主张行使优先购买权的,协商确定各自的购买比例;协商不成的,按照转让时各自的出资比例行使优先购买权。公司章程对股权转让另有规定的,从其规定。"

有特殊约定而产生的纠纷外,实践中因股权转让而产生的纠纷主要有以下两种:

(1)因未履行对其他股东的通知义务引发的纠纷

根据《公司法》第72条的规定,股东向股东以外的人转让股权,应当经其他股东过半数同意。转让股东应就其转让股权事项书面通知其他股东并征求同意。通知书应告知转让条件,包括转让价格、条件和受让人基本情况。如果其他股东在接到书面通知30日内进行了答复而同意转让,则转让人可转让股权,不再受此30日期限的限制。如果其他股东接到书面通知后迟迟未答复,那么拟转让股权的股东就要等候30日,只有在30日期限届满后,才能视为其他股东同意股权转让。实践中,存在许多未依法履行通知义务的情形,包括未进行通知,或者通知不符合法定的书面形式,或者给予的答复期限过短等,由此引发了许多纠纷甚至诉讼。

(2)因侵犯其他股东的优先购买权引发的纠纷

在有限责任公司股权转让实践中,存在"阴阳合同"的现象,即股权交易双方为了实现自己利益最大化,防止其他股东行使优先购买权,将约定价款较高的合同内容告知公司的其他股东,使得其他股东无法接受该合同的价格条款,而在转让人和受让人之间实际履行的却是另一份股权转让价款较低的合同。

显然,上述情形违反有限责任公司"同等条件下其他股东有优先购买权"的原则性规定。而且,其他股东放弃优先购买权的意思表示是在受到股权转让人欺诈后作出的非真实意思表示。因此,在上述情况下,其他股东可以根据《公司法》、《合同法》等法律规定,要求撤销股权转让行为,并按照实际履行的合同价格行使优先购买权。

上海中福企业投资发展有限公司(简称"中福公司")起诉王慧、佰分佰公司、王琦股权转让协议无效案,即为典型的侵害股东优先购买权纠纷。原告中福公司、被告王慧及案外人黄淑玲均系上海兴昆建材有限公司(简称"兴昆公司")的股东。被告王慧等人伪造中福公司印鉴,伪造了"同意王慧将其83%的股权转让给佰分佰公司和王琦,中福公司和黄淑玲均放弃优先购买权"的股东会决议。同年5月,王慧等人签订股权转让协议,约定佰分佰公司和王琦各以1元价格受让49.8%和33.2%的股权,并按持股比例承继兴昆公司的债权债务。同年7月,中福公司以王慧等人伪造股东会决议,侵犯其优先购买权为由诉请法院判令股权转让协议无效,并主张支付2元价格优先受让上述股权。

法院认为,经过鉴定,股东会决议上的中福公司印鉴并非其于2003年使用的真实印鉴,不应认定中福公司同意放弃优先购买权,王慧等人签订的股权转让协议侵犯了中福公司的优先购买权,依法不能成立,应予撤销。但法院同时认为,佰分佰公司和王琦等支付1元转让款同时还承继了兴昆公司的债权债务,因此,中福公司诉请判令其以2元价格优先受让系争股权,并不构成同等条件下行使权利,故该项诉请不予支持。①

2. 因违反程序上特殊批准的要求引发的纠纷

《外资企业法》、《中外合资经营企业法》和《中外合作经营企业法》作为规制跨国公司在中国投资的主要法律,均明确规定,外商投资企业的股东或投资人将股权或投资权益进行转让时,需经过审批机构批准。由于上述规定属于国家法律法规的强制性规定,违反该强制性规定将导致相关合同不发生法律效力。

在我们代理的湖南一高速公路项目诉讼案件(详见本书下篇第六章案例三)中,某境外公司要求法院确认其享有香港公司在中外合作经营企业中的股权,但法院以相关协议未经外商投资主管部门审批而不生效为由,判决驳回了该境外公司的诉讼请求。

3. 因违反中国法律法规对投资者资格的规定和产业政策的要求引发的纠纷

对中国公司的股权转让,应当符合中国法律法规对投资者资格的规定和产业政策的要求。例如,不允许外商独资经营的企业,股权转让不得导致外国投资者持有企业的全部股权;因股权转让而使内资企业变成外资企业的,必须符合设立外资企业的条件;需有国有资本占控制或主导地位的产业,股权转让不得导致外国投资者占控股或者主导地位等。如果公司的股权转让违反上述规定,将可能导致股权转让合同无效,并进而引发相应纠纷。

---

① 载"太仓律师网",http://blog.sina.com.cn/s/blog_6059c62b0100eaqq.html,2009年12月11日访问。

4. 当事人对被并购的公司的债务承担约定不明、责任不清而引起纠纷

当事人对被并购的公司的债务承担约定不明、责任不清,容易引发纠纷。一是被并购的目标公司在资产评估时遗漏债务,有的是遗漏目标公司在进行民事和经济活动中应承担的债务,也有的是遗漏目标公司可能承担的隐形债务,如未界定目标公司提供的担保等隐形债务;二是被并购公司注册资金不到位或抽逃注册资金,使实际净资产数和账面净资产数不相符。

5. 因被并购方欺诈导致的纠纷

有些被并购的目标公司本已负债累累,资不抵债,但是,被并购方为引进跨国公司并抬高并购价格,而故意隐瞒债务,尤其是隐瞒担保债务,做假账,虚报盈利,虚列债权,隐瞒债权的真实情况,对债权进行"技术处理",使目标公司俨然变为实力雄厚、前景辉煌的殷实企业。跨国公司在交接后进入目标公司,发现目标公司的真实情况,从而可能引发纠纷。

比如,在本书开篇介绍的第四个案例,就是一起典型的境内公司及其股东利用欺诈手段骗取境外公司并购境内公司的案例。境内某农产品公司为吸引境外公司的投资,采取伪造账册的方式,隐瞒公司糟糕的真实财务状况,欺诈境外投资者,骗取境外投资公司投资3000万美元(其中,1800万美元增资款和股权转让款,1200万美元股东贷款),事发后双方发生纠纷。

四、因董事、监事、高管人员损害公司/股东利益引发的公司诉讼

(一) 董事、监事、高管人员侵占、挪用公司资产引发的纠纷

1. 董事、监事、高管人员侵占公司资产引发的纠纷

关于什么是"侵占",《公司法》并没有明确的规定。借鉴《中华人民共和国刑法》(简称"《刑法》")上关于侵占罪的行为方式的认定,对实践操作中的认定有所帮助。①

《刑法》上的侵占行为既可以是作为,也可以是不作为,具体表现为将

---

① 侵占罪的成立无非是主观恶性和客观危害达到严重程度从而触犯了刑法,应受刑事制裁,公司法和刑法侧重点在于行为程度的轻重,而在行为方式的认定上有相通之处。

自己代为保管的财物出卖、赠与、消费、抵偿债务,等等。区别于"挪用"行为,侵占行为是以"非法占有"为目的的,而非出于暂时占有和使用的目的。由此可见,如果跨国公司的董事、监事、高管明知没有归还能力而大量骗取资金,或非法获取资金后逃跑,或肆意挥霍骗取资金,或抽逃、转移资金、隐匿资产以逃避返还资金,或隐匿、销毁账目、搞假破产、假倒闭以逃避返还资金等,均可能导致因侵占公司资产而引发纠纷。

因侵占公司资产产生的纠纷,一旦确定公司董事、监事、高管的侵占行为达到了某种程度,除了其应当承担《公司法》上的收入归入责任和赔偿责任外,还应承担其相应的刑事责任。①

公司起诉已被免职的董事、监事、高级管理人员,要求返还公司公章、证照、财务账册等相关财产的案件,在公司控制权争夺的纠纷中十分常见。在我们代理跨国公司作为一方当事人的公司诉讼案件中,因董事、监事、高管人员侵占公司资产引发的纠纷,占有相当的比重。在本书下篇第六章所列的几个案例中,案例七和八均涉及公司的高级管理人员侵占公司财产的情形。

2. 董事、监事、高管人员挪用公司资产引发的纠纷

所谓"挪用",即是指"把原定用于某方面的钱物转移为其个人目的的其他方面使用"。公司资产的使用有着特定的目的和一套严格的程序,是

---

① 《刑法》第271条:"公司、企业或者其他单位的人员,利用职务上的便利,将本单位财物非法占为己有,数额较大的,处5年以下有期徒刑或者拘役;数额巨大的,处5年以上有期徒刑,可以并处没收财产。国有公司、企业或者其他国有单位中从事公务的人员和国有公司、企业或者其他国有单位委派到非国有公司、企业以及其他单位从事公务的人员有前款行为的,依照本法第382条、第383条的规定定罪处罚。"

《刑法》第382条:"国家工作人员利用职务上的便利,侵吞、窃取、骗取或者以其他手段非法占有公共财物的,是贪污罪。受国家机关、国有公司、企业、事业单位、人民团体委托管理、经营国有财产的人员,利用职务上的便利,侵吞、窃取、骗取或者以其他手段非法占有国有财物的,以贪污论。与前两款所列人员勾结,伙同贪污的,以共犯论处。"

《刑法》第383条:"对犯贪污罪的,根据情节轻重,分别依照下列规定处罚:(一)个人贪污数额在10万元以上的,处10年以上有期徒刑或者无期徒刑,可以并处没收财产;情节特别严重的,处死刑,并处没收财产。(二)个人贪污数额在5万元以上不满10万元的,处5年以上有期徒刑,可以并处没收财产;情节特别严重的,处无期徒刑,并处没收财产。(三)个人贪污数额在5000元以上不满5万元的,处1年以上7年以下有期徒刑;情节严重的,处7年以上10年以下有期徒刑。个人贪污数额在5000元以上不满1万元,犯罪后有悔改表现、积极退赃的,可以减轻处罚或者免予刑事处罚,由其所在单位或者上级主管机关给予行政处分。(四)个人贪污数额不满5000元,情节较重的,处2年以下有期徒刑或者拘役;情节较轻的,由其所在单位或者上级主管机关酌情给予行政处分。对多次贪污未经处理的,按照累计贪污数额处罚。"

为公司经营目的而使用的,如果将公司资产用于私用,则构成"挪用公司资产"。

同侵占公司资产行为一致,挪用公司资产的董事、监事、高管人员应该承担收入归入责任和赔偿责任,行为达到《刑法》上的要求(数额标准＋时间标准＋用途标准)的,还应承担相应的刑事责任。①

(二)董事、监事、高管人员关联交易引发的纠纷

《公司法》第217条第4款规定,"关联关系,是指公司控股股东、实际控制人、董事、监事、高级管理人员与其直接或者间接控制的企业之间的关系,以及可能导致公司利益转移的其他关系"。

根据上述规定,关联人除了包括有股权关联的自然人、法人之外,还包括潜在的实际控制人。而在具体的纠纷发生时,对关联关系的认定,要关注关联关系的内涵,即关联人是指公司的内部人以及与其有利害关系的、对公司的经营决策能够直接或间接地施加控制和影响的其他人。

在当今市场分工合作日益紧密的大环境下,公司之间的协同效应渐渐增大,跨国公司更是有着全球广泛的合作伙伴,所谓的"关联交易"实属难以避免。作为一种商业现象,如果其交易的价格和方式都适当,则交易的合理性与合法性无可厚非。而所谓的因关联交易产生的纠纷,多发生于关联交易侵害股东或者公司的利益的情况下。所以,如何认定正常的关联交易,对实践中避免因关联交易引发的纠纷也有着重要的意义。司法实践中主要是考量关联交易的公平性,这种公平性可以通过交易价格、交易程序等方面加以认定。当关联交易属于公平交易时,此种交易应被认定为有效的交易。

在本书开篇介绍的案例三即是一起公司高管人员损害公司利益诉讼案件。某中外合资公司聘任的总经理在未经合资公司董事会决议的情况下,利用职务便利,将合资公司持有的另一公司的股权转让给其关联公司。合资公司以该总经理与其关联公司恶意串通损害公司利益为由,要求法院

---

① 《刑法》第272条:"公司、企业或者其他单位的工作人员,利用职务上的便利,挪用本单位资金归个人使用或者借贷给他人,数额较大、超过3个月未还的,或者虽未超过3个月,但数额较大、进行营利活动的,或者进行非法活动的,处3年以下有期徒刑或者拘役;挪用本单位资金数额巨大的,或者数额较大不退还的,处3年以上10年以下有期徒刑。"

确认该总经理代表合资公司与其关联公司签订的股权转让合同无效。目前,该案仍在审理过程中。

五、因公司僵局和清算引发的公司诉讼

(一)因公司僵局引发的纠纷

公司僵局,是指公司在存续运行中由于股东、董事之间矛盾激烈、发生纠纷,且彼此不愿妥协而处于僵持状况,导致股东会、董事会等权力和决策机关陷入权力对峙而不能按照法定和约定程序作出决策,从而使公司陷入无法正常运转甚至瘫痪的状态。在出现公司僵局的情况下,可能引发如下纠纷:

1. 解散公司之诉

在出现公司僵局的情况下,如果一方股东希望解散公司,而其他股东不希望解散公司,则可能导致一方股东申请法院解散公司,从而引发解散公司之诉。解散公司之诉是新《公司法》所规定的新型诉讼,它赋予了股东在公司出现僵局的情况下,可以通过司法手段解散公司维护公司以及股东利益。在新《公司法》实施后,解散公司之诉的救济手段也越来越受到股东的重视,成为保护股东尤其是中小股东利益的一项重要武器。

比如,在新《公司法》实施后,浙江省杭州市首例司法解散公司诉讼案,即是在公司僵局的情况下小股东通过起诉解散公司而维护自身利益的典型案例。杭州大地农药有限公司(简称"大地公司")是中外合资经营企业,投资人包括两个企业法人和十个自然人,主营农药制造。2005年,因环保原因,当地政府要求公司于2005年12月31日前关停。2005年12月底,大地公司停止经营。在有关部门的协调下,大地公司与公司全体员工办理了提前解除劳动合同的手续。之后大地公司就搬迁及公司是否继续经营事宜召开了董事会,其中陈某等六名自然人股东(占大地公司注册资金的17.7%)明确表示不同意公司延续经营及搬迁计划,并就大地公司是否解散事宜与大地公司大股东发生纠纷,以致成讼。

浙江省杭州市余杭区人民法院经审理认为:陈某等六原告共向大地公司投资120万元,占大地公司注册资金的17.7%,具有请求解散大地公司的诉权。大地公司被政府责令于2005年12月底关停后,公司已无经营场

所,公司的全部员工已被提前解除劳动合同,相应的组织机构也已被撤销,且在公司是解散进行清算还是搬迁的问题上六原告与大地公司的大股东之间发生纠纷,公司大小股东间对立明显,处于不可调和的状态,公司经营管理已发生严重困难,公司僵局确实存在。现双方的矛盾无法调和,大地公司处于既不能经营,又无法搬迁的状态,继续存续必然会使股东的利益受到重大损失。大地公司的大股东虽有受让六原告的股权的意向,但转让双方就付款条件不能达成一致,致使股权转让无法实现。综上,大地公司已具备解散的法定条件,六原告的诉讼请求理由正当,予以支持,判决:大地公司于本判决生效之日解散。一审判决后,大地公司不服,提起上诉。浙江省杭州市中级人民法院二审审理认为,原审判决认定事实清楚,适用法律正确,遂于 2007 年 7 月 19 日作出判决:驳回上诉,维持原判。①

2. 对股东或董事、监事、高管人员等负有法定义务的主体提起的违约或侵权赔偿之诉

如果公司僵局是由于一方股东或一方股东委派的董事或监事不履行法定义务或章程规定义务引起的,且该种行为造成了公司损失,则另一方股东可能代表公司提起股东代表诉讼,追究违反法定义务或章程规定义务的股东或其委派的董事、监事的民事责任,从而引发诉讼。

3. 终止合资合同或合作合同之诉

如果公司僵局是由于一方股东不履行合资合同或合作合同约定的义务引起的,则守约方可能以违约方违约为由,提起诉讼或仲裁,要求终止合资合同或合作合同,从而引发诉讼或仲裁。

(二) 因公司清算引发的纠纷

公司清算,也称为公司清盘,是指公司解散后,负有公司清算义务的主体按照法律规定的方式、程序对公司的资产、负债、股东权益等公司的状况进行全面的清理和处置,清理债权债务,处理公司财产,了结各种法律关系,并最终消灭公司法人资格的一种法律行为。在公司清算的法定事由出现或清算过程中,可能发生如下纠纷:

---

① 见朱晓燕:《不能放纵大股东绑架小股东——对杭州市首例司法解散公司案的解读》,载于中外民商裁判网,http://www.zwmscp.com/list.asp? unid = 6005,2010 年 3 月 10 日访问。

1. 公司不能自行清算而导致的强制清算之诉

根据《公司法》的规定,在出现法定的解散公司事由而需要清算的情况下,公司应在 15 日内成立清算组,开始清算。根据《最高人民法院关于适用〈中华人民共和国公司法〉若干问题的意见(二)》第 7 条的规定,如果公司解散逾期不成立清算组进行清算,或者虽然成立清算组,但故意拖延清算,或者违法清算可能严重损害债权人或者股东利益的,公司的债权人可申请法院进行强制清算。如果公司的债权人未提起清算申请,则公司的股东可申请法院强制清算。因此,公司不能自行清算、故意拖延清算或违法清算,均可能导致强制清算之诉。

2. 公司的股东、董事因不履行或怠于履行法定的清算义务而导致的赔偿之诉

根据《最高人民法院关于适用〈中华人民共和国公司法〉若干问题的意见(二)》第 18 条的规定,有限责任公司的股东、股份有限公司的董事和控股股东为清算义务人。如果清算义务人未在法定期限内成立清算组开始清算,导致公司财产贬值、流失、毁损或者灭失,应在造成损失范围内对公司债权人承担赔偿责任;如果因其怠于履行义务,导致公司主要财产、账册、重要文件等灭失,无法进行清算,应对公司债务承担连带清偿责任。

北京市海淀区人民法院审理的麦克赛尔(上海)贸易有限公司(下称"麦克赛尔公司")与余靖蓉、湖南鑫达实业发展公司(下称"鑫达公司")公司清算赔偿纠纷一案,就是一起典型的因公司的股东、董事不履行或怠于履行法定的清算义务而被判决承担赔偿责任的诉讼案件。

原告麦克赛尔公司诉称,因北京万乐高科贸中心(简称"万乐高中心")欠付麦克赛尔公司货款,北京市海淀区人民法院于 2007 年 7 月 20 日作出(2007)海民初字第 9548 号民事判决,判决万乐高中心应支付货款及损失 505062.63 元及利息。该判决生效后,万乐高中心拒不执行判决。为此,麦克赛尔公司申请强制执行,在执行过程中,麦克赛尔公司发现万乐高中心已于 2004 年 9 月 28 日被工商行政管理机关吊销营业执照,余靖蓉与鑫达公司作为万乐高中心股东,至今未对该单位进行清算。另经法院核实,万乐高中心的所有账本现已全部丢失,所有资产也已全部灭失,致使麦克赛尔公司已不能依法从万乐高中心取得上述货款及损失。鉴于上述情况,麦克赛尔公司认为两被告作为万乐高中心的清算主体,未尽到相应的

清算责任,根据相关法律规定,麦克赛尔公司诉至法院,请求判令两被告赔偿麦克赛尔公司 505062.63 元及相应利息。

北京市海淀区人民法院审理认为,"依据人民法院法院作出的生效判决,麦克赛尔公司对万乐高中心享有合法的债权。依据本案查明事实,表明万乐高中心已于 2004 年 9 月被吊销营业执照,但一直未进行清算。依据我国公司法的相关规定,有限责任公司股东是公司的清算义务人,故余靖蓉及鑫达公司作为该公司股东,负有法定的清算义务,理应依法对万乐高中心进行清算,以清算资产偿还麦克赛尔公司的债权。现两被告均未在法定期限内组织对万乐高中心进行清算,长期怠于履行清算义务,万乐高中心的账目现已无法找到,该中心也无财产可供执行,就万乐高中心目前情况看,其既不具备清算条件,也不具备清偿债务能力,导致麦克赛尔公司的债权无法得以清偿,故余靖蓉及鑫达公司作为清算义务人,应当就其怠于履行清算义务给债权人造成的损失,承担相应的民事责任。"遂于 2009 年 1 月 7 日判决:被告余靖蓉、湖南鑫达实业发展公司共同给付原告麦克赛尔(上海)贸易有限公司人民币 505062.63 元并赔偿其中 494488.63 元的利息损失。①

3. 公司的股东、董事及实际控制人因恶意处置公司财产或以虚假的清算报告骗取注销登记而导致的赔偿之诉

根据《最高人民法院关于适用〈中华人民共和国公司法〉若干问题的意见(二)》第 19 条的规定,有限责任公司的股东、股份有限公司的董事和控股股东,以及公司的实际控制人在公司解散后,恶意处置公司财产给债权人造成损失,或者未经依法清算,以虚假的清算报告骗取公司登记机关办理法人注销登记,债权人主张其对公司债务承担相应赔偿责任的,人民法院应依法予以支持。据此,公司股东、董事等恶意骗取注销登记的,亦会引发纠纷。

4. 公司的股东、董事及实际控制人未经清算即办理注销登记导致公司无法清算的赔偿之诉

根据《最高人民法院关于适用〈中华人民共和国公司法〉若干问题的

---

① 《麦克赛尔(上海)贸易有限公司与余靖蓉、湖南鑫达实业发展公司公司清算赔偿纠纷一案》,http://www.flssw.com/caipanwenshu/info/6869073/,2010 年 3 月 19 日访问。

意见(二)》第20条的规定,公司未经清算即办理注销登记,导致公司无法进行清算,债权人主张有限责任公司的股东、股份有限公司的董事和控股股东,以及公司的实际控制人对公司债务承担清偿责任的,人民法院应依法予以支持。

因此,公司的股东、董事及实际控制人作为公司的清算义务人,未经清算即办理公司注销登记导致公司无法清算的,可能引发公司债权人的赔偿之诉。在这方面应引起跨国公司的高度关注。

5. 公司的股东、董事作为清算组成员因违法清算导致的赔偿之诉

根据《公司法》第184条的规定,公司自行清算的,有限责任公司的清算组由股东组成,股份有限公司的清算组由董事或者股东大会确定的人员组成。根据《最高人民法院关于适用〈中华人民共和国公司法〉若干问题的意见(二)》第22条的规定,清算组成员从事清算事务时,违反法律、行政法规或者公司章程给公司或者债权人造成损失,公司或者债权人主张其承担赔偿责任的,人民法院应依法予以支持。因此,公司的股东、董事作为清算组成员因违法清算,可能导致公司或公司债权人的赔偿之诉。

中篇

跨国公司在华公司诉讼法律必备

第一章 必须了解的中国公司法律制度和民事诉讼制度

第一节 中国公司法律制度

一、中国公司法

(一) 公司法和外商投资企业法并行的制度

1979年7月,早在中国第一部正式的《公司法》颁布前,为吸引境外资金和先进技术,并为规范外商在中国的投资行为,中国颁布了《中外合资经营企业法》。此后又分别于1986年4月和1988年4月先后颁布了《外资企业法》和《中外合作经营企业法》。上述三部法律并称为外商投资企业法。

1993年12月,中国第一部《公司法》颁布,将在中国境内设立的一切有限责任公司和股份有限公司均纳入其调整范围。《公司法》第18条规定:"外商投资的有限责任公司适用本法,有关中外合资经营企业、中外合作经营企业、外资企业的法律另有规定的,适用其规定。"

根据上述规定,外商依据外商投资企业法在中国成立的合资、合作及外资企业属"有限责任公司"的,均应适用《公司法》的有关规定。同时,根据该条规定,在《公司法》之外,外商投资企业法另有规定的,适用其规定。由此表明,外商投资企业法相对《公司法》属特别法,在《公司法》颁布后,外商投资企业法仍将继续有效,且优先适用。这也就形成了中国的《公司法》与外商投资企业法并行的制度。

2005年10月,《公司法》进行了最新且较大范围的修订。修订后的

《公司法》①第218条再次明确:"外商投资的有限责任公司和股份有限公司适用本法;有关外商投资的法律另有规定的,适用其规定。"这也就表明,新《公司法》修订后,外商投资企业法并未被废止,中国现仍将继续实行《公司法》和外商投资企业法并行的制度。

(二) 外商投资企业法

中国的外商投资企业法是指从1979年以来陆续颁布的《中外合资经营企业法》、《中外合作经营企业法》和《外资企业法》及其配套法规和部门规章等。

《中外合资经营企业法》颁布于1979年,并分别于1990年和2001年进行了修订;《中外合作经营企业法》颁布于1988年,并于2000年进行了修订;《外资企业法》颁布于1986年,并于2000年进行了修订。

(三) 公司法

1. 公司法历经两次修正及一次全面修订

中国于1993年颁布《公司法》,并先后于1999年和2004年进行了两次修正,在2005年进行了一次全面修订。新修订的《公司法》已于2006年1月1日正式施行。

2. 新《公司法》的制度创新

中国新《公司法》,即现行《公司法》,与修订前的《公司法》相比,有许多制度上的创新,加大了《公司法》的可操作性和可诉性,并较大程度上鼓励了投资兴业,主要体现为:

(1) 大幅降低公司法定注册资本,最低限额至3万元人民币,允许股东分期缴纳出资,扩大了股东的出资方式。这在一定程度上鼓励了投资兴业。

(2) 注重公司自治,允许公司章程就非法律强制性规定以外的内容作出例外规定。如《公司法》第43条规定,有限责任公司的股东会会议由股东按照出资比例行使表决权,但是允许公司章程就此作出例外规定。

(3) 强化了对中小股东权益的保护。明确股东对公司享有知情权,有

---

① 本书下文所称《公司法》或新《公司法》,如无特别说明,均指2005年修订的《公司法》。

权查阅公司章程、股东会会议记录、董事会及监事会会议决议,及公司财务会计资料等,如公司拒绝提供查阅,则股东可在法定条件下,提起"知情权"诉讼寻求救济。

(4)确立股东对瑕疵公司决议的诉权。新《公司法》规定,如股东(大)会、董事会的决议内容违反法律、行政法规,股东可以请求法院确定该决议无效;如股东(大)会、董事会的会议召集程序、表决方式违反法律、行政法规或者公司章程,或者决议内容违反公司章程,股东可以自决议作出之日起60日内,请求人民法院撤销。

(5)引入"股东代表诉讼"制度,即公司权益受到损害,而公司因被某些人所控制怠于提起诉讼时,赋予股东经过法定程序代表公司提起诉讼寻求救济的权利。

(6)引入"公司人格否认制度"。新《公司法》第20条第3款规定,公司股东滥用公司独立地位和股东有限责任,逃避债务,严重损害公司债权人利益的,应当对公司债务承担连带责任。据此,公司债权人可以股东滥用公司法人人格而主张否认公司法人人格独立,揭开公司面纱,直索其背后股东的责任。

(7)确认股东的"退股权"。根据新《公司法》第75条规定,有限责任公司的股东在公司连续五年不向股东分配利润,而公司该五年连续盈利,并且符合公司法规定的分配利润条件等3种情形下,对股东会该项决议投反对票的股东,可请求公司按照合理的价格收购其股权。

(8)新设解散公司诉权。新《公司法》第183条首次确认了公司僵局下股东享有解散公司的诉权,即当公司经营管理发生严重困难,继续存续会使股东利益受到重大损失,通过其他途径不能解决的,持有公司全部股东表决权10%的股东,可以请求人民法院解散公司。

二、中国公司的基本类型

(一)《公司法》规定的公司类型

1. 有限责任公司

有限责任公司,亦简称有限公司,是指由法律规定的一定人数的股东所组成,股东以其出资额为限对公司债务承担责任,公司以其全部资产对其债务承担责任的企业法人。①

《公司法》规定了两类特殊的有限责任公司：一人有限公司和国有独资公司。一人有限责任公司，是指只有一个自然人股东或者一个法人股东的有限责任公司。国有独资公司，是指国家单独出资、由国务院或者地方人民政府授权本级人民政府国有资产监督管理机构履行出资人职责的有限责任公司。

2. 股份有限公司

股份有限公司，又简称为股份公司，是指公司的全部资本分为等额股份，股东以其所认购的股份对公司承担责任，公司以其全部资产对公司的债务承担责任的企业法人。② 上市公司是股份有限公司的特殊形式，是指其股票在证券交易所上市交易的股份有限公司。

(二) 外商在中国投资设立的企业类型

1. 中外合资经营企业

中外合资经营企业是指依照中国《中外合资经营企业法》等有关法律法规的规定，由中国合营者与外国合营者在中国境内投资设立共同投资、共同经营、共担风险的企业。中外合资经营企业的法律性质为"有限责任公司"形式，属中国法人。合营各方按注册资本比例分享利润和分担风险及亏损。合营者如转让其注册资本必须经合营各方同意。

2. 中外合作经营企业

中外合作经营企业是指依照《中外合作经营企业法》等有关法律法规的规定，由中国合营者和外国合营者，在中国境内投资设立的，以合作合同确定双方权利和义务的企业。

《中外合作经营企业法》规定，合作企业符合中国法律关于法人条件的规定的，依法取得中国法人资格。可见，中国的合作企业有法人型合作企业，也有非法人型合作企业，但在实践中，大多数中外合作经营企业还是选择以公司形式注册为法人。而就符合法人条件的合作企业的法律性质，是有限责任公司抑或股份有限公司，中国法律亦未作出明确规定。然而，

---

① 赵旭东:《公司法学》，高等教育出版社2006年版，第81页。
② 同上书，第84页。

从合作企业不能公开募集资本及股权并不体现为等额股份的规定分析,合作企业的法律形式只能采有限责任公司形式,而不能采取股份有限公司形式。

《中外合作经营企业法》规定,中外合作者举办合作企业,应当依照本法的规定,在合作企业合同中约定合资或者合作条件、收益或者产品的分配,风险和亏损的分担、经营管理的方式和合作企业终止时的财产归属等事项。由此可见,中国合作企业是依据合作双方的合作合同确定双方分享利润、分担风险等权利义务,而非绝对按照出资比例确定双方的权利义务关系。

3. 外商独资企业

根据中国《外商投资企业法》规定,中国的外商投资企业指依照中国有关法律在中国境内设立的全部资本由外国投资者投资的企业,不包括外国的企业和其他经济组织在中国境内的分支机构。

与中外合作经营企业一样,中国法律没有规定外资企业必须取得中国法人资格,而是允许其自行选定企业类型,既可以是法人企业,也可以是非法人企业。同时,《外商投资企业法实施细则》又规定,外资企业的组织形式为有限责任公司,经批准也可以为其他责任形式。由此表明,中国法律并未限制外商投资企业注册为股份有限公司。

4. 中外合资股份有限公司

1995年1月10日,中国对外贸易经济合作部颁布《关于设立外商投资股份有限公司若干问题的暂行规定》,确立了外商投资企业在传统的"三资"企业外的一类新的企业类型,即中外合资股份有限公司。

根据该规定,中外合资股份有限公司是指依该规定设立的,全部资本由等额股份构成,股东以其所认购的股份对公司承担责任,公司以全部财产对公司债务承担责任,中外股东共同持有公司股份,外国股东购买并持有的股份占公司注册资本25%以上的企业法人。

鉴于《中外合资经营企业法》已明确规定,依据该法注册的中外合资经营企业形式为"有限责任公司",而2005年新修订的《公司法》第218条规定:"外商投资的有限责任公司和股份有限公司适用本法;有关外商投资的法律另有规定的,适用其规定。"由此表明,新《公司法》已肯定《关于设立外商投资股份有限公司若干问题的暂行规定》中所确立的新的外商投资企业形式——中外合资股份有限公司。

(三) 中国公司、外国公司与跨国公司

1. 中国公司、外国公司的区分标准

中国公司与外国公司实际上是按照公司国籍所进行的一种分类。而关于公司的国籍确定标准,中国法律兼采准据法主义和设立行为地主义标准,即凡是依照中国法律在中国境内登记设立的公司,无论股东的国籍是否为中国,也无论外国股东的出资比例,均为中国公司,如中国法律所规定的各类外商投资公司。反之,依照外国法律在中国境外设立的公司,即为外国公司。

2. 外国公司在中国的分支机构的法律地位

外国公司在中国的分支机构是指外国公司依照中国法律,经向中国主管机关提出申请,并递交法定文件而批准在中国设立的派出、代理机构或者分公司。

根据《公司法》规定,外国公司在中国设立分支机构必须领取营业执照。外国公司在中国境内设立的分支机构不具有中国法人资格,该分支机构在中国境内经营所产生的民事责任应由外国公司承担。外国公司撤销其在中国境内设立的分支机构时,必须依法清偿债务,依据中国公司法有关清算程序进行清算,否则,不得将分支机构的财产转移至中国境外。

3. 跨国公司

如本书开篇所述,跨国公司是指由分设在两个或两个以上国家的实体组成的企业。本书所述跨国公司是指外资跨国公司,包括在境外设立的跨国公司(即外国公司)和跨国公司在华投资的公司(即外商投资的中国公司)。

三、公司资本的有关规定

(一) 最低注册资本限额

1. 有限责任公司的最低注册资本限额

《公司法》规定,一般有限责任公司的法定注册资本的最低限额为人民币3万元,但法律、行政法规对有限责任公司注册资本的最低限额有较

高规定的,从其规定。比如,一人有限责任公司的最低注册资本额为人民币 10 万元。根据《中华人民共和国保险法》(简称"《保险法》")规定,设立保险公司,其注册资本的最低限额为人民币 2 亿元。

2. 股份有限公司的最低注册资本限额

《公司法》规定的股份有限公司的法定最低注册资本为人民币 500 万元。同样,法律、行政法规对股份有限公司的注册资本最低限额有较高规定的,应从其规定。

(二) 注册资本的分期缴纳

1. 有限责任公司注册资本的分期缴纳

在中国现行的《公司法》修订之前,中国施行严格的法定资本制,即公司的资本应当在章程中加以约定且该资本应当符合法定最低资本限额,全体股东应当按照公司章程的约定在公司设立之前实缴全部出资并据此向公司登记机关申请登记(外商投资企业除外)。

而中国现行的《公司法》实行的是法定资本制下的分期缴纳资本制。《公司法》规定,股东出资设立有限责任公司,不必一次性缴纳全部注册资本额,而是首次缴纳的出资额不低于注册资本的 20%,且不低于法定的注册资本最低限额(3 万元)即可,其余部分由股东自公司成立之日起两年内缴足,其中,投资公司可以在 5 年内缴足。

2. 股份有限公司注册资本的分期缴纳

《公司法》规定,股份有限公司采取发起设立方式[①]设立的,注册资本为在公司登记机关登记的全体发起人认购的股本总额。公司全体发起人的首次出资额不得低于注册资本的 20%,其余部分由发起人自公司成立之日起 2 年内缴足;其中,投资公司可以在 5 年内缴足。股份有限公司采取募集方式[②]设立的,注册资本为在公司登记机关登记的实收股本总额。以募集设立方式设立股份有限公司的,发起人认购的股份不得少于公司股份总数的 35%;但是,法律、行政法规另有规定的,从其规定。

可见,对于采取发起设立的股份有限公司,其发起人可依据公司法采

---

① 发起设立,是指由发起人认购公司应发行的全部股份而设立公司。
② 募集设立,是指由发起人认购公司应发行股份的一部分,其余股份向社会公开募集或者向特定对象募集而设立公司。

取分期缴纳注册资本,但对于采取募集方式设立的股份有限公司,由于其注册资本即为登记机关登记的实收股本总额,因而不存在分期缴纳的问题。在采取募集方式设立股份有限公司中,认购人可以根据自己经济实力认购股份,法律无须给予其分期缴纳的宽限期。

3. 外商投资公司注册资本的分期缴纳

早在中国新《公司法》修订之前,中国有关外商投资企业的法律、行政法规和部门规章①就允许投资者分期缴纳注册资本。新《公司法》实施后,为了规范、理清新《公司法》与外商投资企业法的交叉适用关系,中国国家工商行政管理总局、商务部、海关总署、国家外汇管理局于2006年4月24日联合发布了《关于外商投资的公司审批登记管理法律适用若干问题的执行意见》(工商外企字[2006]81号,以下简称《执行意见》)。

根据《执行意见》的规定,外商投资的股份有限公司的出资应符合《公司法》的一般规定。而对于外商投资设立的有限责任公司,《执行意见》作出如下特殊规定:(1) 对于一次性缴纳全部出资,《公司法》规定的一般内资有限责任公司应在成立之前就必须一次足额缴纳出资到位,而《执行意见》规定的外资公司可在公司成立之日起6个月内缴足即可;(2) 对于分期缴纳出资的首次出资额及缴纳时间,《公司法》规定公司全体股东的首次出资额不得低于注册资本的20%,并应于公司成立之前缴纳到位,而《执行意见》规定外资有限公司股东的首次出资额不低于其认缴出资额的15%即可,而无须达到20%,并可在公司成立之日起3个月内缴足,而无须在公司成立之前即缴纳到位。

---

① 1988年经中国国务院批准,对外经济贸易部、国家工商行政管理局联合发布的《中外合资经营企业合营各方出资的若干规定》第4条规定:"合营各方应当在合营合同中订明出资期限,并且应当按照合营合同规定的期限缴清各自的出资。合营企业依照有关规定发给的出资证明书应当报送原审批机关和工商行政管理机关备案。合营合同中规定一次缴清出资的,合营各方应当从营业执照签发之日起6个月内缴清。合营合同中规定分期缴付出资的,合营各方第一期出资,不得低于各自认缴出资额的15%,并且应当在营业执照签发之日起3个月内缴清。"此外,根据该规定第10条,中外合作经营企业合作各方的出资参照该规定执行。《外商投资企业法实施细则》第30条规定:"外国投资者缴付出资的期限应当在设立外资企业申请书和外资企业章程中载明。外国投资者可以分期缴付出资,但最后一期出资应当在营业执照签发之日起3年内缴清。其中第一期出资不得少于外国投资者认缴出资额的15%,并应当在外资企业营业执照签发之日起90天内缴清。"

（三）股东的出资形式

1. 法律允许的股东出资形式

与1993年《公司法》相比，新《公司法》大幅放宽了股东的出资方式。根据新《公司法》规定，设立有限责任公司或股份有限公司，股东可以用货币出资，也可以用实物、知识产权、土地使用权等非货币财产作价出资，但是，法律、行政法规规定不得作为出资的财产除外。其中，用以出资的非货币财产必须是可以用货币估价并可以依法转让的财产，且货币出资金额不得低于公司注册资本的30%。

2. 法律不允许的股东出资形式

《公司登记管理条例》规定，股东不得以劳务、信用、自然人姓名、商誉、特许经营权或者设定担保的财产等作价出资，但并未限制股东以实物、知识产权、土地使用权以外的其他财产作价出资，如：股权、债权、探矿权、采矿权等。

3. 外商投资公司出资的特殊规定

《关于外商投资的公司审批登记管理法律适用若干问题的执行意见》第10条规定，外商投资的公司的股东的出资方式应当符合《公司法》第27条、《公司登记管理条例》第14条和《公司注册资本登记管理规定》的规定。在国家工商行政管理总局会同有关部门就货币、实物、知识产权、土地使用权以外的其他财产出资作出规定以前，股东以《公司登记管理条例》第14条第2款所列财产以外的其他财产出资的，应当经境内依法设立的评估机构评估作价，核实财产，不得高估或者低估作价。实缴出资时还必须经境内依法设立的验资机构验资并出具验资证明。

根据上述规定，外商投资公司的股东的出资方式应符合《公司法》及《公司登记管理条例》对于中国内资公司的出资方式的一般规定，并且，股东可以以《公司登记管理条例》第14条所列禁止出资财产以外的其他财产可以作为出资，但须履行法定的评估、验资程序。

四、公司治理结构的有关规定

公司治理结构是公司内部管理和控制的体系，也是由法律和公司章程所规定的公司有关组织之间权力分配与制衡的制度体系。从这个意义上说,公司治理结构既包括静态的公司组织机构,也包括动态的公司组织机构的运行和互动机制。

中国公司法规定的公司组织结构的基本主体包括:股东会、董事会、监事会和经理。对于股东人数较少或者规模较小的有限责任公司,在具体机构设置上可以不设立董事会和监事会,而代之以执行董事和监事。

了解《公司法》框架下的公司治理结构,将有利于跨国公司应对在华的公司类诉讼策略的制定和实施。

(一) 公司章程

公司章程作为公司、股东自治的集中体现,被称之为公司生活中的"宪法",是公司组织与活动的根本准则,也是评价公司有关行为的主要依据。公司章程是公司成立所必须具备的法律文件。《公司法》规定设立公司必须依法制定公司章程。

1. 公司章程的对内、对外效力

公司章程对公司、股东、董事、监事、高级管理人员具有约束力。这里讲的是公司章程的对内效力,那么,公司章程对于公司以外的第三人是否具有约束力呢?

公司章程是中国法律规定必须在公司登记机关登记在册的对外公示的文件,且根据《公司法》第 6 条第 3 款:"公众可以向公司登记机关申请查询公司登记事项,公司登记机关应当提供查询服务。"据此,包括债权人在内的社会公众可以通过查询公司的工商登记事项而了解到公司章程的内容,因此,在公司登记机关登记在册的公司章程应具有对世之效力,即对抗第三人的效力。有鉴于此,跨国公司在华遇有诉讼时,就有必要了解相对方公司章程的记载内容,以便作出周全的应对。

2. 公司章程的自治

新《公司法》赋予了公司较大的自治权,减少了很多强制性的规定,允许公司通过公司章程就某些事项作出例外规定,如《公司法》第 43 条规定,股东会会议由股东按照出资比例行使表决权,但是公司章程另有规定的除外。这就要求包括债权人在内的社会公众更应有意识地了解相对方的公司章程是否就特别事项有例外、特殊的规定。

3. 公司章程的内容

依照新《公司法》的规定，无论是有限责任公司，还是股份有限公司，公司章程中均应载明下列事项：公司的名称、住所、经营范围、注册资本、法定代表人。

有限责任公司的章程还应当记载：股东姓名或者名称、股东出资的具体情况、公司机构及其产生办法、职权、议事规则等内容；而股份有限公司的章程还应当记载：公司的设立方式、股份总数和每股金额、发起人的姓名或者名称及其出资的具体情况、董事会、监事会的组成、职权和议事规则、公司利润分配、解散、清算、通知和公告办法等内容。

此外，新《公司法》就有限责任公司和股份有限公司章程的记载事项均有一条"兜底条款"的规定，即"股东会（股东大会）会议认为需要规定的其他事项"，这些事项包括但不限于：发起人的特别利益，非货币出资，公司设立费用，等等。

（二）公司内部组织机构

1. 股东会/股东大会

股东（大）会是中国公司法项下对于一般内资公司的组织机构所要求设立的重要机构。依据新《公司法》的规定，股东（大）会由公司全体股东组成，是公司的权力机构。这就表明，在中国，公司重大事项的决策权应由股东（大）会行使。

2. 董事会

（1）一般的内资公司

《公司法》规定，除股东人数较少或者规模较小的有限责任公司外，对于中国一般的内资公司而言，公司应当设立董事会，董事会是公司的常设机构、执行机构，董事会位于股东会与经理层之间，处于承上启下的地位。

（2）外商投资公司

与一般的内资公司不同，如前所述，依据《中外合资经营企业法》、《中外合作经营企业法》的规定，中外合资、中外合作有限责任公司的组织机构中不设股东会，董事会是公司的权力机构。董事人数组成由合营各方协商，在合同、章程中确定，董事名额的分配由合营各方参照各自比例协商确定。董事任期为4年，经合营各方继续委派可以连任。董事会由董事长负责召集并主持,董事长不能召集时,由董事长委托副董事长或其他董事召集并主持。

3. 监事会

在新《公司法》颁布前,前述的三资企业法并未规定外资企业必须设立监事或监事会,因此,外资企业可以不设监事会或监事。但新《公司法》实施后,监事会是中国公司治理结构中法定必备的监督机关。外资企业亦必须根据《公司法》的规定,设立监事会或监事。

4. 经理

经理是负责主持公司日常经营管理活动的公司常设业务执行机关。经理不同于公司董事、监事,经理并非选举产生,而是由董事会决定聘任和解聘。根据《公司法》规定,经理对董事会负责并列席董事会会议。在设立执行董事的公司,执行董事可以兼任经理。

5. 董事、监事及高管人员的任职资格和义务

董事、监事、经理及公司的其他高管人员对公司拥有决策权、监督权、执行权、管理权,在很大程度上实际控制公司的运营。然而,他们却并非公司的所有者,其利益可能与公司、股东存在一定的冲突,因而,为尽可能避免股东出于自身利益考虑,损害公司、股东的利益,《公司法》明确规定董事、监事高级管理人员对公司负有忠实及勤勉义务,并明确规定了上述人员的任职资格。

(三) 公司的权力运行机制

1. 股东权利、股东会的权力和决策机制

(1) 股东权利

股东权利指股东基于股东资格,依据《公司法》和公司章程的规定享有的,从公司获取经济利益并参与公司治理的权利。① 股东基于出资对公司享有的即"股东权",而非对公司财产的直接所有权,股东行使其股东权必须遵守《公司法》及公司章程的规定。《公司法》第4条规定的股东权主要指:资产受益、参与重大决策和选择管理者等权利。

此外,依据《公司法》规定,股东还可以对公司享有下列权利:① 知情

---

① 刘俊海:《现代公司法》,法律出版社2008年版,第171页。

权:有权查阅、复制公司章程、股东会会议记录、董事会和监事会会议决议及公司的财务会计报告、账簿等;② 退股权:特定条件下,要求公司按照合理价格收购其股权,如公司连续五年不向股东分配利润,而公司该五年连续盈利,并且符合法律规定的分配利润条件的;③ 解散公司的诉权:公司经营管理发生严重困难,继续存在会使股东利益受到重大损失,且其他途径无法解决的,满足条件的股东可以提起诉讼解散公司;④ 代位公司提起诉讼权:公司利益受损,而公司怠于行使诉讼权利时,股东可以代位公司提起诉讼等等。

(2) 股东会的权力

依据《公司法》第38条、第100条规定,股东(大)会作为公司的权力机关,行使下列11项职权:① 决定公司的经营方针和投资计划;② 选举和更换非由职工代表担任的董事、监事,决定有关董事、监事的报酬事项;③ 审议批准董事会的报告;④ 审议批准监事会或者监事的报告;⑤ 审议批准公司的年度财务预算方案、决算方案;⑥ 审议批准公司的利润分配方案和弥补亏损方案;⑦ 对公司增加或者减少注册资本作出决议;⑧ 对发行公司债券作出决议;⑨ 对公司合并、分立、解散、清算或者变更公司形式作出决议;⑩ 修改公司章程;⑪ 公司章程规定的其他职权。

(3) 股东会决策机制

A. 一股一票规则

股东会决议的表决原则上实行一股一票。具体而言,即股东会会议表决时,股东按其出资比例或持股比例表决。

就有限责任公司而言,《公司法》第43条规定,股东会会议由股东按照出资比例行使表决权;但是,公司章程另有规定的除外。此外,《公司法》第44条规定,股东会的议事方式和表决程序,除该法另有约定的外,由公司章程规定。由此可见,《公司法》对于有限责任公司的股东会的表决规则规定,原则上按其出资比例行使,即一股一票,但允许公司章程作出例外规定,如实行一人一票,或约定股东的表决比例与其出资比例不一致。

就股份有限公司而言,《公司法》第104条规定,股东出席股东大会会议,所持每一股份有一表决权。但是,公司持有的本公司股份没有表决权。因此,对于股份有限公司股东大会的表决规则,《公司法》严格规定实行"一股一票",不允许公司章程作出例外规定。

B. 资本多数决规则

所谓资本多数决规则,是指股东会决议原则上由出资比例或持股比例达到一定比例多数以上股东同意方可作出决议。《公司法》规定的股东会决议规则即实行的是资本多数决规则。其中,对于一般事项,就股份有限公司而言,经出席会议的股东所持表决权过半数通过即可作出决议。对于有限责任公司而言,《公司法》允许公司通过章程作出任意规定。而对于特别事项,如修改公司章程、增加或者减少注册资本、合并、分立、解散或者变更公司形式,有限责任公司必须经代表2/3以上表决权的股东通过形成决议,而股份有限公司必须经出席会议的股东所持表决权的2/3以上通过形成决议。

2. 董事会的职权和决策机制

(1) 董事会的职权

依据《公司法》第47条和第109条第4款规定,董事会作为公司的执行机构应对股东会负责,其职权包括:① 召集股东会会议,并向股东会报告工作;② 执行股东会的决议;③ 决定公司的经营计划和投资方案;④ 制订公司的年度财务预算方案、决算方案;⑤ 制订公司的利润分配方案和弥补亏损方案;⑥ 制订公司增加或者减少注册资本以及发行公司债券的方案;⑦ 制订公司合并、分立、解散或者变更公司形式的方案;⑧ 决定公司内部管理机构的设置;⑨ 决定聘任或者解聘公司经理及其报酬事项,并根据经理的提名决定聘任或者解聘公司副经理、财务负责人及其报酬事项;⑩ 制定公司的基本管理制度;⑪ 公司章程规定的其他职权。

(2) 董事会的决策机制

《公司法》规定的董事会与股东会的表决方式不同,董事会表决实行"一人一票"。实践中,虽然董事主要是由股东委派,并分别代表不同的股东,但是董事的表决权并不因选任其的股东的股份多少而有所区别。

关于董事会的具体的议事方式和表决程序,《公司法》规定,就有限责任公司而言,除《公司法》有规定的外,由公司章程规定,赋予了公司较大的自治权;而对于股份有限公司而言,《公司法》规定,董事会会议应有过半数的董事出席方可举行,并且,董事会作出决议,必须经全体董事的过半数通过。因而,如果仅有半数董事出席董事会,股份有限公司的董事会欲作出决议必须经出席会议的全部董事一致同意,才能满足公司法规定的

"经全体董事过半数通过"的要求,而形成有效的董事会决议。

3. 经理的职权

(1) 经理的职权

《公司法》第50条和第114条规定,经理有8项职权:① 主持公司的生产经营管理工作,组织实施董事会决议;② 组织实施公司年度经营计划和投资方案;③ 拟订公司内部管理机构设置方案;④ 拟订公司的基本管理制度;⑤ 制定公司的具体规章;⑥ 提请聘任或者解聘公司副经理、财务负责人;⑦ 决定聘任或者解聘除应由董事会决定聘任或者解聘以外的负责管理人员;⑧ 董事会授予的其他职权。

此外,《公司法》第50条第2款规定:"公司章程对经理职权另有规定的,从其规定。"因此,《公司法》允许公司章程就经理的职权在法律规定的8项职权的基础上,作出扩充或缩减的规定。

(2) 经理的决策

与股东会、董事会、监事会不同,经理机关并非会议形式的机关,其行为不需要通过会议以多数原则形成意志和决议,而是仅凭借担任总经理的高级管理者的最终意志进行决议,虽然公司也会设副总经理,但其是由总经理提名,主要是协助总经理的工作。

4. 监事会的职权及决策机制

中国的公司治理及运行中,监督职能主要是由监事会或监事行使。监事会通过行使下列职权,以实现对公司运行的监督:

(1) 监事会的职权

《公司法》第54条、第119规定,监事会或者监事行使下列职权:① 检查公司财务;② 对董事、高级管理人员执行公司职务的行为进行监督,对违反法律、行政法规、公司章程或者股东会决议的董事、高级管理人员提出罢免的建议;③ 当董事、高级管理人员的行为损害公司的利益时,要求董事、高级管理人员予以纠正;④ 提议召开临时股东会会议,在董事会不履行本法规定的召集和主持股东会会议职责时召集和主持股东会会议;⑤ 向股东会会议提出提案;⑥ 依照《公司法》第152条的规定,对董事、高级管理人员提起诉讼;⑦ 公司章程规定的其他职权。

此外,《公司法》第55条规定,监事可以列席董事会会议,并对董事会决议事项提出质询或者建议。监事会、不设监事会的公司的监事发现公司经营情况异常,可以进行调查;必要时,可以聘请会计师事务所等协助其工作,费用由公司承担。

(2)监事会的会议规则

监事虽可单独行使监督职权,但对于重大监督决策而言,监事会内部仍需以会议的形式作出决议。根据《公司法》第56条和第119条规定,有限责任公司的监事会每年度至少召开一次会议,股份有限公司监事会每6个月至少召开一次会议,并且,监事可以提议召开临时监事会会议,监事会决议应当经半数以上监事通过方可形成决议。

此外,《公司法》规定,监事会的议事方式和表决程序,除公司法有规定外,允许公司章程作出例外规定。

第二节 人民法院的职权及其设置

一、人民法院的职权

根据《宪法》和《中华人民共和国人民法院组织法》(简称"《人民法院组织法》")的规定,人民法院是国家的审判机关。据此,人民法院的职权及任务即在于审判刑事、民事案件,其中包括:审理与执行,审理刑事、民事一审、二审、再审案件,执行民事判决、裁定的执行事项及刑事判决、裁定中的财产部分的执行事项。

根据《中华人民共和国行政诉讼法》(简称"《行政诉讼法》")规定,公民、法人或者其他组织认为行政机关和行政机关工作人员的具体行政行为侵犯其合法权益,有权向人民法院提起诉讼。据此,人民法院的职权还包括审理行政诉讼案件。

此外,根据《中华人民共和国仲裁法》(简称"《仲裁法》")及《民事诉讼法》的规定,人民法院还应依法受理、审理申请撤销仲裁裁决、申请不予执行仲裁裁决,及执行仲裁裁决等非诉讼案件。

根据《宪法》及《人民法院组织法》规定,人民法院依照法律规定独立行使审判权,不受行政机关、社会团体和个人的干涉。

二、中国四级法院及专门法院的设置

中国法院的设置与人民检察院相对应,共分为四级,从低到高依次是:

(一)基层人民法院

根据《人民法院组织法》规定,基层人民法院包括:县、市、自治县、市辖区人民法院。基层人民法院根据地区、人口和案件情况可以设立若干人民法庭,作为基层人民法院的组成部分。基层人民法院由院长一人,副院长和审判员若干人组成。

基层人民法院的职权主要是审判刑事和民事第一审案件,但是中国法律、法令另有规定的案件除外,并且基层人民法院对于它所受理的刑事、民事案件,认为案情重大应当由上级人民法院审判的,可请求移送上级人民法院审判。此外,基层人民法院除审判案件外,还办理下列事项:(1)处理不需要开庭审判的民事纠纷和轻微的刑事案件;(2)指导人民调解委员会的工作。

(二)中级人民法院

根据《人民法院组织法》规定,中级人民法院包括:在省、自治区内按地区设立的中级人民法院;直辖市内设立的中级人民法院;省、自治区辖市的中级人民法院;自治州中级人民法院。中级人民法院由院长一人,副院长、庭长、副庭长和审判员若干人组成。

中级人民法院的职权主要是审判下列案件:(1)法律、法令规定由中级法院管辖的第一审案件;(2)基层人民法院移送审判的第一审案件;(3)对基层人民法院判决和裁定的上诉案件和抗诉案件;(4)人民检察院按照审判监督程序提出的抗诉案件。此外,中级人民法院对其所受理的刑事和民事案件,认为案情重大应当由上级人民法院审判的,可以请求移送上级人民法院审判。

(三)高级人民法院

根据《人民法院组织法》规定,高级人民法院包括:省、自治区、直辖市高级人民法院。高级人民法院由院长一人,副院长、庭长、副庭长和审判员若干人组成。

高级人民法院审判下列案件:(1)法律、法令规定由高级人民法院管辖的第一审案件;(2)下级人民法院移送审判的第一审案件;(3)对下级人民法院判决和裁定的上诉案件和抗诉案件;(4)人民检察院按照审判监督程序提出的抗诉案件。

(四)最高人民法院

根据《人民法院组织法》规定,最高人民法院是中国的最高审判机关,负责监督地方各级人民法院和专门人民法院的审判工作。最高人民法院由院长一人,副院长、庭长、副庭长和审判员若干人组成。最高人民法院院长由全国人民代表大会选举和罢免,每届任期同全国人民代表大会任期相同,即5年,且连续任职不得超过两届。副院长、庭长、副庭长和审判员由院长提请全国人民代表大会常务委员会任免。

最高人民法院审判下列案件:(1)法律、法令规定由最高人民法院管辖的和其认为应当由自己审判的第一审案件;(2)对高级人民法院、专门人民法院判决和裁定的上诉案件和抗诉案件;(3)最高人民检察院按照审判监督程序提出的抗诉案件。最高人民法院的判决书不具有判例的效力,但对于下级人民法院审理相同类型的案件具有一定的指导作用。

此外,最高人民法院除了审判案件外,还负责起草并颁布司法解释,即就审判过程中如何具体应用法律、法令的问题,进行解释。

(五)专门法院

在中国,除上述地方各级人民法院外,还设有专门人民法院,包括:军事法院、海事法院、铁路运输法院、森林法院、农垦法院、石油法院。

专门人民法院是人民法院体系的组成部分,是中国统一的审判体系,和地方各级人民法院共同行使国家审判权。专门人民法院与地方法院的主要区别在于其仅就特殊性质的案件进行管辖,如:军事法院仅受理现役军人、军队在编职工的刑事案件及最高人民法院授权审判的刑事案件;海事人民法院仅管辖第一审海事案件和海商案件,不受理刑事案件和其他民事案件。

三、人民法院内部审判庭的设置

除各专门法院外,各级人民法院内部,根据案件从立案到审判再到执行三个阶段,分设专门庭室来分别负责案件的立案、审判和执行。同时,根据审理的案件性质的不同,又将负责审判的业务庭分为:刑事审判庭、民事审判庭、行政审判庭。各业务庭审室设庭长一人,并根据人员编制大小设一至若干名副庭长。

(一) 立案庭

立案庭分工负责以下工作:(1) 各类案件的审查立案,即对于应由该院受理的各类刑事、民事、行政、知识产权等一审、二审、再审诉讼案件,及执行、赔偿申诉及其他非诉案件进行审查并决定是否应予立案。符合立案条件的,予以登记立案并转有关业务庭处理;(2) 处理非诉来信、采访;(3) 处理司法救助申请事宜;(4) 对该院审理的各类案件进行审限流程管理。

(二) 民事审判庭

人民法院民事审判庭分工负责民商事案件的审判。根据具体的案件类型不同,人民法院内部通常又将民事审判庭分为民事、经济、知识产权审判庭。此外,随着中国涉外经济纠纷的增多,且鉴于中国法律对于涉外案件在实体法及程序法上特殊规定考虑,大多数中级以上的人民法院将涉外审判庭单独从民事、经济、知识产权审判庭中列出,专设涉外民事审判庭。

1. 民事审判第一庭(即原民事审判庭)

通常情况下,民事审判第一庭分工负责审理以下案件:有关婚姻家庭、劳动争议、不当得利、无因管理等传统民事案件;房地产案件;不动产相邻关系案件,邻地利用权案件以及其他不动产案件;农村承包合同案件;自然人之间、自然人与法人、其他组织之间的合同、侵权案件;适用特别程序的案件;相关的申请复议案件。

2. 民事审判第二庭(即原经济审判庭)

经济审判庭主要分工负责审理商事合同纠纷案件。具体为:国内法人之间、法人与其他组织之间的合同纠纷和侵权纠纷案件,国内证券、期货、票据、公司、破产等案件;申请撤销相关国内仲裁的案件;办理相关的申请复议案件。

3. 民事审判第三庭(即知识产权审判庭)

中级以上的法院,一般会在民事审判第一庭和第二庭之外单独设立知识产权审判庭。该庭具体分工负责审理下列案件:著作权(包括计算机软件)、商标权、专利权、技术合同、不正当竞争以及科技成果权、植物新品种权等知识产权案件;办理知识产权申请复议案件。

4. 民事审判第四庭(即涉外民事审判庭)

涉外民事审判庭主要分工负责审理涉外民商事纠纷案件,具体为:法人之间、法人与其他组织之间的合同和侵权涉外、涉港澳台案件;审判证券、期货、票据、公司、信用证、破产等涉外、涉港澳台案件;海事案件;审查申请撤销、承认和强制执行国际仲裁裁决、外国法院判决的案件;审查有关涉外仲裁条款效力的案件。

(三)刑事审判庭

刑事审判庭分工负责对刑事案件的审判,即对被起诉的犯罪嫌疑人是否构成犯罪、需要处以何种刑罚进行审理并裁决。最高人民法院及授权的高级人民法院还负责审查死刑复核案件。

(四)行政审判庭

行政审判庭分工负责审理公民、法人或者其他组织认为行政机关和行政机关工作人员的具体行政行为侵犯其合法权益,依法向人民法院提起行政诉讼请求撤销、变更、确认行政机关的具体行政行为,并/或予以赔偿的案件。

(五)审判监督庭

审判监督庭分工负责审理依审判监督程序启动再审的案件,即:经人民检察院按照审判监督程序抗诉的刑事、民事再审案件;该院依法应予受理的经当事人申诉启动再审的刑事、民事案件;及该院经审判委员会讨论决定再审的案件等。

(六)执行庭

执行庭主要分工负责对生效法律文书的执行。这些法律文书既包括人民法院作出的生效裁判文书,也包括生效的仲裁裁决、具有强制执行效力的公证债权文书等。执行庭在执行过程中,可以采取查封、扣押、拍卖等具体的强制执行措施,促使或者强制相关人员履行法律文书确定的义务。

四、中国法院的审判组织

根据《人民法院组织法》和相关诉讼程序法的规定,人民法院审判案件实行合议制。对于简单的民事案件、轻微的刑事案件以及法律另有规定的案件的一审程序,可以由审判员一人独任审判。此外,对于重大或者疑难案件应提交审判委员会讨论决定。

(一)合议庭的组成

人民法院审判第一审案件,合议庭由审判员或者由审判员和人民陪审员组成合议庭;人民法院实行合议制审判第二审案件或者其他应当由合议庭审判的案件,由审判员组成合议庭。

合议庭评议案件,实行少数服从多数原则,因此,合议庭成员人数必须是单数,通常为3人。合议庭组成后由院长或者庭长指定一名符合审判长任职条件的审判员担任审判长,主持合议庭的审判活动,如院长或庭长参加审判,审判长应由院长或者庭长担任。同时,合议庭中还应确定一名承办法官,具体负责审阅案卷材料、通知当事人开庭、向当事人双方送达法律文书、起草裁判文书等具体事宜。

(二)审判委员会的组成

根据《人民法院组织法》的规定,各级人民法院设立审判委员会,其任务是总结审判经验,讨论重大或者疑难案件和其他有关审判工作的问题。审判委员会通常并不直接审理案件,遇有重大或者疑难案件,由院长、庭长或合议庭提请审判委员会讨论,审判委员会才会就具体案件进行讨论并作出决定。然而,案件一旦经审判委员会讨论并决定,合议庭即应依据审判委员会决定对该案作出裁判。也正因为如此,审判委员会才被视为法院内部的"最高审判组织"。

审判委员会委员由院长提请本级人民代表大会常务委员会任免,通常由本院的院长、副院长、审判庭的庭长及少数资深法官组成。审判委员会会议由院长主持,会议决定同样遵照少数服从多数的原则形成。

第三节 中国民事诉讼制度概况

一、两审终审向三审终审演变的基本制度

(一)中国民事诉讼审级制度概述

1. 两审终审制

中国的民事诉讼采取的是以两审终审为原则的审级制度。所谓两审终审制度,是指民事案件经过两级法院审理即告终结的制度。其具体含义是指当事人不服第一审人民法院对民事案件所作的判决、裁定,可以上诉至第二审人民法院,第二审(即上诉审)所做的判决、裁定就是终审的判决、裁定,当事人不得进一步提起上诉。① 二审终审制度也有例外,根据 2007 年修正的《民事诉讼法》②以及《企业破产法》的规定,人民法院依照特别程序、督促程序、公示催告程序、企业法人破产还债程序审理的案件,实行一审终审。此外,最高人民法院作为中国最高审判机关,由其受理的一审案件也实行一审终审。

2. 再审程序

中国《民事诉讼法》规定了再审程序,以此作为对两审终审制的补充。再审程序又称为审判监督程序,是指为了纠正已经发生法律效力裁判中的错误而对案件再次进行审理的程序。其作用是对已经生效的判决、裁定中存在的错误予以纠正,从而保证法院判决和裁定的公正性和合法性,保护当事人的合法权益,维护国家法律的统一和尊严。《民事诉讼法》规定了

---

① 江伟:《民事诉讼法》,高等教育出版社 2004 年版,第 53 页。
② 本书中下文所称《民事诉讼法》,如无特别说明,均指 2007 年修正后的《民事诉讼法》。

三种提起再审程序的方式,分别是人民法院依职权提起再审、人民检察院抗诉引起再审以及当事人申诉再审。

3. 两审终审向三审终审的演变

2007年修正的《民事诉讼法》,扩大了人民检察院抗诉引起再审以及当事人申请再审的条件,从而使得再审程序的纠错和救济功能得到强化。事实上,在目前的司法实践中,只要当事人申请再审的案件符合形式要件(即提交符合人民法院规定申请再审的书面文件),人民法院将当然地立案进行审查。至于立案后是否提起再审,则由人民法院受理后审查决定。因此,也有人将中国目前的二审终审和再审程序结合在一起认为中国实际上是在向三审终审制演变。

(二)一审程序

一审程序即人民法院审理第一审民事诉讼案件通常所适用的诉讼程序。[①] 它是诉讼的基础程序,也是每一起诉讼案件必经的程序,民事诉讼中的一审程序主要包括以下环节:

1. 起诉和受理

起诉是指公民、法人或者其他组织,认为自己所享有的或者依法由自己支配、管理的民事权益受到侵害,或者与他人发生民事权益的争议,以自己的名义请求法院通过审判给予司法保护的诉讼行为。受理是指人民法院通过对原告起诉的审查,认为符合法定条件,决定立案审理,从而引起诉讼程序开始进行的职权行为。

《民事诉讼法》第108条规定,起诉应当符合四个基本条件:(1)原告是与本案有直接利害关系的公民、法人和其他组织;(2)有明确、具体的被告;(3)有具体的诉讼请求和事实、理由;(4)属于人民法院受理民事诉讼的范围和受诉人民法院管辖。

人民法院收到起诉书或者口头起诉后,应当进行审查,认为符合《民事诉讼法》第108条规定的条件,应当在7日内立案受理,并通知当事人,如果不符合起诉条件,应当裁定不予受理。在立案后发现不符合受理条件的,应当裁定驳回起诉。

---

① 江伟·《民事诉讼法》,高等教育出版社2004年版,第259页。

此外,《民事诉讼法》在第 109 条对起诉方式作了明确规定,根据该条,起诉应当向人民法院递交起诉状,并按照被告人数提出副本。书写起诉状确有困难的,可以口头起诉,由人民法院记入笔录,并告知对方当事人。据此,民事诉讼"以书面起诉为原则,以口头起诉为例外"。

2. 开庭审理前的准备

人民法院受理案件后,首先会由案件承办法官进行一系列准备工作,以保证开庭审理的正常进行和案件的正确、及时处理,这些工作称为审理前准备。根据《民事诉讼法》的规定,审理前准备主要包括以下内容:

(1) 送达起诉状副本和提出答辩状。

(2) 告知当事人诉讼权利义务及合议庭①组成人员。

(3) 审核诉讼材料,调查收集必要的证据。

(4) 追加当事人。

3. 开庭审理

在审理前准备工作完成后,即进入开庭审理程序。开庭审理是法院审理案件的中心环节和关键步骤。根据《民事诉讼法》的规定,开庭审理原则上应当公开进行,但涉及国家秘密、个人隐私或者法律另有规定的案件,不得公开;离婚案件,涉及商业秘密的案件,当事人申请不公开审理的,可以不公开审理。根据《民事诉讼法》的规定,开庭审理先后分为以下三个阶段:

(1) 庭审前的准备

在该阶段中,主要进行以下几项工作:第一,通知当事人及其他诉讼参与人到庭;第二,对公开审理的案件进行公告;第三,书记员查明当事人及其他诉讼参与人到庭情况,宣布法庭纪律;第四,审判长宣布开庭并完成有关事项。

(2) 法庭调查

审判长宣布进入法庭调查阶段后,应当告知当事人法庭调查的重点是双方当事人争议的事实。当事人对自己提出的主张,有责任提供证据;反驳对方主张的,也应当提供证据或说明理由。根据《民事诉讼法》第 124 条

---

① 根据《民事诉讼法》的规定,除了简易程序和特别程序等由一名审判员独任审理外,其他案件均应由合议庭进行审理。

的规定,法庭调查的顺序依次为:当事人陈述;告知证人的权利义务,证人作证,宣读未到庭的证人证言;出示书证、物证和视听资料;宣读鉴定结论;宣读勘验笔录。

(3)法庭辩论

根据《民事诉讼法》第127条的规定,法庭辩论的顺序为:原告及其诉讼代理人发言;被告及其诉讼代理人答辩;第三人及其诉讼代理人发言或者答辩;互相辩论。同时,根据该条规定,法庭辩论终结,由审判长按照原告、被告、第三人的先后顺序征询各方最后意见。

4. 裁判

法院对当事人的纠纷进行审理后,将根据庭审调查的情况结合相关的证据材料认定案件事实,决定适用的法律,并就是非责任和处理结果作出结论。审判组织为合议庭的,裁判的作出必须经合议庭评议。合议庭评议案件,应当秘密进行,并实行少数服从多数的原则。评议应当制作笔录,并由合议庭成员签名,且评议中的不同意见,书记员必须如实记入笔录,归档备查。

法院的裁判主要包括判决和裁定。对当事人提出的实体权利主张所作出的判定应以判决方式作出,根据判决的具体内容,判决可以分为给付判决、确认判决、变更判决。给付判决,即判令一方向另一方履行给付义务的判决;确认判决,即确认双方当事人之间存在或不存在某种民事法律关系的判决;变更判决,即解除或变更双方当事人之间某种既存的民事法律关系的判决。

对于民事诉讼中的程序性事项作出的结论性判定,应采取民事裁定的方式。在立案后法院认为原告的起诉不符合受理条件的,应裁定驳回起诉,而若认为原告的诉讼请求不应得到支持,则要采取判决的方式,判决驳回诉讼请求。

(三)二审程序

二审程序指当事人不服地方各级人民法院作出的一审判决或者裁定而依法向上一级人民法院提起上诉,要求撤销或者变更原判决或裁定,上一级人民法院据此对案件进行审判所适用的程序。

1. 二审受理条件

根据中国《民事诉讼法》规定,当事人提起上诉,二审法院受理上诉案件必须符合下列条件:

(1) 上诉人和被上诉人主体必须适格

所谓上诉人指提起上诉的一方当事人,所谓被上诉人指被提起上诉的对方当事人。根据《民事诉讼法》及相关司法解释规定,上诉人及被上诉人都必须是第一审程序中的诉讼当事人,包括原告、被告及第三人。第三人通常指有独立请求权的第三人①,或者经一审判决判令其承担责任的无独立请求权第三人。②

(2) 提出上诉的一审判决、裁定必须符合法律规定

除最高人民法院外,地方各级人民法院所作出的一审判决,其中包括二审法院发回重审后作出的一审判决和依照第一审程序对案件进行再审后作出的判决,当事人均可以依法提出上诉。但是,对于一审裁定,仅有下列5种裁定可依法上诉:不予受理的裁定、驳回起诉的裁定、对管辖权有异议的裁定、驳回破产申请的裁定和对破产申请不予受理的裁定。

(3) 必须在法定期限内提出上诉

根据中国《民事诉讼法》规定,当事人不服一审判决的,上诉期是自判决送达之日起15日;而对于当事人不服一审裁定的,法律规定的上诉期是自裁定送达之日起10日。上诉期届满后,当事人即丧失上诉权,无权提起上诉,人民法院将不予受理其上诉请求。

在上诉期内,当事人可以撤回上诉,也可以在撤回后再次上诉,法院将以当事人在上诉期内的最后一次有效意思表示为准。

(4) 必须向一审法院的直接上级法院提起

当事人提起上诉,必须向一审法院之际的上级人民法院提起,而不能越级上诉。正常情况下,人民法院将在一审判决中列明上诉法院。

(5) 上诉必须递交书面上诉状

根据《民事诉讼法》规定,当事人提起上诉必须递交书面上诉状,并应

---

① 《民事诉讼法》第56条第1款规定,有独立请求权的第三人指对当事人双方的诉讼标的有独立请求权的第三人。
② 《民事诉讼法》第56条第2款规定,无独立请求权的第三人指虽然对当事人双方的诉讼标的没有独立的请求权,但案件处理结果同他有法律上的利害关系的第三人。

写明如下内容：当事人的姓名，法人的名称及其法定代表人的姓名或者其他组织的名称及其主要负责人的姓名；原审人民法院名称、案件的编号和案由；上诉的请求和理由。当事人口头表示上诉的，人民法院应当告知其在法定上诉期间内提出上诉状，未在法定期限内递交上诉状的，视为未提出上诉。

2. 二审的审理

根据《民事诉讼法》规定，二审的审理范围包括事实和法律两个部分，即对一审法院认定的事实是否清楚、正确及适用法律是否恰当两方面进行审查。

通常而言，二审人民法院将围绕着当事人提出的上诉请求进行审理，当事人没有提出上诉的内容法院通常不予审查。但是对于违反法律禁止性规定，或者侵害国家、社会公共利益或者他人利益的内容，二审法院将会依职权进行审查并作出裁判。

二审法院审理上诉案件，依法应当组成合议庭，开庭审理。但是，经过阅卷和调查，询问当事人，在事实核对清楚后，合议庭认为不需要开庭审理的，也可以径行判决、裁定。二审人民法院审理上诉案件，可以在本院进行，也可以到案件发生地或者原审人民法院所在地进行。

3. 二审的裁判

根据《民事诉讼法》的规定，对于一审判决的上诉，二审人民法院经审理，将作出如下裁判：(1) 原判决认定事实清楚，适用法律正确的，判决驳回上诉，维持原判决；(2) 原判决适用法律错误的，依法改判；(3) 原判决认定事实错误，或者原判决认定事实不清，证据不足，裁定撤销原判决，发回原审人民法院重审，或者查清事实后改判；(4) 原判决违反法定程序，可能影响案件正确判决的，裁定撤销原判决，发回原审人民法院重审。

根据《民事诉讼法》规定，二审人民法院对于不服一审人民法院裁定的上诉案件的处理，必须一律适用裁定。具体可能是，维持一审裁定；或者依法撤销一审裁定，指令一审法院立案受理或审理，或者指令一审法院将案件移送有管辖权的人民法院审理等等。

（四）审判监督程序

中国的"两审终审制"对于法院快速进行审判活动、及时形成终审裁判,是较为有利的。但在生效裁判确有错误的情况下,为了保护当事人的权利,民事诉讼法律设置了再审程序即"审判监督程序",对于发生法律效力的民事裁判,可以依据审判监督程序启动再审程序进行救济。

1. 启动再审程序的途径

如前所述,再审程序可以通过三种途径被提起,分别是人民法院依职权提起再审、人民检察院抗诉引起再审,以及当事人申请再审。人民法院依职权提起再审,是指作出生效裁判的人民法院院长认为该案确有错误,可以将案件提交审判委员会讨论后决定再审或者作出生效裁判人民法院的上级法院发现该裁判确有错误,可以对该生效裁判再审;人民检察院抗诉引起再审是指人民检察院认为生效裁判具备再审法定情形的,可以向人民法院提出抗诉,人民法院应当再审;当事人申请再审,是指当事人认为生效的判决和裁定符合再审法定情形的,可以向有关人民法院申请再审。

2. 当事人申请再审的期限

根据《民事诉讼法》的规定,当事人申请再审,应当在判决、裁定发生法律效力后2年内提出;2年后据以作出原判决、裁定的法律文书被撤销或者变更,以及发现审判人员在审理该案件时有贪污受贿,徇私舞弊,枉法裁判行为的,自知道或者应当知道之日起3个月内提出。

3. 当事人申请再审的法院

根据最高人民法院关于受理再审案件相关司法解释的规定,受理再审申请的法院是作出生效裁判法院的上一级法院。申请再审人向原审法院申请再审的,原审法院应针对申请再审事由并结合原裁判理由做好释明工作。申请再审人坚持申请再审的,告知其可以向上一级法院提出。申请再审人越级申请再审的,有关上级法院应告知其向原审法院的上一级法院提出。

4. 原裁判执行中止

《民事诉讼法》规定,人民法院按照审判监督程序决定再审的案件,应裁定中止原判决的执行。裁定由院长署名,加盖人民法院印章。

5. 再审程序的审理和裁判

根据《民事诉讼法》规定,人民法院按照审判监督程序再审的案件,发生法律效力的判决、裁定是由第一审法院作出的,按照第一审程序审理,所作的判决、裁定,当事人可以上诉;发生法律效力的判决、裁定是由第二审法院作出的,按照第二审程序审理,所作的判决、裁定,是发生法律效力的判决、裁定;上级人民法院按照审判监督程序提审的,按照第二审程序审理,所作的判决、裁定是发生法律效力的判决、裁定。人民法院审理再审案件,应当另行组成合议庭。

二、民事诉讼的基本规定

(一)人民法院主管

1. 人民法院主管的概念

通过诉讼途径解决民事纠纷首先要解决的问题是该纠纷是否属于人民法院民事诉讼的受案范围,即是否属于人民法院行使民事案件审判权或裁判权的范围,这一范围被称为法院的主管,其作用是确定和划分人民法院与其他国家机关、社会团体在解决民事纠纷中的分工和职权范围。如果该纠纷属于人民法院的受案范围,才会确定案件应由哪一家法院管辖。

2. 人民法院主管的范围

按照《民事诉讼法》的规定,人民法院受理公民之间、法人之间、其他组织之间以及他们相互之间因财产关系和人身关系提起的民事诉讼。这些纠纷主要包括:平等民事主体之间发生的侵犯人身权和财产权的纠纷;合同纠纷;婚姻、继承纠纷;基于劳动法产生的劳动争议纠纷,等等。

3. 不属于人民法院主管的范围

民事诉讼法对不属于人民法院民事诉讼主管范围的主要情形和处理方法进行了列举,这些情形主要包括:(1)属于行政诉讼受理范围,告知原告提起行政诉讼;(2)当事人之间已经达成书面仲裁协议的合同纠纷,告知原告向有关仲裁机构申请仲裁;(3)应当由其他机关处理的纠纷,告知原告向有关机关申请解决。

(二)人民法院的管辖

所谓管辖是指不同人民法院受理第一审民事案件时的分工和权限。民事诉讼法在确定管辖时,主要考虑便于当事人进行诉讼、便于案件的审理和执行、保证案件的公正审理等多种因素。确定管辖法院的主要标准包括级别管辖、地域管辖、移送管辖和指定管辖,在地域管辖中,又包括一般地域管辖、特殊地域管辖、专属管辖和协议管辖。

1. 级别管辖

级别管辖是指人民法院系统内部上下级人民法院在管辖上的分工,即确定各级人民法院受理第一审民事案件的范围和权限。《民事诉讼法》对级别管辖作出了如下规定:

(1)民事一审案件原则上由基层人民法院管辖,即除了法律规定应由中级人民法院、高级人民法院、最高人民法院管辖的第一审民事案件外,其余案件都由基层人民法院管辖。

(2)中级人民法院管辖的一审民事案件包括:重大涉外案件;在本辖区有重大影响的案件;最高人民法院确定由中级人民法院管辖的案件。

(3)高级人民法院受理在本辖区具有重大影响的案件。最高人民法院管辖在全国有重大影响的案件,或者最高人民法院认为应当由其自行审理的案件。司法实践中,最高人民法院原则上不受理一审民事案件。

(4)受理涉外民商事一审案件的特别规定。根据《最高人民法院关于涉外民商事案件诉讼管辖若干问题的规定》,第一审涉外民商事案件由下列人民法院管辖:① 国务院批准设立的经济技术开发区人民法院;② 省会、自治区首府、直辖市所在地的中级人民法院;③ 经济特区、计划单列市中级人民法院;④ 最高人民法院指定的其他中级人民法院;⑤ 高级人民法院。

截至目前,可受理涉外民商事一审案件的中级人民法院有 167 家,如:无锡市中级人民法院、徐州市中级人民法院、东莞市中级人民法院、佛山市中级人民法院。批准受理涉外民商事一审案件的基层人民法院有 62 家,如:上海浦东区人民法院、深圳南山区人民法院、杭州西湖区人民法院、金华市义乌市人民法院等等。

此外,最高人民法院于 2008 年 2 月发布了《关于调整高级人民法院和中级人民法院管辖第一审民商事案件标准的通知》(法发[2008]10 号),对各高级人民法院和中级人民法院的管辖一审民商事案件的标准,进行了重新规定。

2. 地域管辖

地域管辖是确定同一级的人民法院在本法院辖区内受理一审民事案件的分工和权限。地域管辖主要分以下几种情形:

（1）一般地域管辖

一般地域管辖的基本原则是"原告就被告"原则,即案件由被告所在地人民法院管辖。民事诉讼法规定的被告所在地是指被告住所地,其住所地和经常居住地不一致的,由经常居住地法院管辖。

原告就被告是一般地域管辖的原则,它只适用于一般性的诉讼,但是在某些案件中,为了全面保护当事人的合法权益,法律确定以下四类案件由原告住所地或者经常居住地人民法院管辖:第一,对不在中华人民共和国领域内居住的人提起的有关身份关系的诉讼;第二,对下落不明或者宣告失踪的人提起的有关身份关系的诉讼;第三,对被劳动教养的人提起的诉讼;第四,对被监禁的人提起的诉讼。

（2）特殊地域管辖

一般地域管辖是以当事人所在地确定管辖法院,而特殊地域管辖则是以诉讼标的物或者引起法律关系发生、变更、消灭的法律事实所在地为标准确定地域管辖法院。例如,合同纠纷案件可以由合同履行地法院管辖,侵权案件可以由侵权行为地法院管辖。

特殊地域管辖大多和普通地域管辖共同适用,例如在合同案件中,可以由合同履行地法院管辖,也不排除由被告所在地法院管辖。但是,特殊类型的案件中则会排除普通地域管辖的适用。例如在海难救助费用纠纷中,只能由救助地或者被救助船舶最先到达地法院管辖,在共同海损分担纠纷中,也只能由船舶最先到达地、共同海损理算地或航程终止地人民法院管辖。

（3）专属地域管辖

专属地域管辖是指法律对某些具有特殊性的案件,强制性规定只能由特定的人民法院管辖。这种管辖的特殊性表现为:一是属于专属管辖的诉讼,只能由法律规定的法院管辖,其他法院无权管辖;二是它排除协议管辖的适用,当事人双方不可以书面的协议变更管辖法院。

《民事诉讼法》规定的属于专属管辖的民事案件主要包括:不动产纠纷应当由不动产所在地人民法院管辖;港口作业纠纷应当由港口所在地人民法院管辖;继承纠纷由被继承人死亡时住所地或者主要遗产所在地人民法院管辖。在中国履行中外合资经营企业合同、中外合作经营企业合同、中外合作勘探开放自然资源合同发生纠纷而提起的诉讼,由中国法院专属管辖。

(4) 共同管辖和选择管辖

由于民事诉讼法对于地域管辖规定了若干标准,因此必然导致在同一案件中,有两个或两个以上的人民法院同时拥有管辖权,这被称为共同管辖。此时,原告可以选择其中任何一家起诉,原告向多个法院起诉的,由最先立案的人民法院管辖。

(5) 协议管辖

协议管辖是指当事人在起诉之前,以书面协议的形式约定第一审民事案件的管辖法院。根据《民事诉讼法》第25条的规定,在中国国内的民事诉讼中,协议管辖具有如下特点:第一,协议管辖只适用于因国内经济合同纠纷引起的诉讼;第二,协议管辖所确定的管辖法院,应当是被告住所地、合同履行地、合同签订地、原告住所地、标的物所在地的人民法院;第三,协议必须是书面形式;第四,协议不能违反《民事诉讼法》关于专属管辖和级别管辖的规定。在涉外民事诉讼中,协议管辖选择法院的标准更宽,所适用的案件类型也扩展到所有财产权益纠纷。

3. 管辖中的特殊情形

管辖中的特殊情形主要包括移送管辖、指定管辖和管辖权转移。

(1) 移送管辖

移送管辖是指人民法院受理案件后,发现本院对该案没有管辖权的,应当裁定将案件移送有管辖权的法院审理。为了保证案件的及时审理,法律规定,移送只能进行一次。若受移送的法院认为自己对该案确无管辖权,可以报其上级法院指定管辖。

(2) 指定管辖

指定管辖是指上级人民法院以裁定的方式指定本辖区内的下级人民法院对某具体案件行使管辖权,指定管辖主要发生在三种情况下:第一,法院之间对管辖权存在争议又协商不成的,报请共同的上级人民法院指定管辖的;第二,有管辖权的人民法院因特殊原因不能行使管辖权的;第三,其他人民法院裁定移送管辖后,受移送的人民法院认为自己也没有管辖权,不能再次移送,而报请上级法院指定管辖的。

(3) 管辖权转移

管辖权转移是指经上级人民法院决定或者同意,将案件的管辖权由上级人民法院转移给下级人民法院,或由下级人民法院转移给上级人民法院。即上级人民法院有权审理下级人民法院管辖的一审民事案件,也可以把本院管辖的第一审民事案件交下级法院审理。下级人民法院对自己管辖的一审民事案件,如果认为需要上级人民法院审理的,可以报请上级人民法院审理。

4. 管辖权异议

管辖权异议是指当事人认为受诉人民法院对该案无管辖权,而向受诉人民法院提出的不服该法院管辖的意见或主张。

《民事诉讼法》第38条对管辖权异议作了规定,根据这一规定,管辖权异议成立的条件是:第一,异议只能由案件的被告提出,其他人无权提出;第二,管辖异议应当在被告提交答辩状期间提出,否则,人民法院不予受理。

对被告提出的管辖权异议,人民法院应当予以审议,并根据法律的规定和案件的实际情况,对被告的管辖权异议作出裁定。

（三）财产保全

为防止被告转移或隐匿财产,保障生效判决的顺利执行,《民事诉讼法》规定了财产保全制度,赋予当事人在起诉前或诉讼过程中申请财产保全。

1. 财产保全的种类

《民事诉讼法》规定的财产保全的种类有两种:诉讼财产保全与诉前财产保全。

（1）诉讼财产保全

诉讼财产保全是指人民法院在受理案件之后、作出判决之前,对当事人的财产或者争执标的物采取的限制当事人处分,或者禁止当事人实施或不实施某一行为的临时措施。诉讼财产保全的适用条件是:第一,需要对争议的财产采取诉讼保全的案件必须是给付之诉,即该案的诉讼请求具有财产给付内容;第二,将来判决有可能不能执行或者难以执行;第三,发生在民事案件受理后、法院尚未作出生效判决前;第四,一般由当事人提出书面申请。

（2）诉前财产保全

诉前财产保全是指利害关系人因情况紧急，不立即申请财产保全将会使其合法权益受到难以弥补的损害的，可以在起诉前向人民法院申请采取财产保全措施。

根据《民事诉讼法》的规定，诉前财产保全的适用条件是：第一，需要采取诉前保全的本案请求须有给付内容；第二，情况紧急，不立即采取相应的保全措施，可能使申请人的合法权益受到难以弥补的损失；第三，由利害关系人提出申请；第四，申请人必须提供担保。

由此可见，诉前财产保全与诉讼财产保全的不同之处在于，诉前财产保全指的是在情况紧急的情况下，当事人在起诉之前即先向人民法院申请采取的财产保全措施。并且，对于诉讼财产保全，人民法院可依职权采取，而对于诉前财产保全，鉴于当事人还未起诉，因而人民法院不能也无从依职权采取诉前财产保全措施。

同时，根据《民事诉讼法》的规定，对于诉前财产保全，人民法院接受申请后，必须在48小时内作出裁定，裁定采取财产保全措施的，应当立即开始执行。并且，申请人在人民法院采取保全措施后15日内不起诉的，人民法院应当解除财产保全。

2. 保全担保

《民事诉讼法》在规定财产保全制度的同时，为防止申请滥用保全措施，保护被申请人利益，确保被申请人因保全错误而遭受的损失可获得赔偿，亦明确规定了保全担保制度。当事人申请财产保全的，人民法院根据情况，可以责令申请人提供担保。

根据《民事诉讼法》的规定，当事人申请诉讼财产保全的，法院可以责令当事人提供担保。提供担保的数额相当于请求保全的数额。申请人不提供担保的，法院可以驳回申请。因诉讼保全错误给申请人造成损失的，被申请人可以直接从申请人提供担保的财产中得到赔偿。

对于担保的方式，民事诉讼法没有明确规定。在司法实践中，法院通常愿意接受的担保方式有：现金、银行保函、不动产及专业担保公司提供的第三人保证。而对于提供现金担保的数额、不动产担保的价值及第三人保证担保的范围等，法律亦无明确规定。根据人民法院在司法实践中的通常做法，提供现金担保通常要求不低于诉争标的额的30%，甚至要求与诉争标的额相当；不动产担保要求其财产价值与诉争标的额相当；而对于第三人保证担保的范围，则要求限于申请人所保全的财产价值范围。

此外，根据《民事诉讼法》规定，对于财产保全的被申请人，如提供担保的，人民法院应当解除财产保全，而以其担保财产作为日后生效判决执行的保障。

3. 保全措施

根据《民事诉讼法》规定，财产保全的措施包括查封、扣押、冻结以及法律规定的其他措施。人民法院冻结财产后，应当立即通知被冻结财产的人。

此外，关于财产保全措施期限，根据最高人民法院司法解释规定，除法律、司法解释另有规定以外，冻结银行存款及其他资金的期限不得超过6个月，查封、扣押动产的期限不得超过1年，查封不动产、冻结其他财产权的期限不得超过2年。但是，在期限届满后，申请人可以申请继续采取保全措施，即俗称"续封、续冻"。

（四）诉讼代理

《民事诉讼法》规定，民事诉讼中，当事人有权委托代理人，代为实施或接受诉讼行为，如提起诉讼，提出回避申请，收集、提供证据，进行辩论，请求调解，提起上诉，申请执行等。诉讼代理人必须以被代理人的名义进行诉讼行为，行为后果归属于被代理人。诉讼代理人在同一案件中只能代理一方当事人，不能双方代理。

1. 诉讼代理的种类

依据中国法律，诉讼代理分为法定代理和委托代理两类。法定代理是指无诉讼行为能力人由他的监护人作为法定代理人代为诉讼，法定代理人之间互相推诿代理责任的，由人民法院指定其中一人代为诉讼。委托代理是指当事人及其法定代理人可以委托一至二人作为诉讼代理人，律师、当事人的近亲属、有关的社会团体或者所在单位推荐的人、经人民法院许可的其他公民，都可以被委托为诉讼代理人。委托代理人应当是自然人，而且应该具备诉讼行为能力，无诉讼行为能力的人不能受委托为诉讼代理人。

2. 授权的方式

委托代理人代为诉讼的,委托人应当出具授权委托书,授权委托书必须记明委托事项和权限并由委托人签名或者盖章。侨居在国外的中国公民从国外寄交或者托交的授权委托书,必须经中国驻该国的使领馆证明;没有使领馆的,由与中国有外交关系的第三国驻该国的使领馆证明,再转由中华人民共和国驻该第三国使领馆证明,或者由当地的爱国华侨团体证明。法定代理人不需要出具委托书,只需要向人民法院提交自己的身份证明即可参加诉讼。

在诉讼中,委托人可以变更、取消委托代理人的授权,重新委托新的代理人,此时,需要向人民法院提交书面通知,并由人民法院通知对方当事人。

3. 诉讼代理人的权限

鉴于法定代理人的被代理人系无诉讼行为能力人,因而法定代理人可代当事人行使一切诉讼权利。而委托代理人的代理权限应源于被代理人的书面授权,可以包括代为申请回避、提出管辖权异议、申请复议、陈述案情、提供证据、质证和辩论等等。但需注意的是,中国法律明确规定,诉讼代理人代为承认、放弃、变更诉讼请求,进行和解,提起反诉或上诉,代收执行款项,必须有委托人的特别授权才可行使。

(五) 诉讼费用

《民事诉讼法》规定,当事人进行民事诉讼,应当按照规定交纳案件受理费。财产案件除交纳案件受理费外,并按照规定交纳其他诉讼费用。

1. 诉讼费用的分类

诉讼费用包括以下三类:

(1) 案件受理费。指人民法院决定受理民事案件时,诉讼当事人按照规定向人民法院交纳的费用。按照案件的性质不同,可以分为财产案件的受理费和非财产案件的受理费。财产案件受理费按争议的标的额确定,实现分段累计计收。诉争标的额不超过1万元的,交纳案件受理费50元,超过1万元至10万元的部分,按照2.5%交纳,依次往上按照诉争标的额分段,越高的部分实现越低的百分比计收,最高为超过2000万的部分,按照0.5%交纳。非财产案件则按照一定法定标准计费,每件交纳50—100元,如:撤销股东会决议,或确认决议无效诉讼;合同变更之诉等等。此外,以调解方式结案或者当事人申请撤诉的,减半交纳案件受理费。

(2) 申请费。指当事人申请人民法院执行依照法律规定由法院执行的法律文书,按照规定依法交纳的费用,如:财产保全申请费,根据相关规定,财产数额不超过1000元或者不涉及财产数额的,每件交纳30元;超过1000元至10万元的部分,按照1%交纳;超过10万元的部分,按照0.5%交纳。但是,当事人申请保全措施交纳的费用最多不超过5000元。申请执行人民法院发生法律效力的判决书、裁定书、调解书及仲裁机构裁决书的执行费,没有执行金额或者价额的,每件交纳50元至500元。执行金额或者价额不超过1万元的,每件交纳50元;超过1万元至50万元的部分,按照1.5%交纳;超过50万元至500万元的部分,按照1%交纳;超过500万元至1000万元的部分,按照0.5%交纳;超过1000万元的部分,按照0.1%交纳。申请撤销仲裁裁决或者认定仲裁协议效力的,每件交纳400元。

(3) 其他诉讼费用,指证人、鉴定人、翻译人员、理算人员在人民法院指定日期出庭发生的交通费、住宿费、生活费和误工补贴。

2. 不交纳案件受理费用的法律后果

中国法律规定,当事人交纳案件受理费用确有困难的,可以向人民法院申请缓交、减交或者免交案件受理费用。如当事人未提出缓交、减交或者免交案件受理费用申请,或申请未准许,则应于收到人民法院催缴案件受理费用通知书之日起7日内交纳,否则人民法院将裁定按照自动撤回起诉或者上诉处理。

3. 诉讼费用的最终负担

根据中国有关诉讼费用交纳办法的规定,诉讼费用由败诉方负担,胜诉方自愿承担的除外。部分胜诉、部分败诉的,人民法院根据案件的具体情况决定当事人各自负担的诉讼费用数额。通常情况下,人民法院在民事裁判文书中将就诉讼费用最终负担作出明确的判令。即便当事人于诉讼中达成和解,人民法院亦会要求当事人就诉讼费用的负担形成合意。

(六) 审理期限

为依法维护当事人的合法权益,提高审判工作效率,中国《民事诉讼法》对于民事一审、二审诉讼程序及再审申请的审查期限等均规定了严格的审限,即合议庭必须于法律规定的期限内审结所承办的案件,特殊情况应依据法定程序申请延长审限。

1. 一审程序的审限

对于适用普通程序审理的第一审民事案件,中国法律规定的审限是6个月,即自立案之日起6个月内审结,有特殊情况需要延长的,由本院院长批准,可以延长6个月,还需要延长的,由上级人民法院批准。按照简易程序审理的第一审民事案件,审限是自立案之日起3个月内审结。

2. 二审程序的审限

《民事诉讼法》规定,对判决上诉的民事案件,应当在二审立案之日起3个月内审结,有特殊情况需要延长的,由本院院长批准,可以延长3个月。对裁定上诉的案件,应当在二审立案之日起30日内作出终审裁定。

3. 再审申请的审查期限

《民事诉讼法》对于再审申请复查期限规定,自收到再审申请书之日起3个月内审查完毕,符合法定再审情形的,裁定再审;不符合的即裁定驳回。

(七)民事诉讼证据

1. 证据的种类

《民事诉讼法》规定的证据种类有以下七种:(1) 书证;(2) 物证;(3) 视听资料;(4) 证人证言;(5) 当事人的陈述;(6) 鉴定结论;(7) 勘验笔录。

以上证据必须经当事人在法庭上出示,并经法官组织质证,查证属实,才能作为认定事实的根据。

2. 举证责任及其分配

《民事诉讼法》规定,当事人对自己提出的主张,有责任提供证据,即通说所指的"谁主张,谁举证"原则。

对于下列事实,当事人无需举证:(1) 众所周知的事实;(2) 自然规律及定理;(3) 根据法律规定或者已知事实和日常生活经验法则,能推定出的另一事实;(4) 已为人民法院发生法律效力的裁判书所确认的事实;(5) 已为仲裁机构的生效裁决所确认的事实;(6) 已为有效公证文书所证明的事实。然而,如对方当事人对于前述(1)、(3)、(4)、(5)、(6)项提出相反证据足以推翻的,则主张上述事实的一方当事人仍需对此举证。此外,对于一方当事人所陈述的案件事实及诉讼主张,对方当事人明确表示认可,提出主张的一方当事人亦无需举证。

3. 举证期限

根据最高人民法院《关于民事诉讼证据的若干问题规定》的规定,举证期限可以由当事人协商一致,但须经人民法院认可。由人民法院指定举证期限的,指定的期限不得少于30日,自当事人受到案件受理通知书和应诉通知书的次日起计算。

当事人应当在举证期限内向人民法院提交证据材料,当事人在举证期限内不提交的,视为放弃举证权利。当事人提出管辖异议,或变更诉讼请求的,人民法院应当重新指定举证期限。

4. 证据保全

对于证据可能灭失或者以后难以取得的特殊情况,《民事诉讼法》规定,诉讼参加人可以向人民法院申请保全证据,且人民法院也可以主动采取保全损失。

根据最高人民法院《关于民事诉讼证据的若干问题规定》的规定,当事人申请保全证据的,不得迟于举证期限届满前7日,人民法院可以要求其提供担保。

人民法院根据具体情况,可以对证据采取如下保全方式:查封、扣押、拍照、录音、录像、复制、鉴定、勘验、制作笔录等。人民法院进行证据保全,可以要求当事人或者诉讼代理人到场。

5. 申请人民法院调取证据

根据《民事诉讼法》及相关司法解释规定,当事人及其诉讼代理人对于因客观原因不能调查收集的证据,符合下列条件之一的,可以申请人民法院调查收集:(1)申请调查收集的证据属于国家有关部门保存并须人民法院依职权调取的档案材料;(2)涉及国家秘密、商业秘密、个人隐私的材料;(3)当事人及其诉讼代理人确因客观原因不能自行收集的其他材料。

当事人及其诉讼代理人申请人民法院调查收集证据,应当提交书面申请,并不得迟于举证期限届满前7日提出。

三、执行问题

民事执行是国家机关根据债权人的申请,依据生效的法律文书,运用国家强制力,强制债务人履行义务,以实现债权人民事权利的行为。在中国,法定的民事执行机关是人民法院。

根据《民事诉讼法》规定,民事执行中,人民法院负责执行的生效法律文书主要指以下五类:

1. 对人民法院作出的生效判决书、裁定书、调解书的执行

《民事诉讼法》明确规定,发生法律效力的民事判决、裁定、调解书当事人必须履行。一方拒绝履行的,对方当事人可以向人民法院申请执行。

申请执行的期间为二年,从法律文书规定履行期间的最后一日起计算,法律文书规定分期履行的,从规定的每次履行期间的最后一日起计算,法律文书未规定履行期间的,从法律文书生效之日起计算。执行法院为第一审人民法院或者与第一审人民法院同级的被执行的财产所在地人民法院。

2. 对中国仲裁裁决书和公证债权文书的执行

根据《民事诉讼法》规定,对于中国依法设立的仲裁机构的裁决,公证机关依法赋予强制执行效力的公证债权文书,一方当事人不履行的,对方当事人可以向有管辖权的人民法院申请强制执行。

但是,被申请人可以根据民事诉讼法的规定,对上述文书的执行提出异议,人民法院应予审查,如果上述法律文书确存在民事诉讼法规定的不予执行的法定情形,则人民法院应当裁定不予执行。

根据中国相关司法解释的规定,对于上述仲裁裁决书和公证债权文书的执行应由被执行人住所地或被执行的财产所在地人民法院执行,并且,应参照各地法院受理诉讼案件的级别管辖的规定确定执行法院。

3. 对中国涉外仲裁机构裁决书的执行

根据《民事诉讼法》规定,涉外仲裁机构作出的仲裁裁决是终局裁决,当事人不得再向人民法院起诉。一方当事人不履行仲裁裁决的,对方当事人可以向被申请人住所地或者财产所在地的中级人民法院申请执行。

关于对涉外仲裁裁决的审查和处理,根据中国相关司法解释规定,申请人向人民法院申请执行中国涉外仲裁机构裁决,须提交书面申请,并附

裁决书正本。但人民法院一般不主动对裁决书进行审查,如被申请人提出证据证明仲裁裁决存在不予执行的法定情形,人民法院经审查核实,裁定不予执行。

4. 对国外仲裁机构裁决书的执行

根据《民事诉讼法》的规定,外国仲裁机构裁决书可以在中国申请承认与执行。中国法院将根据中国缔结或者参加的国际条约,或者按照互惠原则办理。现中国在此领域缔结的国际条约仅有《纽约公约》,因此,目前向中国人民法院申请承认和执行的外国仲裁裁决仅限于《纽约公约》对中国生效后在另一缔约国领土内作出的仲裁裁决。

根据中国法律规定,向中国申请承认和执行国外仲裁机构的裁决,应由当事人直接向被执行人住所地或者其财产所在地的中级人民法院提出申请。

5. 对国外法院裁决的承认执行

根据《民事诉讼法》规定,外国法院作出的裁决,在符合法定条件及程序的情况下,可以在中国法院得到承认执行。

承认和执行外国法院裁决的条件为:(1) 必须是外国法院作出的已发生法律效力的判决、裁定;(2) 外国法院的生效判决、裁定不违反中国法律的基本原则或者国家主权、安全、社会公共利益。

申请的主体:(1) 当事人直接向中国有管辖权的中级人民法院申请承认和执行;(2) 外国法院依照该国与中华人民共和国缔结或者参加的国际条约的规定,或者按照互惠原则,请求人民法院承认和执行。

人民法院对申请或者请求承认和执行的外国法院作出的发生法律效力的判决、裁定,依照中国缔结或者参加的国际条约,或者按照互惠原则进行审查后,认为不违反中国法律的基本原则或者国家主权、安全、社会公共利益的,裁定承认其效力,需要执行的,发出执行令,依照中国民事诉讼法的有关规定执行。违反中国法律的基本原则或者国家主权、安全、社会公共利益的,不予承认和执行。

四、涉外民事诉讼的特殊规定

涉外民事诉讼,是指当事人的一方或者双方是外国人、无国籍人、外国企业或者组织,或者当事人之间设立、变更、消灭法律关系的法律事实发生在外国,或者诉讼标的物在外国的民事诉讼案件。鉴于涉外民事诉讼的特殊性,《民事诉讼法》就此单独列出一编,对其所涉民事诉讼程序作出了特殊规定,并明确对在中国领域内进行涉外民事诉讼,适用此编特殊规定,没有规定的,适用民事诉讼程序的一般规定。

(一)相关手续和证据的公证认证

1. 对外国公司作为当事人的主体资格的公证、认证

外国公司参与中国的民事诉讼,应当向法院提交该公司仍然正常存续的证明文件和公司法定代表人的证明文件。该证明文件应经过外国公司所在国公证机关公证,并经中国驻该国使领馆认证,或者履行中国与该所在国订立的有关条约中规定的证明手续。

中国香港、澳门、台湾地区的当事人参加诉讼,应当履行相关的证明手续。

2. 对外国当事人授权委托书的公证和认证

外国人、无国籍人、外国企业和组织在中国人民法院起诉、应诉、需要委托律师代理诉讼的,必须委托中国律师,且必须使用中国通用的语言、文字。

民事诉讼法规定,在中国领域内没有住所的外国人、无国籍人、外国企业和组织委托中国律师或者其他人代理诉讼,从中国领域外寄交或者托交的授权委托书,应当经所在国公证机关证明,并经中国驻该国使领馆认证,或者履行中国与该所在国订立的有关条约中规定的证明手续后,才具有效力。

中国香港、澳门、台湾地区的当事人委托代理人参加诉讼,应当履行相关的证明手续。

3. 对在境外形成的证据的公证和认证

根据最高人民法院《关于民事诉讼证据的若干问题规定》,当事人向人民法院提供的证据系在中华人民共和国领域外形成的,该证据应当经所在国公证机关予以证明,并经中华人民共和国驻该国使领馆予以认证,或者履行中华人民共和国与该所在国订立的有关条约中规定的证明手续。当事人向人民法院提供的证据是在香港、澳门、台湾地区形成的,应当履行相关的证明手续。

(二) 管辖问题

1. 特殊地域管辖

《民事诉讼法》规定,因合同纠纷或者其他财产权益纠纷,对在中国领域内没有住所的被告提起的诉讼,如果合同在中国领域内签订或者履行,或者诉讼标的物在中国领域内,或者被告在中国领域内有可供扣押的财产,或者被告在中国领域内设有代表机构,可以由合同签订地、合同履行地、诉讼标的物所在地、可供扣押财产所在地、侵权行为地或者代表机构住所地人民法院管辖。

2. 协议管辖

《民事诉讼法》第242条规定,涉外合同或者涉外财产权益纠纷的当事人,可以用书面协议选择中国人民法院管辖,但须选择与争议有实际联系的地点的法院管辖,并不得违反中国法律关于级别管辖和专属管辖的规定。

3. 默示管辖

《民事诉讼法》规定,在涉外民事诉讼程序中,原告选择在中国的法院起诉,如被告在法定期限内对管辖不提出异议,并应诉答辩的,则视为承认该人民法院为有管辖权的法院。

4. 专属管辖

《民事诉讼法》规定,下列三类案件由中国法院专属管辖:因在中国履行中外合资经营企业合同、中外合作经营企业合同和中外合作勘探开发自然资源合同发生的纠纷。

(三) 期间问题

《民事诉讼法》规定,对在中国领域内没有住所的当事人,在一审、二审诉讼程序中的答辩期均为自收到起诉状、上诉状之日起30日,并可申请延期,是否准许,由人民法院决定。同时,对于中国没有住所的当事人不服一审人民法院判决、裁定的上诉期,中国法律规定自送达之日起的30日。

此外,《民事诉讼法》规定,人民法院审理涉外民事案件,不受法律对于一般民事诉讼案件规定的审限限制,即一审6个月,二审3个月等。

(四) 财产保全问题

涉外民事诉讼的财产保全与一般国内民事诉讼的不同之处在于:(1) 涉外民事诉讼案件的财产保全只能依当事人的申请进行,法院不依职权采取保全措施;(2) 申请诉前保全的,起诉期限为 30 日,逾期不起诉的,人民法院应当解除保全措施;(3) 人民法院决定保全的财产认为需要监督的,应当通知有关单位负责监督,防止转移财产。

第二章 跨国公司在华公司诉讼常见法律问题解答

第一节 跨国公司在华公司诉讼常见实体问题解答

一、外商投资企业的合同效力和审批问题

1. 根据中国法律,认定合同无效的标准是什么?

根据《合同法》(1999年)第52条,如果合同存在如下五种情形之一,将被认定为无效:(1)一方以欺诈、胁迫的手段订立合同,损害国家利益;(2)恶意串通,损害国家、集体或者第三人利益;(3)以合法形式掩盖非法目的;(4)损害社会公共利益;(5)违反法律、行政法规的强制性规定。

在司法实践中运用上述规定需要注意:

第一,根据最高人民法院《关于适用〈中华人民共和国合同法〉若干问题的解释(二)》(法释〔2009〕5号)第14条,"合同法第52条第(五)项规定的'强制性规定',是指效力性强制性规定"。但是,对于何谓效力性强制性规定,如何判断某种规定是否属于效力性强制性规定,司法实践中有不同认识。

第二,除《合同法》的上述规定外,对于一些特定类型的合同纠纷,最高人民法院的相关司法解释会对该特定种类的合同无效的认定标准进行特别规定。

第三,根据中国目前的司法实践,为了鼓励市场交易,人民法院不轻易认定合同无效。

2. 中外合作经营企业合同、中外合资经营企业合同未经审批是否有效?

根据《中外合作经营企业法》(2000年修正)和《中外合资经营企业

法》(2001年修正)的规定,中外合作经营企业合同和中外合资经营企业合同须报中国主管机关(商务部门)审批。在合同各方签订合同后主管机关正式批准前,合同处于成立但尚未生效的状态,属于效力待定合同。待主管机关正式审批通过后,合同始生效。在效力待定状态下,合同双方当事人彼此负有合同缔约责任。效力待定的合同受法律保护。

3. 中外合资、合作双方对已经批准的合资合同、合作合同进行修改签订补充协议,该补充协议未经外商投资企业审批机关批准,是否有效?

根据最高人民法院《关于审理外商投资企业纠纷案件若干问题的规定(一)》(法释〔2010〕9号)第2条的规定,当事人就外商投资企业相关事项达成的补充协议对已获批准的合同不构成重大或实质性变更的,人民法院不应以未经外商投资企业审批机关批准为由认定该补充协议未生效。该重大或实质性变更包括注册资本、公司类型、经营范围、营业期限、股东认缴的出资额、出资方式的变更以及公司合并、公司分立、股权转让等。

4. 对经过外商投资企业审批机关批准的外商投资企业合同,人民法院是否有可能认定无效或予以撤销?

根据最高人民法院《关于审理外商投资企业纠纷案件若干问题的规定(一)》(法释〔2010〕9号)第3条的规定,人民法院在审理案件中,发现经外商投资企业审批机关批准的外商投资企业合同具有法律、行政法规规定的无效情形的,应当认定合同无效;该合同具有法律、行政法规规定的可撤销情形,当事人请求撤销的,人民法院应当予以撤销。

5. 中外合资经营企业的股权转让合同,未经有关部门审批,该合同是否有效?

根据中国法律规定,对于中外合资经营企业,其成立必须经过有关审批机构的批准,其股权转让同样也必须经过审批机构的审批。但根据不轻易否定合同效力的司法政策,没有经过审批的股权转让合同属于效力待定的合同,因为还不知道该类合同是否能够得到有关政府部门的批准,既包括没有进行申报,也包括正在申报过程之中但还没有得到审批意见。如果有关政府主管机关明确批示不允许转让股权的,则签订的股权转让合同无效。

6. 中外双方在签订中外合作经营企业合同、中外合资经营企业合同后,中方股东不履行报送审批手续的义务,外方股东能否要求中方股东办理审批手续?

中外合资经营企业合同和中外合作经营企业合同通常约定,向中国有关主管部门办理申请、批准、登记注册、领取营业执照等事宜都由中方股东负责。如果中方股东不履行报送审批手续的,外方股东可依据合同要求中方股东办理审批手续。如果中方股东拒不办理的,外方股东可追究中方股东相应的法律责任。

最高人民法院《关于适用〈中华人民共和国合同法〉若干问题的解释(二)》(法释〔2009〕5号)第8条规定:"依照法律、行政法规的规定经批准或者登记才能生效的合同成立后,有义务办理申请批准或者申请登记等手续的一方当事人未按照法律规定或者合同约定办理申请批准或者未申请登记的,属于《合同法》第42条第(三)项规定的'其他违背诚实信用原则的行为',人民法院可以根据案件的具体情况和相对人的请求,判决相对人自己办理有关手续;对方当事人对由此产生的费用和给相对人造成的实际损失,应当承担损害赔偿责任。"

最高人民法院《关于审理外商投资企业纠纷案件若干问题的规定(一)》(法释〔2010〕9号)第1条也规定,当事人在外商投资企业设立、变更等过程中订立的合同因未经批准而被认定未生效的,不影响合同中当事人履行报批义务条款及因该报批义务而设定的相关条款的效力。

根据上述司法解释的规定,对于中方股东拒不履行报送审批手续义务的,外方股东可向法院起诉,法院应判决外方股东自己办理有关手续,对由此而产生的费用以及外方股东遭受的损失,中方股东应承担损害赔偿责任。

7. 外商投资企业股权转让合同成立后,转让方和外商投资企业不履行报批义务,受让方以转让方为被告、以外商投资企业为第三人提起诉讼,请求转让方与外商投资企业在一定期限内共同履行报批义务的,人民法院应否支持?

根据最高人民法院《关于审理外商投资企业纠纷案件若干问题的规定(一)》(法释〔2010〕9号)第6条的规定,外商投资企业股权转让合同成立后,转让方和外商投资企业不履行报批义务,受让方以转让方为被告、以外商投资企业为第三人提起诉讼,请求转让方与外商投资企业在一定期限内共同履行报批义务的,人民法院应予支持;受让方同时请求在转让方和外商投资企业于生效判决确定的期限内不履行报批义务时自行报批的,人民法院应予支持。

8. 中外合资合作公司章程与合资合作合同约定不一致,章程优先还是合同优先?

在中外合资经营企业、中外合作经营企业的设立过程中,合同和章程都属必备性文件,都需中国相关主管部门审批。合同和章程的目的都在于设立公司。通常情况下,合同和章程的规定不矛盾。在合资公司、合营公司成立后发生争议的,对于公司章程和合同约定不一致的,应以章程优先。因为合同是股东之间的内部协议,只在发起人之间具有法律约束力。而公司章程对公司、股东、董事、监事、高级管理人员都具有约束力,不仅限于发起人。

二、外商投资企业股权转让问题

1. 外商投资企业股权转让合同成立后,转让方和外商投资企业不履行报批义务,受让方能否请求解除合同并由转让方返还其已支付的转让款、赔偿因未履行报批义务而造成的实际损失?

根据最高人民法院《关于审理外商投资企业纠纷案件若干问题的规定(一)》(法释〔2010〕9号)第5条的规定,外商投资企业股权转让合同成立后,转让方和外商投资企业不履行报批义务,经受让方催告后在合理的期限内仍未履行,受让方请求解除合同并由转让方返还其已支付的转让款、赔偿因未履行报批义务而造成的实际损失的,人民法院应予支持。

2. 外商投资企业的股权转让方和外商投资企业拒不根据人民法院生效判决确定的期限履行报批义务,受让方可否另行起诉,请求解除合同并赔偿损失?

根据最高人民法院《关于审理外商投资企业纠纷案件若干问题的规定(一)》(法释〔2010〕9号)第6条的规定,转让方和外商投资企业拒不根据人民法院生效判决确定的期限履行报批义务,受让方可以另行起诉,请求解除合同并赔偿损失。赔偿损失的范围可以包括股权的差价损失、股权收益及其他合理损失。

3. 外商投资企业的股权转让合同未获外商投资企业审批机关批准，受让方可否要求转让方返还其已支付的转让款并赔偿损失？

根据最高人民法院《关于审理外商投资企业纠纷案件若干问题的规定（一）》（法释〔2010〕9号）第7条的规定，外商投资企业的股权转让合同未获外商投资企业审批机关批准，受让方可以要求转让方返还其已支付的转让款，受让方因此造成其他损失的，由人民法院根据转让方是否存在过错以及过错大小认定其是否承担赔偿责任及具体赔偿数额。

4. 外商投资企业股权转让合同成立后但尚未经过审批，在此情况下，转让方是否有权请求受让方支付股权转让款？

根据最高人民法院《关于审理外商投资企业纠纷案件若干问题的规定（一）》（法释〔2010〕9号）第9条的规定，外商投资企业股权转让合同成立后，受让方未支付股权转让款，转让方和外商投资企业亦未履行报批义务，转让方请求受让方支付股权转让款的，人民法院应当中止审理，指令转让方在一定期限内办理报批手续。该股权转让合同获得外商投资企业审批机关批准的，对转让方关于支付转让款的诉讼请求，人民法院应予支持。

5. 外商投资企业一方股东将股权全部或部分转让给股东之外的第三人，但未经其他股东一致同意，该股权转让合同的效力如何？

外商投资企业一方股东将股权全部或部分转让给股东之外的第三人，但未经其他股东一致同意，其他股东有权以未征得其同意为由请求撤销该股权转让合同。但具有以下情形之一的除外：转让方已就股权转让事项书面通知，其他股东自接到书面通知之日满30日未予答复；其他股东不同意转让，又不购买该转让的股权；其他股东在知道或者应当知道股权转让合同签订之日起一年内未主张优先购买权的除外。

6. 外商投资企业股东与债权人订立的股权质押合同，是否必须经过批准或登记后生效？

外商投资企业股东与债权人订立的股权质押合同除合同另有约定外，自成立时生效，未办理质权登记的，不影响股权质押合同的效力，也无需经过外商投资企业审批机关批准。股权质押合同依照物权法的相关规定办理了出质登记的，股权质权自登记时设立。

三、股东出资问题

1. 股东虚假出资应承担哪些民事责任？

股东虚假出资是指股东表面上出资而实际未出资，其本质特征是股东未支付相应的对价而取得公司股权。股东虚假出资导致公司的财产基础不足，进而影响公司承担有限责任的能力。对于虚假出资的股东，应依法承担相应的民事、行政甚至刑事责任。

根据中国《公司法》、《中外合资经营企业法》等相关法律规定，虚假出资的股东要承担的民事责任包括：

（1）对其他足额出资的股东承担违约责任

在出资协议和公司章程中，公司全体股东可约定各自认缴的出资数额以及出资时间。如果股东虚假出资，其行为将违反股东之间的出资协议，也将违反具有契约性质的公司章程的规定。因此，中国《公司法》第28条①规定，不按章程规定缴纳所认缴的出资，应当向已足额缴纳出资的股东承担违约责任。《中华人民共和国中外合资经营企业法实施条例》(2001年修改)第28条规定："合营各方应当按照合同规定的期限缴清各自的出资额。逾期未缴或者未缴清的，应当按合同规定支付迟延利息或者赔偿损失。"

（2）对公司承担侵权责任

股东的虚假出资将直接、客观上导致公司财产不正当地减少，属于一种消极的侵犯公司财产权利的行为。根据中国法律规定，出资不足的股东应当依法向公司承担侵权损害赔偿责任。其责任范围主要是补交相应的出资及法定利息。如果股东出资不到位的侵权行为给公司的生产经营造成经济损失的，也应当依法予以赔偿。需要注意的是，对于虚假出资行为，在公司设立时其他已经足额出资的股东也要与虚假出资股东一并承担连

---

① 《公司法》第28条规定："股东应当按期足额缴纳公司章程中规定的各自所认缴的出资额。股东以货币出资的，应当将货币出资足额存入有限责任公司在银行开设的账户；以非货币财产出资的，应当依法办理其财产权的转移手续。股东不按照前款规定缴纳出资的，除应当向公司足额缴纳外，还应当向已按期足额缴纳出资的股东承担违约责任。"

带责任。对此,中国《公司法》第31条①和第94条②有明确规定。

(3) 对公司债权人承担民事责任

《公司法》对于股东虚假出资对公司债权人应承担的民事责任没有具体规定。根据中国《合同法》规定的债权人的代位权③,在公司存续期间,如果公司对外负有债务,无论是否应当否定公司的法人资格,虚假出资股东对公司债务应承担补充清偿责任,即应当先以公司财产清偿其债务,公司财产不足清偿的,债权人可以直接请求虚假出资股东承担清偿责任。其责任范围当以股东虚假出资的数额为限。对此,在中国司法实践中,通常参照最高人民法院法复[1994]4号《关于企业开办的企业被撤销或歇业后民事责任承担问题的批复》的规定执行。

2. 股东出资不到位,是否具备股东资格?其股东权利能否受到限制?

关于出资不到位的股东是否具备股东资格,根据中国《公司法》和最高人民法院相关司法解释,在股东出资不到位的情况下,该股东并非丧失其股东资格,而是必须对其他出资到位的股东和公司的债权人承担民事责任。因此,不论是立法上还是司法实务中,并不直接否定未出资股东的股东资格,而仅是追究其未出资责任。如果否定其股东资格,也就失去了要求未出资股东补足出资的根据和前提。但是,在公司实务中确实存在一些虚拟股东,仅仅为满足公司法对有限责任公司股东人数的要求而在公司章程上署名,实际上与公司没有任何联系,既不出资,也不参与经营管理。这种虚拟股东的股东资格不应得到认定。

对于出资不到位的股东的权利能否受到限制,中国公司法中并没有规定,司法实践中对此问题也有一定争议。最高人民法院于2011年1月颁布的《关于适用〈中华人民共和国公司法〉若干问题的规定(三)》第17条

---

① 《公司法》第31条规定:"有限责任公司成立后,发现作为设立公司出资的非货币财产的实际价额显著低于公司章程所定价额的,应当由交付该出资的股东补足其差额;公司设立时的其他股东承担连带责任。"

② 《公司法》第94条规定:"股份有限公司成立后,发起人未按公司章程的规定缴足出资的,应当补缴;其他发起人承担连带责任。股份有限公司成立后,发现作为设立公司出资的非货币财产的实际价额显著低于公司章程所定价额的,应当由交付该出资的发起人补足其差额;其他发起人承担连带责任。"

③ 《公司法》第73条规定:"因债务人怠于行使其到期债权,对债权人造成损害的,债权人可以向人民法院请求以自己的名义代位行使债务人的债权,但该债权专属于债务人自身的除外。代位权的行使范围以债权人的债权为限。债权人行使代位权的必要费用,由债务人负担。"

解决了这一争议问题。该条规定:"股东未履行或者未全面履行出资义务或者抽逃出资,公司根据公司章程或者股东会决议对其利润分配请求权、新股优先认购权、剩余财产分配请求权等股东权利作出相应的合理限制,该股东请求认定该限制无效的,人民法院不予支持。"

3. 股东出资不到位,股东资格能否除名?

根据中国现行《公司法》规定,股东未履行出资义务,应当对其他已出资股东承担民事责任,对公司的债权人在出资不到位的范围内承担民事责任,但并未规定可以否定其股东资格。因此,以股东出资不到位为由否定股东资格没有法律依据。但是,如上所述,对于公司实务中存在的一些虚拟股东,其股东资格应可除名。

根据最高人民法院《关于适用〈中华人民共和国公司法〉若干问题的规定(三)》第18条规定:"有限责任公司的股东未履行出资义务或者抽逃全部出资,经公司催告缴纳或者返还,其在合理期间内仍未缴纳或者返还出资,公司以股东会决议解除该股东的股东资格,该股东请求确认该解除行为无效的,人民法院不予支持。"

4. 出资不实的股东能否分配公司利润以及能否以公司利润弥补出资?

关于出资不实的股东能否分配公司利润,中国《公司法》第35条规定,"股东按照实缴的出资比例分取红利"。因此,在公司章程及股东之间无特殊约定的情况下,未履行出资义务的股东无权分取红利,未全部履行出资义务的股东只能在其实际出资范围内主张分配公司利润。

关于出资不实的股东能否以公司利润弥补出资,依据中国《公司法》规定,公司利润的分配应当由董事会制订分配方案,并经股东会议或股东大会审议批准。如果股东会作出了分配利润的决议,股东根据决议内容就对公司享有了股利分配请求权,在股东与公司之间也就产生了现实的债权债务关系。此时,出资不实的股东可以以其对公司的债权抵消所欠的出资份额。公司也可以依据《合同法》的有关规定行使抵消权,直接扣留股东应分得的股利以填补股东所欠出资。但公司已经进入了破产程序的除外。

根据最高人民法院《关于破产债权能否与未到位的注册资金抵消问题的复函》(法函[1995]32号)规定,在公司进入破产程序后,为保护破产企业其他债权人的合法权益,股东对公司享有的破产债权不能与其所欠的出资相抵消。股东应当先补足所欠的出资,然后与公司的其他债权人一并申报债权,享有与其他债权人平等的破产财产受偿权。

实践中,经常遇到在没有形成公司股东会的利润分配决议情况下,股东仅仅以公司已经实际盈利,自己可分配利润完全可以弥补所欠出资数额为由主张出资已经实际到位。股东的该主张是不能成立的。因为公司利润的分配属于公司自治的范畴,股东并不具有确定性的股利分配请求权。分配决议只有经股东大会批准,才能使股东的分配请求权得以现实化。在利润分配前不论公司盈利多少都是公司独立的财产,并非股东的财产,两者之间有着明确的界限。因此,公司的实际盈利并无法改变股东未实际出资的事实,股东仍应当承担出资不实的法律责任。

5. 股东在什么情况下要对公司债务承担法律责任?

根据中国《公司法》及相关司法解释规定,股东在以下情况下需对公司债务承担法律责任:

(1)股东出资不实或抽逃出资的,需在出资不实和抽逃出资的金额范围内对公司债务承担责任。

(2)公司股东滥用公司法人独立地位和股东有限责任,逃避债务,严重损害公司债权人利益的,应当对公司债务承担连带责任。

(3)股东未在法定期限内成立清算组开始清算,导致公司财产贬值、流失、毁损或者灭失,股东应在因其怠于履行清算义务而造成公司财产损失范围内对公司债务承担责任。

(4)股东因怠于履行义务,导致公司主要财产、账册、重要文件等灭失,无法进行清算,股东应对公司债务承担连带清偿责任。

(5)股东在公司解散后,恶意处置公司财产给债权人造成损失,或者未经依法清算,以虚假的清算报告骗取公司登记机关办理法人注销登记,股东应对公司债务承担相应赔偿责任。

(6)公司未经清算即办理注销登记,导致公司无法进行清算,股东对公司债务承担清偿责任。

四、外商投资企业的隐名股东与显名股东问题

1. 委托投资合同或代持股合同约定,外商实际投资,中方作为外商投资企业名义股东,该委托投资合同或代持股合同是否有效?

委托投资合同或代持股合同约定外商实际投资,中方作为外商投资企

业名义股东,如果该委托投资合同或代持股合同没有法律、行政法规规定的无效情形的,该合同应为有效。一方当事人仅以未经外商投资企业审批机关批准为由主张该合同无效或者未生效的,人民法院不予支持。实际投资者请求外商投资企业名义股东依据双方约定履行相应义务的,应当得到法院支持。外商投资企业名义股东向实际投资者请求支付必要报酬的,人民法院应酌情予以支持。

2. 根据委托投资合同或代持股合同的约定,一方实际投资、另一方作为外商投资企业名义股东,实际投资者请求确认其在外商投资企业中的股东身份或者请求变更外商投资企业股东的,能否得到法院支持?

实际投资者如果具备以下条件的,可以请求确认其在外商投资企业中的股东身份或者请求变更外商投资企业股东的:(1)实际投资者已经实际投资;(2)名义股东以外的其他股东认可实际投资者的股东身份;(3)在诉讼前或诉讼期间,实际投资者变更为外商投资企业的股东征得了外商投资企业审批机关的同意。否则,实际投资者请求其在外商投资企业中的股东身份或者请求变更外商投资企业股东,不能得到法院支持。

3. 实际投资者可否根据其与外商投资企业名义股东的约定,直接向外商投资企业请求分配利润或者行使其他股东权利?

在实际投资者变更为外商投资企业的股东前,直接向外商投资企业请求分配利润或者行使其他股东权利,得不到法院支持。

4. 如果实际投资者与外商投资企业名义股东之间的委托投资合同无效,实际投资者可否要求名义股东返还投资款,并要求对股权收益进行分配?

如果实际投资者与外商投资企业名义股东之间的委托投资合同无效,且名义股东持有的股权价值高于实际投资额,实际投资者可以请求名义股东向其返还投资款,并根据其实际投资情况以及名义股东参与外商投资企业经营管理的情况对股权收益在双方之间进行合理分配。

如果外商投资企业名义股东明确表示放弃股权或者拒绝继续持有股权的,人民法院可以判令以拍卖、变卖名义股东持有的外商投资企业股权所得向实际投资者返还投资款,其余款项根据实际投资者的实际投资情况、名义股东参与外商投资企业经营管理的情况在双方之间进行合理分配。

如果实际投资者与外商投资企业名义股东之间的合同无效,且名义股东持有的股权价值低于实际投资额,实际投资者请求名义股东向其返还现有股权的等值价款的,人民法院应予支持;外商投资企业名义股东明确表示放弃股权或者拒绝继续持有股权的,人民法院可以判令以拍卖、变卖名义股东持有的外商投资企业股权所得向实际投资者返还投资款。

实际投资者请求名义股东赔偿损失的,人民法院应当根据名义股东对合同无效是否存在过错及过错大小认定其是否承担赔偿责任及具体赔偿数额。

5. 外商投资企业一方股东或者外商投资企业以提供虚假材料等欺诈或者其他不正当手段向外商投资企业审批机关申请变更外商投资企业批准证书所载股东,导致外商投资企业他方股东丧失股东身份或原有股权份额,他方股东请求确认股东身份或原有股权份额的,能否得到法院支持?

在上述情况下,他方股东请求确认股东身份或原有股权份额的,人民法院应予支持。但第三人已经善意取得该股权的除外。他方股东请求侵权股东或者外商投资企业赔偿损失的,人民法院应予支持。

五、公司控制权争夺问题

1. 股东请求确认股东会决议、董事会决议无效应具备哪些条件?

根据中国《公司法》第22条规定,股东向人民法院起诉请求确认股东会决议、董事会决议无效,应具备的条件是,公司股东会或者股东大会、董事会的决议内容违反法律、行政法规。

对于股东提起确认决议无效之诉是否有期限限制,公司法及目前的司法解释未有明确规定。但一般理解,提起确认无效之诉,不受《民法通则》规定的两年的诉讼时效的限制。

2. 股东请求撤销股东会决议、董事会决议应具备哪些条件?

根据中国《公司法》第22条规定,股东向人民法院起诉请求撤销股东会决议、董事会决议,应具备的条件是:(1)股东会或者股东大会、董事会的会议召集程序、表决方式违反法律、行政法规或者公司章程,或者决议内容违反公司章程;(2)股东需自该决议作出之日起60日内向人民法院提出。

根据最高人民法院《关于适用〈中华人民共和国公司法〉若干问题的

规定(一)》(法释〔2006〕3号)第3条的规定,原告以公司法第22条第2款规定事由,向人民法院提起诉讼时,超过公司法规定期限的,人民法院不予受理。

3. 控股股东如何掌握公司的公章、合同专用章、财务专用章、人事专用章等公司印章?

公司的公章、合同专用章、财务专用章、人事专用章等公司印章是公司赋予公司相关人员及各部门在相应职权范围内代表公司意志履行公司职务的合法性标志。在一定意义上讲,谁掌握和控制了公司印章,谁就实际掌握和控制了公司。公司股东之间的纠纷在进入司法程序中时,掌握和控制公司印章的一方股东往往在诉讼和仲裁中占据较为有利的主动地位。

作为公司的控股股东,在公司的日常经营活动中要严格规范和控制公司印章的使用,在股东纠纷发生或者可能发生时,要尤其注意加强公司印章的保管,防范丢失或被其他股东、经营管理层占有或抢夺。

作为公司的非控股股东,要尽量通过公司章程和各项管理制度争取在公司印章使用上的控制权或监督权,在股东纠纷发生或者可能发生时要能抓住有利时机在不违反法律的范围内采取多种方式及时掌握公司印章。

4. 公司管理人员被免职后拒不交出公司公章、财务章、营业执照,公司能否通过诉讼手段追回?

公司的公章、财务章和营业执照属于公司财产。公司管理人员被免职后应将公司财产返还给公司,其拒不交出公章、财务章、营业执照的行为侵犯了公司的财产权利。公司有权向人民法院提起诉讼,要求公司管理人员归还占有的或者擅自拿走的公章、财务章和营业执照等,如果公司被免职的公司管理人员暂时控制,导致无法以公司名义提起诉讼,则公司股东可以代表公司对被免职的管理人员提起股东代表诉讼。

5. 如何更换公司的法定代表人及其他高管人员?工商变更程序如何?

通常情况下,公司章程会对公司法定代表人及其他高管人员的产生和更换程序及条件进行规定。中国的《公司法》、《中外合资经营企业法》、《中外合作经营企业法》对合资企业和合作企业的法定代表人及高管人员的产生、更换、条件等也进行了原则性的规定。在公司章程的规定符合法律规定的情况下,公司更换法定代表人及其他高管人员,应按照章程规定进行。

在公司根据公司章程规定作出更换法定代表人及其他高管人员的决定后,对于需要进行相应工商变更登记的,如果变更登记事项依照法律、行政法规规定在登记前须经主管部门批准或备案的,应由公司先向相关主管部门申请审批和备案登记。在取得相关主管机关的审批或备案文件后,由公司到工商局申请办理变更登记手续。

6. 法定代表人被更换但拒不配合办理工商变更手续,谁有权代表公司提起诉讼/应诉?

《民事诉讼法》(2007年修正)第49条规定:"公民、法人和其他组织可以作为民事诉讼的当事人。法人由其法定代表人进行诉讼。其他组织由其主要负责人进行诉讼。"

《最高人民法院关于适用〈中华人民共和国民事诉讼法〉若干问题的意见》第39条规定:"在诉讼中,法人的法定代表人更换的,由新的法定代表人继续进行诉讼,并应向人民法院提交新的法定代表人身份证明书。原法定代表人进行的诉讼行为有效。"

根据上述规定,公司法定代表人代表公司进行诉讼。公司法定代表人被更换后,即使未能及时办理工商变更手续,但在公司向人民法院提交新的法定代表人的身份证明书(需由公司盖章)后,新的法定代表人有权代表公司提起诉讼/应诉。但由于新的法定代表人与公司工商登记的法定代表人不符,公司应向人民法院提交法定代表人更换的决议或文件作为证明。

7. 在无法更换公司法定代表人也无法掌握公司公章的情况下,通过什么办法可以暂时控制公司的财务资料和现有资产?

根据我们的实践经验,在股东既无法依据公司章程更换公司法定代表人,也无法掌握公司公章的情况下,可以根据案件事实情况由股东对公司提起某个或某系列的诉讼(如知情权诉讼、债务偿还诉讼、解散公司诉讼),同时向人民法院申请查封公司的财务资料和现有资产,从而达到在股东无法控制公司的局面下,通过法院暂时控制公司的财务资料和现有资产的目的。

8. 控股股东滥用股东权利损害公司/股东利益,否定公司的法人人格应具备哪些条件?

中国《公司法》关于公司的法人人格否定的规定见第20条:"公司股

东应当遵守法律、行政法规和公司章程,依法行使股东权利,不得滥用股东权利损害公司或者其他股东的利益;不得滥用公司法人独立地位和股东有限责任损害公司债权人的利益。公司股东滥用股东权利给公司或者其他股东造成损失的,应当依法承担赔偿责任。公司股东滥用公司法人独立地位和股东有限责任,逃避债务,严重损害公司债权人利益的,应当对公司债务承担连带责任。"

人民法院在何种条件下可以否定公司的法人人格,最高人民法院尚未作出相关司法解释。根据人民法院在个案判例中的观点及学理界的主流观点,一般认为,否定公司法人人格应具备如下条件:

(1)主体要件

主体要件包括主张者和被主张者。主张者即因公司法人人格被滥用受到损害的公司的债权人,包括自然人、法人和其他组织;被主张者即公司法人人格的滥用者,一般指控股股东,而不是非股东身份的公司其他人员如董事、监事或高级管理人员。特定情况下,公司的实际控制人滥用公司法人人格的,也可能成为案件的被告。

(2)行为要件

股东实施了滥用公司人格和股东有限责任的行为,是适用公司法人人格否认制度的行为要件。该滥用行为主要包括两类:

第一类,利用公司法人人格规避合同义务和法律义务的行为。

滥用公司法人人格规避合同义务的行为主要表现为:负有竞业禁止等合同上特定的不作为义务的当事人为规避该义务而设立新公司,或者利用旧公司掩盖其真实行为;负有交易上巨额债务的公司,支配股东通过抽逃资金或解散该公司或宣告该公司破产后,再以原有的营业场所、董事会、公司职员等设立经营目的完全相同的新公司,以达到逃脱原来公司巨额债务之不当目的;利用公司对债权人进行诈欺以逃避合同义务等。

滥用公司法人人格规避法律义务的行为主要表现为:控制股东利用新设公司或既存公司的法人人格,人为地改变了强制性法律规范的适用前提,达到规避法律义务的真正目的,从而使法律规范的目的和实效性落空。例如,为防止公司业务的不法行为可能导致的巨额赔偿,将本属于一体化的企业财产分散设立若干公司,使每一公司资产只达到法定的最低标准,并只投保最低限额的保险,因而难以补偿受害人之损失;或者利用公司形式逃避税务责任、社会保险责任或其他法定义务等。

第二类,公司法人人格形骸化的行为。

公司法人人格形骸化实质上是指公司与股东完全混同,使公司成为股东的或另一公司的另一个自我,或成为其代理机构和工具,以至于形成股东即公司、公司即股东的情况。通常而言,公司形骸化的重要表征是人格、财产、业务等发生混同。

所谓人格混同,是指公司与股东之间或者公司与其他公司之间没有严格的分别。公司实践中,一套人马、两块牌子,名为公司实为个人等均属于人格混同的情况。

当公司的财产不能与该公司的成员及其他公司的财产作清楚的区分时,即发生财产混同。财产混同通常表现为:公司营业场所、主要设备与股东的营业场所或居所等完全同一,公司与股东使用同一办公设施;公司与股东的资本或其他财产混合,公司资本或财产移转为非公司使用;公司与股东或本公司与他公司利益一体化等,从而使股东自己即可将公司的盈利当做自己的财产随意调用,或转化为股东个人财产,或转化为另一公司的。

业务混同在公司与股东之间特别是公司集团内部各公司之间比较常见。例如,公司与股东或不同公司之间从事相同的业务活动;具体交易行为不单独进行,而是受同一控制股东或同一董事会指挥、支配、组织;公司集团内部实施大量的交易活动,交易行为、交易方式、交易价格等都以母公司或公司集团的整体利益的需要为准,根本无独立、自由竞争可言,资金也因此在公司之间随意流动;公司对业务活动无真实记录或连续记录等。以上种种足以使公司与股东之间或母子公司、兄弟公司之间在外观上几乎丧失了独立性。

(3) 结果要件

结果要件是指公司法人人格利用者滥用公司法人人格的行为必须给他人或社会造成损害。对于该要件,应当把握三个要点:其一,滥用公司法人人格的行为必须给公司债权人造成严重的损害。如若公司股东的行为有悖于公司法人人格独立和股东有限责任的宗旨,但没有造成任何债权人利益的损害,没有影响到平衡的利益体系,则不能适用公司法人人格否认制度去矫正并未失衡的利益关系。其二,滥用公司法人人格的行为与造成的损失之间有直接的因果关系。受损害的当事人必须举证证明其所受损害与滥用公司法人人格的不当行为之间存在因果关系，否则，不能向法院提请否定公司法人人格的诉讼请求。其三，这种损害不能通过公司自身获得赔偿。也就是说，即使控制股东滥用公司人格和股东有限责任实现其不当目的，并且给公司债权人带来损害，但只要公司有足够的财产弥补债权人损失，公司债权人就不能提起揭开公司面纱之诉。

由于实践中公司股东滥用公司法人人格的情形多种多样且相当隐蔽，因此以立法的形式来固定公司人格否定法理的适用要件和场合，已经远远超出了立法者之能力，即使在强调成文法和法律体系逻辑性的大陆法系国家亦是如此。中国《公司法》第20条属于衡平性规范，体现出原则性、模糊性和补充性的品质，未对公司人格否定制度或揭开公司面纱规则的具体适用标准作出明确规定，适用"公司法人人格否认"的具体情形，还需要由最高人民法院通过司法解释作出规定。

9. 股东代表公司提起股东代表诉讼应具备哪些条件？管辖法院和诉讼当事人如何确定？

（1）股东提起股东代表诉讼应具备的条件

根据中国《公司法》第152条①规定，股东提起股东代表诉讼需具备如下条件：

第一，公司利益受到损害并存在客观的损失。损害的产生主要有以下原因：公司的董事、监事或高级管理人员违反忠实义务、勤勉义务，进行内幕交易及短线交易；公司董事、监事、高级管理人员为自己确定过高的薪酬；公司董事、监事、高管人员掠夺本属于公司的商业机会等；他人损害公司利益。

第二，原告股东的资格受到限制。对于有限责任公司而言，对提起代表诉讼的股东资格没有限制，只要是具备公司的股东资格都有权提起代表

---

① 《公司法》第152条规定："董事、高级管理人员有本法第150条规定的情形的，有限责任公司的股东、股份有限公司连续180日以上单独或者合计持有公司1%以上股份的股东，可以书面请求监事会或者不设监事会的有限责任公司的监事向人民法院提起诉讼；监事有本法第150条规定的情形的，前述股东可以书面请求董事会或者不设董事会的有限责任公司的执行董事向人民法院提起诉讼。监事会、不设监事会的有限责任公司的监事，或者董事会、执行董事收到前款规定的股东书面请求后拒绝提起诉讼，或者自收到请求之日起30日内未提起诉讼，或者情况紧急、不立即提起诉讼将会使公司利益受到难以弥补的损害的，前款规定的股东有权为了公司的利益以自己的名义直接向人民法院提起诉讼。他人侵犯公司合法权益，给公司造成损失的，本条第1款规定的股东可以依照前两款的规定向人民法院提起诉讼。"

诉讼。对股份有限公司而言,能提起代表诉讼的股东必须是连续180天以上单独或合计持有公司1%以上股份的股东,而且上述股东必须在起诉时以及起诉期间持续持有该公司的股份。

第三,必须穷尽公司内部救济。符合法定条件的股东可以书面请求监事会或者不设监事会的有限责任公司的监事向人民法院提起诉讼;监事有《公司法》第150条①规定的情形的,股东可以书面请求董事会或者不设董事会的有限责任公司的执行董事向人民法院提起诉讼。监事会、不设监事会的有限责任公司的监事,或者董事会、执行董事收到前款规定的股东书面请求后拒绝提起诉讼,或者自收到请求之日起30日内未提起诉讼,股东可以提起股东代表诉讼。

在情况紧急、不立即提起诉讼将会使公司利益受到难以弥补的损害的,符合法定条件的股东可以自己的名义直接向人民法院提起诉讼。

(2)股东代表诉讼的管辖法院

关于股东代表诉讼的管辖法院,虽然中国相关法律并未明确规定,但目前理论上和实务界的通常观点认为,股东代表诉讼应由公司住所地法院专属管辖。

(3)股东代表诉讼的当事人

提起诉讼的股东以自己的名义提起诉讼,为原告;侵害公司利益的董事、监事、高级管理人员或其他人员为被告;而由于股东代表诉讼实质是股东代表公司提起的诉讼,案件的判决结果与公司有直接利害关系,公司作为第三人参加诉讼。

10. 中小股东可以采取哪些措施保护自身的利益?

加强对中小股东的利益保护,控制大股东的权利滥用是当代公司法的基本价值取向。根据中国《公司法》、《中外合资经营企业法》、《中外合作经营企业法》等有关规定,中小股东可以通过以下措施和制度保护自己的权利:

(1)可以查阅公司会计账簿,行使股东的知情权。有限责任公司的股东可以要求查阅公司会计账簿。公司有合理根据认为股东查阅会计账簿

---

① 《公司法》第150条规定:董事、监事、高级管理人员执行公司职务时违反法律、行政法规或者公司章程的规定,给公司造成损失的,应当承担赔偿责任。

有不正当目的,可能损害公司利益的,可以拒绝提供查阅。公司拒绝提供查阅的,股东可以请求人民法院要求公司提供查阅。

(2)可以向人民法院提起确认股东会、董事会决议无效或撤销股东会、董事会决议之诉。当股东会、董事会决议的内容违反法律、行政法规时,该决议无效。当股东会、董事会的召集程序,表决方式违反法律、行政法规规定或者公司章程,或者决议内容违反公司章程时,股东可以自作出决议之日起60日内请求人民法院予以撤销。

(3)特殊情况下股东可单方申请解散公司。根据《中外合资经营企业法实施条例》第90条、《中外合作经营企业法实施条例》第48条的规定,合营/合作一方不履行合营企业协议、合同、章程规定的义务,致使企业无法继续经营,履行合同的一方可提出解散公司的申请,报审批机构批准。不履行合营合作企业协议、合同、章程规定的义务一方,应当对履行合同的一方由此造成的损失负赔偿责任。

(4)可以提起直接诉讼。公司控股股东、实际控制人、董事、监事、高级管理人员等的行为侵害了股东利益时,受害的股东可以提起损害赔偿之诉。可以依据合资/合作协议就对方的违约行为追究对方的违约责任。

(5)可以提起股东代表诉讼。当公司董事、经理等高级管理人员或者公司以外的其他人侵犯了公司权益,给公司造成损失而公司不予追究时,股东可以以自己的名义依法向人民法院提起股东代表诉讼,以维护公司的利益。

11. 股东行使知情权应具备哪些条件?

一般认为,股东知情权包括财务会计报告查阅权、账簿查阅权和检查人选任请求权所组成,前两种权利又被统称为股东的查阅权,是股东知情权的核心。《公司法》第34条[①]对有限责任公司的股东的知情权进行了明确规定。根据这些规定,对于股东行使知情权并无特别限制,只要是公司的股东,就依法享有该等权利,而无论该股东在公司的持股比例如何。

同时,对于出资瑕疵的股东是否可以行使对公司的知情权,司法实践

---

① 《公司法》第34条规定:"股东有权查阅、复制公司章程、股东会会议记录、董事会会议决议、监事会会议决议和财务会计报告。股东可以要求查阅公司会计账簿。股东要求查阅公司会计账簿的,应当向公司提出书面请求,说明目的。公司有合理根据认为股东查阅会计账簿有不正当目的,可能损害公司合法利益的,可以拒绝提供查阅,并应当自股东提出书面请求之日起15日内书面答复股东并说明理由。公司拒绝提供查阅的,股东可以请求人民法院要求公司提供查阅。"

中通常认为,股东虽然出资瑕疵,但在未丧失公司股东身份之前,其仍可按照《公司法》或公司章程的规定,行使相应的股东权,除非章程或股东与公司之间另有约定,一般不以出资瑕疵为由限制股东知情权的行使。

12. 如何启动股东知情权诉讼?

根据《公司法》第34条规定,对于财务会计报告(指资产负债表、损益表、财务状况变动表、财务情况说明书、利润分配表等会计文件,并不包括会计账簿和会计凭证),股东可以无条件随时查阅。公司拒绝提供查阅的,股东可以向人民法院起诉请求公司提供查阅。而对于会计账簿,则需要股东履行前置程序,股东应先向公司以书面方式提出请求,并说明查阅的目的,在该请求被公司拒绝后,才能再向人民法院起诉请求公司提供查阅。但如果公司有合理根据认为股东查阅会计账簿有不正当目的,可能损害公司合法利益的,人民法院可能对股东提出的查阅请求不予支持。

13. 公司长期不分配股利,股东可以采取哪些措施保护自己的利益?

根据《公司法》、《中外合资经营企业法》、《中外合作经营企业法》等相关规定,公司股东有权按照实缴的出资比例分配红利,但全体股东约定不按出资比例或股份比例分配红利的除外。分配红利是股东享有资产收益权的主要内容。公司股利的分配系公司自治的范畴,公司的股利分配方案需由公司的权利机构(股东会或董事会)批准通过。但现实生活中,公司的大股东通常利用其对公司的控制权和资本多数决定原则,导致中小股东长期无法分配公司红利。此时,中小股东可以采取如下救济措施保护自己的利益:

(1)提起确认决议无效或者撤销决议的诉讼。根据《公司法》第22条①规定,如果有关股利分配的股东会决议违反法律、行政法规或者公司章程的规定,或者存在程序上的瑕疵,股东可以向人民法院提起无效确认之诉或者撤销之诉。如果股东违反公司章程的规定过多提取公积金,而不分配股利或者过少分配股利并以此作为压榨中小股东手段时,受害股东可

---

① 《公司法》第22条规定:"公司股东会或者股东大会、董事会的决议内容违反法律、行政法规的无效。股东会或者股东大会、董事会的会议召集程序、表决方式违反法律、行政法规或者公司章程,或者决议内容违反公司章程的,股东可以自决议作出之日起60日内,请求人民法院撤销。股东依照前款规定提起诉讼的,人民法院可以应公司的请求,要求股东提供相应担保。公司根据股东会或者股东大会、董事会决议已办理变更登记的,人民法院宣告该决议无效或者撤销该决议后,公司应当向公司登记机关申请撤销变更登记。"

以申请人民法院撤销该决议。

（2）可以行使退股权。根据《公司法》第75条①规定,公司连续5年不向股东分配利润而公司该5年连续盈利,并且符合法定的分配利润条件的,对股东会该项决议投反对票的股东可以请求公司按照合理的价格收购其股权。

（3）以公司为被告提起给付之诉。如果股东会或董事会决议通过了股利分配方案,而公司董事会拒绝执行的,股东可以直接以公司为被告提起给予之诉。因为一旦分配方案得以通过,即在股东和公司之间直接产生了具体的债权债务关系,股东对此当然可以通过诉讼解决。

14. 公司长期不分红,在公司权力机构未作出分红决议的情况下,法院是否可以强行判决公司分红?

分配股利是股东享有资产收益权的主要内容。所谓股利分配请求权,是指股东享有的请求公司向自己分配股利的权利,属股东自益权范畴。但股利分配不仅取决于公司是否有可资分配的利润,更为关键的是股利分配方案是否得到公司权力机构的批准通过。因此,公司股利是否分配以及分配的数额,原则上属于公司自治和股东自治的范围,司法权不能干预公司权力机构的这一权利。当公司权力机构没有通过利润分配方案时,法院不能强行判决公司分配股利。

六、董事、监事、高管人员损害公司/股东利益问题

1. 根据中国公司法,董事、监事、高管人员应对公司承担哪些义务?

（1）《公司法》第148条的总括性规定

《公司法》第148条规定:董事、监事、高级管理人员应当遵守法律、行政法规和公司章程,对公司负有忠实义务和勤勉义务。董事、监事、高级管理人员不得利用职权收受贿赂或者其他非法收入,不得侵占公司的财产。由此,根据中国公司法,董事、监事、高管人员应对公司承担忠实义务和勤勉义务。

---

① 《公司法》第75条规定:"有下列情形之一的,对股东会该项决议投反对票的股东可以请求公司按照合理的价格收购其股权:(一)公司连续5年不向股东分配利润,而公司该5年连续盈利,并且符合本法规定的分配利润条件的;(二)公司合并、分立、转让主要财产的;(三)公司章程规定的营业期限届满或者章程规定的其他解散事由出现,股东会会议通过决议修改章程使公司存续的。自股东会会议决议通过之日起60日内,股东与公司不能达成股权收购协议的,股东可以自股东会会议决议通过之日起90日内向人民法院提起诉讼。"

(2) 董事、监事、高管人员应对公司承担的忠实义务

《公司法》第149条采取列举加概括的方式,将公司董事、高管的忠实义务规定为,董事、高级管理人员不得有下列行为:① 挪用公司资金;② 将公司资金以其个人名义或者以其他个人名义开立账户存储;③ 违反公司章程的规定,未经股东会、股东大会或者董事会同意,将公司资金借贷给他人或者以公司财产为他人提供担保;④ 违反公司章程的规定或者未经股东会、股东大会同意,与本公司订立合同或者进行交易;⑤ 未经股东会或者股东大会同意,利用职务便利为自己或者他人谋取属于公司的商业机会,自营或者为他人经营与所任职公司同类的业务;⑥ 接受他人与公司交易的佣金归为己有;⑦ 擅自披露公司秘密;⑧ 违反对公司忠实义务的其他行为。董事、高级管理人员违反前款规定所得的收入应当归公司所有。

此外,中国《公司法》在总则部分第11条规定,公司董事、监事、高管人员不得利用其关联关系损害公司利益,第117条规定公司得定期向股东披露董事、监事、高管人员从公司获得报酬的情况,第125条规定上市公司董事对存在关联关系因素的交易不得行使表决权,第147条规定5种人不得担任公司董事、监事和高管人员。

上述内容,均在于表达公司法对董事等对公司必须履行忠实义务的立法意见,所有条款出台的潜在宗旨在于促进董事以清白的心灵与洁净的双手为公司服务。

(3) 董事、监事、高管人员应对公司承担的勤勉义务

勤勉义务,也称为谨慎义务、注意义务、小心义务,是指董事、监事和高级管理人员应当诚信地履行对公司的职责,尽到普通人在类似情况和地位下应有的谨慎的合理注意义务,为实现公司最大利益努力工作。

勤勉义务,本质上是管理义务,它要求董事、高管在公司经营管理过程中应当以一个合理谨慎的人在相似的情形之下所应表现出来的谨慎、勤勉和技能,来履行其管理职责。如果董事、高管人员未能尽到勤勉义务而给公司造成损失,根据《公司法》第150条规定,"董事、监事、高级管理人员执行公司规定职务时违反法律、行政法规或者公司章程的规定,给公司造成损失的,应当承担赔偿责任"。

《公司法》并没有对勤勉义务作出列举式规定。司法实践中,采用以

客观为主、结合主观的综合性判断标准,即判断董事勤勉义务的履行状态,应当以普通谨慎的董事在同类公司、同类职务、同类相关条件和环境中所应具有的注意、知识和经验程度作为衡量标准。倘若有证据表明某董事的知识、经验和资格明显高于一般标准时,应当以该董事是否诚实地贡献出了他的实际能力作为衡量标准。如此,才可以克服单纯的客观标准和单纯的主观标准具有的缺陷,使事后判断符合实际。

2. 公司的董事、监事、高管人员损害公司/股东利益,公司或股东可以采取哪些救济措施?

当公司的董事、监事、高管人员损害公司/股东利益时,公司或股东可以采取如下救济措施:

(1)公司直接诉讼

《公司法》第152条第1款和第3款规定,公司受到董事、监事、高管人员违反义务的行为侵害时,公司可以自己的名义对侵害者提起的诉讼。

(2)股东代表诉讼

《公司法》第152条规定,当公司的董事、监事、高管人员或者他人的行为损害了公司的利益,而公司怠于通过诉讼方式追究其责任以恢复公司的利益时,由公司的股东基于公司的利益,径行代表公司对侵权方或者违约方发动的诉讼,即派生诉讼,也称为代表诉讼。

(3)股东直接诉讼

《公司法》第153条规定:董事、高管人员违反法律、行政法规或者公司章程的规定,损害股东利益的,股东可以向人民法院提起诉讼。

3. 公司的董事、监事或高级管理人员占有、挪用公司资金或其他资产,应当承担什么责任,是否应承担刑事责任?

对于公司的董事、监事或者高级管理人员占有、挪用公司资金或其他资产的责任承担,《公司法》和《刑法》分别作出如下规定:

(1)民事责任

《公司法》第149条规定:"董事、高级管理人员不得有下列行为:(一)挪用公司资金;(二)将公司资金以其个人名义或者以其他个人名义开立账户存储;(三)违反公司章程规定,未经股东会、股东大会或者董事会同意,将公司资金借贷给他人或者以公司财产为他人提供担保;……董事、高级管理人员违反前款规定所得的收入应当归公司所有。"

《公司法》第150条概括性规定:"董事、监事、高级管理人员执行公司职务时违反法律、行政法规或者公司章程的规定,给公司造成损失的应当承担赔偿责任。"

由此可见,公司的董事、监事或高级管理人员占有、挪用公司资金或其他财产,应当承担两大责任:其一,收入归入公司的责任;其二,赔偿责任。

（2）刑事责任

《刑法》第271条规定:公司、企业或者其他单位的人员,利用职务上的便利,将本单位财物非法占为己有,数额较大的,处5年以下有期徒刑或者拘役;数额巨大的,处5年以上有期徒刑,可以并处没收财产。国有公司、企业或者其他国有单位中从事公务的人员和国有公司、企业或者其他国有单位委派到非国有公司、企业以及其他单位从事公务的人员有前款行为的,依照本法第382条①、第383条②的规定定罪处罚。

《刑法》第272条规定:公司、企业或者其他单位的工作人员,利用职务上的便利,挪用本单位资金归个人使用或者借贷给他人,数额较大、超过3个月未还的,或者虽未超过3个月,但数额较大、进行营利活动的,或者进行非法活动的,处3年以下有期徒刑或者拘役;挪用本单位资金数额巨大的,或者数额较大不退还的,处3年以上10年以下有期徒刑。国有公司、企业或者其他国有单位中从事公务的人员和国有公司、企业或者其他国有单位委派到非国有公司、企业以及其他单位从事公务的人员有前款行为

---

① 《刑法》第382条规定:"国家工作人员利用职务上的便利,侵吞、窃取、骗取或者以其他手段非法占有公共财物的,是贪污罪。受国家机关、国有公司、企业、事业单位、人民团体委托管理、经营国有财产的人员,利用职务上的便利,侵吞、窃取、骗取或者以其他手段非法占有国有财物的,以贪污论。与前两款所列人员勾结,伙同贪污的,以共犯论处。"

② 《刑法》第383条规定:"对犯贪污罪的,根据情节轻重,分别依照下列规定处罚:（一）个人贪污数额在10万元以上的,处10年以上有期徒刑或者无期徒刑,可以并处没收财产;情节特别严重的,处死刑,并处没收财产。（二）个人贪污数额在5万元以上不满10万元的,处5年以上有期徒刑,可以并处没收财产;情节特别严重的,处无期徒刑,并处没收财产。（三）个人贪污数额在5000元以上不满5万元的,处1年以上7年以下有期徒刑;情节严重的,处7年以上10年以下有期徒刑。个人贪污数额在5000元以上不满1万元,犯罪后有悔改表现、积极退赃的,可以减轻处罚或者免于刑事处罚,由其所在单位或者上级主管机关给予行政处分。（四）个人贪污数额不满5000元,情节较重的,处2年以下有期徒刑或者拘役;情节较轻的,由其所在单位或者上级主管机关酌情给予行政处分。对多次贪污未经处理的,按照累计贪污数额处罚。"

的,依照本法第384条①的规定定罪处罚。

由此可见,一旦公司的董事、监事或高级管理人员占有、挪用公司资金或其他资产满足一定的数额标准、时间标准和用途标准,均应承担相应的刑事责任。

针对挪用上市公司资金等严重问题,《刑法修正案(六)》第9条规定:"上市公司的董事、监事、高级管理人员违背对公司的忠实义务,利用职务便利,操纵上市公司从事下列行为之一,致使上市公司利益遭受重大损失的,处3年以下有期徒刑或者拘役,并处或者单处罚金;致使上市公司利益遭受特别重大损失的,处3年以上7年以下有期徒刑,并处罚金:(一)无偿向其他单位或者个人提供资金、商品、服务或者其他资产的;(二)以明显不公平的条件,提供或者接受资金、商品、服务或者其他资产的;(三)向明显不具有清偿能力的单位或者个人提供资金、商品、服务或者其他资产的;(四)为明显不具有清偿能力的单位或者个人提供担保,或者无正当理由为其他单位或者个人提供担保的;(五)无正当理由放弃债权、承担债务的;(六)采用其他方式损害上市公司利益的。上市公司的控股股东或者实际控制人,指使上市公司董事、监事、高级管理人员实施前款行为的,依照前款的规定处罚。犯前款罪的上市公司的控股股东或者实际控制人是单位的,对单位判处罚金,并对其直接负责的主管人员和其他直接责任人员,依照第一款的规定处罚。"

4. 公司的董事、监事或高级管理人员利用职务之便进行关联交易,损害公司利益,公司有何救济手段?

根据《公司法》第217条第4款规定,"关联关系,是指公司控股股东、实际控制人、董事、监事、高级管理人员与其直接或者间接控制的企业之间的关系,以及可能导致公司利益转移的其他关系。但是,国家控股的企业之间不因为同受国家控股而具有关联关系"。

并非所有的关联交易都存在侵害公司利益的情况,只有不正当的关联交易才需要赋予股东救济权。

第一,根据《公司法》第54条对于监事会职权的规定,当董事、高级管

---

① 《刑法》第384条规定:"国家工作人员利用职务上的便利,挪用公款归个人使用,进行非法活动的,或者挪用公款数额较大、进行营利活动的,或者挪用公款数额较大、超过3个月未还的,是挪用公款罪,处5年以下有期徒刑或者拘役;情节严重的,处5年以上有期徒刑。挪用公款数额巨大不退还的,处10年以上有期徒刑或者无期徒刑。挪用用于救灾、抢险、防汛、优抚、扶贫、移民、救济款物归个人使用的,从重处罚。"

理人员利用职务之便进行关联交易侵害公司利益时,监事会可以要求董事、高级管理人员予以纠正,并且对其提出罢免的建议,提交股东(大)会或者董事会通过。如果是监事利用职务之便进行关联交易侵害公司利益,那么股东可以向股东(大)会提出罢免该监事的提议。

第二,根据《公司法》第149条、第150条、以及《公司法》第152条关于公司直接诉讼的规定,公司可以主张董事、监事、高级管理人员违反规定的所得归公司所有,并且公司可以向人民法院提起诉讼,要求董事、监事、高级管理人员承担赔偿责任。此外,公司还可以请求法院确认该关联交易无效。

第三,如果题述情形严重侵害了公司利益,妨害了公司的管理秩序,那么,依据刑法的相关规定,公司可以针对不同具体情况,以"为亲友非法牟利罪"、"国有公司、企业、事业单位人员滥用职权罪"、"徇私舞弊低价折股、出售国有资产罪"、"背信损害上市公司利益罪"等罪名,由公诉机关提起对违法董事、监事、高级管理人员的刑事诉讼,追究违法董事、监事、高级管理人员的刑事责任。

5. 公司的董事、监事或高级管理人员利用职务之便,攫取属于公司的商业机会,损害公司利益,公司有何救济手段?

公司的商业机会是指董事、监事或高级管理人员在执行公司职务过程中获得的、并有义务向公司披露的、与公司经营活动密切相关的各种机会,如签订合同的机会、收购其他公司的机会、直接投资的机会等。公司的经营活动通过这样一些机会的获取和利用而展开,并由此获得商业利益。性质上,公司的商业机会应当具有财产的属性,但是,它毕竟不同于传统意义上的公司财产。

当董事、监事或高级管理人员利用职务之便攫取属于公司的商业机会,损害公司利益时,根据《公司法》,公司可以以自己名义,以损害公司利益的董事、监事或高级管理人员及其关联公司为共同被告提起诉讼,对被侵害的公司利益加以救济。

6. 公司的董事、监事或高级管理人员利用职务之便,与第三人恶意串通,将公司财产低价转让给第三人,或与第三人签订损害公司利益的其他合同,公司能否以公司的董事、监事或高级管理人员、第三人为共同被告提起诉讼?

公司的董事、监事或高级管理人员与第三人恶意串通,将公司财产低价转让给第三人的,或与第三人签订损害公司利益的其他合同,公司可以提起诉讼要求法院确认此类合同无效,并可以将公司的董事、监事或高级管理人员与第三人作为共同被告提起诉讼。

7. 如果董事知道公司管理层向贷款银行就公司的财务状况作了不实陈述从而获得银行贷款,那么作为外方股东派出的董事,应当承担什么责任?

对公司的财务状况对外作不实陈述属于欺诈行为。以欺诈方式骗取贷款是中国法律所禁止的。该等行为可能引起如下法律责任:

在刑事责任方面,可能触犯中国《刑法》规定的"骗取贷款罪"。中国《刑法》第193条规定:"有下列情形之一,以非法占有为目的,诈骗银行或者其他金融机构的贷款,数额较大的,处5年以下有期徒刑或者拘役,并处2万元以上20万元以下罚金;数额巨大或者有其他严重情节的,处5年以上10年以下有期徒刑,并处5万元以上50万元以下罚金;数额特别巨大或者有其他特别严重情节的,处10年以上有期徒刑或者无期徒刑,并处5万元以上50万元以下罚金或者没收财产:(一)编造引进资金、项目等虚假理由的;(二)使用虚假的经济合同的;(三)使用虚假的证明文件的;(四)使用虚假的产权证明作担保或者超出抵押物价值重复担保的;(五)以其他方法诈骗贷款的。"因此,对财务状况作不实陈述,可能会被认为是上述骗贷行为中的"使用虚假的证明文件的"。如果该等不实陈述对贷款银行决定是否发放贷款有关键作用,贷款数额较大的,则可能构成上述犯罪。

在民事责任方面,需要区分不同情形。如果骗取贷款的行为损害了国家利益,则有可能被因此认为也损害了国家利益。此时,根据中国《合同法》第52条规定:"有下列情形之一的,合同无效:(一)一方以欺诈、胁迫的手段订立合同,损害国家利益;……"。如果骗取贷款的行为并未损害国家利益,此时,根据中国《合同法》第54条的规定:"下列合同,当事人一方有权请求人民法院或者仲裁机构变更或者撤销:……一方以欺诈、胁迫的手段或者乘人之危,使对方在违背真实意思的情况下订立的合同,受损害方有权请求人民法院或者仲裁机构变更或者撤销。当事人请求变更的,人民法院或者仲裁机构不得撤销。"对于公司以欺骗方式签署的贷款合同,贷款银行可以主张撤销合同或者变更合同。当然,贷款银行也可以不主张撤销合同或者变更合同。在贷款银行主张撤销合同或者变更合同时,对贷款银行由此而遭受的损失,公司需承担损害赔偿责任。

关于外国股东派出的董事在知道公司管理层通过不实陈述骗取贷款的情况后是否需要承担上述相关责任,取决于该外国股东派出的董事是否参与以及是否支持了公司"通过不实陈述骗取贷款"的决策过程。如果没有参与,或者即使参与了但是在相关表决过程中投反对票或者弃权票,该董事不需承担责任。如果参与并同意了公司"通过不实陈述骗取贷款",则该董事可能需要承担上述刑事责任,对由此而给公司造成的损失,该董事也应需承担损害赔偿责任。

七、公司僵局和清算问题

1. 如何认定公司僵局?

公司僵局是指,公司的运行机制完全失灵,股东(大)会、董事会、监事会等权力机构和管理机构无法正常运行、无法对公司的重大事项作出任何决议,公司的一切事务处于瘫痪的这种经营管理困难状况。[①]

目前,在我国,公司僵局主要指公司股东会僵局和董事会僵局两种情况。《最高人民法院关于适用〈中华人民共和国公司法〉若干问题的意见(二)》规定了公司僵局的几种情况:

(1)公司持续两年以上无法召开股东会或者股东大会,公司经营管理发生严重困难的;

(2)股东表决时无法达到法定或者公司章程规定的比例,持续两年以上不能作出有效的股东会或者股东大会决议,公司经营管理发生严重困难的;

(3)公司董事长期冲突,且无法通过股东会或者股东大会解决,公司经营管理发生严重困难的;

(4)经营管理发生其他严重困难,公司继续存续会使股东利益受到重大损失的情形。

2. 公司陷入僵局后应如何处理?

由于维系公司已经不可能,要摆脱僵局的局面,公司必须进行解散,而

---

① 赵旭东:《公司法学》,高等教育出版社2006年版,第501页。

公司自行解散又已不可能。根据中国《公司法》第183条①的规定,在出现公司僵局的情况下,符合法定条件的股东可向人民法院提起申请解散公司之诉。

《最高人民法院关于适用〈中华人民共和国公司法〉若干问题的规定(二)》(法释[2008]6号)第1条对股东提起解散公司之诉的条件进行了明确规定。此外,关于外商投资企业的解散,要优先适用国家工商行政管理总局、商务部《关于外商投资企业解散注销登记管理有关问题的通知》(工商外企字[2008]226号)。

3. 如果需要解散境内公司,如何解散?

公司解散的事由依是否具有强制性,分为自愿解散和强制解散两类。自愿解散完全是基于公司本身的愿望实施,即依照公司章程规定或股东会的决议自动解散公司。比如,公司章程规定的公司存续期间届满或其他解散事由发生,股东会决议解散,公司因合并或分立而解散等。强制解散不是基于公司本身的愿望实施,而是基于主管机关之解散命令、法院所为之解散裁定,或主管机关撤销或废止其登记,因而不得不解散。比如,公司宣告破产,经法院裁定解散。

根据国家工商行政管理总局、商务部《关于外商投资企业解散注销登记管理有关问题的通知》(工商外企字[2008]226号),外商投资的公司因出现《公司法》第181条、《中外合资经营企业法实施条例》第90条第1款第(三)项、《中外合作经营企业法实施细则》第48条第1款第(三)项等规定的法定情形而解散,分别按下列规定办理:

(1)外商投资公司因章程规定的经营期限届满而解散,被司法裁定解散,依法被吊销营业执照、责令关闭或者被撤销而解散的,直接进入清算程序,无需经过审批机关批准。

(2)根据《中外合资经营企业法实施条例》第90条第1款第(二)、(四)、(五)、(六)项,《中外合作经营企业法实施细则》第48条第1款第(二)、(四)项或《外资企业法实施细则》第72条第1款第(二)、(三)、(六)项的规定,外商投资的公司在经营期限届满前提前解散的,应当经审

---

① 《公司法》第183条规定:"公司经营管理发生严重困难,继续存续会使股东利益受到重大损失,通过其他途径不能解决的,持有公司全部股东表决权10%以上的股东,可以请求人民法院解散公司。"

批机关批准。

（3）中外合资、中外合作的公司按照《中外合资经营企业法实施条例》第90条第1款第（三）项、《中外合作经营企业法实施细则》第48条第1款第（三）项规定，在经营期限届满前单方提出解散的，应当经审批机关批准解散或经人民法院裁定解散。

（4）外商投资的公司因上述（二）、（三）款情形解散的，需向审批机关报送提前解散申请书、公司权力机构关于提前解散公司的决议及公司批准证书和营业执照。

4. 请求人民法院解散公司应具备什么条件？

根据公司法和《最高人民法院关于适用〈中华人民共和国公司法〉若干问题的规定（二）》的规定，请求人民法院解散公司应具备如下条件：

（1）主体要件

单独或者合计持有公司全部股东表决权10%以上的股东，在具备法定条件下，可以请求人民法院解散公司。

（2）实体要件

公司具备如下情况之一，并且公司继续存续会使股东利益受到重大损失，通过其他途径不能解决的：

第一，公司持续两年以上无法召开股东会或者股东大会，公司经营管理发生严重困难的；

第二，股东表决时无法达到法定或者公司章程规定的比例，持续两年以上不能作出有效的股东会或者股东大会决议，公司经营管理发生严重困难的；

第三，公司董事长期冲突，且无法通过股东会或者股东大会解决，公司经营管理发生严重困难的；

第四，经营管理发生其他严重困难，公司继续存续会使股东利益受到重大损失的情形。

（3）除外条件

股东以知情权、利润分配请求权等权益受到损害，或者公司亏损、财产不足以偿还全部债务，以及公司被吊销企业法人营业执照未进行清算等为由，提起解散公司诉讼的，人民法院不予受理。

5. 公司资不抵债,而股东拒不履行对公司的清算责任,股东是否要对公司债务承担责任?

公司资不抵债时,应及时依法进行清算,以保护公司债权人的利益。如果股东拒不履行对公司的清算责任的,根据《最高人民法院关于适用〈中华人民共和国公司法〉若干问题的规定(二)》第18条规定,有限责任公司的股东、股份有限公司的董事和控股股东未在法定期限内成立清算组开始清算,导致公司财产贬值、流失、毁损或者灭失,债权人主张其在造成损失范围内对公司债务承担赔偿责任的,人民法院应依法予以支持。有限责任公司的股东、股份有限公司的董事和控股股东因怠于履行义务,导致公司主要财产、账册、重要文件等灭失,无法进行清算,债权人主张其对公司债务承担连带清偿责任的,人民法院应依法予以支持。

6. 中外合资经营合同约定仲裁条款,一方股东可否起诉到法院要求解散公司?

根据中国的法律,如果中外合资的双方在合同中约定了仲裁条款,且该条款合法有效,则双方就该合资合同而发生的纠纷,应由双方通过仲裁程序解决。

如果一方股东以另一方股东违反合营合同的约定为由,以另一方股东为被申请人,要求终止合营合同,则该纠纷应由合同约定的仲裁机构管辖。

但是,如果一方股东以《公司法》第183条规定为依据,以公司经营管理发生严重困难、继续存续会使股东利益受到重大损失、通过其他途径不能解决为由,以公司为被告起诉到人民法院,要求解散公司的,则人民法院应当予以受理。

7. 在中外合资经营企业中,股东在提起解散公司诉讼的同时,可否要求对公司进行清算?

根据最高人民法院法释[1998]1号《关于审理中外合资经营合同纠纷案件如何清算合资企业问题的批复》,中外合资经营企业一方当事人向人民法院提起诉讼,要求解散合营企业并追究对方违约责任的,人民法院应仅对合营合同效力、是否终止合营合同、违约责任等作出判决。合营企业清算问题应根据《中华人民共和国中外合资经营企业法实施细则》、《外商投资企业清算办法》等规定办理,人民法院组织清算没有法律依据。

2008年1月,《外商投资企业清算办法》已由国务院516号令《关于废止部分行政法规的决定》予以废止。

根据《最高人民法院关于适用〈中华人民共和国公司法〉若干问题的规定(二)》第2条的规定,股东提起解散公司诉讼,同时又申请人民法院对公司进行清算的,人民法院对其提出的清算申请不予受理。

根据《最高人民法院关于适用〈中华人民共和国公司法〉若干问题的规定(二)》第7条的规定,在人民法院判决解散公司后,公司不依法自行清算的,或公司违法清算可能严重损害股东利益的,股东可以另行申请人民法院对公司进行清算。

8. 如果法院判决合资公司解散,是否还需要取得相关审批机关(例如商务部门)的批准?

根据国家工商行政管理总局、商务部《关于外商投资企业解散注销登记管理有关问题的通知》(工商外企字[2008]226号)规定,外商投资的公司被司法裁定解散的,直接进入清算程序,无需经过审批机关批准。

第二节 跨国公司在华公司诉讼常见程序问题解答

一、诉讼程序问题

1. 外国公司授权中国的诉讼律师在中国法院起诉,授权委托书有什么特别要求?

外国公司授权中国的诉讼律师在中国法院起诉,授权委托书的准备有如下特别要求:

(1)授权书需要应当经所在国公证机关予以证明,并经中华人民共和国驻该国使领馆予以认证,或者履行中华人民共和国与该所在国订立的有关条约中规定的证明手续。

(2)该授权委托书,应当附有经中国法院认可的翻译机构翻译或者确认的中文译本。

(3)根据中国《民事诉讼法》第58条规定:"当事人、法定代理人可以委托一至二人作为诉讼代理人。"在中国法院诉讼,当事人的委托代理人最多为两人。如果诉讼进行过程中,因代理人因客观情况不能参加开庭或者有其他原因而需要另行更换代理人的,需要由当事人向法院提交关于变更代理人的说明,并重新按照上述要求提交新委托的代理人的授权委托书。

2. 什么是中国法律项下的法定代表人？作为外国公司,如何提交有关法定代表人的证明文件？

根据《公司法》第13条规定:"公司法定代表人依照公司章程的规定,由董事长、执行董事或者经理担任,并依法登记。公司法定代表人变更,应当办理变更登记。"所以,中国法项下的法定代表人是指公司章程规定为法定代表人的公司的董事长或者执行董事或者经理。

由于外国法律通常没有法定代表人这个概念,当中国律师提出需要向法院提交外国公司法定代表人身份证明书和由外国公司的"法定代表人"签署的由中国律师出庭诉讼的授权委托书时,外国公司常常会为此困惑不解。实际上,外国公司在此时应当首先查阅本公司的章程,如果章程规定了公司的执行董事,则该执行董事一般可看作公司的法定代表人。如果公司章程没有规定执行董事,则可以由公司通过董事会决议决定谁作为公司的法定代表人,代表公司参与诉讼并有权委托律师参与诉讼。

在中国法院进行诉讼,提交给法院的外国公司的法定代表人的证明文件须经所在国公证机关证明,并经中华人民共和国驻该国使领馆认证,或者履行中华人民共和国与该所在国订立的有关条约中规定的证明手续。

3. 在中国法院起诉,可否申请诉前保全？需要具备什么条件？

根据《民事诉讼法》第93条规定,利害关系人因情况紧急,不立即申请财产保全将会使其合法权益受到难以弥补的损害的,可以在起诉前向人民法院申请采取财产保全措施。

申请人申请诉前财产保全,应当提供担保,不提供担保的,驳回申请。人民法院接受申请后,必须在48小时内作出裁定;裁定采取财产保全措施的,应当立即开始执行。申请人在人民法院采取保全措施后15日内不起诉的,人民法院应当解除财产保全。

4. 如何在中国法院申请(诉讼)财产保全？诉讼财产保全是否需要提供担保,担保额度和担保形式如何？

《民事诉讼法》第93条规定,人民法院对于可能因当事人一方的行为或者其他原因,使判决不能执行或者难以执行的案件,可以根据对方当事人的申请,作出财产保全的裁定;当事人没有提出申请的,人民法院在必要时也可以裁定采取财产保全措施。人民法院采取财产保全措施,可以责令申请人提供担保;申请人不提供担保的,驳回申请。

当事人申请财产保全时,通常而言,如下几种担保方式是各地法院普遍可以接受的:等额的现金担保;等额的不动产担保;银行保函。对于商业银行、保险公司等金融机构的分支机构申请财产保全的,人民法院可以接受其上级机构出具的保函。

有些法院,还可以接受专业担保公司的信用担保。对于申请人无力提供等额现金担保,但案件权利义务关系明确、不及时保全可能造成无法弥补的损失的,有些法院可以接受申请人提供的不低于请求保全数额30%的现金作为担保。

5. 申请财产保全措施有何法律风险?

《民事诉讼法》第96条规定:"申请有错误的,申请人应当赔偿被申请人因财产保全所遭受的损失。"

根据《最高人民法院关于当事人申请财产保全错误造成案外人损失应否承担赔偿责任问题的解释》(法释[2005]11号)规定,申请人因财产保全错误给案外人造成损失的,应承担损失赔偿责任。

6. 在中国法院起诉的时候,除了起诉书还需要提交什么文件?

在中国法院起诉,除了起诉书外,还需要提交的文件包括:(1)经公证和认证的授权文件(包括企业营业执照副本、法定代表人身份证明、授权委托书)一套;(2)支持诉讼请求的证据的复印件,证据之前需有证据目录,证据目录需标明各份证据的证明事项、证明目的、证据来源等,并标明页码。

一般情况下,除递交给法院1—2套诉状和证据复印件外(有些情况下,对于涉外案件,法院要求提交的份数会需3—5套),还需要按照除己方公司外的当事人的数量准备相应套数的诉状的原件和证据的复印件。比如,如果外国公司为原告,有3个被告,则需要向法院提交4—5套诉状原件和证据复印件。当然,授权文件只需要交给法院一套。

7. 立案时为什么需要填写案由?

民事案件案由是民事诉讼案件的名称,反映案件所涉及的民事法律关系的性质,是人民法院将诉讼争议所包含的法律关系进行的概括。案由的确定有利于人民法院在民事立案和审判中准确确定案件诉讼争点和正确适用法律,有利于提高民事案件司法统计的准确性和科学性,有利于对受理案件进行分类管理。

事实上,中国法院内部的审判庭是有专业分工的,比如民商事审判庭区分为民一庭、民二庭、民三庭、民四庭等。其中有专门负责审理普通的合同纠纷、家事纠纷等的;有专门负责审理经济合同、金融类纠纷等的;有专门负责审理房地产纠纷的;有专门负责审理知识产权纠纷的;还有专门负责审理涉外案件的。当事人在法院起诉后,立案庭会根据该案件的案由确定该案应由哪个庭室审理。

2007年10月29日,由中国最高人民法院审判委员会第1438次会议讨论通过《民事案件案由规定》,自2008年4月1日起施行。目前,在中国很多法院(比如北京地区的法院),都明确要求当事人在诉状中明确注明案由。

8. 在中国进行诉讼,向法院提交证据是否有期限限制?

《最高人民法院关于民事诉讼证据的若干规定》(下称《民事诉讼证据若干规定》,于2001年12月6日由最高人民法院审判委员会第1201次会议通过,自2002年4月1日起施行)规定了举证期限制度。

根据《民事诉讼证据若干规定》第33条规定:"人民法院应当在送达案件受理通知书和应诉通知书的同时向当事人送达举证通知书。举证通知书应当载明举证责任的分配原则与要求、可以向人民法院申请调查取证的情形、人民法院根据案件情况指定的举证期限以及逾期提供证据的法律后果。举证期限可以由当事人协商一致,并经人民法院认可。由人民法院指定举证期限的,指定的期限不得少于30日,自当事人收到案件受理通知书和应诉通知书的次日起计算。"

同时,作为该规定的进一步细化规定,2008年12月11日,最高人民法院颁布了《关于适用〈关于民事诉讼证据的若干规定〉中有关举证时限规定的通知》(法发〔2008〕42号)对如何使用举证期限制度进行了详细规定。

诉讼实践中,如果对方当事人提交的证据超过举证期限,且无法定延期举证理由的,对于该证据超过举证期限法院不应予以采纳的抗辩观点,一般情况下,法院会予以考虑。但如果该证据对认定案件的真实情况有重大影响,则法院也可能会采纳该证据,或者名义上即使不采纳该证据,但该证据对法官认定案件事实也将产生较大影响。

9. 实践中,有关审理期限的时间表法院是否都会遵守？是否有例外情况？例外的根据是什么？

对于中国国内民商事案件,根据《民事诉讼法》的相关规定,相关审理程序都受一定期限限制,在该期限届满前,法院必须审结该案。

比如,《民事诉讼法》第135条规定:"人民法院适用普通程序审理的案件,应当在立案之日起6个月内审结。有特殊情况需要延长的,由本院院长批准,可以延长6个月;还需要延长的,报请上级人民法院批准。"第146条规定:"人民法院适用简易程序审理案件,应当在立案之日起3个月内审结。"第159条规定:"人民法院审理对判决的上诉案件,应当在第二审立案之日起3个月内审结。有特殊情况需要延长的,由本院院长批准。人民法院审理对裁定的上诉案件,应当在第二审立案之日起30日内作出终审裁定。"

通常情况下,上述有关审限的时间表能得到遵守。但对于有特殊情况的案件,也可以在依法报经院长或者上级法院批准后延长。在我们的诉讼实践中,一审长达四五年才出判决的案件也常见。

对于涉外案件,根据《民事诉讼法》第248条规定:"人民法院审理涉外民事案件的期间,不受本法第135条、第159条规定的限制。"因此,中国的《民事诉讼法》对审理涉外民事案件,并没有规定审理期限。

10. 中国法院有美国式的证据发现制度吗？

中国法院并没有美国式的证据发现制度。在美国,《美国联邦民事诉讼规则》对证据发现的范围、发现方法以及违反发现的制裁措施等几个主要方面都有规定。

中国的《民事诉讼证据若干规定》比较笼统,仅规定了举证期限和证据交换制度。该规定第37条规定:"经当事人申请,人民法院可以组织当事人在开庭审理前交换证据。人民法院对于证据较多或者复杂疑难的案件,应当组织当事人在答辩期届满后、开庭审理前交换证据",而其中所谓交换的"证据"范围狭窄,很多一方当事人向法院提交的材料(比如基于一方当事人请求而由政府机关、人大代表等给法院的情况反映等)并不向对方当事人披露。同时,对于一方当事人拒不提供相应证据、提供伪造、变造证据等情形的,法院往往多因情节轻微而不予追究有关责任人的相关法律责任。

11. 中国法院对外国公司提供的书面证据有什么要求？

如果外国公司向人民法院提供的书面证据系在中华人民共和国领域外形成的,该证据应当经所在国公证机关予以证明,并经中华人民共和国驻该国使领馆予以认证,或者履行中华人民共和国与该所在国订立的有关条约中规定的证明手续。当事人向人民法院提供的书面证据是在香港、澳门、台湾地区形成的,应当履行相关的证明手续。

外国公司向人民法院提供外文书证或者外文说明资料,应当附有中文译本。通常情况下,各省市的高级人民法院都指定了法院认可的翻译机构的名录。外国公司应寻找这些指定的翻译机构进行翻译,或者由这些翻译机构盖章复核确认。

12. 在中国法律项下,是否承认电子邮件作为证据？电子邮件作为证据使用有哪些特殊要求？

电子邮件能否作为证据,虽然在我国的《民事诉讼法》及最高人民法院的相关司法解释中目前尚无规定。但在司法实践中,以及在部分省市的高级人民法院(比如北京市高级人民法院)规定的指导意见中,电子邮件作为证据使用是很普遍的。

《合同法》第11条也规定:"书面形式是指合同书、信件和数据电文(包括电报、电传、传真、电子数据交换和电子邮件)等可以有形地表现所载内容的形式。"电子邮件已列为书面合同的一种形式。就此而言,如果合同的双方通过电子邮件来达成,如在涉及于此的诉讼中,负有举证义务的当事人必然会将双方往来的电子邮件作为证据提交到法庭,以支持自己的主张。这就为电子邮件可以成为证据提供了现实的可能性和必要性。

电子邮件证据具有脆弱性,很容易被删除、篡改,这给证据的分析判断带来一定困难。当事人任何一方对电子邮件收发人及内容无异议的,应当对其证据效力加以认定。当事人任何一方对电子邮件收发人或者内容有异议的,要利用技术手段对来源、内容进行审查,并要辅以其他证据来证明,才能作为定案的根据。

一般来说,根据当事人的申请,由法庭到场调取或在公证处监督之下调取,并制作成公证书予以提交的电子邮件证据,具有较高的证据效力。实践中,随着法院信息化建设的发展,也可以采取法庭现场演示的办法,由证据各方当事人在法庭上直接访问服务器进行确认和核实,进而加以采纳。但是，在认定电子邮件证据时，还是应尽可能地排除疑点，确保证据有效。

13. 在中国法院开庭是怎样进行的？

中国法院开庭通常由三名法官组成的合议庭进行审理。整个流程大概包含如下几个过程，即法庭调查、法庭辩论、当事人最后陈述、法庭调解、法庭宣判。

其中，在法庭调查部分，先由原告宣读起诉状，再由被告陈述答辩意见。根据双方的发言，对于复杂一些的案件，通常情况下，法官会整理出案件的争议焦点，在询问双方对争议焦点无异议后，会要求双方紧密围绕争议焦点进行法庭调查。首先，由原告出示证据，被告对证据发表质证意见。再由被告出示证据，由原告对证据发表意见。在法庭调查阶段，如果法官认为有需要，也可能会向双方当事人进行询问。经过法官允许，双方当事人也可以相互发问。

随后，进入法庭辩论阶段。在法庭辩论阶段，双方会针对焦点问题等发表辩论意见。如果在法庭辩论阶段，法官认为案件事实不清的地方，会重新进入法庭调查阶段。

在法庭辩论结束后，法官会要求双方当事人作最后陈述。最后陈述完毕后，开庭即告结束。

此时，合议庭会征求双方是否有调解本案的意愿。如果一方不同意调解或者双方都有调解意愿，但调解未果的，合议庭经合议后，法院会宣判。一般情况下，当庭宣判的情形很少，通常是在开庭结束后的一定时间后，由法院通知双方当事人再到法院进行专门的宣判活动。

在中国法院的开庭活动中，有如下情况是需要引起注意的：

（1）审理案件通常是由三名法官组成的合议庭进行。但很多情况下，决定案件裁决结果的人并非该三名法官（具体请见下述问题"中国法院的民事判决书是怎样做出来的？"）。

（2）虽然中国的《民事诉讼法》在修改后，已经开始从大陆法系的审判模式向英美法系的当事人主义模式转变。但是，一方面，现行的立法还是保持了法官对于庭审的较大的主导和控制权力，另一方面，在司法实践中，由于法院案件数量众多，法官承办案件的压力较大，在开庭审理前，法官通常会审阅双方向法院提交的材料，并初步形成自己对于案件的判断和倾向性意见。法官对于一个案件的意见,在很大程度上依赖于法官个人在开庭前和开庭后对案件材料的理解和把握,而不是仅仅依赖于双方当事人在庭审中的发言和辩论。

在很多情况下,开庭对于法官而言,实际意义在于能就自己尚不明确的问题通过庭审进一步调查和了解,而对于其以为自己很清楚的问题,则一般不愿意当事人发表过多的言论。所以,如果法官既有的判断对己方有利,则开庭会显得顺利一些;而相反,如果法官既有的判断对己方不利,则通过开庭过程中法官的询问去探究法官对己方不利判断的理由和依据,进而充分利用开庭过程围绕这些理由和依据去改变和影响法官的既有判断,则是一项难度较大的工作。

(3)在中国的司法实践中,除了正式的开庭之外(即由三个法官一起听审案件),还存在一种也为普遍采用的审理案件的方式,即谈话。所谓谈话,一般就是由承办该案件的法官一人组织双方当事人进行的非正式开庭活动,在谈话活动中,其他两名法官是不参加的。谈话既可以在正式的开庭前进行,此时一般是承办法官组织双方就案件的事实进行了解,同时,也会征求双方是否有庭前调解结案的意愿和可能。谈话也可以发生在正式的开庭后,此时一般是承办法官就案件开庭过程中尚未清楚的问题组织双方进一步调查了解。

14. 中国法院的民事判决书是怎样作出的?

通常而言,中国法院由法官三人组成合议庭审理案件,其中一名法官是案件的承办人,判决书即由承办人负责起草。承办人并非完全按照自己个人的意见起草判决书,而是根据合议庭评议的一致或多数意见起草判决书,如果合议庭三名法官对某件案件的评议意见分歧很大,各持己见,则该案通常会提交庭务会(由承办庭室的庭长、副庭长及各个合议庭审判长组成),或审判委员会讨论、评议。待庭务会或审判委员会评议并形成意见后,合议庭将根据庭务会或审判委员会的意见进行重新合议,并据此形成合议意见。

此后,承办人将根据合议庭的合议意见起草判决书,报送审判长审核,再由审判长提出核稿意见后报送分管副庭长审核。通常情况下,对于一审案件,如经合议庭一致意见作出的判决,则主管副庭长一般可直接签发判决,对于合议庭有分歧的案件或者重大案件,则由庭长或主管副院长签发。

对于二审案件,如合议庭一致意见维持一审判决,则一般由分管副庭长签发判决,而如合议庭未形成一致意见或者二审拟改判一审判决或发回重审,则该判决通常需报请庭长或分管副院长签发。

15. 在中国法院开庭时,证人证言是重要的证据吗？证人需要接受对方律师的交叉质询吗？

在中国的诉讼程序里,在大多数情况下,证人证言并不是十分重要的证据。这其中的原因,在立法层面上,可能需要归结于中国的《民事诉讼法》并没有规定证人强制出庭和对证人的交叉询问制度,而多数是通过书面证人证言的方式作证。如果没有其他书证、物证等证据相互佐证,中国法院通常不会单凭一方提交的证人证言对该证人证言所证明的事实进行认定。

16. 开庭有开庭记录吗？当事人可以获得开庭记录的复印件吗？

在中国法院开庭或者谈话,都会有书记员记录开庭的具体情况。在开庭结束后,会制作一份开庭笔录或者谈话笔录,交由双方当事人的代理人签字。如果一方认为书记员对其言语的记述存在出入的话,可以在笔录上进行修补,并在修补之处签字确认即可。

对于正在进行审理的案件的开庭记录,法院一般不允许当事人复印。比如,一审阶段时,法院不允许当事人复印一审的庭审笔录。在二审阶段,法院不允许当事人复印二审的庭审笔录。但在二审开始阶段,当事人可以到二审法院去查阅一审法院的卷宗,包括一审的庭审笔录,通常情况下法院允许当事人复印一审庭审笔录。当然,有些地区的法院不允许二审期间的当事人复印一审的开庭笔录。

对于已经审结归档的案件的开庭笔录,通常情况下,法院是允许当事人查阅和复印的。比如,在再审阶段,当事人可以到法院去复印一审、二审庭审笔录。

17. 如何申请证据保全？

中国《民事诉讼法》第74条规定:"在证据可能灭失或者以后难以取得的情况下,诉讼参加人可以向人民法院申请保全证据,人民法院也可以主动采取保全措施。"

根据我们的实践经验,在中国法院进行诉讼申请证据保全,需具备如下条件:(1)保全的证据必须与案件有关联,即该证据能够作为证明双方当事人之间民事关系发生、变更或消灭的根据。(2)证据可能灭失或以后难以取得。(3)在知识产权诉讼案件里,著作权人和与著作权有关的权利人、商标权人及其利害关系人可以在诉前或者诉中提出书面申请。专利权人及其利害关系人可以在诉讼中提出书面申请。人民法院执行诉前停止侵犯专利权行为的措施时,可以根据当事人的申请,同时进行证据保全。(4)保全证据应提供相应的担保。

当事人申请证据保全,应提交以下材料:(1)申请书。申请书应当载明:当事人及其基本情况;申请保全证据的具体内容、范围、所在地点;请求保全的证据能够证明的对象;申请理由,包括证据可能灭失或者以后难以取得,且当事人及其诉讼代理人因客观原因不能自行收集的具体说明。(2)证明当事人之间存在申请人主张的民事关系(如被申请人实施了侵权行为)的初步证据。(3)人民法院责令申请人提供相应的担保的,申请人应当提供有效的担保手续。

18. 法院对于诉讼文书的送达主要有什么方式?如果境内公司不配合接收,是否有其他的方式进行送达?

在中国法院进行诉讼,法院送达诉讼文书主要有如下五种方式:

(1)直接送达。送达诉讼文书,应当直接送交受送达人。受送达人是公民的,本人不在交他的同住成年家属签收;受送达人是法人或者其他组织的,应当由法人的法定代表人、其他组织的主要负责人或者该法人、组织负责收件的人签收;受送达人有诉讼代理人的,可以送交其代理人签收;受送达人已向人民法院指定代收人的,送交代收人签收。受送达人的同住成年家属,法人或者其他组织的负责收件的人,诉讼代理人或者代收人在送达回证上签收的日期为送达日期。

(2)留置送达。受送达人或者他的同住成年家属拒绝接收诉讼文书的,送达人应当邀请有关基层组织或者所在单位的代表到场,说明情况,在送达回证上记明拒收事由和日期,由送达人、见证人签名或者盖章,把诉讼文书留在受送达人的住所,即视为送达。

(3)委托及邮寄送达。直接送达诉讼文书有困难的,可以委托其他人民法院代为送达,或者邮寄送达。邮寄送达的,以回执上注明的收件日期为送达日期。

(4)转交送达。受送达人是军人的,通过其所在部队团以上单位的政治机关转交。受送达人是被监禁的,通过其所在监所或者劳动改造单位转交。受送达人是被劳动教养的,通过其所在劳动教养单位转交。

(5)公告送达。受送达人下落不明,或者用规定的其他方式无法送达的,公告送达。自发出公告之日起,经过60日,即视为送达。公告送达,应当在案卷中记明原因和经过。

如果境内公司不配合接收,通常会采取留置送达、邮寄送达、公告送达等三种方式进行送达。

19. 在境内法院起诉是否会面临语言问题,如文本的准备和与法庭的正常交流问题?

在中国法院诉讼必须用中文进行,包括书面文件和口头交流。对于外文文本,需要作为诉讼文件提交的,需要当事人委托中国法院指定的翻译机构翻译成中文才能提交给法院。所以,外国公司应当委托中国的律师作为代理人参加诉讼。

20. 如合同约定适用外国法,境内法院如何查明外国法?

按照《最高人民法院关于贯彻执行〈中华人民共和国民法通则〉若干问题的意见(试行)》第193条的规定,外国法的查明有五种途径,即,"由当事人提供;由与中国订立司法协助协定的缔约对方的中央机关提供;由中国驻该国使领馆提供;由该国驻中国使馆提供;由中外法律专家提供。通过以上途径仍不能查明的,适用中华人民共和国法律"。该规定强调的是当事人与中国法院在外国法查明方面均有义务。

当然,随着社会的进步以及法律文化交流的不断开展,外国法的查明途径已经不再限于《最高人民法院关于贯彻执行〈中华人民共和国民法通则〉若干问题的意见(试行)》第193条规定的五种途径,当事人或者中国法院完全可以通过其认为合适的其他途径来查明外国法的内容。当然,上述五种查明途径仍然是有效的。

此外,《最高人民法院关于审理涉外民事或商事合同纠纷案件有关法律适用若干问题的规定》(法释[2007]第14号)对当事人协议选择或者变更选择的外国法以及依最密切联系原则确定的外国法的查明作了区别对,即当事人选择或者变更选择合同争议应适用的法律为外国法律时,由当事人提供或者证明该外国法律的相关内容。人民法院根据最密切联系原则确定合同争议应适用的法律为外国法律时,可以依职权查明该外国法律,亦可以要求当事人提供或者证明该外国法律的内容。

实践中通行的做法是,由外国当事人所在国的外国律师事务所就所涉及的外国法律问题出具法律专家意见,提交中国法院考虑。可以是主审法官在双方当事人同意的情况下,由当事人负担费用,由一家外国律师事务所的律师出具法律专家报告,或者由双方当事人各自找外国律师分别出具有关外国法律的专家报告,供中国法官考虑。在我们的工作中,我们也曾经提交过有关涉案的具体某外国法律在国内的中文翻译本。

21. 在法院诉讼如何规避可能发生的地方保护?

虽然中国的法治建设自20世纪80年代以来已经取得了长足的进步,但受中国的司法体制和社会环境的限制,目前中国法院在审理案件中,有时还受到地方保护主义的影响。根据我们的实践,通常可以从如下几个方面规避、消除可能存在的地方保护主义的影响:

(1) 尽量选择非对方当事人所在地的法院管辖案件。

(2) 尽量选择级别较高的法院管辖案件。就级别管辖而言,最高人民法院对各地各级人民法院受理案件的标准进行了具体规定。通常而言,级别越高的法院受地方保护主义的影响越小。

(3) 在法院审理案件受到地方保护主义的干扰时,外国当事人可以向法院所在地的人大、党委、政府或上一级的法院反映情况,如果条件允许,必要时,可以通过外国当事人所在国驻中国的使领馆及商务参赞向中国相关主管部门知会的方式,抵消地方保护主义对法院的影响。

22. 在中国进行诉讼,选择哪些法院比较好?

整体上而言,法院的级别越高,法院所在地的经济越发达,在该法院进行诉讼相对就要好些。相对而言,级别越高、经济越发达地区的法官专业素质和职业素质要高,因此在北京、上海、江苏等地的中级以上法院进行诉讼,相对就要好些。

23. 如何看待中国的审判委员会制度?

从中国立法和司法实践来看,实际运行中的审判委员会制度的主要内容是:

(1) 各级法院均设立审判委员会,它在性质上是法院内部最高的审判组织。

(2) 审判委员会的职权和任务是总结审判经验,讨论重大的或者疑难的案件和其他有关审判工作的问题。

（3）审判委员会委员由院长提名,经同级人大常委会任免。

（4）审判委员会委员一般由院长、副院长、各审判业务庭庭长、执行局局长和研究室主任组成。

（5）审判委员会讨论案件的范围,各法院的审判委员会工作规则均依据法律、司法解释作出较为明确的规定。

（6）将案件提交给审判委员会讨论的程序或启动方式,分为两种情况：一是审判委员会工作规则中规定必须由审判委员会讨论决定的案件,如拟判处死刑的刑事案件、检察院抗诉的案件,合议庭经审理评议后,通过庭长报请分管院长提交审判委员会讨论；二是其他案件,一般由合议庭或独任审判员经庭长同意请求院长提交审判委员会讨论决定,特殊情况下,院长、副院长也可以直接要求将某些案件提交审判委员会讨论。

（7）审判委员会的工作方式采取会议制,按"少数服从多数"的原则作出决议。审判委员会讨论决定案件时,一般由案件承办人汇报查明的案件事实,合议庭或独任审判员关于应当适用的法律和实体处理意见,特别是需要审判委员会讨论决定的关键问题,委员可以提问和审阅案卷材料,然后委员各自发表意见,最后由主持人对讨论结果加以总结。

（8）案件经审判委员会讨论决定后,合议庭对审判委员会的决定应当执行。合议庭有不同意见的,可以建议院长提交审判委员会复议。

审判委员会制度是中国独有的具有中国特色的审判组织形式,它的设立初衷是作为审判工作的一个集体领导机构,总结审判经验,讨论、决定重大、疑难案件和其他有关审判工作的重要问题,它一度在我国司法实践中发挥着积极的作用。

由于审判委员会委员并不参加庭审,对案件材料和证据也不十分熟悉,其对案件的判断往往依赖承办人员的汇报,难免会受承办人主观判断的影响。因此,随着审判方式改革的深入,现代诉讼制度的发展,审判委员会制度已滞后于审判实践,特别是与诉讼法关于审判组织的相关规定之间产生不衔接、不协调式的冲突,已和社会对司法公正、高效的期望和要求不相适应。目前,无论是法学界,还是在司法实务界,对审判委员会制度进行改革的呼声很高。但由于审判委员会制度属于中国现有司法体制制度内的一个重要制度,对该制度的改革必然涉及其他相关制度的改革,即对中国司法体制进行整体意义的改革。而中国何时会推进整体意义上的司法改革,目前我们尚无法作出估计。所以,在较长的一段时间里,审判委员会制度还会继续存在。

24. 中国的审判监督程序是怎么样的?

中国的诉讼程序实行两审终审制,即一个案件,经一审、二审后,由二审法院作出的裁决即为生效裁决,具有强制执行力。但是,在二审终审制之外,中国的《民事诉讼法》规定了审判监督程序,即对于已经发生法律效力的终审裁决书,在符合法定的情形下,通过法定的途径,可以由特定的上一级人民法院决定撤销已经发生法律效力的裁决书,再重新对原案进行审理。

根据中国《民事诉讼法》第十六章的规定,审判监督程序启动的途径有四种:

(1) 各级人民法院院长对本院已经发生法律效力的判决、裁定,发现确有错误,认为需要再审的,应当提交审判委员会讨论决定;

(2) 最高人民法院对地方各级人民法院已经发生法律效力的判决、裁定,上级人民法院对下级人民法院已经发生法律效力的判决、裁定,发现确有错误的,有权提审或者指令下级人民法院再审;

(3) 当事人对已经发生法律效力的判决、裁定,认为有错误的,可以向上一级人民法院申请再审,但不停止判决、裁定的执行;

(4) 高级人民检察院对各级人民法院已经发生法律效力的判决、裁定,上级人民检察院对下级人民法院已经发生法律效力的判决、裁定,发现有法律规定应予再审情形的,应当提出抗诉。地方各级人民检察院对同级人民法院已经发生法律效力的判决、裁定,发现有法律规定应予再审情形的,应当提请上级人民检察院向同级人民法院提出抗诉。

根据《民事诉讼法》第十六章第179条的规定,如果当事人的申请符合下列情形之一的,人民法院应当再审:(1) 有新的证据,足以推翻原判决、裁定的;(2) 原判决、裁定认定的基本事实缺乏证据证明的;(3) 原判决、裁定认定事实的主要证据是伪造的;(4) 原判决、裁定认定事实的主要证据未经质证的;(5) 对审理案件需要的证据,当事人因客观原因不能自行收集,书面申请人民法院调查收集,人民法院未调查收集的;(6) 原判决、裁定适用法律确有错误的;(7) 违反法律规定,管辖错误的;(8) 审判组织的组成不合法或者依法应当回避的审判人员没有回避的;(9)无诉讼行为能力人未经法定代理人代为诉讼或者应当参加诉讼的当事人,因不能归责于本人或者其诉讼代理人的事由,未参加诉讼的;(10)违反法律规定,剥夺当事人辩论权利的;(11)未经传票传唤,缺席判决的;(12)原判决、裁定遗漏或者超出诉讼请求的;(13)据以作出原判决、裁定的法律文书被撤销或者变更的。对违反法定程序可能影响案件正确判决、裁定的情形,或者审判人员在审理该案件时有贪污受贿,徇私舞弊,枉法裁判行为的,人民法院应当再审。

《民事诉讼法》等相关法律规定,对于提起再审的次数并没有限制,也就是说,经过再审的案件,如符合再审的条件,法院应有权进行再审。

25. 北京和上海为什么有两个中级人民法院?两个中院有何区分?外国公司如何分辨?

在北京市,由于行政区域较广,为减少中级人民法院审理案件的压力,特别设立两个中级人民法院,即北京市第一中级人民法院(位于西部)和北京市第二中级人民法院(位于东部)。北京第一中级人民法院的地域管辖区域包括北京市西城、海淀、石景山、门头沟、房山、昌平、大兴、延庆等8个区县。北京市第二中级人民法院的地域管辖区域包括北京市东城、朝阳、丰台、通州、密云、怀柔、顺义、平谷等8个区县法院。判断一个案件到底是由哪个中级人民法院管辖,如果是一审案件,就需要考察确定该案件地域管辖的连结点是位于哪个中级人民法院管辖的区域;如果是二审案件,就需要确定一审法院所在区是位于哪个中级人民法院管辖的区域。

比如,如果案件是依据"被告住所地"确定地域管辖,而被告的住所地位于北京市海淀区,如果该案件一审由中级人民法院管辖,海淀属于北京市第一中级人民法院管辖区域,所以,原告应向北京市第一中级人民法院提起诉讼。如果案件由北京市朝阳区人民法院一审,一方当事人不服判决需要上诉的,朝阳区人民法院属于北京市第二中级人民法院管辖,所以,当事人应向北京市第二中级人民法院提起上诉。

同样,在上海市,也设立了两个中级人民法院。其中,上海市第一中级人民法院下辖浦东新区、卢湾区、徐汇区、长宁区、闵行区、松江区、金山区、南汇区、奉贤区等9个区。而上海市第二中级人民法院管辖黄浦区、静安区、杨浦区、虹口区、闸北区、普陀区、宝山区、嘉定区、青浦区、崇明县等10个区县。

二、管辖、争议条款问题

1. 合同约定境外法院或仲裁机构非排他管辖,中国境内法院是否可以管辖?

涉外民商事纠纷案件的当事人协议约定境外法院或仲裁机构对其争议享有非排他性管辖权时,可以认定该协议并没有排除其他国家有管辖权法院的管辖权。如果一方当事人向中国法院提起诉讼,中国法院依照《中华人民共和国民事诉讼法》的有关规定对案件享有管辖权的,可以受理。

2. 合同约定境外法院或仲裁机构排他管辖,中国境内法院是否可以管辖?

涉外民商事纠纷案件的当事人协议约定外国法院对其争议享有排他性管辖权时,可以认定该协议排除其他国家有管辖权法院的管辖权。如果一方当事人向中国法院提起诉讼,中国法院对案件不享有管辖权。但如果该等约定违反了中国《民事诉讼法》关于专属管辖的规定①除外。

如果有关当事人在涉外合同中订有仲裁条款或者另有仲裁协议的,只要该仲裁条款或者仲裁协议合法有效,人民法院应当不予受理。当事人坚持起诉的,依法应当驳回起诉,不得以有关案件属于人民法院专属管辖为由而否定当事人间有关涉外仲裁协议的效力。

当然,如果合同一方以另一方侵权为由向中国境内法院对合同另一方提起侵权诉讼的,则该侵权纠纷不受双方合同条款的约束,人民法院可以依法受理。

3. 如果在境外起诉,境外判决能否被中国境内法院承认和执行?

《民事诉讼法》第265条规定:"外国法院作出的发生法律效力的判决、裁定,需要中华人民共和国人民法院承认和执行的,可以由当事人直接向中华人民共和国有管辖权的中级人民法院申请承认和执行,也可以由外国法院依照该国与中华人民共和国缔结或者参加的国际条约的规定,或者

---

① 《民事诉讼法》第244条规定:"因在中华人民共和国履行中外合资经营企业合同、中外合作经营企业合同、中外合作勘探开发自然资源合同发生纠纷提起的诉讼,由中华人民共和国人民法院管辖。"

按照互惠原则,请求人民法院承认和执行。"

第266条规定:"人民法院对申请或者请求承认和执行的外国法院作出的发生法律效力的判决、裁定,依照中华人民共和国缔结或者参加的国际条约,或者按照互惠原则进行审查后,认为不违反中华人民共和国法律的基本原则或者国家主权、安全、社会公共利益的,裁定承认其效力,需要执行的,发出执行令,依照本法的有关规定执行。违反中华人民共和国法律的基本原则或者国家主权、安全、社会公共利益的,不予承认和执行。"上述第265条和第266条规定,是专指外国法院判决到中国境内的承认与执行的问题。

另外,《最高人民法院关于适用〈中华人民共和国民事诉讼法〉若干问题的意见》第318条和第319条进一步具体明确规定:当事人向中华人民共和国有管辖权的中级人民法院申请承认和执行外国法院作出的发生法律效力的判决、裁定的,如果该法院所在国与中华人民共和国没有缔结或者共同参加国际条约,也没有互惠关系的,当事人可以向人民法院起诉,由有管辖权的人民法院作出判决,予以执行。与中国没有司法协助协议又无互惠关系的国家的法院,未通过外交途径,直接请求中国法院司法协助的,中国法院应予退回,并说明理由(详见下篇第五章第四节"二、境外仲裁裁决或法院判决的承认与执行问题"部分内容)。

根据我们的实践经验,在中国申请承认和执行外国法院判决的难度非常大,需要满足相关法律和条约设定的种种条件。只要有一项条件不具备,相关外国法院的判决就无法得到中国法院的承认和执行。

4. 如果在境外起诉和仲裁,是否可以申请境内法院采取财产保全措施?

根据民事诉讼法和仲裁法的规定,当事人在境内仲裁机构提起仲裁的,可以申请境内法院采取财产保全措施。但当事人如果在境外起诉和仲裁,申请境内法院采取财产保全措施,则没有法律依据。因此,当事人在境外起诉和仲裁,不能申请境内法院采取财产保全措施。而境外法院或者仲裁机构作出的关于财产保全的临时性决定一般也无法得到境内法院的认可和执行。

5. 境外债权人与境内债务人约定有排他性境外法院或仲裁机构管辖条款,有无办法在境内法院起诉?

如前所述,如果境外债权人与境内债务人在合同种约定了排他性的境外法院或仲裁机构管辖,且该约定未违反我国法律规定,通常情况下,境外债权人无法就该合同纠纷在境内法院起诉。

但是,对于存在请求权竞合的纠纷中,如果境内债务人的行为既属违约行为,同时又属侵权行为,境外债权人既可以依据合同纠纷向境内债权人主张违约责任(但此时需根据合同约定的管辖向境外法院或者仲裁机构提出),也可以依据侵权纠纷向境内债权人主张侵权责任。境外债权人提起侵权之诉,可不受合同约定的管辖条款的限制,而可依据中国法律的规定向侵权行为地或者被告所在地法院提起诉讼。

此外,境外债权人还可以将其对境内债务人的债权转让给第三人,由第三人向境内债务人主张债权。如果第三人宣布不受原债权人和债务人管辖条款约定的约束,则可以依据中国民事诉讼法的规定,向中国法院对境内债务人提起诉讼。

6. 当事人能否任意选择中国国内的管辖法院?比如无论争议发生在哪个省,都选择上海的法院管辖?

对于国内合同的当事人,中国《民事诉讼法》第25条规定:"合同的双方当事人可以在书面合同中协议选择被告住所地、合同履行地、合同签订地、原告住所地、标的物所在地人民法院管辖,但不得违反本法对级别管辖和专属管辖的规定。"

对于涉外合同的当事人,中国《民事诉讼法》第242条规定:"涉外合同或者涉外财产权益纠纷的当事人,可以用书面协议选择与争议有实际联系的地点的法院管辖。选择中华人民共和国人民法院管辖的,不得违反本法关于级别管辖和专属管辖的规定。"

所以,在中国国内选择法院,无论是对于国内合同,还是对于涉外合同,当事人虽然可以协议约定管辖纠纷的法院,但是,并非可以任意进行选择,而必须在法律规定的连接点地区的法院范围进行选择。同时,不得违反中国《民事诉讼法》关于级别管辖和专属管辖的规定。如果当事人希望选择某个地区(比如上海)的法院管辖,则需要将一个或者多个法律规定的连结因素(比如合同签订地、标的物所在地等)设立在上海。这样,协议管辖的约定才被认为是合法有效。否则,该协议约定将被视为无效。

三、境外仲裁裁决和境外法院判决的承认与执行问题

1. 外国法院的禁令等能否在中国得到执行?

为防止被告在诉讼过程中转移财产,逃避判决执行,原告通常会申请法院采取临时措施或保全措施。虽然形式各不相同,但各国民事诉讼程序法中基本都规定了与中国的财产保全措施类似的临时措施或保全措施。当外国法院为相关争议的管辖法院、并发出临时措施或保全措施令状时,如果被告在中国境内有财产,则该等令状只有得到中国法院的承认和执行,才能对被告在中国境内的财产产生法律效力。

首先,中国与美国、日本、欧盟等世界主要经济体之间不存在相互执行法院判决或裁定的双边或多边条约。因此,这些国家的法院所作出的临时措施和保全措施令状在司法实践中不可能得到中国法院的承认和执行。

其次,在中国与有些国家签订的双边司法协助条约中,明确将临时措施和保全措施令状排除在可以相互承认和执行的民事裁判之外。① 而其他没有作出类似规定的双边司法协助也只是笼统地规定缔约国应当相互承认和执行已经发生法律效力的民商事裁决,而且未对"裁决"作出明确定义。在条约没有明确规定的情况下,是否承认和执行外国法院下达的临时措施和保全措施令状,将取决于中国法院的自由裁量。因此,该类令状无法得到中国法院承认和执行的风险很高。

2. 香港法院判决能否在中国内地法院得到有效执行?

根据最高人民法院《关于内地与香港特别行政区法院相互认可和执行当事人协议管辖的民商事案件判决的安排》(法释[2008]9号)的规定,香港特别行政区法院在具有书面管辖协议的民商事案件中作出的须支付款项的具有执行力的终审判决,当事人可以向内地人民法院申请认可和执行。该"书面管辖协议",是指当事人为解决与特定法律关系有关的已经发生或者可能发生的争议,自上述规定生效之日起,以书面形式明确约定香港特别行政区法院具有唯一管辖权的协议。

此前,牵涉内地和香港两地的该类案件可能要通过"平行诉讼",即一

---

① 如中国与科威特、阿联酋、突尼斯等国缔结的民商事司法协助协定。

个案子要在香港和内地各打一次官司才能获得完全执行。

3. 如境外判决不能得到中国法院承认,可否在国内重新诉讼?

根据最高人民法院于2005年11月15日至16日召开的第二次全国涉外商事海事审判工作会议纪要,对于中国法院和外国法院都享有管辖权的涉外商事纠纷案件,一方当事人向外国法院起诉且被受理后又就同一争议向中国法院提起诉讼,或者对方当事人就同一争议向中国法院提起诉讼的,外国法院是否已经受理案件或者作出判决,不影响中国法院行使管辖权,但是否受理,由中国法院根据案件具体情况决定。

会议纪要虽然不是法律规定,也不是司法解释,但代表最高法院就相关问题的权威意见,对法院的司法实践具有指导性作用。根据上述会议纪要,如果外国法院已经作出生效判决,且外国法院判决已经被中国法院承认和执行的,人民法院不应受理。但如果境外当事人未向中国法院申请承认和执行,或者未得到中国法院承认和执行的,境外当事人在境内重新起诉的,人民法院可以受理。但中国缔结或者参加的国际条约另有规定的,按规定办理。

4. 境外债权人在取得中国法院胜诉判决后,如何将回收款项汇出?

境外债权人取得中国法院的胜诉判决后,经对方当事人自愿履行或者境外债权人向人民法院申请强制执行后,境外债权人回收债权后,需要将回收款项汇往境外的,应向经营结汇、售汇业务的金融机构购汇汇出。

下篇

利弊权衡、攻守策略及实操案例

第一章 跨国公司在华通过诉讼解决公司纠纷的利弊

第一节 跨国公司在华通过诉讼解决公司纠纷的益处

一、跨国公司在华的公司纠纷多数可以通过诉讼解决

根据一般的操作惯例,跨国公司与中方股东在中国共同投资设立外商投资企业或并购中国境内的企业时,合同双方/各方一般约定,如双方/各方发生争议,将争议提交某仲裁机构(选定较多的仲裁机构如中国国际经济贸易仲裁委员会和瑞典斯德哥尔摩商会仲裁院)处理。如果合同没有约定仲裁条款,那么,跨国公司在中国的投资争议当然可以在中国通过诉讼解决。实际上,在合同约定仲裁条款的情况下,跨国公司因投资引发的很多公司纠纷,也并非必须提交仲裁解决,很多争议均可以通过诉讼解决。换句话讲,跨国公司与中方股东签订的合同中约定的仲裁条款并非能够约束所有的投资争议。实践中,有些投资争议最终未提交仲裁机构仲裁,而是由中国的法院管辖处理。

(一)仲裁条款对仲裁机构约定不明确,导致仲裁条款对合同各方没有约束力。在此情况下,跨国公司与合同相对方发生的投资纠纷,可以起诉到中国法院

《仲裁法》第16条规定:"仲裁协议包括合同中订立的仲裁条款和以其他书面方式在纠纷发生前或者纠纷发生后达成的请求仲裁的协议。仲裁协议应当具有下列内容:(一)请求仲裁的意思表示;(二)仲裁事项;(三)选定的仲裁委员会。"第18条规定:"仲裁协议对仲裁事项或者仲裁委员会没有约定或者约定不明确的,当事人可以补充协议;达不成补充协议的,仲裁协议无效。"

在司法实践中,有些合资合同、合作合同、并购合同约定的仲裁机构不明确,导致约定无效,对合同各方没有约束力。关于确定涉外仲裁条款的效力所应适用的法律问题,根据最高人民法院《第二次全国涉外商事海事审判工作会议纪要》所确定的原则,当事人在合同中明确约定了仲裁条款效力的准据法的,应当适用当事人明确约定的法律;未约定仲裁条款效力的准据法但约定了仲裁地的,应当适用仲裁地国家或者地区的法律。只有在当事人未约定仲裁条款效力的准据法亦未约定仲裁地或者仲裁地约定不明的情况下,才能适用法院地法,即中国法律作为确认仲裁条款效力的准据法。

比如,最高人民法院在"关于德国旭普林国际有限责任公司与无锡沃可通用工程橡胶有限公司申请确认仲裁协议效力一案的请示的复函"(2004年7月8日[2003]民四他字第23号)中明确:"本案当事人在合同中约定了仲裁条款 Arbitration:ICC Rules, Shanghai shall apply。在当事人没有约定确认仲裁条款效力准据法的情况下,根据确认仲裁条款效力准据法的一般原则,应当按照仲裁地的法律予以认定,即本案应当根据我国法律确认所涉仲裁条款的效力。根据我国仲裁法的有关规定,有效的仲裁条款应当同时具备仲裁的意思表示、仲裁的事项和明确的仲裁机构三个方面的内容。本案所涉仲裁条款从字面上看,虽然有明确的仲裁的意思表示、仲裁规则和仲裁地点,但并没有明确指出仲裁机构。因此,应当认定该仲裁条款无效。"①

最高人民法院在对江苏省高级人民法院[2005]苏民三立终字第0039号"关于张家港星港电子公司与博泽国际公司中外合资经营合同中涉外仲裁条款效力问题的请示"的复函([2006]民四他字第1号)中表示:本案双方当事人在合资合同中约定:"凡因解释或执行本合同所发生争议,双方应首先通过友好协商予以解决。如果双方在协商开始后的60天内无法达成和解,任何一方可以将该争议按照《国际商会调解和仲裁规则》提交仲裁。仲裁应在瑞士苏黎世进行。"本案当事人双方虽然在合同中约定"合同的订立、生效、解释和执行受中国现行和公布的有关法律的管辖",但该约定

---

① 见"北大法规库",http://172.16.0.61/ApiSearch.dll? ShowRecordText? Db = chl&Id = 5&Gid = 75330&ShowLink = false&PreSelectId = 334677912&Page = 0&PageSize = 20&orderby = 0&SubSelectID = undefined#m_font_0,2010年3月31日访问。

是当事人对解决合同争议的准据法作出的选择,而不是对认定合同中仲裁条款效力的准据法作出的选择。……由于本案当事人未明确约定仲裁条款效力的准据法,故应适用当事人约定的仲裁地瑞士的法律,对仲裁条款的效力作出认定。你院关于确定本案仲裁条款的效力应当适用我国法律的意见缺乏根据。根据瑞士的相关法律规定,本案仲裁条款有效。依照《中华人民共和国民事诉讼法》第 257 条第 1 款、《中华人民共和国仲裁法》第 5 条的规定,本案纠纷应根据当事人的约定,通过仲裁方式解决,人民法院对该纠纷无管辖权。①

因此,在合资合同或合作合同约定的仲裁条款无效的情况下,合资或合作各方可以将争议提交有管辖权的人民法院解决。

(二)合同仲裁条款不能约束跨国公司与合同相对方之外的其他主体之间的纠纷,跨国公司与合同相对方之外的其他主体发生纠纷的,可以起诉到人民法院

根据合同的相对性原则,合同的仲裁条款仅能约束合同各方,对合同外的当事人没有约束力。而某些公司纠纷可能涉及的当事人,往往不仅仅包括签订合同的各方股东,而且还包括公司、公司的董事、监事和高级管理人员,有时还包括公司的债权人。显然,如果这些主体因跨国公司的投资/并购及运营行为而发生公司纠纷,则不受合同仲裁条款的限制。

这些不受仲裁条款约束的纠纷,主要包括:第一,股东和公司之间的纠纷。比如,一方股东对公司提起的分红纠纷,一方股东对公司提起的知情权纠纷,一方股东对公司提起的撤销公司决议和确认公司决议无效纠纷;第二,股东和公司的董事、监事、高级管理人员之间的纠纷;第三,公司和董事、监事、高级管理人员之间的纠纷。

比如,在最高人民法院审理的"吉林市淞美醋酸有限公司、吉林化学工业股份有限公司与美国 WP 国际发展公司侵权损害赔偿纠纷一案"((2005)民四终字第 1 号)中,最高人民法院认为:"WP 公司与吉化公司之间的《合作经营合同》虽约定有仲裁条款,但淞美公司并非该《合作经营合

---

① 见"北大法规库",http://172.16.0.61/ApiSearch.dll? ShowRecordText? Db = chl&Id = 2&Gid = 104350&ShowLink = false&PreSelectId = 334677912&Page = 0&PageSize = 20&orderby = 0&SubSelectID = undefined#m_font_0,2010 年 3 月 31 日访问。

同》的当事人,其不受该《合作经营合同》的约束,亦无权援引该《合作经营合同》中的仲裁条款提出管辖异议……故淞美公司关于本案应基于合同约定移送仲裁机构管辖的上诉理由缺乏事实和法律依据,本院不予支持。"①

(三) 合同仲裁条款不能约束一方股东对另一方股东及其他侵权方提起侵权之诉。在中方股东存在侵权行为的情况下,跨国公司可以侵权为由起诉到人民法院

在中方股东与外方股东因投资而发生的公司类纠纷中,不仅仅包括合资/合作合同或并购合同纠纷,而且,可能发生侵权纠纷。比如,一方股东滥用股东权利侵害另一方股东的权利,则可能导致受侵害的股东对侵权股东提起侵权之诉。而该侵权之诉显然不受双方合同仲裁条款的约束。

同样,在上文引用的最高人民法院审理"吉林市淞美醋酸有限公司、吉林化学工业股份有限公司与美国 WP 国际发展公司侵权损害赔偿纠纷案",最高人民法院认为:"WP 公司是以吉化公司与淞美公司共同实施了侵权行为为由提起的侵权之诉。根据我国民事诉讼法第 29 条之规定,因侵权行为提起的诉讼,由侵权行为地或者被告住所地人民法院管辖。本案中 WP 公司诉称的侵权行为地与吉化公司、淞美公司的住所地均在原审法院管辖范围内,原审法院对本案有管辖权。WP 公司与吉化公司之间的《合作经营合同》虽约定有仲裁条款,但……本案并非基于合同的违约之诉,而是侵权之诉,故淞美公司关于本案应基于合同约定移送仲裁机构管辖的上诉理由缺乏事实和法律依据,本院不予支持。"

当然,如果双方的仲裁条款明确约定"因合同发生的或与合同有关的一切争议均应通过仲裁方式解决",那么,仅仅是中外双方之间在签订和履行合同过程中发生的纠纷,即使存在合同纠纷和侵权纠纷竞合的情况下,此类争议也应根据约定提交仲裁管辖,而不应由人民法院受理。最高人民法院在 2006 年发布的《第二次全国涉外商事海事审判工作会议纪要》第 1 条第 7 款规定:"涉外商事合同的当事人之间签订的有效仲裁协议约定了因合同发生的或与合同有关的一切争议均应通过仲裁方式解决,原告就当

---

① 参见"中国涉外商事海事审判网",http://www.ccmt.org.cn/showws.php?id=1623,《吉林市淞美醋酸有限公司诉美国 WP 国际发展公司、吉林化学工业股份有限公司侵权损害赔偿纠纷管辖权异议案》,2010 年 3 月 19 日访问。

事人在签订和履行合同过程中发生的纠纷以侵权为由向人民法院提起诉讼的,人民法院不享有管辖权。"

而上文提到的最高人民法院的案例,最高人民法院显然考虑到了外方股东除起诉中方股东外,还把合作公司列为了共同被告的情况。在此情况下,虽然中外合作合同约定了仲裁条款,但上述侵权纠纷可以由人民法院管辖。

(四)合同仲裁条款不能约束一方股东代表公司对外方股东提起的股东代表诉讼。在中方股东侵害公司利益的情况下,跨国公司可以代表公司对中方股东提起股东代表诉讼

如果中方股东为控股股东,且利用控股股东地位侵害公司利益。则跨国公司可以代表公司对中方股东提起股东代表诉讼。而该诉讼显然不受双方签订的合同的仲裁条款的约束。当然,在外方股东作为控股股东且利用控股股东地位侵害公司利益的情况下,中方股东也可以代表公司对外方股东提起股东代表诉讼。

比如,在本书上篇第一节介绍的第二个案例中,中方股东和外方股东签订的合资合同明确约定双方的争议应提交瑞典斯德哥尔摩商会仲裁院仲裁解决,但在中外双方发生纠纷后,中方股东认为,外方股东以及外方股东派驻合资公司的高级管理人员共同侵犯了合资公司的合法权益,遂以中方股东名义代表合资公司对外方股东和外方股东派驻合资公司的高级管理人员提起股东代表诉讼,合资公司所在地的中级人民法院受理了此案。

根据上文的论述,即使合同约定了仲裁条款,对有些投资争议,跨国公司也可以通过诉讼解决。同样,在该类可以通过诉讼解决的投资争议中,跨国公司或其控制的合资公司(或合作公司)作为被告被提起诉讼的,跨国公司应当积极应诉。如果该争议根据合同约定确实应该提交约定的仲裁机构解决,则跨国公司可以在法定的答辩期限内向受理案件的人民法院提出管辖权异议。法院经审查,如果认为该案应提交双方当事人约定的仲裁机构处理,则人民法院将裁定驳回原告的起诉。但是,即使该争议根据合同约定确实应该提交约定的仲裁机构解决,如果跨国公司在法定的答辩期限内未向受理案件的法院提出管辖权异议,则法院将依法享有对该案的管辖权。因此,跨国公司即使认为中国法院对相关案件没有管辖权,也应积极应对纠纷相对方在中国法院提起的诉讼。

二、跨国公司通过诉讼解决公司纠纷的好处

（一）与诉讼相比，通过仲裁方式解决纠纷的特点

仲裁是一种通过非诉讼的手段解决民商事纠纷的方式。由于世界通行的现代仲裁制度是为适应市场经济和国际经贸往来迅速发展的需要，弥补诉讼制度之不足而建立、发展起来的，因而它具有一定的特点和优势。主要体现在以下几个方面：

1. 灵活性

在仲裁中，当事人可以根据自身的情况来选择仲裁机构、仲裁员、仲裁地点和适用的实体法，甚至选择仲裁的时间。特别是可以考虑仲裁员的经验、阅历、职称、学历、品行素养、仲裁水平等诸多方面在仲裁名册中自由选择自己信任的仲裁员。

2. 专业性

有些纠纷的事实判别强于法律判断，而这些事实判别有时需要相当丰富的专业知识，这正是仲裁机构既具社会威望又具备权威的相关专业知识且熟悉法律规范的专家仲裁人员的优势，因而审理案件更具有权威性和说服力，有利于这些纠纷的解决。

3. 国际性

仲裁较之于诉讼，相对而言更具有国际性，它可以更多地参照国际的有关公约、条约、议定书，乃至国际惯例，相容性较大，适合于不同制度、不同国家与民族，不同社会政治经济文化传统背景下的当事人。

4. 保密性

对案件不公开审理、不公开裁决是仲裁的原则，可以说是国际性的习惯做法。而诉讼则以公开审理为原则，即使案件因涉及国家机密或当事人隐私不公开审理，判决也是公开的。而仲裁的这一保密特性有利于当事人保护自己的商业秘密和经营秘密，也有利于当事人在小范围内平和地解决争议，为下次合作留有余地。

（二）与仲裁相比，跨国公司通过诉讼解决投资争议的优势

虽然与诉讼相比，仲裁有自己的优点，但是，跨国公司通过诉讼解决在

中国的投资争议,也有仲裁所无法比拟的好处。

1. 在起诉前和诉讼过程中,作为原告的跨国公司可以申请法院采取财产保全和证据保全措施

(1)在起诉前和诉讼过程中,作为原告的跨国公司可以申请法院采取财产保全措施。

在有些投资争议中,保全对方的财产特别重要。对有些信用不好或运营不好的公司提起诉讼或仲裁,如果不能提前保全对方财产,那么,在诉讼案件判决后,或在仲裁案件裁决后,这些判决或裁决往往难以得到执行,达不到诉讼或仲裁的目的。而在有些投资争议的案件中,一旦通过法院查封了对方的核心资产或重要资产,往往能迫使对方主动和解,提前彻底解决双方的纠纷。

跨国公司如向中国的法院提起民事诉讼,则在起诉的同时或在诉讼过程中,在提供合适担保的情况下,可以申请法院查封对方相应价值的财产和争议标的物。甚至如果情况紧急,不立即申请财产保全将会使其合法权益受到难以弥补的损害的,跨国公司还可以在起诉前申请法院采取诉前保全措施。

(2)在中国国内仲裁机构受理的案件中,申请人可以向仲裁机构提出采取保全措施的申请,但仲裁机构应将该申请移交被申请人所在地或被申请人财产所在地的法院处理,这往往贻误战机,不能达到保全的目的和效果。而且,在仲裁案件中,申请人无权申请法院采取诉前/仲裁前的保全措施。

(3)对境外仲裁机构受理的案件,在仲裁过程中,申请人无权要求中国法院对被申请人采取财产保全措施。境外仲裁机构作出的临时禁令,一般也得不到中国法院的承认和执行。

2. 对当事人无法自行获取的关键证据,当事人在诉讼过程中可以依法申请法院进行调查取证,这是仲裁所无法比拟的优势

虽然仲裁员享有履行其职责的一定权力,但和法官相比,仲裁员的权力又是有限的,如仲裁地法对仲裁的支持不够充分时,情况尤其突出。通常,仲裁员不能强制证人出庭作证,无法依据权力进行调查取证,等等。而如果当事人选择通过诉讼方式解决争议,则对当事人无法自行获取的与案件相关的关键证据,当事人可以申请法院依职权调取。这是仲裁所无法比

拟的优势。

3. 中国法院审理的公正性、透明度的提高

中国法院系统近几年在执法理念、服务水准上发生了较大的变化,"公正与效率"在法院系统已经唱响,执法为民的观念已开始深入法官思想,服务水准得到了较大提高,法院的硬件设施得到了很大的改善,法院审理的公正性和透明度已经大大提高。

4. 中国法院审理的快捷性

仲裁是一裁终局,诉讼是两审终审制,但这并不表明在中国通过诉讼解决争议所花费的时间要比仲裁长。根据中国民事诉讼法的规定,中国法院普通程序的诉讼案件,一审的审理期限为6个月,二审是3个月。但近几年,中国法院特别强调和注重审判效率,对审理期限的要求很严格,审理较快捷。

仲裁案件虽然是一裁终局,但由于选择仲裁员有时限要求,组成仲裁庭往往花费较长时间,在仲裁庭组成后,由于仲裁员都是兼职,确定开庭时间和合议时间往往并非易事。因此,对一个类似的纠纷而言,仲裁花费的时间并不必然比诉讼花费的时间少。我们注意到,实践中,有的仲裁案件一而再、再而三被延期裁决。

5. 诉讼费用的低廉和可预计性

在案件受理费用上,仲裁的收费一般比法院收取的案件受理费要高一些。而且,在仲裁程序中,当事人一般要预缴案件受理费和案件处理费。以在国内仲裁为例,对同样标的的案件,仲裁机构收取的案件受理费和处理费大致相当于中国法院受理费的两倍。而如果到斯德哥尔摩、伦敦、巴黎等地去仲裁,其成本要更高一些。此外,由于仲裁案件的处理费一般以实际发生为准,具有一定的不可预测性。而诉讼案件的收费标准是明确的,当事人完全可以预计。

6. 对生效判决的救济手段的广泛性

由于仲裁是一裁终局,仲裁质量与仲裁员品行及专业素质密切相关,如果仲裁员选择不当,当事人将承受很大风险。仲裁是一裁终局,在快捷方便的同时,又失去了二审的监督,没有了当事人进一步主张权利的回旋余地。当然在法定情况下,当事人是可以向法院申请撤销仲裁裁决的。而诉讼本来就是二审终审,即便是发生了法律效力的判决,当事人还可以向

上级法院申请再审。因此，相对仲裁而言，诉讼方式的救济途径更广。

7. 与仲裁裁决相比，人民法院作出的判决书，更容易在中国法院得到执行

在仲裁裁决作出后，胜诉一方申请法院执行，而对方往往申请法院不予执行。在法院对对方提出的"不予执行申请"进行审查完毕并驳回其申请前，仲裁裁决无法得到中国法院执行。如果是境外仲裁机构作出的裁决，申请中国法院执行首先要得到中国法院的承认。如果得不到承认，将无法申请中国法院执行。而在中国法院的判决生效后，胜诉一方就可以立即申请法院执行。因此，与仲裁裁决相比，人民法院作出的判决书，更容易在中国法院得到执行。

第二节 跨国公司在华通过诉讼解决公司纠纷的风险与困惑

一、跨国公司作为被告的诉讼风险

如上文所述，跨国公司如果作为原告在中国法院提起诉讼，则可以充分利用诉讼便于采取财产保全措施、证据保全措施和便于执行的优势，但反过来，应该注意到，如果跨国公司作为公司诉讼的被告，同样可能被法院采取一些强制措施。这应该引起跨国公司的注意。本节将结合我们的实践经验，对该问题进行初步探讨，并提出我们的应对建议。

（一）公司的财产可能被法院采取保全措施

1. 跨国公司的财产可能在事先不知情的情况下被法院采取保全措施

如前文所述，根据中国民事诉讼法的规定，原告在提起诉讼前可以申请法院采取诉前保全措施，也可以在提起诉讼的同时申请法院采取诉讼保全措施。

在人民法院根据原告的申请采取诉前保全措施时，人民法院不会事先通知被告。而即使人民法院根据原告的申请采取诉讼保全措施的，一般也会先行采取诉讼保全措施，然后再向被告送达起诉状、应诉通知书和保全裁定等法律文书。因此，在跨国公司因投资问题与相关主体存在一定分

歧/纠纷时,有可能在事先毫不知情的情况下被法院采取保全措施。

2. 被法院采取保全措施的财产可能包括跨国公司在中国境内的所有财产,在某些案件中还可能包括公司的财务账册

哪些财产可能被法院采取保全措施是跨国公司在应对公司诉讼时应当予以关注的问题。《民事诉讼法》第94条规定:"财产保全限于请求的范围,或者与本案有关的财物。"所以,财产保全的范围,从财产价值上不能超过申请人请求的范围,或者不能超过争议财产的价额,从标的物范围上,应当限于被告的财产,或者各方争议的财产。

具体而言,跨国公司财产被保全的范围包括土地使用权、房产、银行账户、机器设备、股权、应收账款等有形和无形财产。在跨国公司作为被告的诉讼案件中,依对方当事人的申请,跨国公司在中国境内的上述财产即有可能被法院采取财产保全措施。

此外,在有些公司诉讼案件中,公司的财务账册也可能被法院查封。比如,在股东提起的知情权诉讼中,在股东或公司提起的公司高级管理人员损害公司利益诉讼中,在股东提起的解散公司之诉中,人民法院均有可能依据原告的申请查封公司的财务账册。

3. 跨国公司的财产有时可能被超标的保全

在司法实践中,跨国公司有时遇到财产被超标的保全的问题。例如,原告提起诉讼的请求金额为人民币1000万元,但原告申请财产保全后,法院可能查封被告价值3000万元甚至5000万元的资产。就此可能存在操作细节的原因,如土地使用权证为一个,无法进行分割查封,如被查封资产的价值不易确定;也可能存在原告方拟通过财产保全措施给被告施加影响和压力的因素,尽可能多地向法院提供可保全的财产线索,并申请法院对所提供的财产线索均采取财产保全措施等。

4. 在被法院采取财产保全措施后,跨国公司应如何应对

(1) 提出诉讼保全异议

就法院在财产保全中存在错误的情形,跨国公司作为被申请人可以提出异议。例如,就法院超标进行的财产保全,被申请人可以请求法院解除超过诉讼请求部分的保全,同时提供相关证据;如果法院错误地查封了案外人的财产,则案外人可以提出异议;如果原告未提供保全担保,或提供的保全担保不适当,则作为被告的跨国公司可以提出异议。如果跨国公司对

一审法院驳回保全异议的裁定不服,可以提出书面复议。

(2)提供担保解除保全

根据《民事诉讼法》和最高人民法院相关司法解释的规定,在法院对被告的财产进行保全后,如被告提供适当担保的,法院应当解除财产保全。但在实践中,就上述规定的操作存在一定争议。

一方面,法院在认定被告提供担保问题上存在较大的自由裁量权。如提供何种形式的担保,是否包括第三人保证,提供担保的财产是否适合等。根据我们的经验,与法院保持良好的工作沟通,了解受理法院的内部规定和通常的处理原则,并在此基础上提供符合要求的担保,这对解除财产保全较为关键和重要。

另一方面,被告提供担保是否需要经过原告的认可,实践中的做法也各不相同。有的法院要求,即使被告提供了担保,也需原告同意,法院才能解除财产保全;有的法院则认为,只要被告提供了妥当、合适的担保,就应当解除财产保全,无需经过原告的同意,只需通知原告即可。实践中,我们曾代理客户提出用一处已经建成的房产作为担保,解除另一处正在建设的房产的查封,以便完成建设后尽快销售实现盈利,经过我们的交流,法院最终接受了我们提供的担保,并解除了对已采取了保全措施的在建房产的查封。

(二)派驻中国公司的董事、高管可能被法院限制出境

在中国法院的民商事审判实践中,限制出境措施并未被频繁使用。但由于该措施的采取对案件的审理和执行具有一定意义,而且涉外案件逐年增多,该措施已经被越来越多的当事人认识和了解,并申请法院采取此类措施。由于中国有关限制出境的法律及司法解释并不十分完善,实践中做法各异,有必要作简要介绍。

1. 限制出境措施的法律依据

限制出境措施,是指在民事诉讼程序中,为保证民事案件的顺利审理和将来有效裁判的执行,法院根据当事人的申请,对有未了结民事案件的当事人(包括具有外国国籍的自然人及港澳台地区居民),依法限制该当事人在一定的期限内不得出境的一种保全措施。

最高人民法院、最高人民检察院、公安部、国家安全部于1987年3月

10日发布的《关于依法限制外国人和中国公民出境问题的若干规定》规定:"有未了结民事案件(包括经济纠纷案件)的,由人民法院决定限制出境并执行,同时通报公安机关。"《中华人民共和国外国人入境出境管理法》第23条规定:"有下列情形之一的外国人,不准出境:……(二)人民法院通知有未了结民事案件不能离境的;……"《民事诉讼法》第231条规定:"被执行人不履行法律文书确定的义务的,人民法院可以对其采取或者通知有关单位协助采取限制出境,在征信系统记录、通过媒体公布不履行义务信息以及法律规定的其他措施。"

根据上述规定,在法院通知有未了结民事案件不能出境的情况下,有关公安、边防机关不批准该当事人出境。法律及司法解释赋予法院此项权力的原因在于避免民事诉讼当事人借出境之机,逃避其应承担的民事责任。

从法律性质上,限制出境既不属于民事诉讼中的财产保全,也不属于妨害民事诉讼的强制措施,而是一种独立的保全制度。① 最高人民法院《关于审理涉及港澳经济纠纷案件若干问题的解答》(法(经)发〔1987〕28号)中将限制出境界定为其他强制性措施,在一定意义上体现了限制出境的性质。

2. 可被限制出境人员的范围

最高人民法院《关于适用〈中华人民共和国民事诉讼法〉执行程序若干问题的解释》(法释〔2008〕13号)第37条规定:"被执行人为单位的,可以对其法定代表人、主要负责人或者影响债务履行的直接责任人员限制出境。"

根据上述司法解释的规定,在跨国公司涉诉的案件中,其法定代表人、主要负责人或影响债务履行的直接责任人员(如财务总监),可能被法院限制离境。

3. 限制出境措施的实施

根据《关于依法限制外国人和中国公民出境问题的若干规定》,限制出境共有以下几种实施方式:

---

① 许俊强:《限制出境在民事诉讼中的理论与实践》,载"北大法宝—中国法律检索系统",http://vip.chinalawinfo.com/newlaw2002/slc/SLC.asp? Db = art&Gid = 335579646,2010年12月12日访问。

第一,向当事人口头通知或书面通知,在其案件(或问题)了结之前,不得离境;

第二,根据案件性质及当事人的具体情况,分别采取监视居住或取保候审的办法(主要指刑事案件),或令其提供财产担保或交付一定数量保证金后准予出境;

第三,扣留当事人护照或其他有效出入境证件。相应案件应在执照或其他出入境证件有效期内处理了结,同时发给本人扣留证件的证明。法院扣留当事人护照或其他有效出入境证件,如在出入境证件有效期内不能了结的,应当提前通知公安机关;

第四,在边防检查站阻止其出境。法院、检察院、国家安全机关及公安机关对某些不准出境的外国人和中国公民,需在边防检查站阻止出境的,应填写"口岸阻止人员出境通知书"。在本省、自治区、直辖市口岸阻止出境的,应向本省、自治区、直辖市公安厅、局交控。在紧急情况下,如确有必要,也可先向边防检查站交控,然后补办交控手续。控制口岸超出本省、自治区、直辖市的,应通过有关省、自治区、直辖市公安厅、局办理交控手续。

司法实践中,人民法院较多的采取上述第四种限制出境的措施。

4. 限制出境措施的解除

《最高人民法院关于审理涉港澳经济纠纷案件若干问题的解答》第6条第(四)项规定:"被决定不准出境的人员或其保证人向人民法院提供适当的担保后,人民法院应及时发还身份证或者护照,并在回乡证、回港证或回澳证上注明准其出境,不准出境的决定自行撤销。"

最高人民法院《关于适用〈中华人民共和国民事诉讼法〉执行程序若干问题的解释》(法释〔2008〕13号)第38条规定:"在限制出境期间,被执行人履行法律文书确定的全部债务的,执行法院应当及时解除限制出境措施;被执行人提供充分、有效的担保或者申请执行人同意的,可以解除限制出境措施。"

因此,根据上述法律规定,在诉讼案件中,在被限制出境人员提供适当担保后,法院应当撤销限制其出境的决定;在执行案件中,在被执行人履行法律文书确定的全部债务的,或被执行人提供充分、有效的担保或者申请执行人同意的,可以解除限制出境措施。

实践中,如何认定被限制出境人员提供了确实充分的担保,缺少具体的操作细则,各个法院的认识和掌握的标准并不一致。根据我们的经验,在公司诉讼案件中,跨国公司应积极就担保方式问题与法院进行交流,说服法院同意接受提供的担保。在我们代理的一起跨国公司高管被诉竞业禁止的案件中,跨国公司的高管被法院限制离境,经过我们与法院积极交涉,并提供相应担保,法院很快解除了限制离境措施。

(三) 公司的财产可能被法院强制执行

一旦跨国公司在中国的公司诉讼中败诉,同中国公司一样,跨国公司在中国境内的财产将面临着被法院执行的风险。原则上,公司的财产都属于可以被法院采取执行措施的范围。

1. 法院强制执行的主要措施

根据民事诉讼法的规定,人民法院在执行中一般采取如下执行措施:查询、冻结、扣划被申请执行人的银行存款;查封、扣押、拍卖、变卖被申请执行人的财产;强制被申请执行人交付法律文书指定交付的财物或者单据;强制办理有关财产权的证照转移手续。

2. 对外资公司股权的执行

跨国公司在中国投资的主要形式体现为外商投资企业,主要包括中外合资经营企业、中外合作经营企业和外商独资企业。因此,跨国公司在中国境内的财产形态从法律上主要表现为对上述外资企业的股权或投资权益。从法院执行的角度,跨国公司对外资企业的股权或投资权益可以成为执行标的,即法院执行行为可以处分股权用以偿还债权人欠款。

最高人民法院《关于人民法院执行工作若干问题的规定(试行)》第55条第1款规定:"对被执行人在中外合资、合作经营企业中的投资权益或股权,在征得合资或合作他方的同意和对外经济贸易主管机关的批准后,可以对冻结的投资权益或股权予以转让。"

根据上述法律规定,结合实践经验,人民法院在执行跨国公司境内投资权益时,一般采取拍卖的方式予以处理。在拍卖前,一般通知公司的其他股东,允许其他股东行使优先购买权。同时,法院一般会事先征求商务部门的意见。

二、跨国公司应对在中国的公司诉讼的困惑

(一) 对中国公司法、民事诉讼法等法律了解不足、理解不透

跨国公司在中国的公司诉讼中,首先遇到的问题即是对法律的困惑。中国是成文法,法律规则都是通过制定法的形式表现出来。对于有些英美法系国家的跨国公司,因其母国法律制度是判例法,其对法律的困惑主要表现在对制定法及成文法的理解上。即使同样来自大陆法系国家的跨国公司,也会因各国的法律文化、法制传统不同,而对相关法律制度产生困惑。因此,实践中我们发现,跨国公司在公司诉讼中,常常会对中国的公司法、民事诉讼法了解不足、理解不透。而且,跨国公司习惯性地使用其母司本国法或国际上的公司法惯例来看待和思考中国的公司诉讼问题。

1. 对中国民事诉讼法和公司法存在困惑的原因

国外当事人对中国法律存在困惑是普遍现象。我们理解,这主要是由两个方面的因素造成的。

一方面,中国法制建设正在逐步发展之中,很多法律制度尚不完善,立法(尤其是公司法)也不够细致,实践中新产生的公司纠纷缺少具体、明确的法律规定。而中国又不是判例法国家,许多的公司诉讼案件属于新类型的案件,法院的判案无法形成统一的社会指导效应。

另一方面,跨国公司进入中国的时间较短,公司的经营和管理正在逐渐依照中国的法律和相关制度进行调整和规范,对中国法律的理解还存在一个渐进的过程。或者说,很多跨国公司尚未完全融入到中国法律社会之中,因此,必然存在对中国法律了解不足、理解不透等现象。

2. 对中国民事诉讼法和公司法存在困惑的表现

从程序上,外国公司在中国法院进行公司诉讼的困惑表现在民事诉讼法各个方面。如法院受理案件、诉讼主体、举证要求、庭审程序、当事人的诉讼权利、诉讼周期、执行程序等等。

比如,在我们代理的一起公司诉讼案件中,一外国公司就法院指定的举证期限存在质疑,认为作为被告应和原告有相同的举证期限,而不应是收到起诉状后的30日。根据该外国公司的要求,我们与法院进行了核实,发现法院在确定举证期限时,确实将原告的举证期限确定为送达合议庭组

成通知后 30 日,而将被告的举证期限确定为送达起诉状后 30 日,而法院向原告和被告送达法律文书的时间又各不相同,进而造成当事人举证期限届满时间的不同。鉴于此种情况,为保证举证权利,并防止对方证据突袭,我们在征求客户意见后申请法院延长了举证期限。

当然,跨国公司的上述困惑主要源于中国法院举证规则的不完善。也有部分困惑源于对中国诉讼制度的不理解,如法院合议庭中的人民陪审员制度等。此时,需要中国律师向跨国公司进行充分、详细的解释和说明。

(二) 对中国法院裁判规则存在疑惑

中国法律规定的原则性和粗线条带来法院裁判规则的不确定性,在公司诉讼领域更是如此。客观而言,对跨国公司在中国的各种类型的公司诉讼,司法界尚未形成相对统一的、明确具体的裁判规则。基于此种客观情况,跨国公司必然产生对中国法院裁判规则的疑惑。

例如,在我们代理的一起公司人格否认诉讼中,我们对相关法律规定、理论文章和能够搜集到的所有案例均进行了充分研究,但对何种情况下法院能够适用人格否认原则进行裁判仍无法得出相对一致的结论。在此情况下,在中国诉讼的不确定性将会增加,所以外国公司对法院的裁判规则存在疑惑,也是正常的。在此情况下,跨国公司更需要中国专业的诉讼律师(尤其是公司诉讼律师)的帮助。

(三) 跨国公司对中国法院审判的公正性信心不足

跨国公司在中国的公司诉讼中,对中国法院审判的公正性信心不足是一个非常突出的问题。但应该看到,随着中国市场经济的逐步发展,中国法院的公正性和透明性都在不断进步。但必须承认的是,中国法院审判工作的专业水平、公正程度、独立性等与西方发达国家(如美国和欧盟)相比还有一定差距,还需要进一步完善和提高。

就法院裁判的公正性、独立性问题,需注意的是,中国不同地区的法院会有所区别。目前,中国法律界较为一致地认为,上海、北京、广州、深圳、南京等经济较为发达的城市,司法环境相对较好,法院的公正性相对较高。因此,在可能和必要时,可以考虑将上述地区的法院作为纠纷解决首选的管辖法院。

(四) 对中国诉讼律师的专业能力、职业操守了解不足

在跨国公司处理其在中国的公司诉讼中,中国律师是联系客户及法院的桥梁。根据中国司法部就律师执业范围的规定,外国律师事务所只能就域外法律问题发表意见,同时只有中国律师事务所工作的中国执业律师才能代理当事人进行国内诉讼。

中国律师制度起步较晚,最早一批合伙制的律师事务所大多创立于1992年或1993年,目前中国律师业发展还不超过30年。随着中国市场化进程的迅速发展,以及外资进入中国而形成的相应法律需求,中国逐渐形成了一批有影响的、规模较大的、与国际接轨的律师事务所。随着中国律师事务所的不断国际化,目前一些中国律师事务所已具备处理重大、复杂、疑难的跨国诉讼案件的能力,并能够提供高质量的国际性的法律服务。

跨国公司处理涉及中国的商业纠纷时,大多按照自己的传统思路和内部规则来管理纠纷,这就要求中国本土的律师深入了解外国客户所在国的法律法规、规则和文化,并能够发挥沟通中外法律和文化的作用。此外,在很多中国境内的商业纠纷中,许多跨国公司还同时聘请了外国律师,在此情形下,也要求中国律师学会和外国同行进行沟通、合作,全方位地维护客户利益。

随着跨国公司在中国业务的发展,产生纠纷发生诉讼后必然需要委托中国的诉讼律师予以代理,这就需要中国律师能够与外国客户进行良好的沟通,并且精通中国法院的诉讼业务。我们相信,定位于上述基础之上的律师事务所及律师应会有较好的发展,并能够适应跨国公司在中国应对公司诉讼的需求。事实上,中国目前已经有多家与国际接轨的律师事务所的诉讼律师,不仅诉讼业务精湛,外语交流畅通,而且在处理跨国公司诉讼的业务上积累了不少经验。

第二章　跨国公司如何预防在华公司纠纷和诉讼

第一节　跨国公司在华发生公司纠纷和诉讼的原因

公司作为各方利益主体的载体,是各种利益、矛盾互相融合、互相制衡的产物,这种矛盾的融合注定公司在设立、运营、股权变更直至解散过程中不可避免地产生纠纷,甚至引发诉讼。除此之外,公司的管理不善、法制意识不足等都可能引发公司纠纷。而跨国公司之所以在中国多发公司诉讼,除了通常引发公司诉讼的原因外,还有其特殊性。这些特殊原因和因素,是跨国公司的经营管理者和法务工作者最关心的问题,也是本节所要讨论的重点。

一、利益冲突导致公司纠纷产生的必然性

传统的公司法理论认为,公司作为一种商事组织,其最根本的目的在于满足股东利益最大化的要求。然而,对现代公司而言,股东虽然是公司赖以存在的基础,但并不是唯一对公司拥有利益的人。[①] 公司股东、管理者、债权人、劳动者,乃至地方政府和社会公众,都是公司的利益拥有者,而这些公司利益拥有者的利益不可能是一致的。[②]

根据德国学者的观点,这种与公司有关的利益冲突在股东人数众多的大型企业中表现最为明显。在这种公司中,与公司有关的利益冲突至少包括以下五个层次的内容:第一个层次是股东内部的利益冲突,包括大股东与小股东之间、投资股东和投机股东之间、机构投资者以及未来投资者的利益之间均可能存在利益冲突;第二个层次是公司员工与股东的利益冲突;第三个层次是管理者与股东之间的利益冲突;第四个层次是公司与特

---

① 参见邓峰:《作为社团的法人:重构公司理论的一个框架》,载《中外法学》2004年第6期。
② 参见郑志刚:《利益相关者对公司控制权的分享、承诺可置信成本和公司治理的股东价值导向》,载《世界经济》2007年第8期。

殊团体的利益冲突;第五个层次是涉及公司债权人以及社会公众的利益冲突,这里的债权人包括公司的供应商、顾客、贷款提供者等许多方面。① 公司纠纷的产生即是公司各利益主体之间利益冲突的必然结果。跨国公司利益主体的多元性和复杂性,使得公司不同利益主体冲突的特点在跨国公司中显得尤为突出。

(一) 中方股东与外方股东之间的冲突

在通常情况下,股东间的利益具有一致性,即都为了公司利益最大化,最终实现全体股东利益的最大化。但股东追求公司利益的最大化实际上还是源于股东谋求个人利益最大化的期待。因此,当公司利益的分配出现与股东心理预期的差距时,冲突就会酝酿、萌发,甚或演变为对抗。股东的冲突并不只是表现在利益分配上,在公司设立、运营的过程中,某些股东的利益常常与其他股东乃至全体股东的利益不一致,甚至产生冲突和矛盾。可以说,股东之间的利益冲突是公司制度难以避免的现象。

跨国公司在中国设立的合资公司、合作公司中,股东利益的冲突往往表现为中方股东/合作者与外方股东/合作者之间的冲突。中方股东与外方股东产生利益冲突的原因主要表现在以下几个方面:

1. 中、外方股东在公司所处的地位不同,掌握公司的控制权的一方股东可能滥用股东权利,损害公司利益或对方股东的利益

在公司中,哪方股东掌握公司的控制权,通常情况下取决于所持股权的比例。由于中国法律在许多行业对外资准入的特殊规制,外方股东的持股比例往往受限制,大量的合资、合作企业均是中方占有控制地位,并由中方进行实际的经营管理。在此情况下,若控股股东滥用控制地位排挤其他

---

① 参见〔德〕莱塞尔与法伊尔:《德国资合公司法》,法律出版社2005年版,第127—128页。此外,对于上述五个层次与公司有关的利益冲突,美国学者米切尔教授(Lawrence E. Mitchell)作出了更为简单的分类。首先,他将公司利益拥有者分为强势与弱势两方:强势的一方只有公司管理者;其余所有的利益拥有者都属于弱势的一方。以此为标准,米切尔教授将与公司有关的利益冲突划分为两类:其一,垂直的利益冲突(vertical conflicts of interest),即公司管理者与其他利益拥有者之间的利益冲突,其具体表现为管理者为了自己的利益损害弱势利益拥有者的情况,典型的例子是管理者占用公司的机会;其二,水平的利益冲突(horizontal conflicts of interest),即弱势利益拥有者之间的利益冲突,例如,面对被收购的威胁,公司为控制成本而让工人下岗,这就会激化水平的利益冲突。参见 L. E. Mitchell, "A Theoretical and Practical Framework for Enforcing Corporate Constituency Statutes", 70 *Tex. L. Rev.* 579, pp.590—592。

小股东或损害其他股东利益,由于股东利益冲突而引发的公司控制权争夺则无法避免。①

当然,一方股东丧失公司控制权主要在于两方股东经营公司的目的不同。在一些中外合资、合作经营企业中,外方股东与中方合作主要是作为投资人的角色,而并不想过多参与公司的经营管理,公司实际控制权即由中方股东掌握。在此情形下,外方股东的股东知情权等权益往往得不到保护,极易产生信息不对称的情况。中方股东由于独掌经营大权,可能滥用控股股东地位,损害公司和外方股东的权利。比如,引起媒体广泛关注的中科智担保集团外方股东诉请中方管理人向董事会报告公司财务情况一案②,其纠纷引发的实质即是中、外方股东的利益冲突。外方股东作为投资人,并不过多参与公司的经营管理,其投资更多是基于对中方股东及高管的信赖,而当中方股东将资金挪至他处而且是当初各方明确规定不能进入的领域,影响外方的投资权益时,中外双方股东矛盾的爆发便成为必然。

此外,在有些合资公司中,由于外方股东在公司中处于资金、技术等优势地位而掌握公司的控制权。当外方的利益与中方股东以及公司利益产生冲突时,外方股东也可能利用资金优势或技术优势地位损害中方股东或公司的利益。根据我们的经验,占有资金、技术优势的外方股东在投资时,往往会在合资合作合同中就资金、技术、组织机构等问题约定一些有利于外方的不平等条款。比如,某些中外合作经营企业,占有董事会多数席位的外方股东,往往会要求在合作合同和公司章程中约定,董事会特定事项的决议必须经出席会议的董事3/4以上(甚至4/5以上)表决通过。据此,由于中方在董事会占有席位很少,实际上使中方在董事会中根本无法行使决策权,为外方股东滥用优势地位损害公司利益埋下隐患。

又比如,某些持有技术优势的外方股东,在同意向合资公司投入技术时,往往会约定特殊的技术条款,比如约定"合资公司在现有技术基础上,对技术所做的任何更新或改进,该技术的知识产权仍属于外方"。如此,即使合资公司投入了大量资金、人力、物力对相关技术进行了更新和改进,该

---

① 参见陈敏:《公司治理与控制权悖论的提出及解读》,载《中南财经政法大学学报》2007年第1期,总第160期。

② 资料来源:中金在线《中科智危机真相》,http://news.cnfol.com/081106/101,1591,5004986,00.shtml,2009年12月12日访问。

技术仍完全属于外方。当外方股东撤出合资公司后,该技术亦会被一并撤走,损害中方股东或合资公司的利益,纠纷难以避免。

2. 中、外方股东投资和经营公司的目的不同,对公司的经营决策和发展方向意见不同,导致纠纷产生

在中国设立的中外合资、合作经营企业,很大一部分是中方股东为寻求企业更好的发展而积极引进外资的结果。因此,大多合资企业中、外方股东参与公司的目的并不相同。外方股东更多是投资者角色,为了谋求更高的产出回报,而中方股东更希望外方股东能够提供先进的管理经验和生产技术,使企业更有竞争力,获得长足发展。中、外方股东的投资、经营公司的目的根本不同,使得中、外方股东在公司经营过程中难免产生冲突。

比如,某化工股份公司,是 2002 年成立的中国第一批外资控股的合资企业。当时,外方股东拥有强大的复合肥、硝铵的生产能力,是世界排名前列的跨国复合肥公司,中方是中国目前规模最大的复合肥生产企业之一,且拥有庞大的销售网络,二者的联合曾在中国化工界引起巨大影响。然而,合作初期,外方更注重追求收回投资赚取利润,屡屡提议巨额分红,而本来承诺的项目亦一直未能上马。合作两年,合资企业内部却几乎没有发生任何变化,生产规模、工艺等仍停滞不前。中方所期待的先进管理经验和生产技术的引进均未能实现。至此,中、外方的矛盾终于爆发。

3. 外方股东所从事的业务与中方股东或合资公司的业务具有竞争性,这种利益冲突为日后纠纷埋下深深的隐患

在很多合资纠纷中,外方股东或其关联公司所从事的业务与中方股东或合资公司的业务为同类业务,并且往往在该类业务领域中拥有先进的技术和优秀管理经验。若外方股东能将自己的优势和经验运用在合资公司中,与中方股东的资源、优势互补,势必会给合资公司的发展带来巨大推动力。但另一方面,由于外方股东或其关联公司自身所从事的业务与中方或合资公司的业务存在竞争性,则当合资公司的发展与外方股东的利益冲突时,纠纷和矛盾便随之而来。

法国达能集团与杭州娃哈哈集团之间旷日持久的"达娃之战",便是因股东之间利益冲突而引发公司诉讼的典型例子。[①] 达能集团和娃哈哈

---

① 关于"达娃之战"的情况,被多家媒体无数次报道,在此不再一一引述。

集团,一方为世界食品饮料行业巨头,另一方则为中国饮料行业龙头企业,这种强强联合自然十分有利于集中整合优势资源,增强企业的竞争力。但同时,由于外方股东和中方股东从事的业务以及与合资公司的业务具有竞争性,股东之间难以避免的利益冲突若不能良好协调与平衡,将为纠纷产生埋下深深的隐患。2007年初开始,因合资纠纷,法国达能集团针对杭州娃哈哈集团在全球范围内发起了一系列的诉讼仲裁法律行动,五十多起诉讼仲裁案件在全球七大司法管辖区(其中包括:瑞典、中国、中国香港、美国、法国、萨摩亚和BVI)分别进行。作为亲自经历这一大规模战役的律师团队,我们更深切地感受到股东之间业务竞争的矛盾若不能有效化解,势必导致纠纷的爆发。

(二) 一方股东的战略调整容易引发纠纷

跨国公司作为国际经济生活的一个特殊元素,具有很多国内企业所不具有的特性,其中一个主要特性即战略的全球性和管理的一致性。在跨国公司制定战略时,往往是从整个集团的利益出发,以全世界市场为角逐目标,从全球范围考虑公司的生产、销售、扩张的政策和策略。因此,在中国设立的外商投资企业中,由于一方股东的战略调整而引发公司纠纷,更多发生在外方股东出于各种考虑而调整战略的情形。而这种战略调整往往取决于该跨国公司的全球策略,而并非以境内的投资企业利益最大化为目的,可能与合资公司以及其他股东的利益不完全一致,导致纠纷产生。

由于中国市场对外资的开放是个漫长而渐进的过程,在入世初期仅是有限的行业对外开放,开放条件也十分严格,比如外资进入某些行业只能通过成立合资企业的方式。但是法律的限制,并没有影响大量外国公司对中国市场前景的热情和信心,因此,许多外国公司通过设立中外合资、合作企业的方式进入中国市场。但随着入世后许多原先将外资挡在门外的行业和领域逐步对外开放,外国公司可以通过直接在中国境内设立外商独资公司等方式进入中国市场。

鉴于立法、政策的变化,许多原先成立合资公司的外方股东,出于各种因素的考虑,开始相应调整战略,或准备撤回在合资公司的出资转为设立独资公司,或停止向合资公司提供技术、资金、管理、货物、原料等支持而转向其他关联公司,这种战略调整一旦损害合资公司、其他股东、公司债权人等的利益,势必引发纠纷。

在我们代理的一起生产发动机的某跨国公司及其高级管理人员被诉竞业禁止诉讼案中,中方股东以外方股东委派的高管和外方股东违反竞业禁止义务损害公司利益为由提起股东代表诉讼。从诉讼表面来看,是高管人员违反竞业禁止义务引发的纠纷,但该纠纷根本上还是源于外方股东在中国整体战略调整。外方股东与中方股东合作设立的合资公司主要安装和经销外方股东在境外生产的发动机主要配件。在中国允许外商独资企业从事原本只允许合资企业从事的上述业务后,外方股东在国内另行设立了独资公司,便不再向合资公司提供特许经营的产品,造成合资公司经营困难,导致中方股东寻机起诉。①

(三) 一方股东存在的欺诈行为容易引发纠纷

首先,股东的欺诈行为常常发生在不履行投资时的承诺。发起人在设立公司时,某发起人往往会作出各种承诺和保证。而全体发起人最终能够达成合意共同成立公司,往往基于对其他发起人承诺的信赖。在公司成立后通过投资加入公司的股东,更是基于对原股东或公司所作的陈述和保证的信任。当投资人在履行了自己作为投资人的义务,向公司投入资金、技术后,如果发现其他股东原先作出的陈述存在虚假成分,甚至公司成立本身即是骗局,使其对虚假陈述的股东本身丧失信心,纠纷自然难以避免。这种情况在 PE(私募)投资②中更为常见,PE 投资者在投资前往往会与创始人签订陈述和保证条款。当投资之后,发现创始人原先的陈述和保证存在虚假,或创始人无法兑现其承诺,则纠纷自然而生。

在诚信原则被越来越多的商事主体所坚守的环境下,除了个别存心进行诈骗活动的,大多数商人仍是诚信经营,以实现公司利益最大化为目标。然而,发起人或股东在设立或引资过程中的欺诈行为仍屡见不鲜,占据公司纠纷的很大比例。有些时候是因为对相关陈述和保证条款的认识不足,更多的还是特殊情况下的一种无奈。许多发起人或股东出于希望引进资金或先进技术并通过各种渠道做大业务的急迫需要,往往会夸大对自己实

---

① 因诉讼案尚在审理阶段,我们在此不便披露客户名称。
② 关于 PE 投资引发的诉讼,请见第五章专章论述。

力的宣传,作出不少其根本无法做到的承诺,或同意投资人的苛刻要求。当被发现存在虚假陈述或无法实现其承诺时,则往往会面临欺诈的指控。

其次,在公司经营过程中,股东的欺诈行为往往表现为控股股东对公司财务状况、经营业绩、重大交易等事项的虚假陈述,使不参与经营管理的股东基于虚假信息作出错误判断,损害其他股东以及公司的利益。在上市公司中,大股东虚假陈述损害中小投资者利益的情况屡见不鲜。

当然,更加严重的是某些为引进资金而处心积虑、恶意诈骗的情况,这在 PE 投资纠纷中更为常见,这就需要投资者,尤其是境外投资者,在投资时必须有足够警惕和谨慎,注资后加强对被投资公司的管理和监督。比如,我们曾代理的一起某新加坡基金公司投资国内某经营花生及花生制品的有限公司纠纷,即为典型的融资诈骗案件。① 新加坡基金公司在投资该国内企业时,虽聘请律师、会计师等中介机构对被投资公司进行了尽职调查,但是,被投资公司采取制作两套财务账册的方式,隐瞒了实际的财务状况,骗取了基金公司的信任。根据被投资公司提供的虚假财务资料,被投资公司 2007 年的净利润为 6800 多万元人民币;而实际上,其 2007 年却亏损 4000 多万元人民币。基金公司基于对被投资公司及原股东提供的财务信息和所做承诺的信任,最终决定向被投资公司投资 1800 万美元,并且向被投资公司提供 1200 万美元贷款。

在注资后的几个月内,基金公司才陆续发现,被投资公司及原股东所提供的财务信息和所作的承诺与事实不符。经调查发现,被投资公司及原股东除了在引进投资时制作虚假财务资料外。在骗得资金后,又将大量资金划入三股东及其亲属的个人账户;通过伪造大量购销合同的方式,以出售花生的都是农民,没有发票无法做账为由,划走大量资金;通过伪造公司印章、非法制造发票等方式,骗取银行贷款等。总之,在基金公司注资几个月后,被投资公司的股东及高管人员便已将资金挪用、侵占和挥霍。由于实施欺诈的中方股东手段隐蔽,该案的调查取证过程十分困难,充分警示投资者在投资时和投资后,均需谨慎选择投资对象和合作伙伴,并加强法律防控意识。

---

① 案件具体情况,详见下篇第六章案例九的案例分析。

（四）股东与管理层之争

在现代公司治理结构下，由于所有权与经营权的分离，股东拥有公司的所有权但不一定参与公司经营，经营者掌控着公司的日常业务但不一定是公司的所有权人。在这种两权分离模式下，公司管理者与股东有着不同的利益，按照经济学中关于理性经济人的假说，每个人都追求自己利益最大化，因此公司管理层完全有可能为了自己的私利而作出一些不利于股东的决策或经营活动。随着董事会中心主义的强化，董事会能够通过各种手段使公司股东选择和解除董事职务的权力落空，公司的经营和管理几乎完全由董事会控制，管理层利益与股东利益的冲突变得更加明显。[①]

值得强调的是，这种公司管理层与股东利益的冲突在跨国公司中更为突出和普遍。与一般公司不同，跨国公司一般规模较大，具有股权分散、股东人数众多的特点，股东尤其是中小股东往往并不参与也无法参与公司的日常经营，其对公司良好收益的期待完全依赖于对董事、高级管理人员忠实勤勉的信任。

股东与管理层之争在中外合资、中外合作经营企业中表现得更为突出。根据《中外合资经营企业法》、《中外合作经营企业法》规定，合资、合作企业并不设股东会，董事会（在非法人的中外合作经营企业中为联合管理委员会）是企业的最高权力机构，负责就企业的一切重大问题作出决定。虽然，股东有权委派和撤换董事，但这种滞后的监督并不能对董事会权力的腐败和滥用形成有效制约。由此，在股东对董事会或董事或总经理失控时，股东与管理层之间的冲突便会爆发。

此外，在管理能力对公司运转起核心作用的合资公司，如涉外宾馆、酒店等，合资公司往往采取委托第三人进行经营管理的方式经营，一般由合资企业（酒店）与管理公司签订管理合同。此种模式下，由管理合同引起的纠纷比较突出，此类纠纷主要起因于双方对管理合同的理解和执行出现异议，尤其是对提前中止合同约定不明确，当执行合同出现问题时，一方要提前中止，另一方又不同意，往往容易引起纠纷。

[①] 参见邓峰：《作为社团的法人：重构公司理论的一个框架》，载《中外法学》2004年第6期。

（五）股东或公司高管人员的侵权问题容易引发纠纷

在公司各方主体的利益冲突中，除了前述股东之间、股东与管理层之间等主要冲突外，股东或公司高级管理人员自身的利益与公司的利益亦常常发生冲突，而为追求自身利益最大化，股东或公司高管人员掌握的权利，使其极易滥用权利损害公司利益。

根据我国《公司法》[①]及相关法律的规定，股东、董事和高管人员对公司负有忠实、勤勉义务，但股东或公司高管人员滥用权利，违反忠实、勤勉义务的侵权行为仍然常发。实践中，常见的股东或高管人员侵权行为有如下几种：

（1）挪用公司资金。挪用公司资金，必然会影响公司资金的正常使用，从而影响公司正常的投资经营活动，同时这种行为也给公司的经营带来了不可预测的风险，对公司利益造成危害。

（2）侵占公司财产。控股股东或高级管理人员有时利用职务之便，通过多种方式变相侵占公司财产，损害公司利益。实践中，股东或高管人员侵占公司财产，除了资金和实物资产之外，更关键的问题是侵占公司的公章以及其他印章、财务账册、营业执照等证照、劳动人事资料等相关财产。这些重要的公司财产往往决定着公司的经营管理和正常运行，侵占此类资产实际将掌握着公司的控制权。因此，公司股东或高管人员侵占公司财产的纠纷往往关系着公司控制权的争夺。

比如，我们曾代理的合资公司诉张某等高级管理人员损害公司利益赔偿纠纷案[②]、某PE投资者与被投资公司原高管人员损害公司利益赔偿纠纷案[③]等许多董事、监事、高级管理人员损害公司利益赔偿纠纷发生根源，均基于对公司公章、财务账册等重要资产的争夺，进而夺取公司控制权。

（3）关联交易、自我交易。跨国公司尤其是跨国集团公司，常常会为了集团的战略方案和整体利益，而利用其在合资公司的股东地位，操控公司与其关联公司进行交易，或与自己进行交易。而合资公司委派的高级管

---

① 《公司法》第148条规定："董事、监事、高级管理人员应当遵守法律、行政法规和公司章程，对公司负有忠实义务和勤勉义务。"
② 该案具体情况，详见下篇第六章案例六的案例分析。
③ 该案具体情况，详见下篇第六章案例八的案例分析。

理人员,有时利用公司监管不严的漏洞,由公司与自己或亲属设立的公司进行关联交易,谋取个人私利。由于这种关联交易并非以合资公司利益最大化为出发点,势必侵害公司权益。

公司各主体的利益冲突是导致公司纠纷多发的核心因素,但需要指出的是,利益上的冲突可能并不会导致法律纠纷的发生,而只是纠纷发生的一个潜在因素,只有在利益冲突无法协调,没有得到合理控制和化解的情况下,纠纷才会发生。通过规范公司治理结构,平衡公司法所调整的各种利益关系主体之间的利害关系,制止某些主体以牺牲其他主体的利益为代价而实现不正当利益行为的发生,则可预防、减少甚至避免纠纷的发生。

二、公司自身管理问题导致公司纠纷多发

(一)合同、章程约定不明,产生分歧

公司的章程和中外合作经营企业的合作合同是公司组织及营运规则的基本法律文件。公司作为市场体系中的重要组织体,其章程是公司的重要组织要件。公司章程和合作合同在公司中占据着非常重要的地位,是具有类似宪法性质的"根本大法",是公司的自治规则。① 随着公司法理论的发展,章程在公司治理过程中的作用被逐渐重视,尤其是新《公司法》更是赋予了公司章程极大自由,将公司治理中的许多问题交由公司自治决定。

公司章程、合作合同在公司治理过程中具有十分重要的功能,而若章程、合作合同却就此约定不明,则极易产生分歧,发生纠纷。

第一,公司章程、合作合同对公司治理结构的规定不明,导致发生纠纷。公司通过章程规定股东与股东之间的关系,股东与公司之间的权利义务关系,股东会、董事会、监事会的权限与程序,建构和完善公司治理结构,平衡各方主体的利益冲突。新《公司法》和《中外合作经营企业法》对公司和合作企业的组织机构等规则虽然有较原则的规定,但同时也多处规定了

---

① 参见朱慈蕴:《公司章程两分法论——公司章程自治与他治理念的融合》,载《当代法学》2006年9月。刘文婧:《章程,公司的宪法——论公司的自治性》,载《法制与社会》2008年2月(上)。

"章程另有规定除外"。并且,基于"司法不干预公司内部事务"的公司法基本原则,仍有许多具体的组织建构的规定,法律并没有明确规定而是交由公司通过章程自行约定。然而,许多股东和公司的管理者对公司章程、合作合同的重要性并没有足够的认识,许多公司的章程只是随便找个范本填空制作,司法实务中的公司章程更多的只是起到股东名册的作用。由于章程、合作合同约定不明确,使章程本身应具有的构建公司治理结构的功能得不到发挥,导致纠纷产生。

第二,章程、合同对红利分配的约定不明,使其本应发挥的利益分配功能无法实现,产生纠纷。公司章程、合作合同的一个主要功能即为股东设定利益分配机制。比如红利分配,公司法并不规定公司应当如何以及在何时分配股息,而只是在股东的意思之外作出补充性的规定。而实践中,大多数公司的章程对股息的分配规则并没有规定得很明确,使得股东因股利分配问题而频频引发争议。

第三,章程、合作合同提供纠纷解决依据的功能没有得到足够重视。当公司出现纠纷时,规范、完善的章程、合作合同将从实体上和程序上为纠纷提供解决的依据。一方面,章程、合同的明确约定将从实体上为纠纷解决提供依据。比如在就董事会会议效力问题发生纠纷时,若公司章程对董事的召集、表决程序等作出明确规定,则可以根据章程规定认定董事会是否有效,从而有利于纠纷迅速解决;另一方面,章程、合同可以就争议及纠纷解决的程序问题进行规定,比如争端解决是通过仲裁还是诉讼,以及对相应的争端解决机构作出明确约定,是排他性还是非排他性等,避免日后就争议解决机构发生纠纷。

鉴于章程、合作合同对公司治理和纠纷的解决具有十分重要的作用,因此,若章程、合作合同约定不明,执行章程过程中极易发生争议,不但不能发挥章程应有的功能和作用,反而导致纠纷多发。

(二)股东会、董事会召集程序不规范

一般公司的股东会是公司的最高权力机构,而中外合资、中外合作企业的董事会是外商投资企业的最高权力机构。股东会、董事会拥有决定公司重大事项的权力,同时也成为各方股东掌握、行使、争夺公司控制权的主要手段。由于股东会、董事会的权力巨大,其所作出的决议常常会影响某

些人的利益,因此对其决议内容持反对意见的人,有时会努力通过种种方式对其提出效力提出异议和质疑。这种情况下,股东会、董事会召集程序的不规范则往往成为对股东会、董事会效力质疑的理由。

实践中,跨国公司在中国发生的公司诉讼中很大一部分即为股东会、董事会决议效力瑕疵纠纷,而此类纠纷常发的原因,一方面在于股东会、董事会会议决议内容的重要性和影响性,使其效力常被质疑,另一方面即由于许多公司在股东会、董事会的召集过程中程序不规范,使其效力存在瑕疵。①

在我们办理的相关案件中,我们注意到,大多数公司章程中对股东会、董事会的召集程序、议事规则均作出了明确规定,但在具体操作实践中,召集股东会、董事会的程序却并没有引起公司的足够重视,使得召集程序存在许多瑕疵,而使其效力面临挑战。

(三)对公司运行的监督、管理不善

"所有权力都易腐化,绝对的权力则绝对地会腐化"(阿克顿勋爵)。② 因此,在公司运行过程中,赋予特定主体特定权力的同时,亦要注意对权力行使的监督和管理。引起公司纠纷的一个主要原因即对公司运行的监督、管理不善,其中,常见的几种情形有:

第一,公司治理结构没有达到良好的分权与制衡状态。比如,新《公司法》颁布前,中外合资企业、中外合作企业一般没有设立监事,这种组织机构模式使董事会权力过大,没有有效的监督,容易引发纠纷。随着新《公司法》的实施,许多公司开始完善治理结构,逐步依据《公司法》的规定,对公司运行机制进行规范。但目前看来,跨国公司中公司治理结构的过于集权,缺乏有效监督和制衡的问题仍很普遍。

第二,公司规章制度不健全导致公司纠纷多发。对于公司而言,各项规章制度不健全最容易产生潜在的隐患。在人事制度、财务制度、商业运营管理制度、经营决策计划以及公章、财务专用章的保管等制度上的一点

---

① 参见黄学武、葛文:《股东会召集程序瑕疵与撤销——一则申请撤销股东会决议纠纷案评析》,载《法学》2007年第9期。
② 转引自〔英〕弗里德里希·奥古特斯·哈耶克:《通往奴役之路》,王明毅等译,中国社会科学出版社1997年版,第129页。

瑕疵和不规范,都可能为未来发生的纠纷埋下隐患。在我们代理的公司纠纷案件中,可以说几乎每个纠纷的发生都反映出公司某项规章制度的不健全和管理的不规范。比如,在高管人员挪用公司资金纠纷中,公司在财务制度、重大事项的决定制度等环节一般存在问题。

第三,公司法律监管制度不健全。从目前公司法务人员的监管工作来看,大多数公司自成立至运营阶段对法律监管制度的重要性认识不足,在法律监管方面不愿投入合理成本,不愿委托相关法律专业人士对公司进行全盘的规划和管理。在公司运营过程中,亦没有专业法律人士对相关事务进行法律风险评估和防控。实践中,大多数公司的重大决策均是由公司管理者作出,缺乏法律专业人士事前出具的意见和风险提示。而公司管理者一般不具备法律专业知识,在缺乏成熟的法律意见的情况下草率地作出决策势必会为日后纠纷埋下隐患。

三、因中外双方管理层的文化差异导致的冲突不易调和

跨国公司在华公司诉讼多发的一个重要因素即文化差异。不同文化背景特别是中西文化背景带来的差异,在合资企业管理中有多方面的表现。这种文化冲突主要是缘于文化价值观的不同,东方文化讲究的是集体主义、注重人际和谐,西方文化则侧重个体意志、注重平等和自由,这两种不同的价值取向在管理和经营模式方面也有着充分的体现。

跨国公司面临的文化困扰,或由于管理者忽视文化摩擦,常常使得跨国公司全球战略遇到障碍。实践中常常发生的是,某一决策在理论上、法律上无可挑剔,在实施中却遇到重重阻碍;同一决策,在甲国贯彻实施效果颇佳,而在乙地却未必得心应手。因此,一些外商投资企业常常为精心设计的目标落空而迷惑。

实际上,跨国企业的经营绩效不仅取决于自身战略计划和组织的性质,而与所在国的经济发展水平以及文化亦有密切的联系。一般理解,欧洲人注重权力和地位,美国人欣赏创新精神和成就,日本人崇尚团队精神和协调,中国人则注重人际关系的协调和和谐。当不同文化的中外双方投资者和管理层相遇,不同的价值观相碰撞时,矛盾也随之而生。

东方文化讲究万象和谐,具有很强的适应性和灵活性。但过于灵活的结果就是不重视正式制度的建立和实施,对环境变化采取实用主义的态

度,因时制宜;即使制定了正式的制度,在执行时也常常因所谓的特殊情况或特殊需要而放弃。体现在公司管理模式上,中方股东或中方管理者更注重"人治",他们对制定制度不够重视,或执行制度时持可有可无的态度,而更多依赖于总经理或高管人员等的道德、知识、能力等各方面的水平。因此,中国的企业常常是一人兴则公司兴,一人败则公司败,而这种情况往往是外方股东和外方管理者所无法理解的。

西方文化以制度为基础,讲究原则追求效率,在管理上注重"法治",强调以规章制度规范公司的管理和运营。无论是对公司总体发展策略的把握还是在具体经营决策过程中,外方管理者均注重制度的设计和制定,并坚持严格执行。但特殊情况时这种对制度过于执著的态度,往往与注重灵活性和因地制宜的中方管理者出现分歧。强调以制度治理公司的外方,过于坚持按制度办事而不考虑人情世故,往往会与中方意见发生冲突,导致中方管理者"面子受损",甚至损害中方管理层的利益,导致中外双方就公司的经营管理发生冲突。

上面所谈到的东西方的文化差异,一般都得到广泛的认同和尊重,也能够被大多数跨国投资者和管理者所认识并尽量避免冲突。但在实践中,不同国家、同一国家不同区域、同一地区不同企业的文化都有着极大的不同,在合资之后,能否真正克服文化的障碍,实现和谐统一的企业文化,则是最重要的问题。

著名的上汽收购双龙一案的失败,即源于文化的巨大差异。上汽收购韩国双龙,本可以发挥双方在产品设计、开发、零部件采购和营销网络的协同效益,提升核心竞争力。双龙尽管是韩国企业,与中国同属于亚洲文化圈,但实际上,双龙和上汽之间的认同感仍然不高,这种文化的冲突,导致这一并购一直矛盾不断。一方面,原管理层能力低下,且供应商与管理层及工会多有利益关系。但是上汽并购后,中方没有一个国际收购的整体团队支撑双龙运作。另一方面,韩国工会势力强大,动辄以罢工相要挟,要求分享管理层的利益。"斗争成果"累积下来,双龙汽车的单车人工成本占到20%,远高于韩国汽车业8%的平均水平。2006年的"玉碎"罢工,就造成当年亏损1960亿韩元。源于自有的岛国文化,韩国人抱团成群,有强烈的民族自尊感,但也有其狭隘的弊端。小型越野车S100为了摊销开发成本,打算继续在韩国生产的同时,也在国内组装,既可增加销量,又能扩大双龙 CKD 出口,却被双龙工会指为"技术和就业岗位流出"而引发拼死抗争,甚至举报司法部门,由检察部门对中方管理人员进行限制出境的高强度传唤。① 可以说,文化差异成为上汽并购失败的一个重要因素。

四、新《公司法》等相关法律、法规和司法解释的出台,使得很多公司纠纷具有可诉性

(一)在新《公司法》出台前,由于法律规定的不明确导致许多公司纠纷的可诉性不强

近年来,跨国公司在中国的公司诉讼多发的原因还在于公司纠纷可诉性的增强。所谓公司纠纷的可诉性,即公司纠纷可以诉诸司法解决的属性。公司纠纷的可诉性是将公司法权益实在化的具体体现,其强度受到《公司法》规定的影响。旧《公司法》②对可诉性问题关注较少,仅有个别条款规定了或涉及公司诉讼的问题,即使规定的条款语言表述也模糊不清,不具有可操作性。这种立法上的疏漏,使得公司发生纠纷后难以采用诉讼方式解决。

旧公司法体系下,股东权的司法救济并未得到立法应有的关注,少数有关股东权利的条款中都仅仅是对权利的表面表述,对于股东行使权利的途径、义务人、权利遭到侵害时的补救方式以及损害发生时的责任承担方式都没有明确规定。实践中,当公司纠纷产生后,为了能够获得司法救济,股东往往要把公司纠纷化身为合同纠纷才能得到法院的受理。因此,虽然公司纠纷不少,但公司诉讼并不多见,甚至没有形成一个普遍的诉讼形态。

(二)新《公司法》在制度上有很多重大的突破和创新,而且其对不同权利主体的权利及其救济方式的明确规定使许多公司纠纷具有了可诉性

与1993年《公司法》比较,2005年修订的新《公司法》具有很多重大的突破和创新。例如,一人有限责任公司制度的规定、公司法人人格否认的

---

① 参见《上汽兼并双龙始末:收购失败主要源于文化差异》,载新浪财经频道,http://finance.sina.com.cn/roll/20090228/07235913850.shtml,2009年12月13日访问。
② 指2005年修订前的1993年《中华人民共和国公司法》。

原则规定、公司资本制度、股东代表诉讼制度、异议股东收购制度、公司解散和清算制度的完善等等。①

而且,新《公司法》改变了原先没有为股东权和公司利益保护提供有效司法救济渠道的公司诉讼的狭窄格局,扩张了公司诉讼纠纷种类,创建了许多新型的公司诉讼形态。比如,新《公司法》规定的股东会、董事会决议瑕疵之诉,董事、监事、高级管理人员损害公司利益之诉,股东知情权诉讼,股东代表诉讼,公司司法解散之诉,等等。

新《公司法》确立的新的制度和公司诉讼类型的扩张以及司法救济手段的进一步细化,使公司纠纷的可诉性得到极大提高。

(三)最高人民法院关于适用《公司法》司法解释的出台,使新《公司法》规定的公司纠纷的可诉性更具备了实践操作性

在新《公司法》出台后,最高人民法院陆续出台了《关于适用〈中华人民共和国公司法〉若干问题的规定(一)》、《关于适用〈中华人民共和国公司法〉若干问题的规定(二)》、《关于适用〈中华人民共和国公司法〉若干问题的规定(三)》和《关于审理外商投资企业纠纷案件若干问题的规定(一)》。据悉,就新《公司法》的适用问题,最高人民法院还将陆续出台七个司法解释。

《关于适用〈中华人民共和国公司法〉若干问题的规定(一)》主要就新《公司法》实施后,亟须解决的新旧法衔接和法院受理问题进行了规定。并对"决议撤销之诉"、"异议股东请求公司收购股权之诉"和"股东代表诉讼"的期间和受理条件等进行了规定。这使得新《公司法》实施前发生的公司纠纷应适用何种法律解决的问题得到了明确。

《关于适用〈中华人民共和国公司法〉若干问题的规定(二)》主要是对公司解散和清算制度适用法律的问题进行了具体的规定。该司法解释不仅对新《公司法》的解散清算制度进行了更具操作性的细化和整理,使得法官在审理相应案件时有法可依,更重要的是,该司法解释在一定程度上填补了我国关于公司解散清算制度的相关理论和立法的空白,为规范公司实务运行指明了方向,也为相关公司诉讼提供了明确的可操作的程序和

---

① 参见奚晓明主编:《最高人民法院关于公司法司法解释(一)、(二)理解与适用》,序第2页,人民法院出版社2008年版。

步骤。

《关于适用〈中华人民共和国公司法〉若干问题的规定(三)》主要对公司成立前债务承担、出资问题、股东资格和股权确认等实践中争议较大的问题作出解释。

《关于审理外商投资企业纠纷案件若干问题的规定(一)》主要就中外合资经营合同、合作经营合同的效力问题、审批问题,外资企业股权转让合同的效力问题,隐名股东与显名股东问题进行了相关规定。

(四)最高人民法院发布的《民事案件案由规定》使得人民法院受理各类公司纠纷案件有了更充分的法律依据

最高人民法院于2007年10月颁布《民事案件案由规定》,取代了《民事案件案由规定(试行)》。2011年2月,最高人民法院再次对《民事案件案由规定》予以修改。根据该新的司法解释,公司诉讼的案由主要规定在第八部分"与公司、证券、保险、票据等有关的民事纠纷"中,共计58个三级案由。该民事案件案由司法解释的出台,使得人民法院受理各类公司纠纷案件有了更充分的法律依据。

事实上,在新《公司法》以及相关司法解释的出台后,各级人民法院受理的公司诉讼案件数量激增,其中,就包括相当数量的与跨国公司在中国设立的外商投资企业相关的公司诉讼。很显然,《公司法》及相关司法解释得的规范指引功能收到了明显效果。以北京市海淀区法院为例,"2000年开始出现公司纠纷,2003年上升至百件以上,这种迅速上升趋势一直持续到2005年。《公司法》修订后,有观点认为公司诉讼会大幅上升,但事实却让人大跌眼镜。2006年公司纠纷突然大幅下降了38%,2007年公司纠纷又反弹到276件,同比增幅64%。2005年至2007年,海淀区公司诉讼数量呈"V"字形变化"。[①] 可见,立法的不断完善和规范,为公司纠纷的诉讼解决途径提供了制度保障和依据。

---

① 参见北京市海淀区人民法院:《公司诉讼特点及其规制》,载《法律适用》2008年第11期。

第二节 跨国公司如何预防在华发生公司纠纷和诉讼

一、制定、修改和完善合作合同和章程,避免发生歧义和无章可循

(一)新《公司法》赋予公司章程更大的自由,完善的章程将在最大限度上有效避免纠纷发生

1. 新《公司法》赋予公司更大的自治权,公司对章程的制定和修改享有在法律规定范围的自主权

如前文所述,公司章程是关于公司组织和行为的基本规范。公司章程是公司设立的最主要条件和最重要的文件,是确定公司股东权利、义务关系的基本法律文件,是公司对外进行经营交往和对内进行经营管理的基本法律依据。通过章程设计可以明确股东之间、股东与公司之间、股东与管理层之间、公司与员工之间的关系,可以明确公司的组织结构和管理架构等问题,有效减少乃至避免产生公司纠纷。①

新《公司法》赋予公司更大的自治权,将公司治理和规范的权力交给公司自己,扩大了公司章程对公司运营和发展各事项自行约定的范围。比如:公司可以通过公司章程修改公司的经营范围,自行确定经营范围的大小;公司章程可以确定公司的法定代表人是由董事长、执行董事还是总经理来担任;有限责任公司股东可以在公司章程里约定红利分配比例和公司新增资本时股东优先认缴出资的比例;公司可以在章程中选择适合其实际情况的组织机构并决定其规模和组成;在"营业期限届满或者公司章程规定的其他解散事由出现"的情况下,公司股东(大)会可以通过修改公司章程,选择让公司继续存续。

因此,新《公司法》实施后,公司章程已不再只是股东名册或千篇一律的范本,而是公司自治的"宪章"。通过章程,股东或中外合作双方可以设置公司的组织机构、管理方式、利润分配、解散期限及方式等各种公司事

---

① 参见刘文婧:《章程,公司的宪法——论公司的自治性》,载《法制与社会》2008年2月(上)。

务。因此,制定、修改完善的公司章程将能够切实有效地避免公司诉讼的产生。

2. 制定、修改公司章程应注意的问题

根据我们的经验,完善公司章程需要注意以下几点:

(1) 公司章程不得违反法律、法规的强制性规定

虽然《公司法》规定了大量章程可以约定的事项,但同时仍有许多属强制性规范规制的范围,不允许当事人通过自行约定排除或变更。比如公司机关的设立,公司机关的职权定位及其职权划分,公司机关行使决策权的条件,董事、监事、高级管理人员的忠实义务和注意义务等事项,《公司法》的规定大多为强制性规范。公司章程对此能修改的范围有限。《公司法》第38条和第100条规定的股东大会的职权,这10项规定的职权为强制性规定,自由规制的空间较小。当然公司章程可以在此之外赋权,但此种扩权也只能在有限的范围内,不能规定股东大会有权决定公司内部管理机构的设置,不能规定其有权决定聘任或解聘公司经理。此外,公司法中有关董事会权力的强制性规范,公司章程不能对其排除和限制,董事会亦不能侵犯股东大会的法定职权。

(2) 公司章程的表述应当明确、清晰、没有歧义,并且逻辑严密

鉴于公司章程的重要作用,章程中所使用的语言应当明确、清晰,避免产生歧义,应避免使用"可能"、"通常"、"一般"等不确定的词语。此外,更重要的是,公司章程的约定应当逻辑严密,不能自相矛盾。

比如,我们在处理某合资纠纷过程中发现,该公司章程规定,"董事长或两名以上董事书面提议要求对特定事项进行讨论,董事长应于收到书面请求之日起30日内召开董事会临时会议"。根据此条规定,当两名以上董事书面提议讨论特定事项时,董事长应召集董事会临时会议。但当董事长决定召集董事会临时会议时,是否还需董事长书面提请?根据文面的理解,似应由董事长先行书面提议,但召开会议的决定权仍为董事长,此种书面提议便多此一举,在逻辑上无法自洽。

(3) 公司章程的规定不应有重大疏漏,避免因无章可循而产生纠纷

实践中,许多公司的章程规定得过于原则,大多直接套用《公司法》的规定,而没有针对本公司的具体情况和特点进行明确。许多公司纠纷产生的原因,也在于公司章程对相关问题没有规定,导致出现争议后无章可循。

因此,公司章程的规定不能有重大疏漏。

(4) 在公司运行过程中,公司应根据情况变化及时修改、完善公司章程

公司章程并非一旦制定后便可束之高阁,公司应当根据相关法律法规的变化以及公司经营管理的需要,及时修改和完善公司章程。尤其是新《公司法》颁布实施后,改变了旧《公司法》对公司内部规制较为严格的态度,许多问题均可以由公司章程自行规范。因此,完善公司章程、明确公司各方权利义务关系和规范公司治理结构将极大减少公司纠纷的发生。

(二) 充分重视合作合同的作用,明确权利义务关系

除了章程之外,合资、合作企业经营存续的另一关键文件即是合作合同。通常而言,合作合同对于合资、合作企业的筹备过程、设立过程和初期发展阶段具有更为重要的作用。而实际上,许多跨国公司在与合作伙伴洽谈合作时,双方对于合作合同并不重视,许多合作合同并没有特别具体的权利义务安排,更像是一个框架性协议,使得因双方的权利义务关系约定不明而导致纠纷多发。因此,中外双方在合作谈判时,应充分重视合作合同的重要性,应将合作经营的所有问题均明确规定。

首先,在设立合资、合作企业的过程中,应充分讨论和谈判,通过合同条款的设计,在合资企业设立的最基本层面上来弱化或是减少将来可能出现的利益双方争夺,包括在以后具体运作中可能出现的漏洞、模糊边界问题等等,保证双方共同遵守,互利共赢。

其次,合作合同的约定应尽可能明确。比如就双方的出资方式,应明确具体的出资方式和时间。尤其是提供技术和管理经验的情形,对于相关技术的知识产权安排,技术人员的提供和相关培训的进行均应明确。此外,对合资公司具有重大影响的项目的引进安排、利润的分配、人员选聘、组织机构建立等均应予以明确约定。

二、完善公司治理结构,平衡各方利益冲突

如前文所述,公司各利益主体之间的利益冲突是公司纠纷产生的根源。而跨国公司利益主体的多元性和复杂性,使得这一问题在跨国公司中显得尤为突出。因此,预防公司纠纷发生的关键在于完善公司治理结构,

规范公司运行,保持对公司和公司高管人员的控制,以平衡各方利益冲突,实现公司和谐、统一、有效的运行。

(一)完善公司治理结构

公司治理结构是一个多角度多层次的概念,广义的公司治理结构不仅限于股东与经营者的制衡,还涉及对公司的利益相关者,包括股东、经营者、债权人、供应商、雇员、政府及消费者等与公司有利害关系的所有市场主体的利益进行平衡的结构。[①] 我们这里所谈的完善公司治理结构,主要是指通过制度安排,来合理地配置所有者与经营者之间的权利与义务关系。

从世界范围看,公司治理结构的模式主要有美国模式、日本模式、德国模式。美国模式的公司治理结构,强调信守股东本位,只有股东才是公司法人治理结构的主体,公司经理必须并且仅仅为股东的"最大化"利益服务和满足其对利润的追求[②];日本模式则削弱了股东对公司经营者的控制与监督,使经营者有更大的经营自主权[③];德国模式下,公司治理结构呈现劳动与资本对公司的共同治理、监督职责与经营职责的分离等特点。[④] 鉴于各国公司治理结构的差异,使得中外双方在设置合资公司的治理结构时,难免会有分歧。[⑤] 我们理解,在华跨国公司治理结构的完善,首先必须建立在我国《公司法》所规定的公司治理结构[⑥]基础上。根据《中外合资经营企业法》、《中外合作经营企业法》、《外资企业法》、《公司法》等相关法律、法规的规定,跨国公司在中国投资的公司的治理结构模式因公司的形式不同而有所差异。

1. 根据公司性质,相应完善公司治理结构

(1) 中外合资经营企业、中外合作经营企业治理结构的完善

中外合资经营企业、中外合作经营企业不同于普通的公司,中外合资、

[①] 参见张景华:《公司治理结构中的控制权配置:基于不完全契约理论的视角》,载《经济论坛》2009 年 6 月。

[②] 参见张开平:《英美公司董事制度研究》,法律出版社 1998 年版,第 36 页。

[③] 参见〔日〕松本厚治:《企业主义》,程玲珠等译,企业管理出版社 1997 年版,第 5 页。

[④] 参见〔美〕埃达·登勃等著:《董事会:如何应付错综复杂的经济社会》,赵鑫福等译,新华出版社 1996 年版,第 40 页。

[⑤] 参见魏恒荣、黄腾:《公司治理结构理论比较研究及启示》,载《商场现代化》2007 年 6 月,总第 506 期。

[⑥] 参见石少侠:《我国新〈公司法〉中的公司治理结构》,载《当代法学》2007 年 1 月。

中外合作企业中不设股东会,董事会为最高权力机构,负责就合资/合营企业一切重大问题作出决定。而合资/合营企业的日常经营管理活动由经理负责。由于董事会拥有至高无上的权力,在中外合资、中外合作企业中,如何规范董事会的权力并对其权力的运行有效监督是合资/合营企业公司治理结构完善的关键。对此,根据我们的经验,提出如下建议[①]:

第一,要从程序上明确董事会成员的组成和选聘机制。无论如何要明确投资各方委派董事的人数。而且最好规定,在一方依章程约定的权限委派的董事符合法律规定的董事条件时,其他投资方有无异议权。

第二,鉴于董事长在公司中的重要地位,日后投资各方发生纠纷时,董事长的任命权往往成为争夺的重点。因此,为消除日后的隐患,建议明确规定董事长的产生方式,明确规定董事长由哪方委派,而不是简单地规定由董事会选举产生,或规定董事长人选由哪方提名。

第三,要对董事会的权力范围和界限予以明确,至少和总经理的职权要作明确划分。

第四,对董事会的召开程序、召开方式和表决方式要明确规定。如是否允许以电话会议、视频会议的方式召开,是否允许以传真传签的方式作出董事会决议。考虑到近年来频频发生的撤销董事会决议诉讼案件,很多案件均涉及召集会议时的通知问题。因此,建议最好在章程中明确规定对董事的通知方式,并留存董事接受的联系方式。比如,章程可以约定以邮件的方式发送通知,只要董事会秘书或召集人将通知发送到董事留存的邮箱,即视为送达。

第五,合资/合营企业中,公司的日常经营管理活动主要由经理负责,因此,规范和完善经理机构的选聘机制、监督机制和职权范围亦是完善公司治理结构的重点。

第六,根据《中外合资经营企业法》、《中外合作经营企业法》的规定,中外合资、中外合作经营企业设立监事会或监事并非必需,因此,很多合资/合作企业并没有监事会或监事的机构设置,致使董事会、经理的权利运行并没有第三者的监督。新《公司法》出台后,合资/合营企业符合公司条

---

① 本部分同时参考了胡冰:《公司治理结构下权力制衡机制的研究——基于股东会与董事会权力格局下的分析》,载《商场现代化》2007年6月,总第506期。

件的,已纳入《公司法》规制范围。因此,相关合资/合营企业应当按照《公司法》的规定,完善公司治理结构,设立监事会或监事。

(2) 外商独资企业公司治理结构的完善

对外商独资企业而言,应在符合《外资企业法》规定的同时,按《公司法》的规定完善治理结构。外商投资有限责任公司,则应按照《公司法》中有限责任公司的规定,设置相应的公司组织机构;外商投资股份有限公司,则应根据股份有限公司的规定,完善公司治理结构。

应当注意的是,在外商独资企业中,由于只有唯一的投资主体,投资人之间的矛盾并不存在,比较突出的问题在于投资人与经营管理人间的矛盾。有些外商独资企业由于投资人无暇参与管理,其聘用的总经理往往掌握了公司的控制权,由于投资人管理失控导致的纠纷频发。因此,我们建议,在外商独资企业章程中,应特别明确总经理的权限范围,并通过投资人委派的财务总监、监事等进行监督和制约。

2. 完善公司治理结构,平衡大股东与小股东的利益

完善公司治理结构的一项重要内容即增强大股东、控股股东的义务和责任。首先即需明确大股东在行使公司事务的决定权时,必须遵守下列原则:

第一,为公司利益行使权力原则。公司大股东在行使权力时,必须从包括公司利益、大股东利益、中小股东利益、公司债权人利益和社会公共利益在内的公司整体利益出发,不得忽视甚至无视包括中小股东在内的其他利益主体的存在而单纯追求自身的利益。

第二,合法合规原则。公司大股东在行使权力时,必须严格遵守公司法、公司章程和公司规章制度,不得从事违反公司法、公司章程和公司制度的行为,这是大股东的重要义务。

第三,善意行使权力原则。公司大股东行使权力的行为尽管符合公司法和公司章程的规定,但若大股东的此种权力的行使主观上的目的是为了压制中小股东或者以牺牲中小股东的利益的方式使得大股东获取某种利益,则该种行为应予以禁止,允许中小股东予以反击,尽管该种行为是合法合规的。

基于上述原则,应通过公司章程的规定和合作合同约定,赋予大股东、控股股东更多的责任与义务,防止控股股东滥用其股东权。首先,通过章

程或合同约定大股东、控股股东承担比中小股东程度更高的注意义务,大股东或控股股东行使权利时应出于善意,应从公司和全体股东的角度出发来考虑问题。当自身的利益和以上两者产生冲突时,应将公司的全体利益置于首位,而不能仅仅考虑自身的利益,实施对公司的经营前途和其他中小股东利益有害的行为。应以正常的谨慎之人应有的谨慎履行义务。在行使权力时,应采用良好的方式,即对公司整体利益最为有利的方式。其次,明确大股东、控股股东的忠实义务,股东不得为欺诈、虚假出资、侵吞公司和其他股东的财产等行为。

3. 平衡股东与管理层之间的利益冲突

现代公司制度发展的一个重要特点,就是管理职能同资本所有权相分离,公司管理者掌握越来越大的权力。这对实现管理科学化和提高企业经济效益是必要的,但是,管理者权力的膨胀导致了"内部人控制"问题,权力的集中必然易滋生矛盾和腐败。[①] 所有权和经营权的分离,在跨国公司中更为突出,股东往往不参与实际经营,而依赖于委派到公司的董事和高级管理人员,尤其是我国的中外合资、中外合作经营企业、外商独资企业,没有股东大会,董事会为最高权力机构,公司实际掌握在几名董事和经理的手中。如此,如何有效预防管理层滥用权力损害股东及公司利益,便成为跨国公司在中国投资的公司治理结构完善的首要问题。

根据我们办理的大量股东诉董事、高级管理人员损害公司利益的公司诉讼经验,我们理解,此类纠纷高发的原因大多在于董事、高级管理人员权力过大,且没有相应的事前监督和制约机制。比如,许多外商投资的公司,股东委派的董事并不参与经营,公司的财务、人事等高级管理人员均由公司总经理委任选聘,使得高管人员权力过大,成为公司的实际控制人。因此,预防公司诉讼多发的一个重要措施即有效地分散管理层的权力,形成分权和制衡的有效机制。董事会不能被完全架空,董事会不仅要能够控制总经理,还要使财务、法律、人事等各部门的主管人员权力分散,并互相监督。

---

① 参见邱芳:《谈股东与管理层之间委托代理问题》,载《合作经济与科技》2007年9月下,总第329期。

（二）规范公司运行，加强监督和管理

为预防和避免纠纷的发生，除完善公司治理结构，设置能够促使公司各主体权益平衡的机制外，还需进一步规范公司的运行，使各项机制能够有效发挥作用，实现其应有的功能。具体而言，要从如下几个方面加强监督和管理：

1. 规范公司的印鉴、证照等重要财产的管理制度

公司的重要印鉴如公章、财务专用章、合同专用章、人事专用章、银行预留印鉴等，以及公司的营业执照、外资企业批准证书、税务登记证等重要证照，对于公司的正常运营和管理具有十分重要的作用。例如，就公司公章而言，公司对侵害公司权益的高管人员提起诉讼，要在起诉状、法定代表人身份证明书、公司营业执照副本复印件、对律师的授权委托书上加盖公司公章；如果公司到公司注册地的工商行政管理部门办理法定代表人变更、股东变更等需要备案事项的变更登记时，要使用公司公章；如果公司到工商行政管理局办理挂失营业执照，也需要使用公司公章。

实践中，股东对公司的失控，主要表现在对公司公章、财务专用章、营业执照、批准证书、银行预留印鉴等印章、重要的证照失去控制，同时表现在对掌握、保管上述印章、证照的人员失去控制。在股东对公司失控的情况下，如何能够保全或重新夺回公司印鉴、证照等重要财产就成为夺回公司控制权的关键。①

在我们处理的大量外资公司控制权纠纷中，对公司失去控制的一方股东试图夺回控制权的第一步，关键就在于能否夺回公司的公章和关键证照。如果不能立即夺回的，则申请法院进行保全。

因此，建立一套规范、完善的印鉴、证照管理制度，任命合适的对公司、股东（而非仅仅对总经理）忠实、诚信的人员，保管公司的印章、印鉴和重要证照，对预防公司纠纷，尤其是预防公司高管人员侵犯公司、股东合法权益，具有十分重要的作用。

2. 完善公司的财务管理制度，强化公司审计机构

公司的财务管理制度，涉及公司的资本与股份、运营资金的筹集与管

---

① 参见宋慧敏：《公司印章管理的法律视角》，载《兰台世界》2004年5月。

理、固定资产与流动资金的管理、经营成本管理、利润分配的管理、审计及监事会的监督等。公司财务管理制度混乱势必使公司运行不规范,导致腐败的滋生,并进而演变成纠纷。①

为避免发生纠纷和滋生腐败,公司内部财务制度应规定详尽的资金使用权限、资产处理权限及审批流程,并通过机构、人员设置和分权,确保经营管理层无法越权处理。②

完善财务管理制度要求公司设置独立的会计机构,配备具有专业知识的会计人员,按照法律规定和财务会计准则依法填制会计凭证、登记会计账簿、编制会计报告。

使完善的财务管理制度落到实处的另一个重要措施在于强化公司审计机构的作用。通过设置企业审计机构并赋予其独立的地位和特别的权力,是完善法人治理制度的一条成功经验。通过选聘审计员定期对公司财务状况进行审计,审计员由股东大会或董事会选聘,对股东大会负责,其报酬由股东大会决定。独立的审计机构能够有助于查清公司账目,监督公司财务制度的规范运行,切实维护公司以及股东的利益。③

3. 规范公司经营管理制度,加强法务监控

公司纠纷多发的很大原因在于公司经营管理的不规范,因此,规范公司经营管理制度,加强公司运行过程中的法务监控至关重要。国际上许多管理规范的大型公司,均十分重视事前法务监控的重要性,他们的法律部门通常有着非常有经验的律师和丰富的法律资源。而大多合资企业却忽视法律部门的构建和管理制度的规范,导致许多法律风险不能被及时发现和有效预防。因此,在中国投资的公司中,跨国公司应尽快搭建和发展国际水准的公司法律资源和合规体制,特别是建设适当的法律事务管理基础设施,培养具有国际水准的公司法务人员,并为公司所有的关键业务部门建立全面、严格的合规制度。

---

① 参见刘建民:《论跨国公司财务管理的特点》,载《商场现代化》2005年9月(下),总第444期。
② 参见袁芳:《跨国公司财务管理策略浅谈》,载《商场现代化》2007年6月(中旬刊),总第506期。
③ 参见翟胜宝、郑洁:《跨国公司财务管理模式的实证研究和理论分析》,载《经济师》2005年第4期。

4. 规范公司的合同管理制度,加强法律风险防范

法律风险防范的最佳手段即加强事前规划,从源头上把好关。因此,有效预防公司纠纷发生的关键之一在于,完善公司管理运营模式,制定对外交易的基本流程,尤其是规范合同签订和履行过程。加强对合同签订过程中的法律风险防范,规范合同运行程序,不仅有利于规范公司对外经营,避免对外纠纷的产生,更有利于规范公司的内部管理,避免董事、高级管理人员以及其他工作人员滥用职权或从事关联交易,损害公司利益。加强对合同签订过程中法律风险防范的措施主要有如下几项:

(1)合同签订前应对合同对象和合同条件充分了解。首先,应对合作/交易对象的基本情况有充分了解,调查合同对方有无签约资格,调查合同对方的商业信誉和履约能力等。其次,应对合同各主要条款进行审查,审查合同的用词是否准确,表达是否清楚,是否会产生歧义。对于重要的合同条款,要仔细斟酌。对合同条款的审查,不仅要审查文字的表述,还要审查条款的实质内容。合同审查的着重点是合同的效力,合同的中止、终止、解除、违约责任和争议解决条款。

(2)规范合同签订前的内部汇报和审批制度。首先,根据合同的标的和类型不同,制定相应的汇报审批制度。比如,可以规定标的额在一定标准之上的、有重大影响或可能涉及关联交易的合同必须报董事会或股东大会审议决定。相对重大的合同报总经理批准,其他合同可由部门主管负责审批。其次,内部汇报和审批必须明确具体的汇报、审批程序,并确定具体的负责部门和人员。再次,汇报审批时需提交明确、翔实的具体信息,如对合作对象的审查(调查)结果等。

(3)合同签订时,应由双方代表签字并加盖公司公章,为保证合同文本非签字盖章页不被撤换,双方还应加盖骑缝章。合同文本经过修改的,应由双方在修改过的地方盖章确认。若由授权代表签字而不加盖公章,则需要授权代表提供加盖了其公司公章的授权委托书。

(4)合同签订以后,应将合同原件按照公司的合同管理制度及时归档保管,同时将复印件交由履行部门存查,保证依约履行。

(三)保持对公司高管人员的控制

在很多公司中,经常出现的问题是股东丧失对董事的控制,董事丧失

对高管的控制,这样势必造成公司的控制权集中在董事或高管的手中,进而容易产生权力的滥用。因此,预防公司纠纷产生的一个重要措施就是加强对公司董事和高管人员的控制。

1. 加强对董事会的控制

董事的权力必须通过董事会集中行使。加强对董事会的控制首先要加强对董事长的控制,确保董事长对股东负责,防止其过分集权。根据我国《公司法》规定,董事长的职权仅限于召集董事召开董事会,检查董事会决议的实施情况,签发公司债券、股票,并作为公司的法定代表人,其权限不应僭越为代替董事会的集体意志而单独决策。若董事长职权过大,加之董事长多为控股股东指派,可能会造成中小股东的利益被忽视甚至损害。故应严格界定董事长的正当地位与董事会功能。

股东应加强对董事会的控制,对于不称职甚至损害公司利益的董事应立即采取措施予以撤换,并重新委派董事。董事会亦应定期向股东报告公司情况,公司经营管理的重大决策均应经股东会同意。加强对董事会控制的一个有效措施,即建立董事会的自我评价体系,如董事会对其治理机制原则应形成书面文件,并定期重新评价;董事会为自己制定业绩标准,并根据这些标准定期评价董事会的工作;根据提名推荐,董事会综合考虑每个人的特点、经验和技能,选择最适合公司的董事等。此外,建立独立董事制度也是有效控制、监督董事会的方式,某些董事会所属委员会应由独立董事组成,包括审计、董事提名、董事会考评和管理等。

2. 加强对经理人的控制

经理人是公司的实际核心信息及控制权所有者,而股东往往因其不参与公司的日常经营而在信息上和对公司的实际影响要小得多。建立公正、透明、有效率的经理结构,来督促公司的决策,使经理人不敢营私、不能营私,对于预防公司股东和管理层利益冲突,进而避免公司纠纷的发生十分重要。

在我们代理的公司纠纷中,公司经理人利用实际控制的优势来损害公司利益的情况十分普遍。原因之一是我国还不具有如欧美的职业经理人市场,经理人在应对市场风险的能力及自身操守方面还远达不到国际上市公司的经理人水平。在自身素质、整体水平不高的情况下,若内部机构的利益、权力、责任、风险边界不明确,缺乏监督,则容易产生经理人的营私行为。因此,公司章程应对经理人的职权予以明确的规范和限制,通过财务总监、法律总监、人事总监等机构和人员设置,分散经理人的职权。在执行过程中,董事会应加强对经理人的监督和规制。董事会应充分了解经理人对公司的管理情况,一旦存在损害公司利益的行为应立即纠正,必要时对经理人进行及时撤换。

三、通过培训加强对中国法律及司法环境的了解

(一)加强对法务人员的培训

实践中,许多跨国公司法律部门的主管尤其是外方委派的主管,对中国法律及司法环境了解并不充分,对中国法院诉讼的实践情况更不熟悉。

从目前大多数在华跨国公司成立至运营阶段的实际操作来看,多数公司的法务部门只是公司的边缘部门,没有受到应有的重视。公司往往基于成本的考虑,不愿意在法务人员的培训方面投入过多成本,亦不愿意委托相关法律专业人士参与公司的全盘操控与运作。但公司纠纷多发的原因之一就在于在公司运营过程中,没有注重法务部门的全程管理和策划,事前没有做好风险防控工作。因此,加强对法务部门的培训并重视法务监控在公司管理运营过程中的作用十分重要。

加强对法务部门的培训要注意:首先,培训应当制度化,定期进行,不能流于形式或模式化。其次,应当定期聘请有经验的外部律师进行培训。再次,培训应与考核相配合,检验培训的成绩。

(二)加强对其他部门人员的法律培训

法务部门应做好对公司其他部门人员的法律培训,尤其是业务人员的培训。通过法律培训,使相关人员了解中国的公司法、合同法的基本法律规定以及与公司经营相关的法律规定,知晓中国司法环境的基本情况,注重对外交易的规范性,从整体上提高公司防范公司纠纷、公司诉讼风险的能力。对其他部门人员的培训应制定与该部门业务特点相适应的培训内容,比如合同签订前对对方资质的审查,合同签订和履行过程中往来函件的书面证据保存等。

(三) 加强对高级管理人员的培训

对中国公司法律的基本规定以及我国司法环境的理解,对于高级管理人员管理公司、作出经营决策判断具有十分重要的意义。高级管理人员是否具备法律风险防范意识和概念,将在很大程度影响该公司纠纷的控制和风险防范。因此,加强对高级管理人员的法律培训往往会对整个公司法律风险控制起到事半功倍的效果。

因此,公司应定期聘请有公司纠纷处理经验的诉讼律师、法学专家等为高级管理人员进行培训,介绍中国公司法律的相关规定,指出公司常发的纠纷,提出相应预防措施等,使相关管理人员能够有危机预防意识,树立公司法治观念。

四、聘请外部律师对公司可能存在的法律风险进行预防性审查

公司外聘律师的专业水平一般较高,实践经验比较丰富,但作为公司的兼职法律顾问,注定其不能随时跟踪公司法律事务,无法保证及时洞察、了解、解决公司经营中遇到的法律问题。而公司法务人员,更熟悉企业内部的经营状况和义务特点,这是其优势所在。但由于与专业律师相比,公司法务人员的业务经验(尤其处理纠纷的经验)有所欠缺,不宜独立解决专业的法律问题。因此,只有协调好公司外聘律师和内部法务的关系,充分发挥两者的优势,解决其中的不足,才能更好地防范风险。那么,跨国公司在中国投资的公司,应如何协调两者的关系呢?具体说来,主要可以从以下几个方面着手:

(1) 公司成立专门的法务工作机构,吸收和培养既懂经济和公司管理又懂法律及其实务的复合型法务人才。要提高在华跨国公司内部的法务水平,就需要引进专业性的法律人才,这样才能使在华跨国公司的法务人员在专业性上有所保障。笔者建议,公司在招聘法务人员时,可以让外聘律师参与该招聘活动,通过外聘律师的经验对公司法务人员从源头上进行有效筛选,确保公司新进法务人员具备相当的水平。

(2) 公司直接从大学法学院招聘的法务人员,由于缺少实际磨炼机会,工作独立性不强,专业服务能力水平存在某种先天的不足,如何有效提升法务人员的工作能力,这是摆在公司面前的一个迫切问题。笔者认为,

可以充分发挥外聘律师的作用。一个提高途径就是让新进法务人员进律师事务所锻炼学习一段时间，可以让法务人员近距离与外聘律师学习和交流，增强法务人员的实战能力；第二个途径是通过加强外聘律师给公司法务人员的培训，提高法务人员的水平，增强公司的抗风险能力。

（3）公司要学会如何聪明地使用外部律师，不要事无巨细一律委托外部律师去做，成本既高，效果也不一定好。让外部律师在恰当的时候有选择性地介入公司的法律事务，是比较可取的。

（4）当公司的法律问题比较棘手和复杂，真正需要最好的法律服务时，不要因为预算问题而丧失获得良好法律服务的机会。在很多关键问题，尤其是在关乎公司发展、生死存亡的关键时刻，公司付出适当的成本去聘请优秀的律师团队，是值得的。

现代社会，公司内部治理和外部交易都面临日益增多的风险，而要防范、控制风险，就需要加强公司法务部门与外聘法律顾问的合作。应把公司法律部与外部法律顾问的合作关系，上升到战略性合作伙伴关系层面来看待，才能使公司在控制风险、预防风险方面做得更好。

五、了解对手和中国文化，争取和谈解决纠纷

（一）了解对手和熟悉中国文化

如前所述，许多跨国公司纠纷的产生原因就在于中外方的文化差异。因此，在纠纷的解决过程中，如果能够了解对方的文化，理解对方的思维方式，则通过和谈成功解决纠纷的可能性将大大增加。

诉讼文化的价值取向决定了诉讼文化的基本特征，同时又深深影响和制约着司法实践的运作机制和决策程序。中国传统诉讼文化的价值取向，一言以蔽之，即"无讼"。所谓"无讼"，即没有或者说不需要争讼。申言之，诉讼的终极目标或根本出发点在于消灭争诉，其隐含的观念基础在于，争诉是社会的一种恶和不道德行为，理应越少越好。儒家创始人提出的这一观点成为中国古代社会一以贯之的基本诉讼理念，并深深影响着中国诉讼文化的价值取向。中国民众普遍养成了厌讼、息讼的生活习惯和思维定式，遇到争讼特别是民事争讼，大多愿意和解或通过地位尊贵的人员出面

调解说理。① 当然,在现代社会,诉讼已成为文明社会解决争议的手段之一,但受中国传统文化的影响,中国人相对来说更愿意通过其他方式解决纠纷。

与中国文化不同,西方传统诉讼文化中诉讼的价值取向在于通过适用法律实现正义。早在古希腊时期,"法"(jus)就与"正义"(justita)紧密联系在一起。亚里士多德在《政治学》一书中指出:"相应于城邦政体的好坏,法律也有好坏,或者是合乎正义或者是不合乎正义。"② 到了古罗马时期,自然法思想得以萌芽并发展起来,正义开始被明确视为法的目的和衡量标准。西方文化中,适用法律的诉讼活动一直被视为寻求正义的活动,以法治国的理念逐渐深入人心,诉讼作为人民实现正义的方法和手段也逐渐被广泛认可,上至政治更迭、官员选举,下至财产纠纷、交通肇事等,人们都愿意通过诉讼的方式加以解决,以此求得一个"说法"。③

因此,跨国公司在中国的公司纠纷中,了解对手的诉讼文化对于选择适当的方式解决纠纷具有十分重要的作用,尤其是外方投资者,应充分了解中国的文化和中国人的思维方式。有时候,过于追求案件的结果并不一定能够真正解决纠纷。比如,在中外方就公司经营管理权发生纠纷时,虽然外方股东可以通过司法途径免去中方某些管理人员的职位或追究相关人员的责任,但实际控制权仍为中方股东,中方仍可以通过选聘新的管理人员控制公司。因此,对于中外双方在经营管理模式上的分歧,有时诉讼并不是解决问题的最佳手段。

中方和外方均应加强对对方文化的理解,争取通过和谈的方式和手段解决争议。对于外方而言,需要了解,中方投资者在经营决策过程中人际关系、权力、非市场因素等占据的重大影响,了解中国公司中特有的血缘、亲缘、地缘、朋友、战友、老乡等千丝万缕的联系。某些情况下,地方政府的干预、某位重要领导人或重要朋友的斡旋,可能比诉讼手段更为有效地解决纠纷。对于中方来说,西方文化所讲究的制度规范、追求正义等特性,亦是中方在处理相关问题和相应关系时所必须注意的。

---

① 参见邓建鹏:《健诉与息诉——中国传统诉讼文化的矛盾解析》,载《清华法学》第四辑。
② 参见王一鸣:《简述古希腊时期的人治与法治思想——透过柏拉图、亚里士多德的视角》,载《法制与社会》2009年7月(下)。
③ 参见袁祖社:《社会秩序·制度理性·公正理想——西方思想文化中公证观念之范式沿革(上)(下)》,载《唐都学刊》2007年9月第23卷第5期,2007年11月第23卷第6期。

总之,上述文化差异的特色决定了在华跨国公司必须了解对手和中国的传统文化的影响力,综合考虑各种因素,在法律允许的范围内利用各种可以利用的资源来预防和化解纠纷。

(二) 寻求与对手和谈解决的途径

和谈解决的最大特点是各方当事人在不伤和气的基础上解决纠纷,原则性和灵活性相结合,注重实效。针对不同情况,提出不同的解决办法,往往有利于问题的妥善解决。同时,也为纠纷各方节省了较高的仲裁费用和诉讼费用。① 寻求与对手和谈解决的途径主要可以从以下几个方面着手:

1. 了解对手的目的和意图

对手起诉或应诉均有欲实现的目的或意图,和谈解决的前提即了解对手的最终目标。是想解散公司,还是要求赔偿,是对某些高管人员不满,还是对合作合同履行有争议。许多情况下,对手提起某一个诉讼实际只是其整体诉讼方案的一个环节,其最终目的并不能通过一个或几个诉讼表面所体现。因此,了解和掌握对手的目的十分重要。只有了解其目的,方能从整体上把握和策划每个案件的具体应对。

2. 做好谈判的准备,选择合适的谈判人员

从我们了解的实践情况来看,谈判是否能够成功,谈判人员的选择十分重要。选择谈判人员不仅对于自己团队的谈判人员要考虑,还要选择合适的谈判对象。只有两方的谈判人员均有着和谈的诚意和能力,才能保证谈判顺利进行。

3. 选择合适的调解者

和谈解决的一个关键因素,即合适调解者的选择。比如,中方股东为国有企业的情况下,当地政府的干预和调解往往能够为纠纷解决起到很大作用。

(三) 通过搜集、了解对手的弱点和问题,给对手施加压力

和谈解决纠纷的另一个关键问题在于了解对手的弱点。通过搜集情

---

① 参见郑杭斌:《中外合资纠纷的成因分析与法律对策》,载 http://www.lawyee.net/Legal_Book/Legal_Book_Display.asp? ID = 20705&par1 = Legal_Thesis&name = % D6% A3% BA% BC% B1% F3&depart = % C4% CF% BE% A9% B4% F3% D1% A7,2009 年 12 月 8 日访问。

报和证据,掌握对方的缺陷和存在的法律问题,作为谈判的筹码,迫使对方作出让步。具体而言,掌握对方弱点的手段有如下几点:

1. 搜集证据找到对方法律上的弱点

比如,合同效力的瑕疵、诉讼时效的问题、关键证据的缺失、主体资格的问题等,掌握了对方的弱点,将能够给对手带来极大压力。

2. 纠纷发生后,进一步搜集、固定有利于我方的证据

比如纠纷发生后提起诉讼前,为了巩固证据,可以继续和对方通过电话或邮件联系,强调双方交易过程,进一步明确有关事实,并注意电话录音和相关书面证据的保存,必要时,可以通过公证方式保全证据。

比如,甲方与乙方原来就利润分配问题仅做了口头约定,没有书面证据,现就相关事宜出现纠纷,为了证明上述约定,则甲可以通过电话沟通的方式将相关约定明确,得到乙的口头确认,并制作录音。据此,日后甲提起诉讼时,即掌握有利证据。而甲亦可以通过与乙的谈判解决问题。

3. 掌握对手的弱点,通过相应措施适当给对手施加压力

比如,外方的高管通常十分注重个人的商业信誉,担心承担个人责任。因此,当外方高级管理人员涉及诉讼,相关高管会十分积极地寻求和谈解决的方案。而若对手为中国的国有企业,一般来说,国有企业的领导往往较怕承担个人责任,愿意通过和谈的方式解决,避免承担诉讼的风险。因此,了解对手的弱点和问题,适当的方式给对手施加压力,能够为和谈取得有利的筹码。

4. 诉讼中适当的保全措施,将给对手带来压力,促使对方和解

根据中国《民事诉讼法》的规定,在提起公司诉讼时,通常可以在起诉前或诉讼中申请财产保全。实践中,适当有效的诉讼保全措施,将给对方带来极大压力,并迫使对方进行和解。比如,在返还公司公章、财务账册的诉讼中,往往对相关财务账册、公章成功采取保全措施,即达到了原告的诉讼目的;在许多公司诉讼中,成功保全公司的重要、核心资产,或查封到账户的现金流,往往能让对方愿意坐到谈判桌前,并为原告赢得极大的谈判筹码。

(四) 通过政府层面给对手施加必要的压力

许多情况下,当地政府或司法部门出于地方保护主义的考虑,可能会

在处理问题上有些偏重地方的国有企业或大型民营企业。但有些地方,出于投资形象和地方软环境的考虑,也特别重视外方的投诉,特别是有国际影响力的跨国公司的投诉。在此情况下,外方投资者通过向当地政府、党委反映情况,通过驻华使领馆的力量,可以给对手施加必要的压力,促使对方作出一定的让步。

第三章 跨国公司如何应对在华公司诉讼

第一节 跨国公司应对在华公司诉讼的总体策略

如前文所述,公司诉讼主要是由于公司内部斗争而引发的诉讼。由于公司诉讼的这一特点,对于来中国投资或经营的跨国公司而言,如果对公司诉讼处理不当,往往影响公司的经营发展,有时甚至决定公司的生死存亡。在公司诉讼风险已经发生的情况下,跨国公司立即制定总体应对策略则是应对公司诉讼的重中之重。本节将结合我们的实践经验,就跨国公司如何应对在中国的公司诉讼的总体策略问题,进行深入的分析与探讨。

一、了解中国民事诉讼制度和新《公司法》赋予公司及股东的诉讼权利

对于身处与其总部不同法律及文化环境的跨国公司而言,要恰当地规避在中国的公司诉讼风险,并予以正确应对,应当基本了解(本处及下文所述"了解"系指跨国公司法律部人员了解或为其提供常年法律顾问服务的律师了解,并非泛指跨国公司了解)公司诉讼所涉及的相关法律、法规、司法解释及其最新动态、未来立法及司法的变化趋势。

根据中国法律的体系,公司诉讼主要涉及程序法和实体法两个方面的法律。程序法主要为民事诉讼法,实体法则主要为公司法和外商投资企业法等。从公司诉讼整体策略的角度看,二者同样重要。只有充分了解程序法的规定,才能做到权益受到侵害时正确运用程序维护自己的权利,从程序方面制定更符合公司利益的策略;同样,权利的基础来自于实体法的规定,也必须予以充分了解,在公司诉讼应对策略中给予充分考虑。

(一) 了解中国民事诉讼制度

我们注意到,在司法实践中,有些跨国公司因不了解中国民事诉讼制度的规定而在公司诉讼中处于极其被动的地位,常见的情况有:不了解管

辖制度,导致错误选择管辖法院或者丧失提出管辖权异议的机会;因不了解财产保全制度而没有及时采取诉讼保全措施,导致生效判决无法得到有效执行;不了解证据规则,造成举证不能、对对方举证反驳不力等。因此,从应对公司诉讼整体策略角度看,跨国公司必须要了解中国的民事诉讼制度。

就中国的民事诉讼制度,我们在中篇第一章第三节《中国民事诉讼制度概括》中有较为详细的介绍,在此不再赘述。

(二) 了解新《公司法》赋予公司及股东的诉讼权利

跨国公司在制定公司诉讼的应对策略时,要充分了解《公司法》及其司法解释关于公司和股东权利的实体性规定以及司法实践中的具体做法。尤其要重点关注《公司法》赋予公司股东、公司的诉讼权利。

《公司法》对于公司及股东的诉讼权利的规定,不仅体现在实体上拥有哪些权利,而且规定了权利救济的具体方式以及应遵守的程序。在应对公司诉讼时应充分了解,作为股东和公司都有哪些诉讼权利,在权利受到侵害时如何维权,维权的途径及相关程序如何等。只有充分了解上述规定,才能正确行使公司股东、公司的诉讼权利,才能根据具体的案情确定应诉策略,从而在公司诉讼中处于有利的诉讼地位。

应当注意到,作为实体法的《公司法》对股东及公司所享有的诉讼权利所应遵照的程序亦作出了某些特别规定,对于该特别的程序规定,也是公司诉讼必须遵守的,否则将可能导致实体权利的丧失。比如,根据中国《公司法》的规定,公司法关于股东对股东会决议提起的撤销权诉讼规定的起诉期限为60日。如果股东没有在该规定的期限内提起诉讼,则将丧失诉权。

1. 新《公司法》关于公司股东诉讼权利的规定

根据新《公司法》的规定,公司股东有权提起如下诉讼:股东权利救济的直接诉讼、股东知情权保护诉讼、股东退出公司之诉、公司僵局中的公司解散之诉、公司决议瑕疵的撤销或确认无效之诉、股东代表诉讼。关于股东提起某种具体诉讼的条件,详见本篇第六章《跨国公司在中国的公司诉讼常见的法律问题解答》的部分内容。

2. 新《公司法》关于公司诉讼权利的规定

公司作为一个独立的主体,享有不同于股东的独立的权利,而当其权利受到侵犯时,有权以公司的名义提起诉讼,保护自身的合法权益。

侵犯公司权利的行为要么由"内"而生,即是指公司的股东、公司的董事、监事和高管人员等对公司权利的侵犯;要么因"外"所致,即是指第三人对于公司权利的侵犯;要么是"内外勾结",即公司内部的人员利用其在公司中所处的便利地位与外部侵权人有着共同的故意,形成共同侵权。对于来自公司内部或内外勾结的侵权行为,公司有权提起侵权之诉。对于单纯来自公司外部的侵权行为提起的诉讼,则不属于公司诉讼的范畴,而属于一般的民事侵权诉讼。

二、研究公司诉讼发生的原因,分析对手诉讼的目的和意图

(一)研究公司诉讼发生的真正原因

"无争则无诉",公司诉讼发生必然是因为实际存在纠纷。由于公司这一商业主体参与经济活动产生各种关系的复杂性,公司卷入的纠纷也是各种各样,随之可能发生的诉讼也必然有着不同的原因。总体来看,公司诉讼发生的最直接原因便是直接的利益冲突,但把诉讼作为一种手段以达到更深层次的商业目的或其他目的的例子也大量存在。只有弄清每次公司诉讼发生的具体原因,才便于对症下药,有针对性地制定应对公司诉讼的策略和措施。

(二)分析对手诉讼的目的和意图

俗话说,"知己知彼,方能百战百胜"。诉讼如战争,是各方利益主体因某种利益冲突而发生纠纷,无法通过和谈得以解决,不得已而发动的法律战争。无论是法律战争的发起者,还是被动防御者,若想化解一场纠纷,或者赢得一个诉讼,就需要分析对手的目的和意图。唯有如此,才能制定相应的应对策略,在争议解决中把握全局,使得自己处于主动而有利的地位,以最小的代价换得最大的收益。

实践当中,对手的目的和意图往往是立体化、多层次的,并且可能随着诉讼的进程和形势变化发生调整。在诉讼之初,有时无法完全搞清对方的

真实意图,但对手的意图往往会随着诉讼程序的推进而逐渐明朗。

(三) 分析对手是否关注诉讼进程与时间

在分析对手的诉讼目的与意图时,还应注意对手在该诉讼中是否关心诉讼进程与时间。一般来讲,诉讼的发动者非常注重诉讼的周期与诉讼的结果,通俗地讲,比较关心时间与金钱。对于有的对手而言,诉讼的时机及周期对其而言极其重要,远大于对结果的追求。比如,即将上市的公司,诉讼如果涉及其上市进程、战略合作者等关键利益,诉讼周期对其而言生死攸关,在此时其可能会放弃实质利益而选择速战速决。

因此,在分析对手时,不仅要分析其诉讼的目的与意图,也要关注其实现目的的路径与手段,更要了解其是否注重诉讼的时机与进程,以便公司制订相应的方案,做到因时制宜。

三、明确公司的战略目标

明确公司的战略目标是公司制定总体诉讼策略和具体应对方案的前提。跨国公司制定诉讼策略及方案应紧紧围绕公司的战略目标,始终以公司的战略目标为中心。因此,跨国公司应对公司诉讼,必须要明确公司的战略目标。多数情况下,公司的目标并非是单一的,而是组合式、多元化的。所以,就要通盘考虑公司应对诉讼的目标,不仅做到周全,也要考虑分清主次、先后、轻重、缓急。下面以跨国公司涉诉时作为原告和被告的两大角色,分别阐述一般情况下跨国公司在公司诉讼中追求的目标。

(一) 作为主动提起诉讼一方的战略目标

从实体上讲,主动提起诉讼的一方主要是为了使得公司因他人的违约或者侵权行为而遭受的损失得到补偿。这种损失可以是有形的,也可是无形的,可以是财产上的,也可以是名誉上的。

在某些情况下,主动发起公司诉讼的跨国公司有时可能是为了达到中断诉讼时效①、选择有利管辖法院②、避开可能对自身不利的法院等目的。这类诉讼都是基于诉讼策略的考虑,为保证在诉讼中处于主动地位而主动发起的。

除了法律层面的考虑,公司诉讼往往也可能出于某种商业目的,或为了给对方制造压力实现诉讼外的其他目标。比如,在我们代理的一起跨国公司及其高级管理人员被中方股东代表公司提起的违反竞业禁止的公司诉讼中,中方股东以外方股东委派的董事违反竞业禁止的规定为由对外方委派的董事提起诉讼,要求赔偿损失,同时要求外方股东承担连带赔偿责任。该案中,中方股东提起诉讼的真正原因在于,中外双方股东对于合资企业的发展问题存在重大分歧,不能达成一致意见。为了给外方股东施加压力,迫使外方股东接受中方股东的意见,中方股东代表合资公司提起了上述诉讼。③

(二)作为被告一方应对诉讼的战略目标

针对原告提起的公司诉讼,作为被动应对诉讼一方(被告)的应诉目标,主要应根据原告的诉讼目标,有针对性地确定自己的战略目标。该战略目标可能是基于法律层面(实体方面和程序方面),也可能基于非法律层面。实践中,有的被诉方为了在短期之内迅速解决问题,以最大程度地减小诉讼给公司带来的不利影响,会争取以和解的方式解决问题,甚至愿意以付出较高的经济成本为代价迅速了结诉讼。

四、全面调查了解案件事实

全面调查了解案件事实,是跨国公司作为原告恰当提起公司诉讼和作为被告正确应对对方提起的公司诉讼的重要前提条件。如果对事实的了解不全面、不彻底,甚至掌握的情况与真实情况严重不符,则跨国公司确定的诉讼目标可能不切实际,相应制定的诉讼策略和诉讼方案也不恰当,可能导致在诉讼中处于被动局面,甚至最终败诉。

---

① 权利人依诉讼程序主张权利,请求人民法院强制义务人履行义务。起诉行为是权利人通过人民法院向义务人行使权利的方式。故诉讼时效因此而中断,并从人民法院裁判生效之时重新起算。
② 根据《民事诉讼法》规定,同时具有管辖权的两个法院,以先受理者为准。
③ 关于该案例的详细情况,请参见下篇第六章案例五。

根据我们的实践经验,在纠纷发生或可能发生时,跨国公司可从如下方面全面调查、了解案件的全部事实情况。

(一) 调查了解相关人员

调查对象主要包括:与争议事务相关的公司高级管理人员、合同签订人员、谈判参与人员、纠纷处理人员,以及了解纠纷的其他人员;了解案情的第三方人员。

调查内容主要包括:与纠纷相关的合同签订情况、履行情况;纠纷发生的背景和原因情况;纠纷发生的具体情况;纠纷的后续处理情况。

(二) 在公司内部收集、调查相关书面文件

在公司内部收集调查与纠纷相关的所有书面文件,包括但不限于:相关合同;公司章程;公司决议;公司相关批准文件;会议纪要;备忘录;往来函件(包括传真、邮件及电子邮件);电话记录;与纠纷相关的其他书面文件。

(三) 就有关事实对相关部门进行调查和查询

对由有关部门保管或在有关部门备案的与纠纷相关的审批文件、备案文件、登记文件等,对相关部门进行调查、查询。主要包括:就公司工商档案对工商行政管理局的查询;就公司审批档案对外商投资审批部门(商务部门)的查询;就涉诉公司房地产登记档案对土地和房产管理部门的查询;就特定的其他事实问题对其他政府主管部门的调查。

五、收集、保存、保全、取得诉讼所需的相关证据

在诉讼过程中有两种事实,即客观事实和法律事实。客观事实,是原本发生的不依赖人们的主观意识而存在的现实事实;而法律事实是法官通过法定程序,按照证据规则,根据当事人提交的证据材料,经过质证采信后,对案件客观事实所作的合理推断与认定。换言之,法律事实是由证据支持的事实。

法官对案件进行裁判依据的事实是法律事实,而非客观事实。因此,为了使法官能作出对己方有利的法律事实认定,支持自己的主张,跨国公

司必须巧妙、充分地利用证据规则,收集、保存、保全、取得诉讼所需的证据。下面重点介绍如何更好地收集、保存、保全、取得与案件相关的证据。

(一)全面收集相关证据

收集并向法院提交证据的目的是为了证明、反映某一法律事实。因此,跨国公司收集的证据材料,应当注意证据材料的真实性、合法性、相关性与证明力的要求。

根据民事诉讼法的规定,可以作为民事诉讼的证据,从种类上划分,主要包括书证、物证、视听资料、证人证言、勘验笔录、鉴定结论、当事人的陈述等。

跨国公司可以参照上文"全面调查、了解案件事实"部分,进行收集相关证据。

(二)申请人民法院进行证据保全

从纠纷的发生到开庭审理有一段时间间隔,在这段时间内,某些证据由于自然原因或人为原因,可能会灭失或者到开庭时难以取得。而有些证据,跨国公司根本就无法通过自行收集而获得。比如,由合资公司保管的公司财务账册,在合资公司和中方股东不配合时,外方股东无法自行获得。根据民事诉讼法的规定,对某些证据,当事人可以申请人民法院进行保全。

当事人申请法院进行证据保全应符合如下条件:

第一,申请保全的证据可能灭失或以后难以取得。这是法院决定采取证据保全措施的原因。所谓证据可能灭失,是指证人可能因病死亡,物证和书证可能会腐烂、被销毁、篡改。所谓证据以后难以取得,是指虽然证据没有灭失,但如果不采取保全措施,以后取得该证据可能会成本过高或者难度很大,既有自然原因,也有人为原因。

第二,证据保全应在开庭审理前提出。这是对证据保全在时间上的要求,目的是为了提高审判效率,敦促当事人及时行使证据保全申请的权利。

第三,申请证据保全,应根据法院要求提供一定担保。当事人申请证据保全的,人民法院一般会要求申请人提供一定担保。担保的方式和金额,由法院根据具体案情决定。如果不涉及被申请人财产的,或该种证据保全措施不会造成被申请人财产损失的,法院一般要求提供数额较小的保证金。

比如，在我们代理的一起外商独资公司起诉高级管理人员侵权赔偿一案中，我们代表独资公司申请法院查封由被告保存的公司账册。我们根据北京市朝阳区人民法院要求提供了 10 万元人民币的保证金，随后法院裁定同意进行证据保全。①

（三）委托公证机关保全相关证据

对于某些证据，当事人也可以申请公证机关采取证据保全措施。该保全措施一般发生在纠纷预防阶段，或者在提起诉讼的证据准备阶段。实践中，当事人一般委托公证机关对如下证据进行保全：

1. 对能证明某种法律事实的网页进行公证

对方当事人及其关联公司的网页中经常存有能够证明某种事实的内容，但由于网页的更新速度很快，不及时下载将导致日后下载不能。而自行下载的网页内容，一旦诉讼中对方予以否认，将无法作为有效证据使用。而委托公证机关公证网页的下载过程及其内容，可以证明该证据的形式和来源的合法性。

比如，在我们代理的某中外合资经营企业诉其前任总经理损害公司利益纠纷一案中，该前任总经理在担任公司总经理期间，未经公司董事会同意，私自将公司持有的另一家公司的股权低价转让给了其个人的关联公司。为了证明该前任总经理与其关联公司的关联关系，我们通过搜索其关联公司的网站和地方政府官方网站的网页，搜集到能够证明二者之间存在关联关系的若干网页信息。为固定这些证据，防止诉讼中无法获取这些信息，我们委托公证机关对这些网页进行了下载公证，并将这些证据提交到法院，使得被告该前任总经理当庭被迫认可该公司系其关联公司的事实。

2. 对向对方发送函件的过程及函件内容进行公证

有时，根据法律规定或合同约定，一方当事人在行使某项权利或采取某法律行动前，必须通知对方，给予对方适当的宽限期；而有时，为了避免诉讼时效或保证期间届满，需要向对方发催收函。而此时，为了避免对方在日后的诉讼中矢口否认，跨国公司在向对方发送函件时，可以请公证机

---

① 关于该案的详细情况，详见下篇第六章案例八。

关公证发送函件的过程和函件内容。

3. 对对方的侵权行为进行公证

对一方当事人的侵权行为,有时比较难以举证证明。在此情况下,可以申请公证机关进行公证。比如,某跨国公司发现其合作伙伴使用其投入合资企业的专利技术生产设备,并大量投放市场,针对该情况,某跨国公司决定采取法律措施追究该公司的责任,但如何收集证据证明其侵权行为存在呢?我们建议该跨国公司采用的方法是,由跨国公司委托的代理律师到某商场购买了该侵权产品,并由公证人员进行现场公证,从而获得证据,证明该侵权产品系在某商场购买。

(四)通过合法的方式取得相关证据

1. 主动取得相关证据的重要性

跨国公司在经过初步的调查取证和了解案件事实后,可能发现,现有的证据无法证明其想证明的某项案件事实,或者现有证据不足以支持其拟主张的诉讼请求或不足以支持其反驳对方诉讼请求的意见。这时候,跨国公司无论是作为起诉方还是应诉方,都应该通过积极、主动、合法的方式,取得相关证据,以弥补证据缺失,为诉讼做好准备,以便在诉讼中居于主动地位。

2. 取得相关证据的时机

公司纠纷,一旦出现了无法调和的争议,尤其是一方起诉到法院以后,另一方将立即采取防范措施,处处设防。在此情况下,跨国公司自对方获取新的、对自己有利的证据几乎是不可能的。因此,取得有关证据的最好时机,是在双方的矛盾、纠纷刚刚萌芽时,或者虽然双方矛盾激化到一定程度,但尚能进行和谈的阶段。

3. 取得证据的方式

如果案件的客观事实对跨国公司有利,但跨国公司缺乏书面证据,根据我们的经验,一般可以通过如下方式取得相关证据:

(1)在纠纷进入法院诉讼程序前,可以进一步向对方发送语气缓和、内容恰当的电子函件/传真,通过对方就邮件/传真的回复,获取能够证明某种事实的有用信息,固定有关证据。根据我们的经验,在双方矛盾尚未完全激化、对方疏于防范的情况下,有时能够通过该种方式达到目的。根据中国民事诉讼证据的规定,传真、电子邮件可以作为证据使用。

(2)进一步与对方会谈,会后制作会议纪要,通过让与会人员签字来固定会谈内容,尤其是会谈时对方认可或承认的事实。

(3)对有关会谈进行录音。在与对方负责人、业务承办人等进行电话会谈、见面会谈时,可以通过录音方式固定会谈内容,达到证明目的。根据中国民事诉讼证据的规定,通过录音、录像而形成的视听资料可以作为证据使用。根据实践中的一般做法,当事人通过参与会谈而秘密录音、录像,该视听资料可以作为民事诉讼的证据使用。但一方当事人通过非法手段而形成的视听资料,如一方当事人秘密窃听其他当事人的会谈而形成的录音,因其来源不合法,则不能作为民事诉讼的证据使用。

六、挑选、聘请专业的公司诉讼律师

(一)聘请专业的公司诉讼律师的重要性

随着中国社会法治文明程度的逐渐提高,中国的民事诉讼愈来愈向着高、深、精的专业化方向发展。虽然跨国公司内部一般都设有法务部,但是公司内部法务人员主要从事的是较为常规的公司内部治理、合规和文件审核工作。而一旦涉诉,公司的内部法务面对庞杂的法律事务不仅难免"捉襟见肘",而且由于诉讼案件的实务性,应对诉讼案件就需要从外部聘请经验丰富的诉讼律师,在公司法务的配合下,完成公司诉讼复杂的应对工作。

此外,如前文所述,公司诉讼具有与一般民事诉讼不同的专业特点。因此,聘请专业的公司诉讼律师,可以凭借其丰富的公司诉讼实践经验和对法院裁判规则的阅读,通过对整个诉讼局势的运筹和调控,达到跨国公司利益的最大化。

(二)聘请什么样的律师事务所

1. 根据中国法律规定,跨国公司只能聘请在中国律师事务所执业的律师参加民事诉讼

根据中国法律的规定,当事人委托律师参加民事诉讼,只能委托在中国律师事务所执业的律师,而不能委托境外的律师或境外律师事务所在中国代表处的人员作为代理人参与诉讼。因此,跨国公司只能选择聘请在中国律师事务所执业的律师,参加在中国法院的公司诉讼。

2. 选择合适的律师事务所的重要性

据统计,截至2008年,中国已经有一万一千多家律师事务所,执业律师超过14.3万名。客观而言,中国律师的发展时间较短(自1978年改革开放至今只有三十余年的时间),各个地区之间发展更不均衡。相对而言,北京、上海、深圳和广州的律师事务所发展较好。而在上述各大城市的各个律师事务所之间,也差别巨大。① 不同的律师事务所之间,服务水平不同,收费标准不同,执业操守也有区别。因此,从中选择合适的律师事务所非常重要。

3. 挑选什么样的律师事务所

根据跨国公司应对在中国发生的公司诉讼的需要,以及我们作为公司诉讼律师为跨国公司提供公司诉讼服务的经验,跨国公司在挑选律师事务所时可考虑如下因素:

(1) 规模较大的律师事务所,相对而言,服务质量较有保障

相对而言,规模较大的律师事务所的内部专业化分工较细,内部管理较为严密,律师的职业操守较好,对客户的服务质量可以有较好保障。如果预算费用允许,最好选择规模大且已经达到国际化服务标准的律师事务所。

当然,目前,中国有相当一部分律师事务所,虽然表面上规模也很大,但实际上律师事务所的合伙人之间并没有合作(或合作很少),只是共同租赁办公场所、共同承担房租、办公费等基本费用。此类律师事务所,虽然规模不小,但实际与个人开业的律师事务所无异。而在办理法律关系复杂、涉及法律庞杂、重大疑难的诉讼案件时,就需要大量专业性的律师参与,因此,建议选择能够整合优势资源,实现良好分工合作的律师事务所。

(2) 规模大、专业化分工细、实行公司化管理的律师事务所,服务质量有好的保障

目前,在中国,随着法律服务市场的发展,一些规模较大的律师事务所,逐步发展壮大,他们与国际律师事务所接轨,内部实行公司化管理,专业化分工细,侧重团队合作,各个业务部门、各合伙人之间能够紧密合作,

---

① 截至2008年底,仅在北京,就有一千多家律师事务所,执行律师超过2万名。

合伙人和律师均不实行提成制。这样的律师事务所因为能够调动整个律师事务所的资源和力量服务于客户的案件,因而可以最大限度地保证客户的服务质量和服务结果。

(3) 能同时提供中国法律服务和外国法律服务的国际性律师事务所,是解决一些跨国诉讼的必然选择

某些跨国公司在中国的公司诉讼会牵涉到多方法律关系,既需要律师对于国内的诉讼环境和实践有着深刻的洞悉,又需要律师对国外法律和司法程序有着精准的把握,某一方面的偏废都可能导致诉讼的失败,这就需要精通中外国法律、熟谙中外诉讼和仲裁制度的律师团队合作完成应诉工作。所以,对于跨国公司的一些跨国公司诉讼而言,选择合适的律师团队还有一条很重要的标准:内外结合。唯有如此,面对跨国公司复杂的纷争,这个多元的律师团队才能对内对外都游刃有余,并且在团队内部形成最高效的配合,以帮助公司实现利益最大化。

(三) 聘请什么样的律师

根据我们的实务经验,跨国公司在选择律师应对公司诉讼时,除应首先考虑律师所在的律师事务所外,还应考虑具体负责合伙人/律师的专业素质、职业操守和公司诉讼的服务经验。

1. 聘请专门从事公司诉讼的专业律师

近年来,由于中国公司法的重大变化,尤其是公司纠纷可诉性的提高,出现了很多新型的、复杂的公司诉讼案件。这些新型的、复杂的公司诉讼案件,是普通的诉讼律师无法恰当应对的。根据形势发展的需要,进而出现了一批专门从事公司诉讼业务的专业律师。这些专业的公司诉讼律师,不仅熟悉公司的设立、运营和消灭的整个过程,熟悉公司的非诉讼法律事务,熟悉中国的民事诉讼程序,还具有处理公司纠纷、公司诉讼的丰富经验。跨国公司应对公司诉讼,应该聘请专门从事公司诉讼的专业律师。

2. 聘请具备较高的诉讼策划能力和丰富的实务经验的律师

公司诉讼由于适用的法律(实体法主要依据公司法及外商投资企业法)不同于一般诉讼案件,且多数诉讼案件的裁判要参考、依据公司的章程和内部规章制度,因此,公司诉讼案件有其自身的特点。而公司诉讼的特点决定了代理律师应对公司诉讼案件有较高的整体策划能力和实务操

经验。因此,跨国公司在聘请律师时,要特别注意律师在这方面的经验和业绩。

3. 聘请有海外教育背景、能够用英文与外国客户熟练交流的律师

跨国公司涉及的公司诉讼案件,有些案件材料乃至主要案件材料为英文,代理律师需要有较高的英文水平,能够阅读并准确理解这些英文材料。而且,跨国公司法务部(在一些重大案件中甚至包括公司决策层)需要随时了解案件进程,与承办律师沟通案情,而双方多数交流要通过书面或口头英文交流。因此,承办律师应该具备较好的英文交流能力。如果承办律师具有海外教育背景,对西方文化有较好的理解,无疑更有利于双方的良好沟通。因此,跨国公司应对公司诉讼,最好能够聘请有海外教育背景、能够用英文与客户熟练交流的律师。

(四) 选择合适的律师事务所及律师的渠道

1. 通过社会、传媒了解律师/律师事务所

一家律师事务所或一名律师的"成名"并非一朝一夕之功。所以,在某一范围、某一领域,社会公众对律师事务所的信誉、知名度乃至执业水平等,一般都有基本的了解和评价。对于国内比较知名的律师事务所,《亚洲法律杂志》(ALB)、《中国法律和实践》(China Law & Practice)、《亚洲法律顾问》、Who's Who Legal、国际金融法律评论等媒体和机构每个年度都会做一次排名。根据该排名,跨国公司可以大致了解国内律师事务所的基本情况,也可以了解在争端解决领域业务较强的律师事务所。

此外,国内比较知名的律师事务所一般都与国际知名的律师事务所有着良好的合作,跨国公司可以通过母公司所在国的律师事务所推荐中国的律师事务所。

2. 通过招投标的方式选聘律师事务所及律师

跨国公司可以针对诉讼案件的基本情况,向具有该项业务专长的律师事务所发出邀请招标函,要求受邀律师事务所对案件做初步分析,并提供相关的资质证明、业绩、团队组成等情况,必要时可到律师事务所考察,并进行单独会谈,根据各个律师事务所报送的资料情况进行综合评估,从中选择最适合相关案件的律师事务所及律师团队。

3. 决定聘请律师事务所时,要考虑报价因素,但不宜将报价高低作为最终取舍的决定因素

一般而言,执业水平越高、诉讼经验越丰富的律师,律师费费率越高、报价越高。出于成本考虑,跨国公司在决定聘请哪家律师事务所时,不可避免地要考虑各个律师事务所的报价因素,但不应将报价高低作为最终取舍的决定因素,否则可能因小失大。因此,跨国公司在最终决定聘请哪家律师事务所和律师时,首要考虑的因素是执业水平和诉讼经验。

七、搜集、掌握对手的弱点和存在的问题

(一) 搜集、掌握对手的弱点和存在的问题的重要性

在诉讼中双方通过举证、质证、辩论进行法律对抗,处于中立地位的法官则通过双方的抗辩了解案件事实、争议焦点,从而正确适用法律作出裁判。从诉讼的对抗过程看,实际上就是双方的攻防过程,如同对弈。双方在同一个规则下,采取最有效的应诉措施,获得最有利于己的结果。

在诉讼攻防之间,攻与防的态势随时可能发生转换。一方不仅要做好进攻,同时也要做好防守。如果一方在进攻时势如破竹,打得对方毫无还手之力,而针对对方的进攻则始终坚守阵地,固若金汤,必将赢得诉讼的最终胜利。但如何才能制定比较好的攻防策略,做到攻守兼备呢?经验告诉我们,就是要善于发现对方存在的问题和弱点,若能抓住其弱点,攻其不备,必将取得出其不意的效果。

(二) 搜集、掌握对手的弱点和问题的方式和方法

1. 从案件实体上攻击对手的弱点

如前所述,公司诉讼多发生在公司内部,如股东与股东之间、股东与公司之间、公司或股东与高管之间,该类诉讼一般争议较大。而争议较大的案件,在实体上,对方一般有一定弱点或问题。比如,合同的效力问题,违法问题,证据的真实性或充足性问题,公司决议的合法性问题等等。找出对方在案件实体上的弱点,予以猛烈攻击,一般能取得较好的效果。

2. 从程序上攻击对手的弱点

除了从实体方面搜集、掌握对手的弱点和问题,还可以从程序上寻找

突破口,如管辖权问题、审理时间问题、对方当事人主体资格问题、对方当事人的诉讼代理人资格问题、对方当事人与承办法官的关系问题等。比如,如果对方急于结案,则可利用对手的这一弱点,大打拖延战。

3. 充分了解对手的弱点

根据案件的具体情况以及纠纷的特点,为了彻底、有效地解决纠纷,如果了解对手存在违法违规情况或其他弱点,可以根据具体情况有针对性地采取措施。比如:

(1) 如果对方有偷税漏税问题,则可以向税务部门举报,由税务部门依法对其处罚,可以一定程度上分散对方应对诉讼的精力和注意力。

(2) 如果对方设立的公司有出资不到位、抽逃出资问题,可以向工商行政管理机关举报,由工商部门对其处罚;如果跨国公司是公司的债权人,还可以考虑提起诉讼要求瑕疵出资股东对公司债务承担清偿责任等。这样做能够分散对手的诉讼精力和注意力,创造有利的诉讼局面。

(3) 如果对方有挪用公司资金、侵占公司资金等犯罪行为,则可以通过向公安机关举报,由公安机关追究其刑事责任,分散对手应对诉讼的精力和注意力。

(4) 如果对方公司的股东之间或高管之间有矛盾,则可以针对对方股东或管理层之间的矛盾,制定相应的诉讼策略。

(5) 如果对方的资金链紧张,则针对对方的弱点,可以考虑通过查封其银行账户等方式,给对手造成压力,促使对方愿意尽快还款,协商解决纠纷。

八、适时寻求政府的支持

考虑到中国特殊的政治法律环境,跨国公司在中国应对公司诉讼时,如果能够寻求到投资所在地的地方政府或者上级政府的支持,会在某种程度上使其诉讼地位得到一定的改善。

而且,跨国公司在中国诉讼除受到公司法的规制之外,还受到大量外商投资法律规范甚至是产业政策的影响。所以,如果能够在纠纷中得到政府的支持,比如政府最近正在促进某一产业的发展,则会对这个产业给予相应的优惠政策或者宽待措施,无疑将加大跨国公司胜诉的把握。但是,需要注意的是,寻求政府的支持只是诉讼考虑的因素之一,不应完全依赖政府。

以我们曾代理的一起案件为例。一家韩国企业通过增资扩股方式持有中国合营公司19%的股权,按照当时北京市中关村科技园区的有关规定,外方投资者投资比例不足25%的,可以以内资企业形式登记,而不必经外资部门审批。根据该规定,韩国公司入资合营公司后,该合营公司以内资企业形式登记,工商机关为其办理了工商执照。之后,合营各方发生纠纷,诉至法院,双方对于合营合同的效力产生分歧。一种意见认为,根据合营企业法及实施细则,该合营合同必须经外资审批部门审批,未经审批则未生效。另一种意见则认为,该合营企业是根据中关村科技园区条例办理的,不应无效。针对该案特殊情况,如何理解合资合同的效力,政府有关审批部门的意见对法院就该问题的理解和认定会产生重要影响。最后,政府有关部门认为该合营合同发生在特定时期特定地区,应认定为有效。法院最终采纳了政府部门的意见。

九、适时寻找合适的和解方案,争取通过和谈了结诉讼

(一) 当事人的和解方式

在诉讼过程中,当事人可以自行达成和解,也可以在法院主持下达成和解。双方达成和解、签订和解协议后,可以由起诉方撤诉,也可以由法院出具民事调解书确定和解协议的内容。民事调解书与民事判决书一样具有强制执行力,根据民事调解书负有履行义务的一方当事人不履行生效的民事调解书,另一方当事人可以申请人民法院强制执行。

(二) 和解了结公司诉讼的好处

通常而言,公司诉讼是在双方无法和解或和解无望的情况下进行的。如果有和解的可能,应首先选择和解。通过和解了结公司诉讼具有如下好处:

第一,通过和解了结公司诉讼,可以有效避免诉讼结果的不确定性而产生的法律风险;

第二,通过和解了结公司诉讼,可以避免因诉讼可能给双方造成的隔阂与关系破裂;

第三,通过和解了结公司诉讼,能够在短期内定纷止争,可以节约时间成本和经济成本;

第四,经过当事人双方协商达成的和解协议或民事调解书,当事人一般会自动履行。因此,通过和解了结的公司诉讼,比较有利于执行;

第五,在中国的公司诉讼,除非因涉及公司秘密而由一方当事人申请取得人民法院同意,否则,人民法院一般都进行公开审理。所以,经法院裁判处理的公司诉讼,保密性较差。而通过和解了结公司诉讼,诉讼双方可以在和解协议中约定保密条款,保密性较强。

(三) 和解时机的恰当把握

1. 和解的阶段

和解可以在纠纷发生尚未进入诉讼时展开,也可在已经提起诉讼(包括采取诉前保全措施等)但尚未开庭审理之前进行,亦可在庭审中或庭审结束后进行,甚至,也可以在二审的任何一个阶段达成和解。但是,从整体情况看,若在纠纷发生尚未进入诉讼时就有达成和解的可能,最好利用可能的机会促成和解。因为,在此时和解的成本最低,负面影响也最小。

2. 胜诉无望情况下的和解

在有些案件中,根据律师的分析论证,如果胜诉无望,则不如尽早和解,以节约成本,避免败诉。由于原告在选择受诉法院、与法官的配合、争讼主线的设立等诉讼环节上处于较为有利的地位,跨国公司在作为被告时,如果不具有实体抗辩优势或没有其他有效辩驳理由时,为了避免扩大损失、减少讼累,可以主动提出调解、和解意向,争取达成可以接受的、合理的和解方案,和解解决争议。

3. 不能为了和解而丧失有利的诉讼时机或失去诉讼的主动地位

在和解时,跨国公司要根据具体情况作出具体分析,不能为和解而和解,因和解而拖延时间过长,使得对方采取了防范措施,从而丧失了有利的诉讼时机,使自己陷入被动的局面。比如:对方借洽谈和解之机转移财产,错过财产保全的时机,导致执行难;错过关键证据的搜集,使己方举证难。

根据我们的实务经验,在发现对方无真实的和解愿望或和解没有诚意时,应立即相应地采取有力措施。比如,通过立即收集相关证据材料、对对方财产采取财产保全措施、尽快提起诉讼等,降低对方预期,迫使对方重新回到谈判桌上,为谈判创造有利于己方的条件,赢得谈判的筹码。该种以打促谈的策略,在实践中最为常见,效果也最为明显。尤其是有针对性地对对手的核心财产(正在运营中)采取财产保全措施,使对手处于极其不利的地位,有利于促成和解。

(四) 和解方案的选择和制定

在选择和解方案时,应对整个案情作出全面的法律分析、商业判断,以制定可行的、合适的和解方案。在草拟和解方案时,应多准备几套方案,以便留下讨价还价的空间,使和解能够进行下去。尤其是在诉讼前,最好能全面分析对手情况,聘请律师对案件的诉讼结果作出客观风险评估,以确定谈判底线与和解方案。

第二节 跨国公司作为公司诉讼原告的应对策略

公司诉讼的双方在公司诉讼中的地位是不同的,原告在提起针对被告的诉讼后处于"明处",其诉讼请求、诉讼理由、相关证据基本上一目了然,一般情况下是不能轻易变更的。而被告则处于"暗处",其以何种方式、提供何种证据应诉和抗辩是不确定的,原告在庭审前是不可能全部知道的。另外,原告在庭审中处于法官"重点关照"的地位,法官会从事实、法律各个层面去考察、判断原告的诉讼请求能否成立,如果原告的诉讼请求缺乏证据支持,或缺乏法律依据,或诉讼请求不当,都将直接被作为法官驳回起诉或诉讼请求不予支持的理由,无形中起到为被告把关的隐性作用。

面对原告的起诉,被告同样会进行积极的抗辩,从事实和法律、实体和程序等多个层面进行反驳。双方之间的交锋犹如一场没有硝烟的战争,原告处于进攻的地位,有时甚至不宣而战,被告则处于防御地位,攻防之间显出事实原貌,由法官根据查明的法律事实依法决定胜负。

显然,原、被告双方在诉讼中所处的地位是不同的。因此,其应对诉讼的策略也不尽相同。跨国公司作为原告发起公司诉讼时,应认真分析、全面衡量、审慎请求、充分举证、合理设计诉讼思路,而被告则应根据原告的诉讼采取相应的防御方式。本节将从跨国公司作为原告的角度分析其提起诉讼应采取的策略。

一、客观分析提起公司诉讼的利弊

除了通过诉讼,双方的争议还可以通过协商、调解、仲裁等方式解决。与其他纠纷解决途径相比,诉讼有三大优点:时间的法定性、过程的严肃性以及裁判的强制性。但是,它也有着不少的弊端,如耗费时间、牵扯精力、花费钱财、影响当事人之间今后的关系等等。所以,在选择诉讼这种方式之前,必须要客观地分析提起诉讼的利弊。大致说来,跨国公司作为原告提起公司诉讼时应从以下几个方面着重考虑,权衡利弊。

(一)诉讼成本的考虑

诉讼是需要成本的。跨国公司启动诉讼程序不仅需要付出诉讼费、保全费、执行费、律师费及其他费用等经济成本,而且还要承担时间成本以及其他隐性成本。如果通过诉讼获得的利益小于诉讼付出的成本,从经济角度分析是不合算的。因此,是否启动诉讼程序,诉讼成本分析是必须首要考虑的因素之一。诉讼的成本大致可以分为如下三大类:

1. 经济成本——明成本

经济成本,主要指的是作为原告方的公司为诉讼本身所耗费的真实可见的经济成本,换句话说,也就是需要直接支付的现金数量。根据民事诉讼"谁起诉,谁预交"和"谁败诉,谁负担"的原则,在中国法院提起民事诉讼,诉讼费用(指法院要求交纳的费用,不包括律师费)由起诉人预交,败诉人最终负担。

根据相关规定,当事人提起诉讼需要缴纳的诉讼费用分为案件受理费和其他诉讼费两种。案件受理费指的是当事人提起诉讼应当依法向法院交纳的费用。根据最高人民法院的有关规定,非财产案件一般按件计费,财产类案件的案件受理费一般按诉讼标的金额计算收取。其他诉讼费用指的是受诉法院及其诉讼参与人为案件而实际支出的费用,一般包括:勘验费、鉴定费、公告费、翻译费;证人、鉴定人、翻译人员出庭的误工费、交通费、住宿费等;采取保全措施的申请费及实际支出费;申请执行费及执行实际支出费等。

跨国公司在中国发生的公司诉讼,一般涉及的标的额较大,需要支付的诉讼费用比较高(关于人民法院收取诉讼费用的标准,在本书中篇第一章已经详述,在此不再赘述)。

同时,因跨国公司在中国的公司诉讼案件一般都比较复杂,需要聘请具有丰富涉外诉讼经验的高水平的中国律师进行代理,而按照目前国内涉外律师收费的一般标准,跨国公司需要支付的律师费一般超过提起诉讼需缴付的诉讼费用。

2. 时间成本——暗成本

诉讼必须遵照一定的程序,而程序在追求公平及正当的价值时,也使得案件处理的效率相应降低。作为原告的跨国公司发动诉讼后需要充足的时间来进行应诉,这不可避免地间接对跨国公司其他利益造成损失,包括机会成本的损失等。比如,诉讼的不确定性可能使公司的交易相对方产生动摇,从而选择其他合作伙伴;如果诉讼直接涉及公司决策,如股东会决议/董事会决议效力,则由于诉讼导致决议效力悬而未决,则可能影响到公司融资及资产的处置等。

以时间成本为例,跨国公司作为原告的起诉被受理后,就要严格遵守受诉法院确立的诉讼规则,全力以赴地参加诉讼。人民法院按照普通程序审理的一审民事案件,从立案到作出一审裁判的法定审理期限为6个月(若有特殊情况,经院长批准可延长6个月,还需延长的须经上级法院批准)。如果当事人一方对一审裁判不服提起上诉,二审法院的法定审理期限为3个月(若有特殊情况经院长批准可延长)。而如果作为原告的跨国公司为境外法人,则该类诉讼为涉外诉讼,人民法院审理该类涉外诉讼案件的时间不受上述审理期限的限制,因而审理期限一般会更长。

3. 其他隐性成本

除上述的经济成本和时间成本外,公司诉讼引发的社会舆论影响以及因诉讼引起的合作关系破裂、消费者消费观念的改变,甚至其他政治影响都应予考虑。这些成本虽然看不见摸不着,却可能对跨国公司影响重大。实践中常见到一些跨国公司赢了官司却输了市场的情况。因此,该隐性成本也应由作为原告的跨国公司重点关注、进行评估。

(二)胜诉的可能性

跨国公司在决定启动公司诉讼时,除了要对诉讼成本进行考量之外,另一个需要重点考虑的因素是案件胜诉的可能性。如前所述,原告在诉讼中处于明处,法官则在庭审中重点"关照"的也是原告,因此,跨国公司作为原告提起诉讼时应慎之又慎,尽量要做到不打无准备和无把握之仗。

要做到这一点,在诉讼前,应全面评估诉讼风险。在对案件进行法律评估时,应从拟提起的诉讼的请求权基础出发,重点考虑案件的事实理由与法律依据能否支持诉讼请求,胜诉的可能性有多大。在考虑非法律因素时,要分析有哪些有利因素,有哪些不利因素,这些不利因素是否在可控制的范围之内。

如果经过分析评估,提起诉讼的胜诉把握较小,除非为了不惜成本而必须达到的目标,或为了诉讼策略考虑而不计诉讼后果,跨国公司作为原告方还是要慎重考虑提起诉讼是否值得和必要。如果胜诉的可能性较小,就应考虑选择其他非诉讼手段解决争议。

(三) 诉讼可能达到的目标

如前所述,跨国公司提起公司诉讼的目的可能是多样的。有些案件,跨国公司提起诉讼可能并非仅是为了追求最终胜诉的结果,而是为了通过诉讼产生的种种影响达到其他商业或战略目的。所以,提起一场公司诉讼除了考虑纯法律层面的因素外,还要对商业影响、社会影响和政治影响等有一个通盘的考虑。在诉讼目标确定后,要分析该目标是否具有可行性,是否具有可行的法律手段。通过诉讼究竟能在多大程度上实现目标,是跨国公司启动诉讼前必须要认真考虑的一个因素。

(四) 判决后能否执行的问题

诉讼的风险不仅体现在胜诉方面,也体现在判决后的执行问题。现实中,即使赢得诉讼,却未必真正赢得权利的现象屡见不鲜,在中国"执行难"已不是个别现象。

目前,在中国,大多数的生效判决需要通过人民法院的强制执行才能得以履行,当事人自愿履行判决的比例不是很高。而且,并非所有强制执行的判决都能得到履行,"执行难"一直是中国司法实践关注的问题。2010年3月11日在第十一届全国人大第三次会议上最高人民法院王胜俊院长所作的《最高人民法院工作报告》称,"执行难仍然是长期困扰人民法院工作开展的突出问题之一"。① 执行难的原因非常之多,也非常复杂。有当事人没有执行能力的原因,有当事人恶意转移财产逃避执行的原因,还有法院执行力度不够的原因,等等。

如果跨国公司提起诉讼的目的,就是为了胜诉后得以执行的经济利益,那么,在提起诉讼前必须认真研究胜诉后能否执行。如果通过艰难的诉讼获得了胜诉判决,最终却无法得到执行,那就失去了提起诉讼的意义。

在考虑执行时,应仔细考察被告的资产偿付能力,还要考虑非法律因素对法院执行的干扰等。必要时可以委托律师或专门的调查机构对被告的相关资产进行必要的调查,并在起诉时申请法院采取财产保全措施。

二、正确预测对手的答辩和反驳思路

如前所述,作为诉讼发起方的原告虽然处于主动进攻者的诉讼地位,但是在诉讼中"立难于破",一旦提起诉讼就处于明处,诉讼请求、事实与理由、证据及其诉讼意图均完全"暴露"给被告。而作为被攻击方的被告虽处于被动防御者的地位,但在即将发生的诉讼战中处于暗处,可以在对原告的诉讼请求、依据的事实与理由、证据及诉讼意图进行充分研究之后,制定相应的对抗策略。

可见,从诉讼的对抗角度及策略看,原告方并不处于明显优势。因此,这也就要求跨国公司在作为原告时应充分做好诉前准备工作,准确预测对手可能的应对措施,并制定相应的应对预案,这样才能驾驭整个诉讼局势,并据此采取趋利避害、以长对短的诉讼策略。跨国公司在作为原告时,在诉讼发动前应从以下几个方面对对手的应诉思路进行预测。

(一)预测对方从哪个角度进行答辩和反驳

被告应诉的目的,其实质在于不想败诉,使己方保持诉前的地位,或者通过诉讼驳回对方的诉讼请求,让原告丧失诉权,或者"以其人之道还治其人之身",通过对原告的起诉提出反诉,使得己方彻底胜诉,获得诉前没有的、更加有利的法律地位。所以,原告应该采取"换位思考"的方式,来积

---

① 《最高人民法院工作报告》,载 http://www.court.gov.cn/xwzx/yw/201003/t20100311_2734.htm,2010 年 3 月 19 日访问。

极主动地预测对方的答辩思路,以便做好相应的准备。

1. 法律性答辩、程序性答辩、证据性答辩,抑或兼而有之?

根据被告可能答辩的角度分类,被告的答辩可分为法律性答辩、程序性答辩、证据性答辩,或其中两者或三者兼而有之。

(1) 法律性答辩,是指被告从诉讼案件核心争议焦点涉及的实体法律方面进行抗辩,从对手请求权的基础出发进行分析,即对手的诉讼请求的法律依据何在?是否具有权利基础?请求是否合理?从其答辩的角度看,实体性答辩也称"打法律",被告从法律适用入手,从法律与行政法规或地方规章的"冲突"、法律的适用对象、法律规定的时效等角度提出问题和质疑。

(2) 程序性答辩,是指被告从诉讼案件的程序方面进行抗辩,意图打乱原告的诉讼步骤。比如,被告就原告的诉讼主体资格问题、原告的委托代理人资格问题、代表原告提起诉讼的代表人资格问题、法院的管辖权问题、被告是否适格问题、漏列当事人问题等着手进行答辩。

(3) 证据性答辩,也称事实性答辩,是指被告从原告主张的事实着手,分析其诉讼请求是否具有事实基础,证据是否充分,证据的证明力如何,能否证明案件相关法律事实的发生。因此,事实辩,也被称为"打事实"。该部分应是整个诉讼战的核心,法官最为关心的是案件的事实与证据,法庭审理程序最为重要的阶段就是查明事实,通过法庭调查阶段的举证、质证、交叉询问、事实辩论等程序,还原(复原)案件本来面目,重现故事发生情景。事实争辩直接决定着案件的成败,因此,打官司也被形象地称为"打证据"。

2. 主动性抗辩或被动防御性抗辩?

根据被告抗辩的主动与被动,被告的抗辩可分为主动性抗辩和被动防御性抗辩。

(1) 主动性抗辩

主动性抗辩,是指针对对手的起诉,在抗辩时采用主动进攻的办法转守为攻。这种抗辩主要是以反诉的方式体现的,即以原告为被告提起一个与本案具有相关的诉,目的在于抵消、瓦解原告的起诉,以达到胜诉的目的。此外,针对原告的起诉,作为被告可能另行提起一个诉讼,该诉讼的提起可能直接导致本案中止审理,或者另案的审理结果直接导致本案原告处于不利地位。当然,针对案件可能涉及的刑事犯罪问题,向司法机关进行刑事举报,通过刑事诉讼程序对相应犯罪行为侦查、认定,有时可以获得对民事诉讼中相关事实问题有利的认定。

(2) 被动防御性抗辩

被动性抗辩,是指针对原告的起诉,被告仅从原告请求权的基础出发,从其诉讼请求依赖的事实证据、程序法律、实体法律进行抗辩,如前所述的程序抗辩、实体抗辩、证据抗辩等。

3. 对对方可能的抗辩进行预测应注意的问题

(1) 对对方可能的抗辩的预测要全面,尽可能穷尽。

跨国公司要对被告可能采取的抗辩措施进行逐一分析,不遗漏任何一种可能。如果忽视某一个环节,没有做好相应的预案,就有可能带来致命的威胁。考虑的越全面,制定的对应措施越充分,胜诉的把握就越大。

(2) 对对方可能的抗辩的预测要深入,多看几步。

跨国公司在分析对手的抗辩策略时,一定要深入细致,多看几步。比如,对手第一步会采取哪些措施,己方应如何应对;对手若采取第二步措施,己方又该如何应对。就如同技艺高超的棋手在对弈时,往往互看对方五步,甚至十步棋,猜透了看准了才出招,这样才能稳操胜券。

(3) 对对方可能的抗辩,要制定相应的应对措施。

在对对手可能的答辩思路进行充分研究后,还要充分考虑相应的应对措施,这样才可以做到"有的放矢"、"知己知彼,百战不殆"。

(二) 预测对方是否提起反诉

反诉是指在一个已经开始的民事诉讼(诉讼法上称为本诉)程序中,本诉的被告以本诉原告为被告,向受诉法院提出的与本诉有牵连的独立的反请求。诉讼中被告提起反诉的权利亦是当事人法律地位平等原则的重要体现,是本诉被告所享有的重要权利,是保障本诉被告民事权益的一项重要制度。

实践中,被告往往采取反诉的战术来"化被动为主动",或者通过反诉来给原告方施加压力,促使有利于自身的和解达成。在分析被告可能提起的反诉时,要注意到,有的抗辩性请求可以以反驳方式提出,也可以反诉方式提出。比如,跨国公司作为原告主张继续履行合同并追究对方的违约责任,被告可以以反驳形式抗辩,而主张合同无效,也可以提起确认合同无效的反诉。

(三) 预测对方是否采取拖延战术

实践中,对原告提起的诉讼,被告采取拖延战术的并不少见,特别是被告为了赢取更多的时间搜集证据、准备答辩,往往采取各种各样的拖延战术,使得诉讼进程缓慢,大量耗费原告在诉讼中的各项成本,甚至最后使得原告不堪重负,被迫寻求与被告和解。

在分析对手是否会采用拖延战术时,要考虑到时间、时机对双方的重要程度。如果时间对我方极为重要,而对对方无所谓,则对方很可能会拖延。在做该项分析时,一定要做好预案,考虑到己方的承受能力及应对措施。

(四) 预测对方是否通过案外因素给裁判施加不利影响

在中国的司法实践中,有时案外因素可能给法官审理案件和裁判带来一定的影响。在一些案件中,被告为了达到自身的目的往往穷尽所有办法展开多角度、多层次的抗辩,并可能利用其可以利用的一切资源影响法官裁判。比如,一些地方国有企业,在与外国合作伙伴发生纠纷时,往往寻求地方政府的支持,以职工稳定、地方财政税收收入等因素游说法官,影响法官依法裁判办案。再比如,在跨国公司商誉战愈演愈烈的今日,有些当事人喜欢通过媒体战给法院办案施加影响。

跨国公司在进行该项分析预测时,判断对方是否会采取该措施,要作充分的调查和研究,尽量搜集相关信息,了解对方可能的社会资源,以此判断被告是否有能力以及是否可能采取案外影响措施,并提前做好采取相应对策的准备。如果对方可能通过合法恰当的手段给法院施加影响,则跨国公司应该准备通过合法手段去制衡和化解这种不利的影响;如果对方可能采取违法手段,则跨国公司应该将此诉诸法律或予以揭露,进一步强化其在诉讼中的主动地位,使得对方"弄巧成拙"。

如果被告方利用舆论向法院施加无形压力,跨国公司可以视情况决定是否针锋相对,也利用各种媒体(包括召开记者招待会等方式)披露案件有关情况,澄清被告不实之辞。如果被告采取歪曲事实的方法散布谣言,蛊惑不明真相的社会公众,则跨国公司应及时应对,对被告的违法行为采取必要的法律措施,追究其法律责任。

(五) 预测对方是否可能提出和解

"和为贵"是中国几千年来尊崇的价值观之一。同样,跨国公司在中国进行公司诉讼要了解中国的文化背景,在此基础上预测对手的策略。如前所述,诉讼可能有耗费时间、影响合作等诸多不利方面,所以,对手在通盘考虑其胜诉可能性以及败诉可能会遭受的损失后,可能会提出和解,作暂时的让步,"以退为进"来避免自身遭受更大的损失。如果对方有着较大的和解可能,则作为原告的跨国公司应考虑是否要与被告和解、和解的具体条件是什么等问题。

在分析对方是否和解时,要全面了解被告的诉讼策略、意图、实力以及对方最为关心的核心利益。被告在不同的阶段可能具有不同的预期,随着案件的进程,被告的预期可能根据其所处的诉讼地位不断变化和进行调整。跨国公司要不断调低被告预期,并及时觉察被告和解的意愿。一旦被告有和解意愿,跨国公司应随时作出调整,制定和解方案,利用一切可行的和解机会促成对自己有利的和解。

三、制定总体诉讼策略

(一) 确定适当的战略意图和诉讼目标

如前所述,提起诉讼的跨国公司的战略意图和诉讼目标可能是单一的,也可能是多元的。通常而言,跨国公司的诉讼目标大多是基于商业目的的考虑,有些情况下,也可能是追求纯法律层面的目标,如伸张社会正义、制裁违法者等。在制定总体诉讼策略时,有必要明晰自身的战略意图和诉讼目标。只有这样,才能制定出张弛有度、有所侧重、有所取舍的整体诉讼策略。

在对已经发生及即将产生的纠纷作全面分析研究后,跨国公司首先应当做的是明确己方解决纠纷的战略意图,继而根据战略意图确定诉讼目标,再根据诉讼目标,确定实现诉讼目标的手段。在此基础上,才能把握好每一个诉讼的环节,制定具体的应对措施。

在实践中,有时我们遇到,有些跨国公司在没有明确意图和诉讼目标的情况下就仓促提起诉讼,诉讼思路和方向不清晰,诉讼风险不可控制,难免出现"赔了夫人又折兵"的不利结果。

(二)选择合适的案由和诉讼主体

1. 选择合适的案由

在民事诉讼中,每一起案件都有自己的案由。实践中,人民法院会根据案由的不同对受理案件进行分类管理,并在立案和审判中依据案由确定案件诉讼争点和法律的适用。只有根据纠纷所涉事实和法律关系准确确定案由,才能正确选择诉讼、确定提起何种诉讼以及适用什么法律。案由是由诉讼请求决定的,在民事诉讼中,诉讼请求直接决定案件适用的法律和原告实体权利能否实现。

按照诉讼请求的内容不同,民事诉讼的诉可以分为三类:确认之诉、给付之诉和变更之诉。确认之诉是原告请求法院确认其与被告之间是否存在某种民事法律关系的诉,如确认董事会决议无效之诉,确认合同无效之诉;给付之诉是原告请求法院判令被告履行一定的民事义务的诉,给付的内容既可以是财产,也可以是行为。如果是行为,既可以是作为(如赔礼道歉),也可以是不作为(如停止侵害);变更之诉(也称形成之诉),是指原告请求法院以判决改变或消灭既存的某种民事法律关系的诉,如股东请求法院解散公司。

案由的确定取决于诉讼角度的选择。通常情况下,一起纠纷可能涉及多个法律关系,这些法律关系交织在一起。如何根据诉讼目标选择诉讼的角度呢?

比如,一个案件既涉及违约,也涉及侵权,这就产生了请求权的竞合问题。那究竟是选择违约,还是选择侵权呢?不同的诉讼角度将导致不同的案由,如果选择侵权,案由则为侵权之诉,若选择违约,则案由为违约之诉。选择不同的案由,将决定采取不同的诉讼策略。因此,究竟如何选择,必须全面考虑。如果按违约诉,会产生何种法律后果,需要哪些证据?相反,若按侵权诉,又产生何种法律后果,需要哪些证据?经过比较,选择对原告最有利、风险最小、成本最小的案由。

2. 选择合适的被告

跨国公司作为原告,选择被告时通常要考虑如下因素:

(1)审查纠纷的主体是否具备诉讼主体资格。根据中国民事诉讼法的规定,领取法人营业执照的公司、领取营业执照的分公司,可以作为诉讼主体参与民事诉讼。但是,公司的内部机构,如公司内部设立的部门、公司设立的没有领取营业执照的分支机构(如办事处)等,不能作为诉讼主体参与诉讼。

(2)选择被告一定要准确。在选择被告时,一定要充分研究案情,全面分析涉及的法律关系以及有关的证据情况,以此确定诉讼角度和诉讼请求,并根据该请求确定适格的被告。适格的被告必须是请求权的相对方、义务承担者,其名称、住址、法定代表人或负责人均应准确无误。

(3)起诉的被告要尽可能列全,而不能漏列。对于有可能承担连带责任、共同责任、补充责任的被告,要尽可能列全,避免遗漏。这样的好处是,可以避免法院因追加必须参加诉讼的被告而延误诉讼进程,亦可以增加责任主体,避免因遗漏被告造成的执行困难(承担义务的主体多,则偿付能力相应增强)。

(4)选择被告要有利于己方。在请求权竞合的案件中选择被告时,应根据举证责任的难易情况、义务主体的履行能力以及管辖法院的确定等诸方面综合考虑,选择最有利于己方的请求权,并据此选择相应的被告。在原告追求诉讼效率、希望快速结案的案件中,如果可供选择的多个被告中有些被告(如在中国没有住所的当事人、自然人个人等)不便于送达,则尽可能不将其列为被告。

3. 准确确立第三人

民事诉讼中的第三人是指在已经开始的诉讼中,对他人之间的诉讼标的具有全部的或部分的独立请求权,或者虽然不具有独立请求权,但案件的处理结果与其有法律上的利害关系的人。根据我们的实践经验,跨国公司作为原告起诉时判断和确立第三人需要考虑如下三方面的因素:

(1)分析拟列的第三人是否对原被告之间的诉讼标的具有独立请求权,或与案件审理结果有法律上的利害关系。

如果行为人对原被告之间的诉讼标的没有独立请求权,但有共同的诉讼标的,是共同诉讼人而不是第三人;如果行为人与案件的审理结果有一定的关系但不具有利害关系,或者这种关系不是基于同一法律关系,或者根本就没有法律上的利害关系,同样不能列为第三人。

(2) 分析拟列的第三人是否有独立请求权。

有独立请求权的第三人是以主动申请参加诉讼的方式参加诉讼的,在诉讼中的地位相当于原告,即以本诉的原告和被告作为被告的二面诉讼结构,他既不同意原告的主张,也不同意本诉被告的主张。实际上他是以独立的实体权利人的地位向人民法院提起了一个新的诉讼,在这个"新诉"中,原告是有独立请求权的第三人,被告则是本诉中的原告和被告,诉讼标的是本诉中的诉讼标的的全部或部分,诉讼理由是有独立请求权利的第三人主张的事实和理由。

而无独立请求权的第三人是对已经进行的诉讼,就其当事人之间的诉讼标的,虽然没有独立的请求权利,但是案件处理的结果与其有法律上的利害关系。无独立请求权的第三人有其独立诉讼地位,但不得申请撤回诉讼,不得反诉,也不得被请求承担诉讼请求责任。在诉讼中,无独立请求权的第三人有当事人的诉讼权利义务,人民法院判决承担民事责任的无独立请求权的第三人,对第一审判决不服的,有权提起上诉,但该第三人在第一审中无权对管辖提出异议。

原告只能将无独立请求权的第三人列为第三人,有独立请求权的第三人则以第三人的主动申请参加诉讼。

(3) 在确立或追加第三人时,应注意时机和必要性。

原告可以在起诉时直接列明第三人,也可以在诉讼过程中根据案件需要申请法院追加第三人。当然,如果法院认为需要也可以依职权追加第三人参与诉讼。原告在起诉时直接确立第三人,还是在案件中追加第三人,原告应综合考虑。

对于无独立请求权的第三人而言,在诉讼中可能对原告承担一定的法律责任,也可能对被告承担一定的法律责任(法院基于简化诉讼目的,对本应另案处理的被告与第三人之间的法律关系直接作出判决),也可能不承担任何法律责任。因此,原告应根据案情需要决定是否列第三人或追加第三人参与诉讼。如果该第三人与己方利益无关,最好不要追加。因为在此情况下,追加第三人会拖延诉讼进程,且第三人在一般情况下都会与被告联手,如果追加,等于多了一个对手。

(三)选择最佳的受理法院

1. 选择受理法院对跨国公司的重要性

管辖是《民事诉讼法》的一项重要的制度,解决的是当事人的纠纷该由哪家法院受理的问题。理论上讲,在法律和司法统一的中国(不同于实行联邦制的国家),不同的法院受理同一个事实和法律关系的案件,处理结果都应是一样的。但在司法实践中,由于中国地域辽阔,经济发展水平不同,对于同类案件,即使法院对案件法律和事实问题的定性一致,但判决的结果可能也会不同。如同样是因侵权而判损害赔偿的案件,上海法院判决赔偿的金额可能会远远高于宁夏法院判决的金额。某些情况下,不同地区法院的法官对于法律问题的理解和解释也会不同,导致同样的案件出现不同的处理结果。比如,就股东是否可以在没有股东会决议的情况下直接诉请法院判决分红,法律并没有明确的规定。在实践中,多数法院认为,司法不能过分干预公司事务,股东请求分红必须基于股东会决议或公司章程的明确规定,而有的法院(非常少见)却认为法院有权直接判决股东取得相应数额的分红。

因此,由哪家法院管辖对当事人而言具有一定的现实意义。鉴于此,跨国公司作为原告起诉时应选择最有利于己方的法院起诉。

2. 跨国公司作为原告选择受理法院具有主动权

在诉讼程序上,跨国公司作为原告时处于较为主动的地位。作为诉讼的发动方,当一个案件有两个或两个以上有管辖权的法院时,跨国公司往往可以主动选择对自己较为有利的受诉法院,也应选择对己方最为有利的法院管辖。

如果在依法享有管辖权的法院起诉对跨国公司明显不利,比如需要投入大量的人力、物力和财力应诉,或者该法院会可能对被告给予地方保护,在此情况下,跨国公司应考虑采取追加被告,创造"连结点"的方式去改变/增加对案件享有管辖权的法院,从而选择在对己方有利的法院起诉。

3. 公司诉讼案件管辖的一般原则

根据《民事诉讼法》的规定,公司诉讼案件的管辖一般根据如下原则确定:

(1) 对合同纠纷案件,如果合同双方协议约定管辖法院,且约定有效的(约定法院应该为合同一方所在地、合同签订地、合同履行地,且不应违反级别管辖和专属管辖的规定),则由约定的法院管辖;如果合同双方没有协议约定管辖法院,或协议约定无效的,则由被告所在地或合同履行地法院管辖;

(2)对侵权案件,由被告所在地法院或侵权行为地法院管辖;

(3)对于其他类型的案件,比如撤销董事会决议、股东会决议诉讼,解散公司诉讼,则由被告所在地法院管辖。

当然,根据上述原则确定的管辖法院,不应违反最高人民法院关于级别管辖的一般规定。①

4. 如何选择最佳的受理法院

根据上文所述的公司诉讼案件管辖的一般原则,一般而言,跨国公司可以从如下几个角度选择最佳的受诉法院:

(1)对可以由被告所在地法院管辖的具有多个被告的案件,选择对原告有利的被告之一所在地法院起诉。

(2)对存在请求权竞合的案件,选择能够由合适的法院受理的案由提起诉讼。

(3)在根据法律规定确定的管辖法院对原告不利时,通过增加被告的方式改变原本管辖法院。

(4)如果依法享有管辖权的法院存在地方保护主义倾向,跨国公司可以通过提高诉讼请求金额、合并诉讼请求的方法,以提高管辖法院的级别,以排除可能存在的地方保护。

(四)选择适当的时间和时机提起诉讼

在什么时间和时机提起诉讼,至关重要。根据我们的诉讼经验,选择适当的时机和时间提起诉讼,需要考虑如下因素:

1. 要考虑法律对某些公司诉讼提起诉讼时间的强制性规定

对普通的诉讼案件,当事人提起诉讼时,通常要考虑诉讼时效的因素。如果通过正常的主张权利的渠道无法使诉讼时效中断的,则应在诉讼时效届满前提起诉讼。而对公司诉讼案件而言,除要考虑诉讼时效的因素外,

---

① 就最高人民法院关于级别管辖的一般规定,请参见本书中篇第一章的相关内容。

还要考虑公司法对行使公司诉讼权利的一些限制性时间规定。主要包括：

（1）股东请求撤销公司股东会决议、董事会决议的，必须在公司决议作出之日起 60 日内向人民法院提起诉讼。

（2）股东提起股东代表诉讼的，除非情况紧急，必须履行前置程序。

（3）股东以公司股东会僵局为由请求法院解散公司的，必须符合"公司持续两年以上无法召开股东会或者股东大会"或"公司持续两年不能作出有效的股东会或者股东能够大会决议"的条件。

（4）公司债权人／股东申请法院强制清算公司的，当公司出现法定解散事由而应当清算时，在解散事由出现之日起 15 日内公司未能组织清算组开始自行清算的，公司债权人／股东才能申请法院强制清算公司。

（5）公司股东对某些股东会决议持有异议请求公司收购其股权的，在相关股东会决议通过之日①起 60 日内，股东与公司不能达成股权收购协议的，股东可以自股东会会议决议通过之日起 90 日内向人民法院提起诉讼。

2. 要充分考虑法律或司法解释的新动向和新变化对拟提起的公司诉讼案件的影响

对于某些特定时期出现的某类特定、新型案件，最高人民法院经常做一些调研，出台一些指导意见，甚至司法解释。这些指导意见或司法解释新的精神会影响某类案件的裁判结果，但这些司法解释对已经判决生效的案件不具有溯及力，仅适用于司法解释生效后尚未裁判的案件，对于司法解释生效前已经判决生效的案件，不能适用新的司法解释申请再审。

因此，跨国公司应积极跟踪公司法立法和司法解释的动向，把握司法脉搏，对一些新型、疑难的公司诉讼案件，要根据具体情况适时提起诉讼。对原告而言，如果案件适用新的司法解释有利，则等到司法解释生效后再提起诉讼。反之，则应尽快提起诉讼。

3. 要考虑纠纷谈判情况及进程

如前所述，我们认为，就公司诉讼而言，在纠纷发生后应以和为贵，若

---

① 《公司法》第 75 条规定："有下列情形之一的，对股东会该项决议投反对票的股东可以请求公司按照合理的价格收购其股权：（一）公司连续五年不向股东分配利润，而公司该五年连续盈利，并且符合本法规定的分配利润条件的；（二）公司合并、分立、转让主要财产的；（三）公司章程规定的营业期限届满或者章程规定的其他解散事由出现，股东会会议通过决议修改章程使公司存续的。自股东会会议决议通过之日起 60 日内，股东与公司不能达成股权收购协议的，股东可以自股东会会议决议通过之日起 90 日内向人民法院提起诉讼。"

能通过和谈解决的,就不要轻易提起诉讼。若感觉对方根本无和解诚意,或因双方差距太大而和谈无望,就应尽快提起诉讼。因此,何时提起诉讼,应视和谈的情况及进程确定。

4. 要考虑对方商业经营状况及偿付能力

若对方存在多个债权人,经营状况陷入困境,或者发现对方有转移资产的嫌疑,则应尽快提起诉讼,同时申请法院采取诉讼保全措施,以免出现执行困难。

5. 要考虑公司的商业目的,使得提起诉讼的时机和时间符合公司商业目标的需要

在选择提起诉讼的时机和时间时,要综合考虑公司提起诉讼的商业目的,以使得提起诉讼的时机和时间符合公司商业目标的需要。比如,如果提起诉讼的目的就在于查封对方的特定有效资产,给对方施加必要的压力,则应当在对方毫无察觉的情况下提起诉讼,同时对对方的特定资产进行保全,以免对方转移该特定财产。

(五)采取必要的诉前保全或诉讼保全措施

如前文所述,根据《民事诉讼法》的规定,当事人在提起诉讼前,可以申请人民法院采取诉前财产保全措施,查封被申请人的财产;当事人在提起诉讼时或提起诉讼后,可以申请人民法院采取诉讼财产保全措施,查封被申请人的财产;当事人在提起诉讼后,还可以对将来可能灭失的证据申请人民法院采取证据保全措施。

1. 在公司诉讼中采取必要的诉前保全和诉讼保全措施的重要性

在公司诉讼中,跨国公司申请人民法院对被告采取诉前财产保全(或诉讼财产保全)、证据保全措施,对于实现其诉讼目标,具有非常重要的意义。

(1)为防止被告转移财产,避免法院裁判后无法执行,有必要采取财产保全措施。

在中国的司法实践中,"执行难"的问题较为突出。有的原告虽然最终打赢了官司,但由于未能在起诉前或起诉时及时采取诉讼保全措施,使得被告在诉讼过程中转移了财产,结果生效的法院判决无法执行。

为了防止被告在诉讼中转移、隐匿、变卖或者毁损财产,跨国公司在起

诉前或起诉后应当向受诉法院提出财产保全申请,对被告的银行存款、不动产等财产予以查封、扣押、冻结,为裁判生效后顺利执行奠定基础。如此才能截断被告的"退路",在诉讼中稳扎稳打,防止和避免出现"赢了官司执行难"。

(2)为给被告施加足够的压力,促成案件的和解解决,有必要采取财产保全措施。

在很多的公司诉讼中,由于原告及时采取了财产保全措施,促成了案件的和解。比如,在我们代理的一起公司诉公司的高级管理人员返还公司公章一案中,由于我们及时申请法院采取保全措施,法院顺利地扣押了公司的公章,致使该案顺利地和解结案。因此,为给被告施加足够的压力,促成案件的和解解决,有必要在起诉前或起诉时采取财产保全措施。

(3)为防止被告毁损和转移证据,在某些案件中,有必要申请法院采取证据保全措施。

在有些公司诉讼中,被告控制的某些证据非常重要,如果不能及时采取保全措施,一旦被告予以毁损,将导致原告由于证据不足而败诉。比如,在公司的高级管理人员损害公司利益的案件中,保全公司的账册就显得尤为重要。如果公司不能及时保全公司账册,使得被告有时间更改或毁损账册,可能导致公司无法取得公司高管人员损害公司利益的证据,最终导致公司败诉。

2. 在公司诉讼中采取诉讼保全措施应注意的问题

在公司诉讼中,跨国公司申请法院对被告财产采取财产保全措施,应注意以下几点:

(1)在申请法院采取保全前,要进行必要的调查取证,掌握足够的拟查封的财产或证据线索,使得法院保全有很强的针对性,要一击而中,不给被告喘息之机。

(2)采取保全措施要及时,使被告没有任何提前防备。

(3)申请采取保全措施前,要与法院保持必要的沟通,准备适当的担保。目前,在中国,无论是申请诉前保全,还是诉讼保全,法院都会要求申请人提供财产担保。司法实践中,各个法院的做法都不完全相同,因此,要事先与法院做好充分沟通,提供经法院认可的担保。

(4)对胜诉无望的案件,应审慎采取财产保全措施。根据民事诉讼法的有关规定,若保全错误,给被申请人造成经济损失的,应予赔偿。因此,对胜诉无望的案件,应谨慎采取保全措施。

(六)制定适当可行的诉讼时间表,指导整个诉讼进程

1. 制定适当可行的诉讼时间表的重要性

当事人参与民事诉讼有严格的时间限定。制定适当可行的诉讼时间表,可以了解诉讼的进展,及早做好各项诉讼应对工作,指导整个诉讼进程,以免因贻误时间而丧失诉讼权利。

2. 制定适当可行的诉讼时间表要考虑的因素

跨国公司在制定诉讼时间表时,要充分考虑到法律规定的期间、法院实际安排的时间以及可能出现的推迟、延长等各种情况,同时要考虑到跨国公司提起诉讼的整体策略,如希望速战速决,还是采取拖延战术,还是以保全为优先考虑,以便对整个诉讼流程的时间安排有个整体的安排,针对可能出现的情况制定相应的预案,以便实现诉讼目标。同时,要根据案件进展情况及时进行更新和调整。比如,对方提出了管辖权异议,可能使得原来预计的开庭时间发生变化。

3. 诉讼时间表一般应包括的内容

根据我们的经验,跨国公司拟定的诉讼时间表一般应包括如下内容:

(1)调查取证、了解案件事实的时间;

(2)准备诉讼文件的时间;

(3)提起诉讼的时间;

(4)人民法院立案时间;

(5)申请法院诉讼保全和法院采取保全措施的时间;

(6)举证截止时间和证据交换时间;

(7)开庭时间;

(8)一审裁判时间;

(9)二审上诉期间和二审审理的期间;

(10)申请执行的期间和执行时间。

(七）通过媒体、政府或其他渠道，排除对方给法院施加的案外不利影响

人民法院的司法裁判权在法律上固然是独立的，但是，处于社会大环境下的司法裁判权难免会受到新闻媒体、行政权力及其他案外因素的影响。法律是规则的集合，更代表着一种公正的价值取向。所以，法官判案时有时会考虑到社会舆论的评价。而跨国公司诉讼往往牵涉多方利益，如何使得多方利益共同形成一个有效的制衡，产生对己有利的影响，是跨国公司起诉时需要慎重考虑的问题。特别在对方已采取相应措施对法院施加了不利的案外影响的情况下，就更应采取相应的措施，以消除或抵消对方不当影响所带来的负面影响，使法院排除其他不当干扰，回到案件本身来，依据案件事实和法律作出公正裁判。

（八）通过律师保持与法院适度、合法的沟通

1. 法官的自由裁量权

"自由裁量权"（discretion）一词系舶来品，剖析其内涵，会更有助于理解。它表示在没有明确的、硬性的法律规则的情况下，法官不是依据简单的逻辑规则（如果满足条件 A，法官必须作出裁判 B）来决定问题，而是法官享有选择权，可以根据案件事实作出决定（如果条件 A 满足，法官可以作出裁判 B）。在法官进行选择时，所有包含"合理"、"相关"、"公平"、"正义"、"效率"等标准的规则都涉及法官的自由裁量权，在目前的中国，政府倡导的"和谐"、"稳定"等原则，在个案中有时也是法官行使自由裁量权时所考量的因素。

2. 律师与法官保持适度、合法的交流的重要性

（1）律师与法官保持适度、合法交流，有利于及时了解法官对案件的看法，以便跨国公司及早应对和调整诉讼策略。

律师为了实现预期的诉讼目标，时刻都不放松分析案情、寻觅证据，乃至研究法官的司法素养和审判风格。因此，与当事人相比，律师更了解法官思维及表达方式。律师与法官保持适度、合法的交流，有利于及时了解法官对案件的看法，以便跨国公司及早应对和调整总体诉讼策略，对整个诉讼进程更有把握。

（2）律师与法官保持适度、合法的交流，有利于律师影响法官对案件

的看法,最终影响案件裁判结果。

法学家张卫平说,在案件的裁判过程中,实际上通常并不需要法官去发现真理。在双方的交锋中,法官的智慧在于选择,律师的智慧在于发现。因此,律师的观点很多时候能够影响法官的裁判。

此外,不可否认的是,目前法院(尤其是沿海发达地区的法院)普遍面临的问题是,办案法官太少而案件数量太多,使得法官工作任务极其繁重。为解决积压案件,法官不得不加快开庭节奏,使得法官庭审的时间变短(一般一上午或一下午就结束一个案件的庭审)。而且,民商事案件一般只开一次庭。因此,仅凭极其有限的庭审时间往往难以向法官充分阐述事实和理由。而恰恰一些关键细节容易被法官忽视,从而影响到案件的处理结果。为解决该问题,就要充分利用正常的沟通渠道和方式去让法官充分了解案情,利用庭前、庭中、庭后等各个机会与法官交流,进一步阐述案件事实和理由,使法官充分了解案情全貌,从而作出客观公正的判决。

由于一方当事人不能在庭前、庭后随便私自会见法官,而律师对如何通过合法的、正当的方式与法官进行交流,往往更有经验。并且,也能够在有限的交流时间和机会中,充分阐明案件事实和相关法律问题的适用,法官也乐意就案件的有关问题听取律师的意见。因此,通过律师与法院保持适度的交流与沟通,有利于法官对案件事实与适用法律作出客观全面的判断。鉴于此,跨国公司应当积极地与律师协调一致,通过律师与法院保持适度、合法的沟通,以弥补庭审不充分造成的影响。

(3) 公司诉讼所具有的疑难、新型特点,使律师与法官保持适度、合法交流显得更为重要。

由于公司诉讼涉及多种复杂的法律关系和各种具有特殊内容的商事法律规范及商事运作规则,与传统的民事诉讼相比,公司诉讼有其自身特点,具有较强的专业性。而2005年10月修订的《公司法》,受各国公司法现代化发展的影响,对传统公司法理论进行了重大突破,推出了一系列制度创新,极大地增强了公司法的可操作性和可诉性,这使得中国的公司诉讼更具有专业性、高端性和前沿性的特点。

公司诉讼案件上述疑难、新型的特点,使得法官在裁判此类案件时更加谨慎,这使得律师与法官保持适度、合法的交流,显得更为重要。

第三节 跨国公司作为公司诉讼被告的应对策略

由于诉讼双方在诉讼中所处的地位不同,跨国公司作为公司诉讼的被告所采取的应诉策略与作为原告有所不同。面对原告的起诉,作为跨国公司的被告应从事实和法律、实体和程序、影响裁判的案内因素和案外因素等多个层面进行全面分析,对案件判决结果作出大致预判,在此基础上,有针对性地确定抗辩策略和制定总体应诉方案。

本节将从跨国公司作为被告的角度分析其应对公司诉讼的策略。

一、对案件进行初步的客观法律分析,预测诉讼案件可能的结果

(一)客观分析预测案件可能的判决结果是制定总体应诉策略的前提

跨国公司作为公司诉讼的被告,在制定总体应诉策略和具体应诉方案时,首先要委托有经验的公司诉讼律师,基于案件的初步材料对案件进行初步、客观的分析,预测、判断案件可能的判决结果。

如果经分析后认为,案件判决结果很可能对己方非常不利,胜诉基本无望,则要考虑是否还要采取"硬碰硬"的诉讼措施,是否应通过某种策略(如拖延战术、打击对方的其他方面的弱点)争取和谈解决问题。相反,则应做好全方位的应对工作,争取赢得诉讼,维护自身的合法权益。所以,跨国公司作为公司诉讼的被告,在制定总体应诉策略前需要认真考量案件可能的结果。

(二)分析预测案件可能的判决结果时应注意的问题

要做到对案件结果的准确预判,必须全面了解案件事实(包括案件发生的背景),认真研究可能适用的法律及司法实践中法院的通常做法。根据我们的经验,在对案件判决结果进行分析预判时,应注意以下几个方面的问题:

(1)要掌握最基本的案件材料。律师要较准确地分析预测案件可能的裁判结果,必须基于最基本的案件材料。跨国公司作为公司诉讼的被

告,在接到法院的应诉通知时,一般可以从法院取得如下诉讼文件:原告的诉状、原告的证据目录及证据、举证通知书和开庭传票。此外,跨国公司还应根据原告的诉状和证据,相应地准备与案件争议相关的基本材料,如合资/合作合同、公司章程、公司决议、往来传真邮件、会议纪要、公司内部规章制度等。这些案件基本材料要及时提供给律师,供其作最初步的分析、预测。

(2)要了解案件的背景情况。律师要准确地分析预测案件可能的裁判结果,除需掌握案件的基本材料外,还应了解案件发生的背景情况。这些未反映在书面文件上的背景情况往往与案件的基本事实相关,也可能最终影响法院的裁判。因此,跨国公司在委托律师进行分析预测时,应安排了解案件背景的相关人员,向律师全面介绍案件背景情况,并就律师关注的事实问题予以答复。

(3)对案件的分析要全面。在对案件处理结果预判时,应考虑到影响案件处理的各个有利和不利因素。既要考虑影响案件处理结果的法律因素,也要充分考虑到非法律因素。比如,对案件事实、证据、实体法律和程序法律等法律因素作出评估,同时,也对对方可能采取的对法院施加影响的非法律因素进行充分考虑。

(4)对案件的分析要客观。作为被告的代理律师,在对判决结果进行预判时,不能仅仅站在被告的角度分析问题,而且要反向思考,站在原告的角度分析问题,客观、中立地分析案情,依照事实与法律并结合相关的非法律因素作出合理判断,切忌先入为主,以有利己方的倾向片面看待问题。

(5)要提出应对的建议。在对案件进行初步分析和预判后,要基于分析意见提出初步的建议,比如,要搜集哪些证据,了解哪些事实,是否提出管辖权异议,是否提出反诉或另行起诉,是否建议和解等。

二、分析、研究对手的诉讼目的和策略,有针对性地予以应对

如前文所述,诉讼具有鲜明的对抗性,对抗双方围绕案件事实和证据、程序和实体问题等展开一轮又一轮的厮杀,在诉讼中处于优势地位的一方最终获得胜利。作为被告的跨国公司,虽然在诉讼中处于被动应诉的地位,但其处于暗处,可以根据原告的起诉了解原告的意图,在完全明白原告意图后进行出击,甚至发起反攻。

(一) 分析对手提起公司诉讼的目的

对手提起公司诉讼的目的可能是多样的：

(1) 因实际权益受损而主张权利。无论是公司，还是股东、董事、监事、高管人员，当其实际权益（既包括实体权利又包括程序权利）受损时，均有可能提起诉讼而主张自身的权利，要求违约金支付或者侵权损害赔偿，或者确认某种法律关系的有效或无效。由于通过谈判无法或无望达成和解，便发起诉讼战。这种情况，是公司诉讼中最为常见的。

(2) 因总体策略需要而通过诉讼创造有利条件。实践中，某件单独的公司诉讼可能是服务于一系列诉讼或一个总体目标，或者是为了程序上的考虑（如诉讼时效、管辖法院等），或者是为了获得有利的诉讼地位（如通过先行诉讼拿到生效判决产生证明效力等），这都是对手整体诉讼策略的考虑。所以，如果能够站在全局的角度分析原告的诉讼目的，将更有利于制定有针对性的措施。

(3) 因某项商业目的而给对手制造压力。公司的商业竞争对手很可能利用公司诉讼来制造声势，达到某种不正当的商业目的。比如在一个公司申请上市前对其提起诉讼，或者是在一个公司申请或某项工程项目时对其提起诉讼，其目的不一定是为了赢得诉讼本身，而很可能是为了给对手制造压力，迫使对方让步和解。

(4) 出于其他的特殊目的。在某些公司诉讼案件中，对手可能就是为了通过提起诉讼对跨国公司的财产采取保全措施，在有些案件中，原告在起诉的同时申请法院限制跨国公司的董事或总经理离境，就是要给跨国公司制造压力，目的在于借此促成和解。

(二) 针对对手提起公司诉讼的目的和策略，有针对性地制定相应的应诉策略

在分析、研究对手的诉讼目标后，跨国公司才能有针对性地制定应诉策略。

(1) 如果对手提起诉讼的目的就是为了赢得诉讼，则跨国公司应重点从事实层面和法律层面认真应对。事实层面的应对，重点在于对对方证据的反驳和我方的充分举证。而法律层面的应对，重点应从原告的诉讼请求

权基础出发,分析其法律依据是否充分、有力,适用法律是否错误,是否存在争议。

(2)如果对手提起诉讼的是为了某些特殊的商业目的,则跨国公司除应当就案件本身认真应对当前的公司诉讼外,还应当采取其他对应措施,否则,不能从根本上制约对方,不能从根本上解决双方的争议。

(3)如果对手根本没有胜诉希望,提起诉讼的目的就是为了通过提起诉讼对跨国公司的特定财产采取保全措施,给跨国公司施加压力,则跨国公司的应对重点在于,提供适当的担保,与法院充分交流沟通,争取法院尽快解除查封措施,同时积极推进案件进程,争取尽快裁判。

(4)如果对手提起诉讼,就是为了限制跨国公司的某董事或总经理离境,以给跨国公司制造压力,则跨国公司应尽快与法院沟通,提供适当的担保,使得法院尽快解除限制离境措施,使得对方的目的落空。

三、配合律师收集、调查、保存和保全相关证据,梳理与重构争讼事实

如上文所述,证据是当事人进行诉讼的前提和基础,也是法院查明案件事实、分清是非、正确适用法律、及时审理裁判的依据。因此,从某种程度上讲,打官司就是打证据。如果没有证据证明主张的事实,将承担举证不能的败诉后果。即便主张的事实是客观存在的,但如果没有证据支持,也无法转化为法官定案需要的法律事实。因此,从诉讼技术层面讲,跨国公司作为被告应对公司诉讼最重要一环,就是收集、调查、保存和保全有利于己方的证据,并以证据为基础制定答辩思路。

鉴于本章第一节在第六部分"全面调查、了解案件事实"和第七部分"掌握、保存、设计相关证据"中已经详细论述了公司诉讼案件中证据的重要性、当事人如何了解案件事实,以及如何收集、调查、保存和保全证据,在此不再赘述。

在跨国公司作为被告的公司诉讼案件中,跨国公司在配合律师收集、调查、保存和保全相关证据后,要基于反驳原告提出的诉讼请求和支持己方的答辩意见,重新梳理与构建争讼事实,为答辩和庭审提供事实基础的支撑。

四、有针对性地制定恰当的总体应诉策略和方案

在跨国公司作为被告的公司诉讼中,跨国公司在调查了解案件基本事

实,对案件进行客观全面的风险评估、分析研究对手的诉讼目的和策略后,应有针对性地制定出相应的总体应诉策略和方案。

(一) 明确公司的战略意图和诉讼目标

针对原告的起诉、诉讼目的和策略,作为被告的跨国公司应该有针对性地选择和确立自身的战略意图和诉讼目标。是为了追求纯法律层面的胜诉,还是为了通过积极应诉和答辩达到某种商业目的,或者为谈判获得有利于己方的筹码。只有在战略上进行了清晰的定位后,才能从战术上制定具体的应诉方案。

针对原告的起诉,跨国公司的管理层应组织公司的相关业务部门和法律部门进行讨论,基于原告的起诉、案件基本事实、律师的分析意见和建议,研究确定公司的战略意图和诉讼目标。

(二) 根据案件具体情况和整体诉讼策略的需要,决定是否提出管辖权异议

1. 被告提出管辖权异议的主要思路

被告提出管辖权异议不外乎出于以下几条思路:

(1) 提出法院主管的异议。被告提出案件不属于法院主管的异议,主要基于两点:其一,合同约定应由仲裁管辖,而不应由法院管辖;其二,争议事项不属于法院民事案件受理范围,比如,争议事项不是民商事纠纷,而是行政纠纷或劳动纠纷,不属于法院受理范围。

(2) 提出级别管辖异议。案件争议财产标的金额和案件的复杂程度是确定级别管辖的关键因素。关于各地法院的受理案件标准,详见本书中篇第一章第三节的相关内容,在此不再赘述。如果级别较低的法院受理依法不应由其受理的案件,则被告可以提出管辖权异议。

(3) 提出地域管辖异议。如果受理案件的法院违反民事诉讼法关于地域管辖的规定,则被告可以提出管辖权异议。

2. 根据案件具体情况和整体诉讼策略的需要,决定是否提出管辖权异议

(1) 如果受诉法院对案件没有管辖权,或受诉法院对案件是否有管辖权存有争议,则一般应提出管辖权异议。

案件由哪家法院管辖,对当事人应诉的策略安排、诉讼成本,甚至诉讼结果都可能产生重大影响。一般而言,原告提起的诉讼选择的管辖法院都是对其本身最有利的(除非受诉法院是唯一的对案件有管辖权的法院,原告没有其他选择)。作为跨国公司的被告在接到诉状后,应首先分析是否存在管辖错误的情况,或原告故意规避管辖的情况。如果存在管辖问题,应尽快在答辩期间内向法院提出管辖权异议。即使受案法院对案件是否有管辖权存在争议,一般也应提出管辖权异议,争取将案件移送到其他法院审理。

(2)如果跨国公司为了充分准备案件赢得时间,则即使受诉法院对案件有管辖权,也可以提出管辖权异议。

在中国法院进行民事诉讼,由于法院尤其是基层法院受理的案件数量很多,法院确定开庭时间主要是根据法官的工作安排来确定,当事人通常不能以准备时间不充分为由而申请延期开庭。因此,有时为了赢得更多准备案件的时间,即使受诉法院的管辖权没有问题,也可以通过提出所谓的"管辖权异议"来争取准备时间。

根据民事诉讼法的规定,被告提出管辖权异议,以及对一审法院驳回管辖权异议的裁定提出上诉,无须缴纳任何诉讼费用;而不论被告提出的管辖权异议能否成立,一审法院均需审查并作出裁定;不论被告对一审法院驳回管辖权异议的裁定提出上诉的理由是否充分,一审法院均须将卷宗移送到上一级法院,由上一级法院审查并作出裁定。而且,由于被告提出管辖权异议及对驳回管辖权异议的裁定进行上诉是被告的诉讼权利,因此,即使被告提出管辖权异议及上诉的理由根本不能成立,也不会被法院认定为恶意诉讼,不会受到法院的制裁。

基于上述情况,在受案法院对案件的管辖不存在任何问题的情况下,出于诉讼策略考虑,作为被告的跨国公司有时也可以提出管辖权异议。该种情况下常见的情形有:① 应诉时间不足,如调查证据、了解事实、制定合适的诉讼方案需要更多的时间;② 因胜诉无望,需要通过拖延战术而拖垮对方,迫使对方让步;③ 因当前的法律规定对被告不利,拖延一段时间后,对被告有利的司法解释或法律可能出台,则应采取拖延战术,使得案件尽可能晚些进行实体审理。

(3)如果跨国公司为了速战速决,则即使受诉法院没有管辖权,也可以不提出管辖权异议。

经过分析研究,如果认为原告根本没有胜诉的可能,对此类案件,出于节约诉讼成本的考虑,即使受诉法院对案件没有管辖权,则作为被告的跨国公司也可以选择不提出管辖权异议,而由受诉法院尽快裁判;在特定情况下,出于商业目的或其他案外因素,有时跨国公司需要快速了结与原告的诉讼,在此情况下,跨国公司也可以选择不提出管辖权异议,而由受诉法院尽快审理并裁判。

3. 提出管辖权异议应注意的问题

根据我们的经验,作为被告的跨国公司提出管辖权异议,一般应注意以下问题:

(1)作为被告的跨国公司如提出管辖权异议,必须在法定答辩期限内①提出,否则,受诉法院即使对案件没有管辖权,受诉法院对跨国公司超过答辩期限提出的管辖权异议也将不予理睬,而继续审理案件。

(2)根据最高人民法院原司法解释的规定和实践中的通行做法,当事人针对级别管辖所提的管辖权异议,受诉法院可以直接对该异议口头通知予以驳回,而当事人不能上诉。但2009年11月12日发布的《最高人民法院关于审理民事级别管辖异议案件若干问题的规定》(法释〔2009〕17号)第1条规定:"被告在提交答辩状期间提出管辖权异议,认为受诉人民法院违反级别管辖规定,案件应当由上级人民法院或者下级人民法院管辖的,受诉人民法院应当审查,并在受理异议之日起15日内作出裁定"。因此,作为被告的跨国公司可以仅以级别管辖问题提出管辖权异议,也能达到争取时间的目的。

(3)作为被告的跨国公司如果为了争取时间而提出管辖权异议,则可以在答辩期限即将届满前将管辖权异议邮寄给受诉法院的承办法官,并且,如果法院裁定驳回管辖权异议,可以再次在上诉期限即将届满前将上诉状邮寄给受诉法院的承办法官。这样做,可以合法地、最大限度地达到拖延案件进入实体审理进程的目的。

---

① 根据《民事诉讼法》的规定,在中华人民共和国领域内没有住所的当事人,答辩期为自收到起诉状和应诉通知书之日起30日内,在中华人民共和国领域内有住所的当事人,答辩期为自收到起诉状和应诉通知书内15日内。

（三）根据案件具体情况和整体诉讼策略的需要，决定是否提出反诉或另行提起诉讼

提出反诉或者另行提起诉讼，是被告化被动为主动的一大战略选择。而且，在实践中，原告自身的某些商业行为也未必完全规范合法，或者处于法律的灰色地带。这时候，作为被告方的跨国公司如果选择的切入点得当，适时地提出反诉或者另行提起诉讼，则可能达到"出其不意，攻其不备"的效果。

因此，针对原告的本诉，跨国公司应分析是否有提起反诉的可能，或另行提起其他诉讼的可能。若能够提起反诉，就应在法律规定的举证期间内尽快提起诉讼。如果超过提起反诉的时机，导致法院不同意与本诉合并处理，则可以另行提起新的诉讼。除此之外，如果不属于反诉的案件，但发现也可以追究原告责任的其他事由，也应及时提起诉讼，使得原告也处于被动应诉的局面。

我们曾经为母公司在美国的一家在华跨国公司代理过一起公司诉讼案件。原告以被告（跨国公司）的行为构成合营合同下的违约为由，要求追究其违约责任。针对原告的起诉，我们认真分析了原告主张的事实依据，发现原告也存在重大违约行为，故建议被告提起反诉。法院受理反诉后，经过庭审对抗，原告主动与被告达成和解，互相不再追究对方的违约责任。

（四）考虑是否采取刑事手段或行政手段追究对手的刑事责任或行政责任，或借此单纯给对手制造压力

某些公司诉讼案件，尤其是因跨国公司投资引发的公司诉讼案件，有时存在某些股东或高管人员涉嫌刑事犯罪或者行政违法的情况。

如果作为被告的跨国公司发现原告或其高管人员在本案中存在刑事犯罪或行政违法情况，或者存在其他刑事、行政违法情形，为化被动为主动，跳出案件本身去启动刑事或行政程序，追究原告或其高管人员的违法、犯罪问题，则可以彻底扭转、改变已方不利的诉讼局势。即使与本案无关的刑事案件，也可能致使原告陷入极其被动的地位，使其陷入刑事案件、行政案件追诉之中，而无暇顾及本案的应诉，从而彻底打乱原告阵脚，达到被告的目的。

（五）根据诉讼策略需要，考虑是否采取必要的战术争取时间

1. 被告在个案中采取战术争取时间的必要性

如前所述，诉讼的周期与效率也是诉讼当事人在诉讼中需要重点考虑的因素。通常对原告而言，如果诉讼周期过长，将影响原告诉讼目标的实现。迟来的正义属于非正义，如果经年累月的诉讼耗费了大量的人力、物力、财力，即使面对最后可能胜诉的裁决，原告可能也会进行相应的妥协，放弃、变更自己的诉讼请求，甚至撤诉，追求与被告的和解。

此外，从跨国公司涉诉的特点看，案件一般比较复杂，涉及的证据材料比较繁多，境外生成证据需要进行公证和认证，委托手续也需要公证认证，而这都需要花费大量的时间。因此，从被告应诉的角度而言，案件复杂性导致被告难以在较短时间内完成证据的搜集整理、答辩思路的梳理形成以及整体诉讼策略的布局等工作。

可见，跨国公司作为公司诉讼的被告时，无论从对抗原告诉讼目标的角度出发，还是从被告应诉策略方面考虑，采取必要的战术争取适当的准备时间都是十分有必要的。

2. 跨国公司作为被告可以采用的争取时间的战术

根据我们的实践经验，在诉讼过程中，作为被告的跨国公司可以采用如下方式争取时间：

（1）就法院受理案件提出管辖权异议，在法院驳回管辖权异议后，对法院的裁定提出上诉。

（2）根据案件情况，对原告的起诉，提出反诉。

（3）提出适当理由，申请法院延期举证、延期开庭。

（4）提出合法理由，申请法院调查取证。

（5）对原告关键证据的真实性提出质疑（即便该证据的真实性可能没有问题），申请法院委托鉴定机构进行鉴定。

（6）根据案件情况，另行提起一个影响本案裁判的新的诉讼，同时申请法院中止本案诉讼审理。

（7）如果跨国公司在中国没有住所，必要时，可以以不签收法院送达的起诉状、应诉通知书、开庭传票等法律文件的方式，使得法院被迫通过公告方式送达，借以达到拖延诉讼进程的目的。

（六）认真分析研究案件，恰当确定答辩要点

影响案件最终裁判结果的因素固然很多，但最主要、最根本的还是案件本身，即案件的事实是否清楚，证据是否充分，原告的诉讼请求是否有充分的法律依据。因此，作为公司诉讼的被告，跨国公司应对诉讼的重中之重就是恰当确定答辩要点，从法律层面进行有效抗辩。

如果答辩要点方向错误，将导致整体诉讼策略安排的不当，影响到证据的搜集与提供以及法律关系的认定等多个方面，从而使己方在诉讼中处于极其不利的地位。在实践中，我们经常发现，一方诉讼当事人由于答辩要点不充分或者方向性错误，导致其抗辩不力，在诉讼中处于被动的局面，使本应当赢的诉讼，反而以惨败告终。因此，跨国公司应充分重视答辩要点的确定。

确定答辩要点要掌握两大原则，一是全面性，二是层次性。所谓全面性指的是需要基于案件事实，从实体和程序、事实和法律等多个方面拟定答辩要点，不放弃任何一个反驳的机会；所谓层次性指的是在答辩要点形成书面答辩状以及口头表述的答辩意见的时候需要进行体系化的排列组合，逻辑分明、层次清楚。

此外，答辩一定要注意证据的配合。根据谁主张谁举证的证据规则，一方对其答辩观点应提供充分的证据和法律。若属于事实性答辩，一定要围绕答辩观点搜集组织证据，做到每一项事实都有证据支持，不要忽视每一个细节，一个容易让人忽视的细节往往决定案件的胜败。若属于法律性答辩，就要提供充分的法律依据。对法律问题的研究一定要细致、全面，并具有一定的高度和深度。

（七）考虑是否与对方和谈，或边打边谈，或以打促谈

条件适当的和解对于诉讼的任何一方而言，无论是从节约诉讼成本、维系双方的合作关系以及长远的商业安排等各个方面，均是最有利的。特别是旷日持久的诉讼，博弈双方从整体看没有完全的胜利者。因此，和解是纠纷永恒的主题。无论在哪个阶段，只要有和解希望，且和解方案基本合理，跨国公司都要争取和解。但是，和解的前提是不损害跨国公司的根本利益。

第四章　境内投资者如何应对与跨国公司在华的公司诉讼

第一节　跨国公司应对在华公司诉讼的特点

本篇第三章重点从跨国公司的角度,论述跨国公司作为一方当事人应当如何应对在华公司诉讼的相关实务问题。本章将更换一个视角,从境内投资者的角度,研究境内投资者应对与跨国公司的公司纠纷和公司诉讼的策略与技巧。正所谓"知己知彼,百战不殆",作为境内投资者,如果希望从容应对与跨国公司的公司纠纷或诉讼,首先要了解跨国公司处理在华公司诉讼的特点。因此,本节将结合我们的实践经验,就跨国公司应对在华公司诉讼的特点进行分析和总结。

一、跨国公司注重对案件事实的调查和适用法律的研究

(一)跨国公司注重对案件相关事实的调查了解

全面调查了解案件事实,是作为原告恰当提起公司诉讼和作为被告正确应对对方提起的公司诉讼的重要前提条件。如果对事实的了解不全面、不彻底,甚至掌握的情况与真实情况严重不符,则公司确定的诉讼目标可能不切实际,相应制定的诉讼策略和诉讼方案也不恰当,很可能导致在诉讼中处于被动局面,甚至最终败诉。与境内公司相比,受其母国文化和法律环境的影响,跨国公司在应对公司诉讼时,往往更注重对案件基本事实的调查了解。

正如前文所述,导致跨国公司在华公司纠纷和公司诉讼多发的一个重要因素就是文化差异,而这种文化背景的差异不但影响跨国公司的经营理念,也充分体现在处理和应对纠纷和诉讼的策略和思路方面。

西方文化以制度为基础,讲究原则,追求效率,在管理上注重"法治",

强调以规章制度规范公司的管理和运营。因此，无论是对公司总体发展策略的把握还是在具体经营决策过程中，西方文化通常讲究"实事求是"、"照章办事"。这种文化体现在处理纠纷和应对诉讼案件时，跨国公司往往注重对案件相关事实的全面调查了解，还原事实原貌，以求在全面了解事实情况的基础上，探究各方的是与非，对与错，在法律上能否站住脚，并据此制定相应的应对策略。

此外，由于跨国公司的投资分布全球各个国家，投资模式和交易结构较为复杂，就公司运营而发生的纠纷涉及的事实也比较复杂，调查了解清楚案件事实，对跨国公司而言，更为重要。

通常而言，跨国公司均建立了较为完善的法务管理制度和风险防控制度，诉讼案件管理制度比较规范。在应对潜在或已发的诉讼案件时，跨国公司一般会根据案件管理制度的要求，自行或在律师的协助下全面调查案件事实，这是跨国公司应对各类诉讼案件的基础工作。

（二）跨国公司在诉讼过程中注重如实陈述案件事实

"事实"，根据词典的解释，是指"已经真实发生的情况"。金·莱恩·谢伯尔（Kim Lane Scheppele）[①]说过，"法律是需要被解释的，而事实仅仅有正确和错误之分"。然而，两个人看到同一事件但却会对"已经真实发生的情况"有两种完全不同的描述，并且一个人在一天看到一件事，但几个星期后可能会给出另一种不同版本的描述。正因如此，法律设置了一系列诉讼程序和证据制度以尽力还原事实原貌，而作为诉讼双方，如何运用证据陈述事实情况，将直接影响法院对案件事实的认定，进而影响法律适用及最终的判决结果。

当诉讼发生时，作为诉讼的策略和技巧之一，双方当事人都要充分考虑如何举证质证，向法院展示一个什么样的案件事实。中国民事诉讼法确定了"谁主张，谁举证"的举证责任分配基本原则，因此，当一方当事人主张的事实没有证据证明或无法提供证据原件时，有的国内当事人可能出于诉讼策略的考虑，对对方所主张的事实和证据真实性不予认可。而受"实

---

① Kim Lane Scheppele，现为美国宾夕法尼亚大学法学院教授，研究方向为比较法、政治学和社会学。

事求是"、"照章办事"、"诚实信用"等西方文化的固有思维影响,在诉讼过程中,跨国公司往往如实陈述案件事实,使得法院能够全面了解案件情况。了解跨国公司的这一特点,对境内投资者应对与跨国公司的诉讼时,非常重要。

(三)跨国公司注重对案件适用法律的研究

如果说,充分的调查取证、举证、质证、展示事实很重要,而在查明事实后,如何适用和解释法律,对于最终的判决结果更为重要。而对于跨国公司在华的公司诉讼而言,由于跨国公司的投资模式较为复杂、交易涉及多个国家和地区,在法律适用上更为复杂,可能涉及管辖法院、准据法的确定、外国法的查明和识别、国际公约、条约的解释和适用等多重法律问题,且就中国法律而言,跨国公司也可能需要适用有关外资企业的特殊规定。因此,跨国公司诉讼涉及的法律问题,通常比普通境内公司的公司诉讼要复杂得多。

正是由于跨国公司诉讼法律适用问题的特殊性和复杂性,跨国公司无论是在主动起诉还是作为被告应诉时,都特别注重对案件法律适用的研究,强调在对案件所涉及的每一个法律问题深入研究后,再有针对性地制定诉讼策略。

二、跨国公司在主动提起公司诉讼时一般非常慎重

(一)跨国公司主动提起公司诉讼时,一般经过认真的分析、论证

跨国公司是由分布在各国的诸实体所组成,其内部各实体之间,特别是母公司和子公司之间存在着密切的联系,当诉讼发生时,往往会产生"牵一发而动全身"的效果。因此,跨国公司不但经营管理具有全球性和集中性,不仅是从某个分公司、某个地区着眼,而是从整个公司的利益出发,从全球范围考虑公司的政策和策略,在纠纷解决时,也会十分谨慎和慎重,会从跨国公司的全球战略考虑纠纷的处理思路。

并且,由于公司诉讼不同于普通的合同纠纷等民事诉讼,该类诉讼一般涉及跨国公司与其他股东、高级管理人员之间就公司经营管理的纠纷,无论最终是否胜诉,都将对跨国公司的正常生产经营等产生影响,有时甚

至不可避免地影响商业信誉,因此,跨国公司在主动提起公司诉讼时,一般均经过充分、认真的分析,论证诉讼对标的公司本身运营的影响,同时还会考虑诉讼对该地区甚至全球业务的影响。

(二)跨国公司一般在胜诉把握较大时才提起公司诉讼,不会轻易主动挑起诉讼争端

由于跨国公司母公司、子公司之间联系的紧密性,当跨国公司决定主动提起公司诉讼时,会相当谨慎。根据我们的实践经验,跨国公司一般认为胜诉把握较大时才会主动提起诉讼。

随着中国市场的深入开放以及资本全球扩散的必然趋势,跨国资本在华的投资结构也不断演变和愈加复杂多样,如今,外资投入方式已不像最初进入中国的初期阶段通常采用的合资、合作、独资方式,投资方式亦愈来愈多样、投资结构愈来愈复杂。为规避风险,便于执行全球战略决策,跨国资本有时通过设置多层离岸公司、复杂的股权结构、协议控制等方式投资中国市场,逐步涌现出 BOT 模式、PE 模式、VIE 模式、QFII 模式等多样和复杂的投资结构。

复杂的投资模式可能有利于规避跨国公司日常运营的风险和相关监管,但当跨国公司因公司运营管理产生纠纷时,这种复杂的股权结构和投资模式,却也可能为纠纷解决和维权带来法律障碍。因此,跨国公司选择在华提起诉讼,一般相当慎重,只有在充分论证认为胜诉把握较大时,才会主动提起诉讼,以免带来不利的诉讼结果,甚至败诉后影响其日后投资模式的选择。

三、跨国公司通常委托高水平的专业律师代理公司诉讼

(一)跨国公司重视专业律师的专业判断和意见,通常委托高水平的专业律师参与诉讼

虽然跨国公司内部一般都设有法务部,但是公司内部法务人员主要从事的是较为常规的公司内部治理、合规和文件审核工作,而一旦涉诉,公司的内部法务面对庞杂的法律事务难免"捉襟见肘",且由于诉讼案件的实务性,应对诉讼案件就需要从外部聘请经验丰富的诉讼律师,在公司法务的配合下,完成公司诉讼复杂的应对工作。

如前文所述,公司诉讼具有与一般民事诉讼不同的专业特点,与传统民事诉讼已经过长期发展、相对成熟不同,中国的公司诉讼是近年来才逐步发展,尤其是新公司法实施后,公司纠纷的可诉性才逐渐增强。可见,公司诉讼比普通民事诉讼,由于具有更强的专业性、复杂性和前沿性,公司法务人员处理此类诉讼的经验相对较少。因此,聘请专业的公司诉讼律师,可以凭借其丰富的公司诉讼实践经验和对法院裁判规则的解读,通过对整个诉讼局势的运筹和调控,达到跨国公司利益的最大化。

美国斯坦福大学法学院教授保罗·布雷斯特写道:"优秀的律师在解决问题时,不仅仅运用法律知识和律师职业技巧,还运用创造力、常识、实践中产生的智慧以及最为可贵的品质——好的判断力。"可见,选聘一个好的律师,不仅能够对案件涉及的法律问题提供更专业的分析、丰富的诉讼策略和技巧,还能够依据其智慧和经验对案件的进展及可能的结果作出判断,为跨国公司提供有价值的决策依据。

因此,跨国公司对专业律师有着更高的依赖性和信任感,更尊重专业律师的专业判断和意见,通常委托高水平的专业律师参与公司诉讼。

(二)跨国公司委托律师的成本较高,有时花费的律师费可能高于案件标的

由于公司诉讼往往对公司经营影响重大,甚至可能决定公司的生死存亡,跨国公司通常对此类纠纷较为重视和慎重,注重委托律师的专业水平和职业经验,更倾向于选聘高水平的优秀律师代理诉讼,而律师收费的多少往往不是选择律师时所考虑的主要因素。特别是,有的公司诉讼案件,可能案件本身标的并不大,比如股东会决议效力纠纷、股东知情权纠纷、公司解释纠纷等,但案件的影响和意义却十分重大,在这种情况下,跨国公司聘请律师所花费的费用可能远远高于案件的标的额。

四、跨国公司可能借助中国保护投资软环境的政策获取法院公正对待和判决

(一)跨国公司严禁采取商业贿赂等非法手段影响法院判决,也不会允许代理律师采取上述手段影响法院判决

1977 年美国正式出台《Foreign Corrupt Practices Act》(简称为

"FCPA",中文译为《反海外腐败法》)。该法旨在禁止美国公司向外国政府公职人员行贿,标志着反海外商业腐败法律的产生。此后,日本、德国、韩国、瑞典、英国等国家受 FCPA 的影响分别制定或修订了国内立法,对本国企业和个人实施的海外腐败行为加以约束和制裁。1996 年 3 月 26 日,23 个美洲国家签署了全球第一份区际反腐败公约《美洲反腐败公约》。1999 年 1 月 27 日,欧洲理事会制定并通过了《反腐败刑法公约》,为欧盟国家制裁与跨国经济交往相关的外国公职人员受贿、国际组织成员受贿提供了法律依据。2005 年 12 月 14 日,《联合国反腐败公约》正式生效,目前已经为 148 个成员国签署,80 个国家所批准,中国也于 2005 年 12 月 27 日批准加入了《联合国反腐败公约》。根据《联合国反腐败公约》的要求,也为了进一步规范对商业贿赂的规制,最高人民法院又先后出台了《关于办理受贿刑事案件适用法律若干问题的意见》(2007 年 7 月 8 日)、《关于办理商业贿赂刑事案件适用法律若干问题的意见》(2008 年 11 月 20 日)等司法解释。

据此,不仅跨国公司在华的投资实体要受中国有关反腐败法规的规范,跨国公司的母公司在其本国也通常要就其在华子公司的行为受反海外腐败相关法规和公约的约束,因此,跨国公司在内部管理上通常十分注重对反腐败问题的规范和风险防控,在诉讼过程中,特别强调不能采取商业贿赂等非法手段影响外国法院判决,也不会允许代理律师采取上述手段影响法院判决。

(二)跨国公司可能借助某些地方保护外商投资的环境的政策,希望得到法院公正判决

考虑到中国特殊的政治法律环境,跨国公司在中国应对公司诉讼时,如果能够寻求到投资所在地的地方政府或者上级政府的支持,会在某种程度上使其诉讼地位得到一定改善。而且,跨国公司在中国诉讼除受到公司法的规制之外,还受到大量外商投资法律规范甚至是产业政策的影响。所以,如果能够在纠纷中得到政府的支持,无疑将加大跨国公司胜诉的把握。当然,跨国公司适时寻求政府支持只是其诉讼策略之一,跨国公司应对在华公司不会完全依赖政府。

比如,我们在代理某汽车行业跨国公司应对与合资中方的合资纠纷中,跨国公司受到地方法院的不公正对待。我们建议该跨国公司向当地政府和地方商务部门反映情况,受到地方政府的高度关注,最终在政府的斡旋下,双方达成了和解。

五、跨国公司通常不愿打持久战

(一)跨国公司通常比较关注公司诉讼的时间

诉讼必须遵照一定的程序,而在追求程序公平正当的价值时,也使得案件处理的效率相应降低。作为一方当事人的跨国公司精心策划发动诉讼或花费时间和精力应对诉讼,不可避免地间接地对跨国公司其他利益造成损失,包括机会成本的损失等。诉讼的不确定性可能使公司的交易相对方产生动摇,从而选择其他合作伙伴。如果诉讼直接涉及公司决策,如股东会决议/董事会决议效力,则由于诉讼导致决议效力悬而未决,可能影响到公司融资及资产的处置等。

以时间成本为例,跨国公司作为原告的起诉被受理后,就要严格遵守受诉法院确立的诉讼规则,全力以赴地参加诉讼。如果作为一方当事人的跨国公司为境外法人,则该类诉讼为涉外诉讼,人民法院审理该类涉外诉讼案件的时间不受审理期限的限制,因而审理期限一般比国内诉讼更长,个案甚至旷日持久。

除了案件结果本身的影响外,时间成本往往是跨国公司诉讼考虑的重要因素之一,在确定诉讼策略时,诉讼程序可能花费的时间往往也是跨国公司关注的重点。

(二)跨国公司通常希望尽快了结诉讼,以节约成本

出于诉讼策略的考虑,对某些特定案件,有些当事人可能会希望诉讼持续时间长一些,而在程序上采取拖延战术和策略。但通常而言,跨国公司往往更注重案件的时间成本和效率,而希望尽可能地缩短诉讼进程,速战速决,尽快了结诉讼,一般不愿打持久战。

此外,跨国公司在委托律师参与诉讼过程中,一般采取计时收费的方式支付律师费。因此,诉讼持续时间越长,意味着跨国公司需要支付的律师费越多。因此,从节约律师费支出的角度考虑,跨国公司一般也希望尽

快了结诉讼。

在我们代理跨国公司的公司诉讼案件中,跨国公司均十分关注诉讼可能持续的时间,并要求律师预测各个阶段的时间表。如果案情发生变化,还会要求律师重新进行预测。同时,跨国公司一般希望律师采取合法有效对策,尽可能推动诉讼案件进程。

六、跨国公司高度关注其委派的董事、监事及高管人员的个人责任和风险

(一)在公司诉讼中,跨国公司高度关注高管人员个人的责任和可能的风险

根据现代民商法理论和相关规定,董事作为公司的代理人对外进行活动时,与传统民法的代理不同,董事在执行公司业务时,享有不受限制的、不受司法审查的权力,当然推定董事的行为即是公司的行为,董事即便滥用此种权力,其行为亦对公司产生约束力,公司不得借口董事之行为超越授权而拒绝对第三人承担责任。当然,这并不是说,董事在从事代理活动中可以无法无天,董事如果滥用其权力而损害公司的利益,公司、股东和债权人可以诉请董事对公司、股东和债权人承担法律责任。因此,从公司内部来讲,董事仍应受公司章程、股东大会决议之约束,否则,将要对公司承担责任。中国《公司法》亦规定了董事、监事和高级管理人员的忠实义务和勤勉义务。

基于董事、监事、高级管理人员的忠实义务,董事在执行公司业务时所承担的以公司利益作为自己行为和行动的最高准则,不得追求自己和他人利益的义务。具体表现在,董事不得利用在公司的地位和职权为自己谋取利益,不得利用职权收受贿赂或其他非法收入,不得因自己的身份而受益,不得利用职务之便与公司开展非法竞争,不得与公司从事自我交易,不得泄露公司秘密,董事不得利用公司的财产、信息和商事机会等。基于董事、监事高级管理人员的勤勉义务,在管理公司事务过程中负有运用自己的知识、经验、技能和勤勉并且使之达到法律所要求的标准的义务。我国《公司法》关于董事勤勉标准的规定属于典型的严格勤勉标准,《公司法》第150条规定,"董事、监事、高级管理人员执行公司职务时违反法律、行政法规或者公司章程的规定,给公司造成损失的,应当承担赔偿责任"。根据该规定,董事只要违反一般勤勉义务、给公司造成了损失,就需要承担赔偿责任。

公司董事、监事、高级管理人员作为公司的受托人和代理人,在处理公司事务时不仅与公司本身发生权利义务关系,如董事、监事、高级管理人员违反法律、行政法规和公司章程的规定,违反忠实、勤勉义务,董事、监事、高级管理人员可能需对公司或股东承担损害赔偿责任,还可能需就其事务处理行为与公司一起对外承担共同的连带责任。

在跨国公司面对公司诉讼时,尤其高度注重其所委派、选聘的董事、监事、高级管理人员是否可能存在违反忠实、勤勉义务等而需承担个人责任的可能和风险,关注董事、监事、高级管理人员是否因执行公司业务的行为而对外承担责任。在我们代理的一起跨国公司并购境内公司引发的纠纷中,被并购的境内公司仍然由中方股东实际控制,在中方控制下的合资公司未经董事会决议以欺诈手段骗取银行贷款。跨国公司及其派驻的外方董事了解到这一情况后,非常担心公司董事的个人责任,反复要求律师论证董事个人如果知情后不向公安机关报告是否要承担个人责任,最后该外方董事辞去合资公司董事职务。由此可见,跨国公司非常关注其委派的董事的责任和法律风险。

(二)在公司诉讼中,跨国公司不希望高管人员个人陷入在中国的诉讼,并对高管人员被限制离境的情况高度关注

如前面所提到的,《中华人民共和国外国人入境出境管理法》第23条和《中华人民共和国公民出境入境管理法》第8条规定,对外国人和中国公民在大陆境内有未了结的民商事案件,人民法院可以决定其限制出境措施。最高人民法院、最高人民检察院、公安部、国家安全部《关于依法限制外国人和中国公民出境问题的若干规定》和最高人民法院《关于审理涉港澳经济纠纷案件若干问题的解答》,对限制出境措施的适用作出了规定。最高人民法院2008年11月3日颁布的《关于适用〈中华人民共和国民事诉讼法〉执行程序若干问题的解释》第37条明确规定:"被执行人为单位的,可以对其法定代表人、主要负责人或者影响债务履行的直接责任人员限制出境。"

在司法实践中,如果跨国公司面临公司诉讼,对方当事人可能将跨国公司的董事、监事、高级管理人员等一并列为被告,并申请法院对相关人员采取限制出境的措施。如跨国公司为被执行单位,对方当事人也可能申请对跨国公司的法定代表人、主要负责人等采取限制出境的措施。而由于跨国公司委派在华的董事、监事、高级管理人员多为外籍人员,并且通常需要频繁出入境开展商务活动,一旦被采取限制出境措施,将会给相关外籍高管的工作和生活带来极大不便,且也可能严重影响公司的商业信誉。因此,跨国公司在诉讼时更担心高管人员被采取限制离境的措施。

比如,本书下篇第六章所介绍的案例五,合资公司的外方董事被中方股东提起诉讼并被限制离境纠纷一案中,在合资公司中方与外方股东产生纠纷时,中方股东即以外方董事为被告,以外方董事违反竞业禁止义务提起诉讼,并申请法院对外方董事采取限制出境措施,使得外方陷入被动。

七、跨国公司高度关注在华公司诉讼对公司声誉和业务发展的影响

(一)在提起公司诉讼或应诉时,跨国公司高度关注该诉讼是否会影响公司声誉

除前往述及的经济成本和时间成本外,公司诉讼引发的社会舆论影响以及因诉讼引起的合作关系破裂、消费者消费观念的改变,甚至其他政治影响等,都应予以考虑。这些成本虽然看不见、摸不着,但却可能对跨国公司影响重大。实践中常见到一些跨国公司赢了官司却输了市场的情况。因此,该隐性成本也是跨国公司重点关注和评估的问题。

对于跨国公司来说,诉讼对公司声誉的影响往往比案件本身的结果更为重要。比如,在公司对外交易过程中,跨国公司在与合同相对方就合同履行发生争议时,跨国公司往往注重自己的信誉,而倾向于先履行自己的义务,再与对方商讨纠纷的解决。在与合作伙伴共同经营公司而产生纠纷时,跨国公司也往往先关心如何处理更有利于维护公司的商誉,再决定是否提起诉讼及如何应诉。

(二)在提起公司诉讼或应诉时,跨国公司高度关注该诉讼是否会影响公司业务发展和中国的市场

前一段时间,被中国媒体广泛关注,并被各界炒得沸沸扬扬的"真假开心网"之战,正牌开心网虽然最终赢得了官司,但人人网利用"假开心网"

成功狙击了开心网,减缓了开心网迅速扩张的势头,仅以40万元的代价,就"掳"走了原本应该被对方收归旗下的3000多万名用户,并在IPO上占得先机,可以说是成为了商场上的真正赢家。①

可见,诉讼的成功并不一定代表商业上的胜利,法律不能解决所有问题,诉讼也不见得是所有纠纷的最佳解决方案。同样,面临诉讼,诉讼策略的选择和确定,比如,诉讼请求的确定、是否接受和解、何时和解等,都将对最后的成败带来重要影响。因此,跨国公司在决定提起公司诉讼或应诉时,一般会高度关注诉讼策略的确定,避免诉讼对公司业务发展带来重大不利影响。如果诉讼对公司业务发展的不利影响大于通过诉讼可能获得的利益,跨国公司多半最终选择放弃提起诉讼。

八、跨国公司在合理条件下易于接受和解

(一)跨国公司在华公司诉讼的高成本,使得其愿意在合理条件下接受和解

通常而言,公司诉讼是在双方无法和解或和解无望的情况下进行的。如果有和解的可能,在合理条件下接受和解解决公司纠纷,具有诸多好处和优势。对此,我们在前文中已经详述,在此不再重复。由于跨国公司在华公司诉讼一般需花费较高的时间成本和经济成本,跨国公司更愿意在合理条件下接受和解。

(二)跨国公司重视诉讼的商业目标,通常在达到其追求的商业目标后愿意接受和解

就跨国公司在华公司诉讼而言,判决往往并不是公司最愿看到的结果或最佳纠纷解决方式。比如,股东会决议效力纠纷案,法院判决决议无效将交易回复原状,可能并不一定有利于公司的生产经营和发展;公司解散诉讼纠纷,判决解散公司,也不一定是跨国公司最想看到的结果;在董事、监事、高级管理人员损害公司利益纠纷中,诉讼往往只是双方股东谈判的筹码和手段,而获得高管人员的金钱赔偿并非诉讼的主要意图。

---

① 关于该案的详细报道请见《开心网赢了官司输了市场 "真假开心网"之争尘埃落定》,载华商网,http://finance.hsw.cn/system/2011/04/26/050908798_01.shtml,2011年4月26日访问。

实际上，跨国公司更看重诉讼所能实现的商业目标。在有些情况下，司法判决并不能真正解决纠纷双方的争议，加之时间和经济的高成本考虑，在达到所追求的商业目标后，跨国公司往往愿意接受和解。

九、跨国公司尊重并自觉履行法院的生效判决和裁定

根据中国民事诉讼法的规定，法院的生效判决和裁定在法律上具有拘束力、既判力，有给付内容的判决还具有执行力。判决一旦生效即有普遍约束力，当事人必须遵守，应当按判决行使权利和履行义务。判决发生法律效力后，义务人不履行义务的，权利人可以判决为根据，向法院申请强制执行，法院依照强制执行程序，以国家强制力保证判决的内容付诸实现。

但是，在中国的司法实践中，不自愿履行判决裁定的当事人比比皆是，很多当事人在拿到判决后选择不自觉履行，甚至当被法院强制执行时，也采取种种策略和方式逃避、拖延或阻碍判决、裁定的执行。然而，跨国公司通常十分尊重法院判决或裁定的拘束力，即使其认为判决不公甚至错误，但法院判决或裁定一旦生效，跨国公司即自觉履行，基本不会出现不履行生效判决和裁定的情况。

第二节 境内投资者应对与跨国公司在华公司诉讼的策略

基于本章第一节对跨国公司应对在华公司特点的分析和研究，我们在本节将有针对性地论述境内投资者如何应对与跨国公司在中国的公司诉讼。

一、高度重视，充分准备，不轻易对跨国公司提起公司诉讼

（一）在提起诉讼前或应诉时，做好对案件事实的调查了解

如前述分析，跨国公司无论是作为原告主动提起诉讼还是被动应诉，均十分注重对案件事实的调查了解，且涉及跨国公司的公司诉讼，案件事实一般也比较复杂，因此，境内投资者在面对与跨国公司的公司诉讼时，无论是决定提起诉讼前还是应诉时，也都应做好对案件事实的调查了解。

在我们代理的许多案件中,跨国公司均特别注重对案件事实的调查了解,强调通过大量举证、质证说明案件事实。而一些境内投资者在应对与跨国公司的诉讼时,往往对事实问题不够重视和细致,对跨国公司了如指掌的细节问题,境内投资者了解不足,从而在法院查明事实阶段处于被动,甚至影响诉讼结果。

(二)在提起诉讼前或应诉时,做好案件的分析论证

境内投资者在提起诉讼前或应对诉讼,除了要全面查清案件事实,还要做好对法律问题的分析论证。基于跨国公司注重对案件法律问题分析的特点,境内投资者对法律问题的分析研究也不能掉以轻心。

实践中,境内投资者由于不重视法律问题分析论证,而导致错列当事人、错提诉讼请求、举证不能而导致其主张不能得到支持、权益不能得到维护的案例比比皆是。比如,我们代理的外资隐名股东与国内显名股东关于隐名股东请求变更为显名股东的纠纷中,在外资隐名股东已就案件事实和法律问题充分阐述的情况下,作为显名股东的境内投资者,不是从法律上论证隐名股东成为显名股东的条件是否成就,是否符合法律规定,而仅单纯地否认委托持股关系存在或在程序上做无谓的拖延,显然在法律上站不住脚,不能得到法院支持,最终也当然无法取得有利的裁判结果。

二、选择有经验的公司诉讼律师代理诉讼

如前文所述,跨国公司一般均委托水平较高的公司诉讼律师应对在华公司诉讼。可以说,在境内投资者与跨国公司的诉讼战中,对方始终有诉讼高手参与。在此情况下,如果境内投资者不能委托水平相当的专业律师予以应对,必将在诉讼大战中处于下风。因此,选择有经验的公司诉讼律师代理诉讼,是境内投资者在应对与跨国公司的诉讼中首先要解决的问题。

而对选择适当的代理律师这个重要的问题,境内投资者往往不如跨国公司重视。主要原因是,在中国国内诉讼时,境内投资者似乎更重视"关系",包括与法院的关系、与法官的关系,甚至与地方政府的关系。这是一个误区。一方面,近年来,随着中国经济的发展,中国的法院越来越重视专业,越来越公正,受地方政府的干预越来越少,这是不争的事实;另一方面,

由于公司诉讼,尤其是涉及一方当事人为跨国公司的公司诉讼的专业性,如果委托的律师不够专业,业务不够熟练,经验不够丰富,因此提出的诉讼思路和应对方案不当,即使法院想有所偏袒,可能也难以做到。更何况明显不公正甚至错误的判决,对方很容易通过二审甚至再审予以纠正。

三、恰当利用诉讼保全、限制离境、反诉等诉讼策略

(一)境内投资者作为原告提起诉讼时,要利用好诉讼保全和限制离境措施

如前所述,在民事诉讼程序中,为了保证民事案件审理的顺利进行和将来有效裁判的执行,中国设置了诉讼保全制度和限制离境措施。境内投资者在提起诉讼时,如果能够依法恰当地采取诉讼保全措施,则有利于迅速占据主动地位,并能够确保未来案件裁判的执行。比如,在提起返还公司印章、账簿等公司财产的诉讼时,申请对相关公司印章、账簿等采取查封保全措施,能够有效避免相关公司财务资料等在诉讼程序中灭失、被篡改等;境内投资者作为原告提起股权转让纠纷,申请查封保全涉案股权也十分重要,否则,可能最终判决作出后,股权已被转卖、质押、查封、执行等。

此外,由于跨国公司高度关注诉讼对于其商誉的影响,如其重要公司财产或账户被采取保全措施,将对其生产经营和信誉可能产生一定的不利影响。境内投资者如能对此类财产、账户等采取有效保全措施,将使跨国公司陷于被动,有利于迫使跨国公司和谈解决纠纷。

正如我们前面所提到的,跨国公司在应对诉讼时还十分担心其董事、监事、高级管理人员被采取限制离境措施。据此,如恰当地对跨国公司派驻的董事、监事和高管人员采取限制离境措施,将会给跨国公司施加非常大的压力,可能使陷入谈判僵局的双方重新回到谈判桌前,也可能使长期无法执行的判决得以顺利执行。

(二)境内投资者作为被告的案件,可以考虑提起反诉进行制衡

境内投资者作为被告应对跨国公司在华提起的公司诉讼,除在本诉中充分调查了解案件事实、做好法律问题的应对和答辩外,还可考虑提起反诉予以制衡。反诉不同于被告在本诉中对原告诉讼请求的抗辩,而是被告以本诉原告为被告,向受诉法院提出的与本诉有牵连的独立的反请求。反

诉虽然不是直接对原告的诉讼请求予以反驳,但往往可以达到抵消、动摇或吞并原诉的目的,实现反守为攻。而且,在反诉中,境内投资者可以申请法院采取诉讼保全、限制反诉被告及其高管离境的措施。

四、如果不能速战速决,就利用诉讼技巧拉长战线

针对跨国公司通常比较关注诉讼时间、希望能够速战速决的心态,境内投资者在制定诉讼策略时也要懂得利用跨国公司的心态,并根据案件进展情况适时调整。

相比于境内投资者,跨国公司出于成本等多方面因素考虑更急于尽快结束诉争。在不能速战速决取胜的情况下,境内投资者也可以考虑利用诉讼技巧拉长战线,以使跨国公司为免陷于诉讼泥潭而主动寻求和解。

虽然民事诉讼法规定了一审民事诉讼程序的审限为6个月,二审程序的审限为3个月,但在此期间,当事人还是可以采取多种策略拖延诉讼进程。比如,对管辖权提出异议、申请鉴定、申请延期举证、申请延期开庭等。此外,对相关法律文书的送达问题有时也成为有些当事人采取的拖延诉讼进程的手段。

五、利用跨国公司重视声誉和中国市场的特点,适当通过媒体制造压力

由于跨国公司格外重视诉讼对公司声誉和市场的影响,境内投资者在应对与跨国公司的公司诉讼时,应注重媒体力量,恰当运用,适时通过媒体给跨国公司制造一定压力,促使纠纷的解决。实践中,被媒体广泛关注的案件,跨国公司可能更愿意选择尽快和解以减轻可能对市场的不利影响。

六、打谈结合,适时和解

(一)如果能够通过和解解决,最好不提起诉讼

公司诉讼不同于普通民商事诉讼,违约、守约,输赢分明,而公司诉讼赢得官司往往并不是目的,胜诉也不见得就一定能够实现自身的利益。有时,判决作出后,却可能带来两败俱伤的结果。正如同"清官难断家务事",通过司法程序解决公司内部纠纷往往并不是最好的方式,无论法院最终如何判决,漫长的诉讼程序,都将对双方以及公司经营造成一定不利影

响。因此,如果能够通过和解解决,最好不提起诉讼。

(二) 一旦提起诉讼,则采取有力措施,让跨国公司感受到巨大压力,在条件合适时,适时和解

有时单纯希望和解反而不能解决问题,如果一旦决定提起诉讼,则需全力以赴,充分论证案件事实和法律问题,做好诉讼的准备和应对,并随时根据案件进展情况调整诉讼策略。如前述分析,和解往往是公司诉讼的最佳解决方案,因此,在诉讼进展过程中,境内投资者应注重根据跨国公司的诉讼心态特点,采取相应措施,适时给跨国公司施加压力,"打谈结合"、"以打促谈",争取有利的和解条件和结果。

总之,作为一方当事人的境内投资者,在应对与跨国公司的在华公司诉讼时,要了解跨国公司应对在华公司诉讼的特点,充分利用跨国公司的弱点,有针对性地予以恰当应对。

第五章 境外 PE 投资者保护境内投资权益的公司诉讼

因私募股权投资(Private Equity,简称 PE)引发的纠纷属于一类特殊的公司纠纷。在西方国家,PE 已经是一种成熟运作的投融资工具。虽然 PE 在中国起步时间不长,但由于其独有的特点和优势,近些年发展迅猛,同时也不可避免地发生了一些 PE 纠纷,尤其是因国外 PE 投资者和被投资企业经营管理层之间的矛盾引发的纠纷。在纠纷发生后,国外 PE 投资者往往根据 PE 投资合同的约定寻求通过外国诉讼或仲裁的方式解决争议。但由于被投资企业为在中国注册的公司,其核心资产在国内,即使 PE 投资者在国外打赢了诉讼或仲裁,也由于无法对被投资公司进行控制,而最终无法彻底解决纠纷,不能从根本上保护自己的投资权益。

近几年来,我们代表国外 PE 投资者处理了大量的 PE 纠纷。根据我们的实践经验,在发生 PE 纠纷后,PE 投资者固然可以依据 PE 投资合同寻求在国外仲裁或诉讼,但最关键的在于,基于被投资企业的股东身份,或股东的控制人身份,国外 PE 投资者完全可以依据中国法在中国国内采取法律行动保护自己的合法权益。鉴于 PE 纠纷的多发性和显著特点,本章对境外 PE 投资者如何依据中国法在中国采取法律行动保护自己的合法权益作专章论述。

第一节 PE 的概念和特征

一、PE 的概念和特点

(一) PE 的概念

PE 是指通过私募形式对私有企业(主要指非上市企业)进行的权益性

投资,在交易实施过程中附带考虑了将来的退出机制,即通过上市、并购或管理层回购等方式,出售持股获利。①

广义的私募股权投资,涵盖企业首次公开发行(IPO)前各阶段的权益投资。狭义的私募股权投资主要指对已经形成一定规模并产生稳定现金流的成熟企业的私募股权投资,与投资初创期企业的创业投资(Venture Capital,简称VC)不同,私募股权投资主要是针对创业投资后期的投资。目前在中国,PE多指狭义的私募股权投资。

(二) PE 的主要特点

PE 投资一般具有如下特点:

(1) PE 是对非上市公司的股权投资,流动性差,投资期限较长,一般可达三年至五年或更长,属于中长期投资,所以投资者会要求高于公开市场的回报。

(2) 资金来源广泛,如个人、风险基金、杠杆并购基金、战略投资者、养老基金、保险公司等。在资金募集上,主要通过非公开方式面向少数机构投资者或个人募集。

(3) 由于没有上市交易,所以没有现成的市场供非上市公司的股权出让方与购买方直接达成交易,有关投资安排都是投资者私下协商进行,一般也无需披露交易细节。

(4) 多采取权益型投资方式。PE 投资机构也因此对被投资企业的决策管理享有一定的表决权。反映在投资工具上多采用可转让优先股及可转债等形式。②

(5) 协议密集型的投资方式。由于不受上市法律规范和政府机构监管,因此交易各方的权利主要依靠大量协议安排加以保障。

(6) 不追求通过对目标公司的长期持股获得收益,而主要通过"退出"实现投资回报,具体退出渠道包括:公开发行上市(IPO)、售出(Trade Sale)或并购(M&A)、公司管理层回购等等。③

---

① 参见关景欣:《中国私募股权基金法律操作实务》,法律出版社2008年版,第1页。
② 参见姚佐文、陈晓剑、崔浩:《可转换优先股与风险投资的有效退出》,载《管理科学学报》2003年2月第6卷第1期。
③ 参见卢栎仁:《私募股权投资基金的特点》,载《产权导刊》2009年7月。

(三) PE 的优势

对于需要融资的企业来说,PE 有其突出的优势:

(1) PE 不仅投资期较长,能够增加企业资本金,还可能给企业带来管理、技术、市场和其他需要的专业技能。如果投资者是大型知名企业或著名金融机构,他们的声望和资源在企业未来上市时还有利于提高上市的股价、改善二级市场的表现。

(2) 相对于波动大、难以预测的公开市场而言,PE 资本市场是更稳定的融资来源。

(3) PE 的信息披露仅限于投资者,而不必像上市那样公之于众,在引进 PE 的过程中,可以对竞争者保密。

二、PE 的种类

(一) PE 投资的种类

广义的 PE 投资,按照投资阶段可划分为创业投资(Venture Capital)、发展资本(Development Capital)、并购基金(Buyout/Buyin Fund)、夹层资本(Mezzanine Capital)、重振资本(Turnaround)、Pre-IPO 资本(如 Bridge Finance),以及其他如上市后私募投资(Private Investment in Public Equity,即 PIPE)、不良债权(Distressed Debt)和房地产投资(REITs),等等。[①] 就狭义的 PE 而言,并购基金和夹层资本在资金规模上占最大的一部分。

1. 创业投资

创业投资是对创业企业进行的 PE 投资。VC 的投资对象是处于起步和发展阶段的企业,甚至是仅仅处在构思之中的企业,其经营方针是在高风险中追求高回报,特别强调创业企业的高成长性,因此高新技术企业和特殊商业模式企业是 VC 的主要投资对象。作为广义 PE 的一种类型,它的投资目的也是通过创业公司的上市获取回报。[②]

在中国,Venture Capital 被译作"风险投资"。创业投资与风险投资

[①] 参见叶有明:《股权投资基金运作——PE 价值创造的流程》,复旦大学出版社 2009 年版,第 2 页。

[②] 参见余晓明:《可转换优先股在风险投资中的运用》,载《技术经济与管理研究》2003 年第 6 期。

(Risk Capital),两者虽然密切联系,但本质上并非同一事物。创业投资指人们对较有意义的冒险创新活动或冒险创新事业予以资本支持,这里的 venture 有一种主动的意思。创业投资起源于15世纪英国等国家的富商对开拓与发现新殖民地和商业机会的远洋探险的投资。与此相对应,风险投资指人们在投资活动中承担不可预测又不可避免的不确定性,以期获得报酬,这里的 risk 没有主动的成分。风险投资是随着股票市场和期货市场的发展,在各种投资工具层出不穷的基础上发展起来的。

因而国外学术界倾向于将创业投资与风险投资加以严格区分:"创业投资"(Venture Capital)特指投资于创业企业的资本形态,与"非创业投资"(Non-venture Capital)即投资于相对成熟企业的资本形态相对应;"风险投资"(Risk Capital)则泛指所有未做留置或抵押担保的投资形态,与"安全投资"(Security Capital)即已做留置或抵押担保的资本形态相对应。

2. 并购基金

并购基金是专注于对目标企业进行并购的 PE 投资。并购基金的投资方式是:通过收购目标企业股权获得对目标企业的控制权,然后对其进行一定的重组改造,持有一定时期后再出售。并购基金的投资对象通常是成熟企业而非创业型企业。[①]

并购基金与其他类型 PE 投资的不同表现在,其他私募股权投资对企业控制权没有兴趣,而并购基金则以获得目标企业的控制权为目标。并购基金经常出现在管理层收购(Management Buy-Outs,简称 MBO)[②]中。

3. 夹层资本

夹层资本,是指在风险和回报方面,介于优先债权投资(如债券和贷款)和股本投资之间的一种 PE 投资形式。夹层投资通常向公司提供形式非常灵活的较长期融资,这种融资的稀释程度要小于股市,并能根据特殊需求作出调整。而夹层融资的付款事宜也可以根据公司的现金流状况确

---

① 参见杨振华、任宝元:《建立企业并购基金的若干思考》,载《金融研究》1997年第5期;林晓浙:《并购基金——未来并购市场中的重要力量》,载《福建金融》2004年第10期。

② 管理层收购是指:公司的经理层利用借贷所融资本或股权交易收购本公司的一种行为,从而改变公司所有制结构。通过收购,企业的经营者变成了企业的所有者。外部管理团队收购(Management Buy-Ins)又称管理层购入、管理层换购,是管理层购出的衍生形式。它是指在公司中由新的管理班子取代了现任的管理层,并由其收购、控制公司。当一家公众公司被其管理班子购买时,它被称为"私有化",因为该公司不再是公众的。

定。夹层资本一般偏向于采取可转换公司债券和可转换优先股之类的金融工具。

4. Pre-IPO

Pre-IPO,顾名思义,是指投资于企业上市之前,或预期近期可上市企业,在企业上市后,从公开资本市场出售股票退出的 PE 投资方式。同投资于种子期、初创期的 VC 不同,Pre-IPO 的投资时点在企业规模与盈收已达可上市水平时,甚至企业已经站在股市门口。因此,Pre-IPO 投资具有风险小、回收快的优点,并且在企业股票受到投资者追捧情况下,可以获得较高的投资回报。

5. REITs

房地产投资信托基金(Real Estate Investment Trusts,简称 REITs),是一种以发行收益凭证的方式汇集特定多数投资者的资金,由专门投资机构进行房地产投资经营管理,并将投资综合收益按比例分配给投资者的一种信托基金。REITs 代表着目前全世界房地产领域最先进的生产力。

与中国信托纯粹属于私募性质所不同的是,国际意义上的 REITs 在性质上等同于基金,少数属于私募,但绝大多数属于公募;REITs 既可以封闭运行,也可以上市交易流通,类似于中国的开放式基金与封闭式基金。[①]

REITs 典型的运作方式有两种:其一是特殊目的公司(SPV)向投资者发行收益凭证,将所募集资金集中投资于商业地产,并将这些经营性物业所产生的现金流向投资者还本归息;其二是原物业发展商将旗下部分或全部经营性物业资产打包设立专业的 REITs,以其收益如每年的租金、按揭利息等作为标的,均等地分割成若干份出售给投资者,然后定期派发红利,实际上给投资者提供的是一种类似债券的投资方式。由于写字楼、商场等商业地产的现金流较传统住宅地产稳定,因此,REITs 一般只适用于商业地产。

与一般的房地产投资基金不同,REITs 在本质上属于资产证券化的一种方式。简单地讲,REITs 就是将大众投资人的资金,由专业投资机构投资在商业地产上,投资人不是直接拿钱投资不动产,而是取得收益凭证,收

---

① 参见冯晓明:《我国发展房地产投资信托基金的风险防范探究》,载《南方金融》2009 年第 7 期。

益通过红利等方式分配。且REITs可以挂牌公开交易,因此投资人还可以在公开市场买卖,赚取资本利得。

另外,从REITs的国际发展经验看,几乎所有REITs的经营模式都是对已有商业地产的投资,极少有进行开发性投资的REITs存在。因此,REITs也不同于一般意义上的房地产项目融资。

2009年7月,中国首只REITs在浦东新区发行募集,显现出"央行牵头试点方案"的模式。这只REITs发售的对象仅限于"全国银行间债券市场机构投资者",因此主要为债权类产品,在银行市场间流通,属于信托及偏债券模式,即只是把物业进行金融证券化衍生,参与企业将以其持有物业的未来10年租金收入的收益权,由受托机构设立此次信托产品以获得募集资金。但由于只在银行间市场流通,个人投资者和相当多的机构投资者不能参与,会使募集资金有限,难以体现REITs的规模和流通价值,还不能算真正的REITs。

(二) PE投资基金的种类

PE投资的资金来源,会影响PE的结构和管理风格,不同的资金要求不同的投资目的和战略,其对风险的承受能力也不同。现在国内活跃的PE投资机构大致可以归为以下几类:

一是专门的拥有多元化资金来源的独立投资基金,如凯雷基金。独立投资基金具有信托性质,他们的投资者包括养老基金、大学和机构、个人、保险公司等。美国投资者偏好这种独立投资基金,认为他们的投资决策更独立,较少受到母公司的干扰。[1]

二是大型的多元化金融机构下设立的直接投资部,如摩根斯坦利。与独立投资基金相似,这种基金也具有信托性质,并且更受欧洲投资者的喜爱,他们认为这类基金因母公司的良好信誉和充足资本而更安全。

三是国内新成立的一些私募股权投资基金,如弘毅投资、申滨投资等。国家发改委于2004年11月起草了《产业投资基金管理暂行办法(征求意见稿)》,虽然至今没有出台,但是有关内容已经在相关政府部门达成共识。而国内已成功设立的中瑞、中比等中外合资产业投资基金,均由国家

---

[1] 参见姚奇:《中美私募股权投资基金法律浅析》,载《西部法学评论》2009年第1期。

发改委以特批的方式报国务院批准成立。

四是大型企业的投资基金,这种基金的投资服务于其集团的发展战略和投资组合,资金来源于集团内部,如 GE Capital 等。①

此外,需要特别提示的是,这里所说的 PE 投资基金与国内所称的"私募基金"的概念也不同。PE 投资基金是以私募形式投资于未上市的公司股权,而"私募基金"则主要是指通过私募形式,向投资者筹集资金,进行管理并投资于证券市场(多为二级市场)的基金,主要是用来区别共同基金(mutual fund)等公募基金的。②

三、PE 合同的主要内容

对 PE 投资者而言,由于 PE 并非旨在通过长期持股获得企业的经营收益,而是通过"退出"受益。因此,PE 投资者更多地关注风险控制而非公司治理。

除一般条款外,PE 投资协议主要包括:股权购买的比例及对价条款、购股款支付方式和期限条款、未分配利润归属条款、资金用途条款、新股东地位及股东权利条款、组织机构变动条款、退出条款、声明和保证条款、违约责任条款等。

(一) 组织机构变动条款

通过投资行为,PE 投资者取得了被投资公司一定比例的股权,享有了与股权相关的分红权等经济权利。为保证资金的合理使用和企业的规范运行,保障其经济权利,PE 投资者有必要在公司的组织机构中享有相应的决策权利。因此,PE 合同通常会对董事会、监事会的组成人员和议事规则进行一定的变动,如约定 PE 投资者有权指派一名或多名董事/监事进入董事会/监事会,PE 投资者指派的董事对于合同列明的重大事项具有一票否决权等等。

(二) 优先股权条款

为了使投资风险降到最低,PE 投资者通常会要求其投资形成的股权

---

① 参见冯进路:《私募股权投资基金(PE)国内外研究评述》,载《经济师》2008 年第 5 期。
② 参见范俏燕:《私募股权投资的战略选择》,载《财经科学》2009 年 9 月总 258 期。

享有优先权,以最大限度地保障其在被投资公司的股权比例和退出收益。①

1. 优先分红权(Dividends Preference)

指在公司宣告分派股息时,优先股股东有权优先取得投资额一定比例的股息。在优先股股东取得优先股息后,剩余股息又有如下几种分配方式:(1)在取得优先股息后,优先股股东不再参与剩余股息分配;(2)在取得优先股息后,优先股股东与普通股股东按股权比例分配剩余股息。此外,在公司的年度盈利不足以分派约定的股息,或当年未宣告分派股息时,根据 PE 合同的约定,优先股股东可以享有在日后对往年应付未付的股息如数补缴的权利。

优先分红权最大限度地保障了 PE 投资者的收益,大大降低了其投资风险。但是,需要指出的是,根据中国《公司法》第 35 条②规定,股东应按照实缴的出资比例分取红利,但全体股东约定不按照出资比例分取红利的除外。因此,司法实践中通常认为,中国法律仅允许股东对分红比例进行约定,而并不允许约定各股东的分红顺序。也就是说,中国公司法并不允许股东享有优先分红权。

但是,上述法律问题是可以通过某种条款安排解决的。如各方可以约定,当公司的分红额达到 PE 投资者投资额的 N% 时,PE 投资者的分红比例是 N%,而其他股东的分红比例是 0%;当分红额超过 N% 时,则 PE 投资者和其他股东再按股权比例分红等等。

需要特别提醒的是,根据《中外合资经营企业法》第 4 条规定,"合营各方按注册资本比例分享利润和分担风险及亏损",而没有《公司法》关于股东另有约定的除外规定。因此,就中外合资经营企业而言,优先股的优先分红权在实践中更难以操作。③

2. 清算优先权(Liquidation Preference)

指在公司清算或结束业务时,优先股股东有权优先于普通股股东获得每股 N 倍(目前较常见的是 1—2 倍)于原始购买价格的回报以及宣布但

---

① 参见徐剑:《优先股法律问题研究》,载《经济与法》2008 年 2 月(上)。
② 2005 年修订的《公司法》第 35 条规定:"股东按照实缴的出资比例分取红利;公司新增资本时,股东有权优先按照实缴的出资比例认缴出资。但是,全体股东约定不按照出资比例分取红利或者不按照出资比例优先认缴出资的除外。"
③ 参见李寿双:《中国式私募股权投资——基于中国法的本土化路径》,法律出版社 2008 年版,第 20—25 页。

尚未发放的股利。

在优先股股东取得优先清算回报后,剩余可分配财产又可以有如下几种分配方式:(1)优先股股东取得优先清算回报后,剩余可分配财产再分配给普通股股东,优先股股东不参与分配;(2)优先股股东取得优先清算回报后,剩余可分配财产由包括优先股股东在内的所有股东按照股权比例共同分配;(3)优先股股东取得优先清算回报后,剩余可分配财产由包括优先股股东在内的所有股东按照股权比例共同分配,直至优先股股东获得总计为原始购买价 X 倍的价款,之后优先股股东无权再参与分配。[①]

在投资协议中约定 PE 投资者享有清算优先权,能够保障 PE 投资者最大限度地收回成本并得得收益。如果公司的可分配财产按全部股权比例分配的数额高于约定的优先清算回报时,PE 投资者也可以选择将优先股转换成普通股(conversion),不行使清算优先权而直接与普通股股东按比例分配。

(三)对股权处置的限制条款

1. 优先购买权(Right of First Refusal)

指公司股东出让股权时,在同等条件下,优先受让的权利。根据中国《公司法》第 72 条[②]的规定,优先购买权是股东的法定权利。

但是,由于 PE 合同经常约定适用外国法,因此缔约方须对优先购买权自行作出约定。并且,PE 投资者也可要求进一步的优先购买权,如约定在公司股东向其他股东而非股东之外的第三人转让股权时,PE 投资者也有权优先受让;或者 PE 投资者有权优先于公司其他股东行使优先受让权

[①] 参见王曙光:《优先股在公司治理中的比较优势》,载《经济论坛》2003 年 10 月;聂新田:《试论优先股在我国的应用》,载《经营管理者》2009 年第 14 期。

[②] 《公司法》第 72 条规定:"有限责任公司的股东之间可以相互转让其全部或者部分股权。

股东向股东以外的人转让股权,应当经其他股东过半数同意。股东应就其股权转让事项书面通知其他股东征求同意,其他股东自接到书面通知之日起满 30 日未答复的,视为同意转让。其他股东半数以上不同意转让的,不同意的股东应当购买该转让的股权;不购买的,视为同意转让。

经股东同意转让的股权,在同等条件下,其他股东有优先购买权。两个以上股东主张行使优先购买权的,协商确定各自的购买比例;协商不成的,按照转让时各自的出资比例行使优先购买权。

公司章程对股权转让另有规定的,从其规定。"

等等。①

2. 共同出售权(Co-sale)

指普通股股东如转让其股权,优先股股东有权按出资比例以普通股形式和同等价格优先出售给买方。共同出售权不仅是对 PE 投资者之外的其他股东、尤其是创始股东股权处置的限制,使得 PE 投资者能够在其他股东想要离开公司时放慢其脚步,更使得 PE 投资者可以在价格、条件合适的情况下,实现部分的变现和退出。②

(四) 对赌条款

对赌条款,在 PE 合同中称作"基于业绩的调整"(Adjustment Based on Performance),是基于公司业绩而在 PE 投资者和创始股东或管理层股东之间进行股权调整的安排,即如果在约定的期间内达到了预定的业绩指标,如净利润指标,则 PE 投资者向创始股东或管理层股东无偿转让一部分股权;相反,如果在约定的期间内达不到预定的业绩指标,则创始股东或管理层股东向 PE 投资者无偿转让一部分股权。③

对赌条款实际是一种激励机制,也体现了 PE 投资者购买被投资公司股权的对价中包含了其对公司未来的预期。但是,需要特别提醒的是,对赌条款的效力可能存在不确定的风险。

首先,在中国外商投资行业准入限制的框架下,如果执行对赌条款,将有可能致使外资突破在限制类行业中的持股限制。对赌条款有可能因此而被认定为因规避了中国法下的禁止性规定而无效。

其次,如果对赌条款仅是一种单向约定,即仅约定如未达到预定指标则 PE 投资者无偿受让股权,而未约定如达到预定指标则 PE 投资者须无偿将其持有的部分股权转让予创始股东或管理层股东;或者,对赌条款中设定的业绩指标非常苛刻,甚至根本不可能完成,那么,创始股东或管理层股东将有可能以"显失公平"为由,申请撤销该等条款。虽然目前司法实践中倾向于对"显失公平"作谨慎和严格的认定,但对赌条款被撤销的风

---

① 参见李寿双:《中国式私募股权投资——基于中国法的本土化路径》,法律出版社 2008 年版,第 33—35 页。
② 同上书,第 42—45 页。
③ 参见程继爽、程锋:《"对赌协议"在我国企业中的应用》,载《中国管理信息化》2007 年 5 月第 10 卷第 5 期。

险仍是存在的。①

（五）退出条款

如上所述，PE 的最终目标是退出，而退出的方式包括上市、出售、并购、公司管理层回购等。相应的，PE 合同中会就这些可能的退出方式进行约定。

1. 股份回购权（Redemption Right）

如果在约定的期限内，被投资公司的业绩达不到约定的要求或不能实现上市目标，PE 投资者有权要求公司或公司其他股东购买他们持有的股票，以实现从没有发展前景的公司退出。并且，约定的回购金额会在原有投入资金的基础上再进行一定比例的溢价。

需要特别提醒的是：首先，根据中国《公司法》，公司回购本公司股权必须办理减资手续。而根据《中外合资经营企业法实施条例》第 19 条和《中外合作经营企业法实施细则》第 16 条，合资企业或合作企业在合营/合作期内不得减少注册资本，因投资总额和生产经营规模等变化确需减少的，须经审批机关批准。因此，约定由合资/合作公司在条件成就时回购 PE 投资者的股权，在实际具体操作时，手续会非常繁琐且具有一定的不确定性。

其次，如果在公司亏损的情况下，PE 投资者仍要求公司按照一定的溢价比例回购股权，则可能构成"固定回报条款"。这显然与《公司法》下股东应承担经营风险的原则不符，并可能被认定为是一种实质上的非法借贷关系，从而被认定为无效。

因此，约定条件成就时由其他股东收购 PE 投资者所持股权会简单得多。

2. 随售权（Drag-along）

如果公司在约定的期限内未能上市，PE 投资者有权强制公司的原有股东（主要是指创始人和管理团队）和自己一起向第三方转让股份，原有股东必须依 PE 投资者与第三方达成的转让价格和条件，参与到 PE 投资

---

① 参见吕爱兵、王晨宁：《愿"赌"不输——对赌协议实证分析及应用》，载《首席财务官》2005 年 12 月。

者与第三方的股权交易中来。

随售权使得 PE 投资者,尤其是作为小股东的 PE 投资者,掌握了出售股权的主动权,能够在其他股东不愿意的情况下,仍实现通过出售或并购退出。PE 投资者也可以利用这一权利,给其他股东施加压力,使其听从自己的建议。

第二节 PE 的几种常见架构

一、Citi 模式

2002 年底,花旗银行与上海浦东发展银行(下称"浦发银行")达成结为"具有排他性的战略合作伙伴关系"的协议。由于监管政策的限制,花旗银行对浦发银行的股权投资采取分阶段入股的方式,即协议签订后入股 5%;在 2008 年前,在政策允许的情况下,花旗银行可增持至 14.9%,最终不超过 24.9%。根据该协议,在分阶段入股投资的基础上,花旗银行将通过实质性参与实际控制浦发银行的信用卡业务。①

经过上述安排,浦发银行信用卡中心名义上设在浦发银行下,实则为按公司化运作的半独立运营中心。一旦政策允许,信用卡中心将独立出来,成立合资公司。而在此之前,双方承担对等的风险、权利和义务。根据协议,花旗银行提供技术和管理,而所有工作人员的工资则计入浦发银行的成本。信用卡中心的首席执行官和四个部门的正职均来自花旗银行,副职则全由浦发银行的人担任,首席执行官向一个由花旗银行和浦发银行各三人组成的"信用卡中心管理委员会"汇报。另外,花旗银行还输出了一支比较有经验的团队,并提供了集团内最新版本的业务系统,所有的数据处理均集中到花旗银行在新加坡的亚太数据处理中心进行。

而就与浦发银行在其他业务方面的合作,花旗银行并未投入太大力

---

① 参见:《浦发银行与花旗结成排他性联盟》,载 http://www.cctv.com/financial/zhengquan/shangshigsdc/20030106/28.html,2009 年 12 月 13 日访问;《花旗银行将成浦东发展银行最大股东》,载 http://bbs.creditcard.com.cn/thread-12638-1-1.html,2009 年 12 月 13 日访问。

量,只是提供一些技术援助。

花旗银行对浦发银行的这一投资模式,立足于对被投资企业的某项而非全部业务的深度介入和控制,在时机成熟时便可以延展到其他业务层面。通过这种模式,投资者能以最快、最有效的方式直接进入某项具体业务的市场。PE 投资者的先进管理理念和经验与被投资企业的本土优势相结合,能够较容易地在竞争中取得优势地位。此外,尽管投资时存在政策限制,但一旦政策形势发生变化,根据协议安排,合作业务的组织结构和企业性质可以第一时间进行切换,并迅速开展业务,而无需经过过渡期。①

但是,由于这种模式往往只是将合作与控制限定在一些刚刚起步的新领域,这虽然使得 PE 投资者能够较顺利地取得该项业务的控制地位,但如何将对被投资公司的控制从一项具体业务渗透到被投资公司整体,则存在一定难度。

二、红筹模式

红筹模式,是指在海外设立公司,由该公司对国内企业进行控股,以该海外控股公司直接申请上市的 IPO 上市模式。② "红筹"可以划分为"大红筹"(国企红筹)和"小红筹"(民企红筹)。

"小红筹"的操作模式是,境内居民设立离岸公司,然后通过并购将境内公司的资产或股权转移到离岸公司名下,境内公司变成外商独资企业或中外合资企业。红筹模式的优势在于,除国内公司的生产经营活动须遵守中国大陆法律外,离岸公司的上市程序只须遵守上市地及离岸公司注册地的法律,而不受中国大陆法律的限制。③

而在上市之前,以上市为目标,以红筹模式的形式实施的私募股权投资,是很常见的 PE 投资架构。具体如下图 1 所示:

---

① 参见林宇:《对浦发与花旗战略合作的思考》,载《银行家》2005 年第 9 期。
② 参见张新立、杨德礼:《国外创业投资"红筹上市"运作模式的利弊探析》,载《国际经济技术研究》2007 年版。
③ 参见陈岱松:《红筹股公司境内上市相关问题的法律分析》,载《经济与管理研究》2008 年第 9 期。

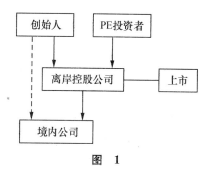

图 1

三、新浪模式

"新浪模式",是指新浪公司在 2000 年上市前,为了满足国内监管和公司海外上市的双重要求而设计的一套复杂的交易架构体系。一方面,依据中国《电信条例》及外商投资产业指导目录等法律规范,外资是禁止介入电信运营和电信增值服务的,而网络信息服务属于电信增值业务。也就是说,根据有关法规,要继续经营互联网业务,就不能在海外上市。另一方面,当时信息产业部的政策性指导意见是外商不能提供网络信息服务(ICP),但是可以提供技术服务。于是在中国的特定政策下,"新浪模式"最终得以问世。[①]

在"新浪模式"下,外国资本通过投资离岸控股公司(即特殊目的公司[②])来控制设在中国境内的外商独资企业(WFOE),该外商独资企业不能直接经营增值电信业务,但可以为实际经营增值电信业务的内资公司提供技术服务,外商独资企业与内资公司之间,将通过独家服务合作协议等一系列合同安排紧密地捆绑在一起。由于境外会计师认可这种合同绑定方式,特殊目的公司与内资公司之间虽然不具有股权关系,但报表却能被合并到特殊目的公司,这样,境外特殊目的公司就可以实现在海外上市。[③]

新浪模式实际上是红筹模式的一种创新。其超越是,特殊目的公司(SPV)并没有收购内资公司资产,而是通过一系列紧密的合同安排,绑定

---

① 参见户才和:《新浪模式波澜再起》,载《互联网周刊》2008 年 8 月 28 日。李连发、李波:《私募股权基金的中国红筹之路》,载《前沿关注》。

② 参见杨卓铭:《从法律角度论资产证券化中特殊目的公司》,载《经济与法》2006 年 6 月(中旬刊)总第 470 期。

③ 参见刘书利、张占锋:《特殊目的公司的法律分析》,载《华商》2007 年 12 月 B 版。

和控制内资公司。

这种合同控制一般由多个合同组成:(1)独家技术服务合同——通过合同安排,把实际运营业务的内资公司的主要利润,以服务费的名义转给外商独资企业;(2)运营协议——把一些日常管理方面的重大业务经营管理权也转给外商独资企业;(3)股东表决权委托协议——内资公司的股东的表决权被委托给外商独资企业指定的人行使;(4)股权质押合同——内资公司的股东把他在内资公司的股权质押给外商独资企业,用来担保内资公司和外商独资企业之间签订的利润转移协议;(5)股权购买权协议——内资公司的股东同意在任何时候,根据外商独资企业的要求,将其持有的内资公司的股权无偿转让与外商独资企业指定的人。此外,还有一些会签订借款协议,外资独资企业借款给内资公司,使得利润转移更加真实。

以上这一系列合同安排被习惯性地称作"新浪协议"。通过新浪协议,外商独资企业实际上既控制内资企业的经营,也控制其股东权利,又分得利润,外商独资企业成为了内资企业真正的控制人。

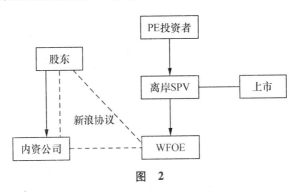

图 2

但是,新浪模式的潜在风险是,当内资公司的股东和外资公司的股东发生矛盾时,双方的利益关系就会出现问题,而合同安排显然不如股权控制更为直接和有力。此外,政策上的变化,也让这种模式饱受潜在风险,尤其是新浪模式至今未得到包括商务部、信息产业部在内的主管部门的明确认可,有法律专家认为这种做法有规避中国法项下关于外资禁止经营增值电信业务的强制性规范的意图,因此一旦出现纠纷,司法裁判机关会如何裁判有关协议的效力,存在相当大的法律风险。

需要特别提出的是,2006年8月中旬,信息产业部电信管理局负责人表示,中国增值电信业务市场已对外资企业逐步开放。符合条件的外资企业在按照《外商投资电信企业管理规定》取得信息产业部《外商投资经营电信业务审定意见书》和商务部《外商投资企业批准证书》后,可依法申请增值电信业务经营许可证。① 之后多家外商投资企业在按照规定程序向信息产业部提出申请后,已经在规定时限内依法获得了信息产业部颁发的相关增值电信业务经营许可证。由于这方面的变化,我们认为新浪模式会逐渐退出历史舞台。

四、深国投模式

深国投模式实际上是一种PE信托,即以通过信托募集的资金进行PE投资。在深国投模式中,信托公司负责信托资金募集,其中创投机构以部分资金参与信托计划,实现两者利益一致化。信托公司还负责信托财产的管理运用。在这当中,创投机构主要扮演投资顾问的角色——负责投资项目初期筛选、中后期管理和变现退出等智力支持。在此过程中,信托公司都拥有最终的否决权。创投机构的收入主要由两部分组成:一是每年收取的管理费;二是绩效费,即投资项目获得盈利时所获得的提成。②

2007年1月,中国银行业监督管理委员会出台了《信托公司集合资金信托计划管理办法》,股权投资信托成为政策明确允许的信托公司集合资金信托计划的运用方式。此后,大批资金开始涌向PE信托。2007年7月,深圳国际投资有限公司与深港产学研创投公司、深圳松禾投资公司合作推出了"深国投·铸金资本1号股权投资集合资金信托计划"。在该模式下,深港产学研创投公司管理团队及松禾投资公司作为该PE信托的投资顾问,以人民币4000万元加入该信托计划,以保证利益的一致性。在投资过程中,投资顾问负责投资项目初期筛选、中后期管理和变现退出等智力支持,而深国投在全部环节中都拥有最终的否决权,发挥监管作用。

2008年6月25日,中国银监会下发《信托公司私人股权投资信托业务操作指引》,对PE信托进行了规范,表明了银监会对信托公司开展这一业务的支持态度。然而,由于信息披露等监管问题,PE信托投资企业上市可能存在一定法律障碍。一方面,信托型PE和所投资的企业是代为持股

---

① 参见《新浪模式波澜再起 互联网企业海外IPO遇新拐点》,载http://www.ccw.com.cn/fortune/invest/htm2006/20060901_207178.htm,2010年3月13日访问。
② 参见王旭:《深国投模式对信托业发展的启示》,载《西部金融》2008年第6期。

关系,信托财产委托人、受益人的股东身份比较难以得到直接的确认。另一方面,《信托法》规定,信托公司对委托人、受益人以及信托事务的情况和资料负有法定的保密义务。而这显然不能满足有关上市规范中关于上市企业必须披露企业实际股权持有人的要求。

第三节 PE 纠纷的类型和特点

本小节探讨的 PE 投资纠纷,仅限于境外投资者对境内企业的投资引发的纠纷。

一、常见的 PE 纠纷及引发的原因

(一) 境内公司创始人签订合同时隐瞒真实情况,欺诈 PE 投资者

PE 投资者对一个已有项目进行投资时,往往需要与境内项目的创始人及项目公司签订合同,由境内项目的创始人对境内公司的现状进行描述,并对今后合作过程中各方的权利义务及经营目标进行约定。根据我们处理类似法律事务的经验,此类合同的内容,一般包括创始人和境内公司所作的大量陈述与保证。而创始人或境内公司在合同中或合同外所作的陈述与保证,一般也是 PE 投资者决定投资的前提条件之一。

然而,在将巨额资金投入境内公司后,有时 PE 投资者发现创始人在合同中(有时在合同外)所做的陈述与保证存在虚假成分,导致境内公司或市场的实际情况远远达不到 PE 投资者最初的预期,甚至根本就是亏本的买卖。

其实,在有关投资协议签订前,按照商业惯例,PE 投资者通常都会聘请律师事务所和/或会计师事务所对境内公司的现状进行一定程度的尽职调查。但即便大多数项目都做了尽职调查,上述情况仍然时有发生。其主要原因有如下几点:

第一,对于某些 PE 投资者,尤其是专门从事投资的基金公司,通常同时有十几个甚至几十个投资项目(或潜在投资项目)进行审查和谈判,很难做到每一个项目都面面俱到,有时候只能依赖于创始人的诚信。

第二,如果创始人故意伪造项目公司的财务报表,或者准备两套账目,则对于尽职调查的律师或会计师来说,通过短期的尽职调查一般也难以核实。比如,在我们办理的一起PE投资纠纷案件中,项目公司的创始人为取得PE投资者的信任、吸引PE投资者的投资,故意伪造项目公司账目和财务报表,虚增项目公司营业收入和利润,骗取PE投资者3000万美元的投资,在事情败露后导致双方发生纠纷。

第三,对于某些难以进行核实的事项,往往只能依靠创始人的陈述,而没有其他客观的方法进行验证。比如,在我们办理的一起案件中,项目公司经营的是互联网业务,影响PE投资者进行投资的决定性因素之一是网站的流量。而目前,网站流量数据一般只能依靠专门发布网站世界排名的网站Alexa的流量统计,而难以自行验证。但由于Alexa的算法差异,境内公司的创始人通过代理机构虚报了几百倍网站流量,使PE投资者蒙受了巨大损失,双方产生纠纷。目前,我们已经代理客户(PE投资者)起诉到法院。

第四,对于中国大陆市场的不了解和对于创始人的善意信任,也使PE投资者容易因虚假陈述而遭到欺诈。

(二) 境内公司实际控制人挪用、侵占公司资产

由于PE投资追求退出的特性,而境外投资人一般不熟悉中国大陆市场,并且,许多PE投资者在全球范围内同时拥有众多的投资项目,因此,PE投资者在前期资金投入后,一般很难实际参与所有项目公司的日常经营管理。

在这种情况下,PE投资者通常会选择聘请一位熟悉当地文化和市场的专业人士,而且一般直接聘请境内公司的创始人,负责境内公司的经营管理。通过这种方式,PE投资者既不必耗费大量精力处理境内公司的日常管理事务,又能获得境内公司的经营收益。但同时,由于PE投资者不直接参与境内公司的日常经营管理,而仅通过定期召开的股东会/董事会及公司负责人的汇报等方式了解境内公司情况,因而往往对公司负责人缺乏有效的事前监控措施,也无从充分了解境内公司业务及财务的真实情况。这种安排使得负责境内公司经营管理的人成为了境内公司的实际控制人。

对境内公司负责人的盲目和过分信任,往往会使PE投资者赋予其过

大的权限和自由度,包括使其不需PE投资者的任何确认或配合就可以随意支配境内公司银行账户内的资金,致使境内公司实际控制人有机会挪用、侵占公司资产,而短期内不易被PE投资者发行。在我们办理的多起PE投资纠纷中,都有实际控制人挪用、侵占公司资产的情况,有的实际控制人在对项目公司的控制期间,养肥了自己,掏空了公司。

(三)境内公司实际控制人通过关联交易,攫取属于公司的商业机会损害公司利益

与上述挪用、侵占公司资产的情形相似,由于PE投资者对境内公司实际控制人缺乏有效监控,一些境内公司的实际控制人,会自行或通过其亲友设立关联公司,利用其对境内公司的实际控制和关联关系,自己谋求不正当利益,从而损害公司利益。

主要方式包括:让关联公司与境内公司进行关联交易,低价买进、高价卖出;通过会计上的处理,使成本全部发生在境内公司而收入全部计入关联公司名下,致使境内公司始终亏损,而关联公司大幅盈利;将境内公司名下的项目或合同无偿转让予其关联公司,攫取境内公司的商业机会等。

(四)境内公司实际控制人拒绝履行董事会决议或投资方决议,拒绝交出公司控制权

在发现境内公司实际控制人上述种种不当行为后,作为境内公司直接或间接股东的PE投资者,往往会依据相关股东协议及公司章程的规定,罢免境内公司实际控制人的高级管理职务。但这时,PE投资者却发现,由于实际控制人拒绝配合,其重新获得境内公司的控制权往往比较困难。

第一,在公司设立之初,PE投资者往往在境内公司或境内公司直接股东的董事会或股东会中就不具有"优势表决权"(尤其是在中外合资或合作经营企业中较常见)①,或后来因各种原因丧失了优势表决权,导致公司无法根据章程通过董事会或股东会决议等内部治理措施罢免相关高管人员。

---

① 由于根据《公司法》的规定,股东会及董事会的表决权可以在章程中自行规定,并不强制与出资比例一致。在这种情况下,一些中方投资者会在设立合资公司谈判时,要求与其出资不一致的表决权,以使出资比例占优的外方股东的表决权不能超过1/2;或扩大须绝对多数(即2/3甚至3/4)表决权通过的事项的范围,以使外方股东不能凭借其相对多数(即1/2)表决权就这些事项达成决议。

第二,控制着境内公司的高管人员往往是公司的法定代表人,直接保管或通过其他方式控制着公司的公章。而在原法定代表人的职务被罢免后,其应当交还公章,并由新任法定代表人直接进行保管或安排其他人保管。在中国,公章是公司这一法律主体的象征,如果原法定代表人不交出公章,并以该公章对外签订合同、提供担保、出让资产,则所造成的一切后果依法都将由境内公司承担。也就是说,在PE投资者没有取回境内公司公章的情况下,即便罢免了相关人员,也不意味着PE投资者就夺回了境内公司的控制权。

第三,公司的财务主管是公司一个至关重要的职位,因为其掌握着公司的财务印鉴。当境内公司银行账户的预留印鉴仅仅是法定代表人或财务主管的签名或人名章以及公司财务专用章,而不需PE投资者的任何签章的情况下,财务主管则可能与法定代表人相勾结,挪用甚至侵占境内公司的资金。而在没有公司公章及财务专用章的情况下,即使相关高管人员被罢免,银行也不会应新任高管人员的要求变更预留印鉴。

第四,境内公司的实际控制人由于长期经营管理公司,除公司的法定代表人和财务总监外,公司其他重要岗位的人员(如法律主管、行政主管、人力资源主管等)往往也被该实际控制人控制,进而导致除公司公章、财务专用章之外的所有的公司的重要证照和文件(如营业执照、机构代码证、批准证书、合同专业章、税务登记证、财务账册、合同等)也被实际控制人间接控制。因此,即使PE投资者更换了境内公司的法定代表人和财务主管,有时也未必能够控制公司。

总之,由于境内公司实际控制人实际控制着公司,持有公司公章和公司资料,占用公司办公场所,控制着公司的银行账户,在这种情况下,罢免其职务的公司决议往往很难得到执行,PE投资者或境内公司的新任管理团队将很难直接真正取得公司的控制权。

(五)PE投资者对境内公司的知情权受到侵犯

境内公司的实际控制人在挪用、侵占公司财产、与公司进行关联交易损害公司利益的同时,为了掩盖其违法行为,实际控制人往往对PE投资者隐瞒境内公司的实际情况,尤其是公司的经营情况和财务状况。

在PE投资者主张行使股东查阅公司会计账簿等权利的时候,境内公司实际控制人往往以各种方式加以阻挠,这不仅使 PE 投资者难以掌握境内公司的实际财务状况,更无法掌握实际控制人挪用、侵占资金或其他不当行为的证据,致使 PE 投资者难以通过法律手段追究实际控制人责任。

(六)境内公司实际控制人未能完成约定的经营目标,拒绝履行对赌条款

如上所述,在 PE 投资合同中一般约定有"对赌条款"。根据合同约定,如果在约定的期间内达不到预定的业绩指标,则创始股东或负责公司业务管理的股东将向 PE 投资者无偿转让一部分股权,甚至全部股权。

在合同履行过程中,创始股东或管理层股东在约定的期间内达不到预定的业绩指标的情况下,创始股东或管理层股东有时以对赌条款不公平、不合法为由不同意执行对赌条款,导致纠纷发生。

二、PE 纠纷的特点

(一)缺乏充足的法律依据和司法判例

由于 PE 投资大多追求的终极目标是被投资公司上市,因此,对境内公司的 PE 投资是近几年随着中国证券市场的发展及对海外上市的进一步开放一同发展起来的。PE 投资带来了海外先进的投资理念,而国内相关法律法规对外资的一些限制,也促使 PE 投资者创造出了全新的、复杂的投资模式和架构,以规避中国法律法规的限制性乃至禁止性规定。而与这些先进的投资理念和复杂的投资模式相关的纠纷,尤其是如何依据中国法看待和解决在资本市场较发达的国家已经有据可循的问题,对于国内司法界而言,则是非常前沿的法律问题。

虽然 PE 投资的形式新颖,没有可以对号入座的法律规范加以规制,但 PE 投资者与境内公司、境内公司创始人及其他相关方之间的法律关系,在揭开复杂的表象后,最终仍可归结为公司法、民法下的基本法律关系。而这个揭开表象看本质的过程往往需要司法审判来完成,体现在法院对有关法律法规的解释和对个案的判断。但是,司法同样具有滞后性,只在发生纠纷后因当事人的诉讼行为被动地发生。因此,在 PE 投资如火如荼地发展了若干年后的今天,PE 投资纠纷才刚刚开始大规模涌现,尚没有太多典型的司法判例可以借鉴。

总之，PE投资纠纷是一类新兴的纠纷，没有专门的法律规范，也缺乏成熟司法判例的指导。对于纠纷中涉及的法律问题，在很大程度上依赖于法官在个案的审理过程中对既有法律法规的理解和解释，具有相当强的不确定性。

（二）投资模式和股权架构复杂

由于国内相关法律规范对外资的限制，也为了将来在海外上市考虑，PE投资采用的往往不是简单的直接投资的模式，而是设计一套非常复杂的投资架构。在向目标公司实际出资前，PE投资者及境内公司创始人往往会在境外（通常在BVI、Barbados、Cayman或香港）注册若干离岸公司，通过各公司间的持股关系和合同关系，使相关主体相互联结，构建出一个完整、严密的投资架构。比如新浪模式、深国投模式等，都是典型的PE投资模式。

在我们办理的一起PE纠纷案件中，国内某著名企业家张某在BVI独资设立了A公司，A公司与5家著名外国投行（PE投资者）在开曼群岛合资设立了B公司，其中A公司持有B公司53.76%的股份，该B公司又在开曼群岛独资设立了C公司，C公司又在BVI独资设立了D公司。D公司又通过其全资拥有的5个BVI公司，分别或联合，或独资或合资，在国内设立了15家关联公司，而这15家有实际经营的关联公司才是PE投资者的目标公司，其持股关系之复杂，涉及主体之多，在PE纠纷领域也是罕见的。

（三）纠纷涉及多国法律

首先，PE投资项目中所签订的协议，只要不与中国法律规定的必须由中国法律管辖的强制性规范相冲突，往往选择适用外国法。其原因有三：（1）PE投资者往往是外国基金、投行或其他投资机构，通常希望选择适用自己熟悉的法律；（2）PE投资需要大量资金，PE投资者往往会采用发行债券（且通常为可转换债）的方式融资，而这种融资方式在中国法下不易操作，通常需以某离岸公司为平台并依据外国法实施[①]；（3）PE投资者进

---

① 参见王刚：《海外离岸公司的实践应用与法律监管趋势》，载《对外经贸实务》2005年1月。

行投资的前提和目标往往是取得公司的优先股权,其享有优先股权的内容和方式等,将在股东协议、股权购买协议等核心协议中进行约定。然而,在中国公司法下尚没有明确的"优先股"的概念,这些优先权利难以依据中国法创设和实施。因此有关协议只能选择适用外国法。

其次,PE 投资架构中往往不仅包括境内公司,还包括作为境内公司母公司的离岸公司。因此,在各方没有在有关协议中对纠纷所涉事项事先进行约定,或涉及违反法律强制性规范的情形时,则需要适用公司注册地法律。

(四) 纠纷涉及的程序复杂

1. PE 纠纷可能会涉及多种类型的争端解决方式

第一,由于 PE 投资架构复杂,往往需要签订大量协议对各方权利义务进行约定。由于协议经常会选择某一外国法作为适用法律,争端解决方式则会相应地约定为到某一外国/境外仲裁机构进行仲裁。在这种情况下,有关股权纠纷将通过仲裁程序解决。

第二,当出现违反法律法规的强制性规范的情形时,比如境内公司实际控制人实施了损害公司利益的行为,那么有关争议将在境内公司注册地的中国法院通过民事诉讼程序解决。

第三,当 PE 投资者基于离岸公司的大股东身份,根据离岸公司的章程规定通过股东会、董事会,免除境内实际控制人在离岸公司的董事或高管身份时,则离岸公司的小股东(代表境内实际控制人利益)可能通过离岸公司注册地的法院挑战上述股东会决议或董事会决议。在此情况下,离岸公司所在地的法院将依据离岸公司注册地的法律作为准据法处理相关纠纷。

第四,当境内项目公司实际控制人的违法行为已经涉嫌刑事犯罪时,则投资纠纷将演变为国家依法追究实际控制人刑事责任的刑事诉讼程序。

第五,如果出现境内公司的实际控制人被 PE 投资者解除职务的情况,还可能涉及向境内公司注册的中国工商行政管理机关申请变更法定代表人、董事、修改章程等行政程序。

2. 纠纷当事人可能在诉讼或仲裁过程中申请其他强制措施

诉讼或仲裁程序通常耗时漫长,一旦各方因 PE 纠纷进入诉讼或仲裁程序,对方当事人极有可能在案件未决时通过转移资产等手段,致使将来作出的判决或裁定难以实际执行。鉴于各国法律均不同程度地设置了一些支持、辅助诉讼或仲裁程序的强制措施,如禁令、财产保全等,故 PE 纠纷的当事人可能在诉讼或仲裁的过程中,申请采取该等强制措施,限制相对方的行为。而在案件未决时,这些措施往往对各方在纠纷中所处的地位产生实质影响。

在我们处理的一起案件中,PE 投资者与境内公司创始人因相关股权协议产生纠纷,就作为境内公司母公司的离岸公司股权的归属,依约在香港国际仲裁中心进行仲裁。同时,境内公司创始人向离岸公司注册地的法院申请了禁令,要求 PE 投资者在仲裁程序结束前不得采取任何行动,以使离岸公司及其全资拥有的境内公司保持现状。禁令下达后,PE 投资者面临着要取得境内公司的控制权就有可能违反法院禁令、进而承担相应责任的两难局面。PE 投资者原本可以在境内采取一系列的法律措施,在纠纷中争取主动,但由于该等禁令的存在,PE 投资者可能会丧失其有利地位。

第四节　PE 纠纷可能面临的法律问题

一、合同约定境外诉讼或仲裁的管辖问题

如上所述,PE 投资的核心协议,如股东协议、股权购买协议等,经常约定某一外国法作为协议的适用法律,并相应地约定外国法院诉讼或外国仲裁机构仲裁作为争端解决方式。

一旦出现 PE 纠纷,双方当事人首先面临的问题就是案件的管辖权问题。有关协议中约定的争端解决方式,并不一定是纠纷发生后实际适用的程序。为了争取对自己有利的结果,纠纷双方有时会选择挑战争端解决条款的效力或规避争端解决条款的适用,以将案件争取到对自己有利的地点进行审理。其中,最常见的可能致使争端解决条款无效的情况包括:没有涉外因素的合同约定境外仲裁;约定与合同没有连结点的境外法院管辖及未明确约定仲裁机构。

（一）没有涉外因素的合同约定境外仲裁

《民事诉讼法》第255条规定："涉外经济贸易、运输和海事中发生的纠纷，当事人在合同中订有仲裁条款或者事后达成书面仲裁协议，提交中华人民共和国涉外仲裁机构或者其他仲裁机构仲裁的，当事人不得向人民法院起诉。"

那么，没有涉外因素的合同能否约定中国之外的其他仲裁机构仲裁呢？对此，目前中国法律并没有明确规定。一种观点认为，上述条款仅允许涉外合同约定境外仲裁，那么反过来说，没有涉外因素的合同就不能约定境外仲裁；另一种观点则认为，在民法领域，只要法律没有禁止的就是法律所允许的，在民事诉讼法和仲裁法未禁止没有涉外因素的合同约定境外仲裁的情况下，该等约定就是有效的。司法实践中一般认为，没有涉外因素的合同约定境外仲裁机构管辖，为故意规避中国司法管辖的约定，为无效约定。

（二）约定与合同没有连结点的境外法院管辖

《民事诉讼法》第242条明确规定："涉外合同或者涉外财产权益纠纷的当事人，可以用书面协议选择与争议有实际联系的地点的法院管辖。选择中华人民共和国人民法院管辖的，不得违反本法关于级别管辖和专属管辖的规定。"因此，如果协议约定了与争议没有实际联系的地点的法院管辖，则根据中国法律，该等约定将因违反法律的强制性规定而无效。

但是，协议选择的法院所在国的法律，可能没有中国《民事诉讼法》的上述要求，而是基于意思自治原则，承认缔约方所作的任何约定。这样就会出现争端解决条款依中国法律无效，而依法院地国法律有效的情况。此时，如果双方同时分别在中国法院和协议选择的法院提起诉讼，两案均可能被受理，那么就会出现平行管辖的情况。

（三）未明确约定仲裁机构

中国《仲裁法》第18条规定："仲裁协议对仲裁事项或者仲裁委员会没有约定或者约定不明确的，当事人可以补充协议；达不成补充协议的，仲裁协议无效。"因此，仅指明仲裁规则而未指明仲裁机构。且根据规则无法确定仲裁机构的,仲裁条款将被视为无效。

举例来说,根据国际商会(下称"ICC")仲裁规则和示范条款,当事人只要约定将争议交付仲裁的意思和 ICC 规则即可;且 ICC 仲裁规则并未如 CIETAC 仲裁规则(在无其他约定的情况下,选择了其规则就视为选择了该机构)那样规定。在这种情况下,如果仅约定"根据 ICC 规则进行仲裁",该等仲裁条款依据 ICC 规则是可以执行的,但依据中国法却是无效的。

此外,约定临时仲裁的仲裁条款也是无效的。临时仲裁是指当事人根据仲裁协议临时组成仲裁庭,根据一定的仲裁规则与程序对特定争议进行的仲裁。临时仲裁庭处理完争议案件即自动解散,整个仲裁程序完全由当事人主导,依据当事人的约定进行,而没有任何仲裁机构介入。因此,在协议中约定临时仲裁条款,意味着双方虽然表达了将争议交付仲裁的意思,却未选择任何仲裁机构,该等仲裁协议依据中国法律是无效的。

需要提醒注意的是,虽然上述仲裁条款依据中国法律无效,但依据仲裁地法很可能是有效的。在这种情况下,在仲裁裁决作出并生效后,依据《纽约公约》,中国应当承认该等仲裁裁决的效力,并根据当事人的申请予以执行。

二、境外仲裁裁决或法院判决的承认与执行问题

(一) 外国仲裁裁决的承认与执行

1.《纽约公约》的成员国有相互承认和执行另一成员国作出的仲裁裁决的国际义务

1958 年联合国《承认及执行外国仲裁裁决的公约》,简称为"《纽约公约》",是目前世界范围内关于相互承认和执行另一缔约国作出的仲裁裁决的最主要国际条约。[①] 包括中国在内,《纽约公约》的缔约国已经超过 130 个,在任何缔约国作出的仲裁裁决,履行法定程序后,在中国均可得到承认和执行;同样的,中国作出的仲裁裁决也可以在其他缔约国得到承认和执行。在域外也能具有法律效力,是众多商事合同选择仲裁作为争端解

---

① 参见刘敏、陈猛:《外国仲裁裁决在中国的承认与执行》,载《法制与社会》2008 年 11 月(下)。

决方式的重要因素之一。

《纽约公约》第5条①列举了可以拒绝承认和执行外国仲裁裁决的7项事由。除非存在第5条规定的情况，否则，承认和执行另一缔约国作出的仲裁裁决是缔约国的国际义务。而公约规定的可以拒绝承认和执行仲裁裁决的事由基本上都是程序瑕疵，也就是说，被申请承认和执行仲裁裁决的国家无权对仲裁裁决的内容进行实体审查。

2. 在境外仲裁过程中，仲裁庭无法对当事人在中国境内的财产和证据进行保全

需要特别提醒注意的是，虽然目前大多数国家的国内法和仲裁机构的仲裁规则都赋予境内仲裁庭以采取保全措施或强制措施的权力，但一般而言，鉴于《纽约公约》成员国之间能够相互承认和执行的仲裁文书仅限于"仲裁裁决"，而不包括仲裁庭作出的各种程序令，因此这些强制措施仅能在仲裁地的司法管辖范围内得到执行，而很可能不能在《纽约公约》的另一缔约国得到执行。

中国的诉讼法及仲裁法没有规定在境外仲裁中仲裁庭或当事人有权向中国法院申请任何强制措施。因此，在境外仲裁中，仲裁庭关于财产保全或证据保全的决定无法在中国境内得到承认及执行。②

---

① 《纽约公约》第5条：
"一、裁决唯有于受裁决援用之一造向声请承认及执行地之主管机关提具证据证明有下列情形之一时，始得依该造之请求，除予承认及执行：
（甲）第二条所称协定之当事人依对其适用之法律有某种无行为能力情形者，或该项协定依当事人作为协定准据之法律系属无效，或未指明以何法律为准时，依裁决地所在国法律系属无效者；
（乙）受裁决援用之一造未接获关于指派仲裁员或仲裁程序之适当通知，或因他故，致未能申辩者；
（丙）裁决所处理之争议非为交付仲裁之标的或不在其条款之列，或裁决载有关于交付仲裁范围以外事项之决定者，但交付仲裁事项之决定可与未交付仲裁之事项划分时，裁决中关于交付仲裁事项之决定部得予承认及执行；
（丁）仲裁机关之组成或仲裁程序与各造间之协议不符，或无协议而与仲裁地所在国法律不符者；
（戊）裁决对各造尚无拘束力，或业经裁决地所在国或裁决所依据法律之国家之主管机关撤销或停止执行者。
二、倘声请承认及执行地所在国之主管机关认定有下列情形之一，亦得拒不承认及执行仲裁裁决：
（甲）依该国法律，争议事项系不能以仲裁解决者；
（乙）承认或执行裁决有违该国公共政策者。"
② 参见赵秀文：《从奥特克案看外国临时仲裁裁决在我国的承认与执行》，载《政法论丛》2007年6月第3期。

在这种情况下,在仲裁中处于不利地位的一方当事人,将有机会隐匿、销毁对其不利的证据,或者隐藏、转移其在中国境内的财产。在我们代理的多起境外仲裁案件中,不少对方当事人在仲裁过程中,尤其是在仲裁后期,通过对仲裁庭态度的揣摩以及对双方开庭及提交证据情况的评估,认为其败诉的风险很高,便着手将其在中国境内的主要资产抵押或质押,或者将该等资产转移至关联公司,甚至对涉裁公司实施重组或破产,以规避/逃避日后作出的仲裁裁决的执行。

一旦这种资产转移完成,即使另一方当事人获得了胜诉裁决,其也很难通过仲裁裁决的承认及执行程序就上述资产受偿。在我们办理的几起案件中,境外仲裁机构经过审理,判定争议一方应向另一方承担数千万美元的巨额赔偿责任,而败诉方早已在仲裁过程中将其资产处理殆尽,致使胜诉方手握胜诉裁决,却无法从已经变成空壳的败诉方获得任何清偿。

(二) 外国法院判决的承认与执行

与外国仲裁裁决不同,外国法院的判决在中国很难得到承认和执行。

1. 如协议选定的管辖法院所在国与中国没有缔结相互承认和执行法院判决的双边条约,相关判决将无法在中国得到承认和执行

中国《民事诉讼法》第266条规定:"人民法院对申请或者请求承认和执行的外国法院作出的发生法律效力的判决、裁定,依照中华人民共和国缔结或者参加的国际条约,或者按照互惠原则进行审查后,认为不违反中华人民共和国法律的基本原则或者国家主权、安全、社会公共利益的,裁定承认其效力,需要执行的,发出执行令,依照本法的有关规定执行。违反中华人民共和国法律的基本原则或者国家主权、安全、社会公共利益的,不予承认和执行。"

根据上述规定,外国法院的判决、裁定在中国得到承认和执行的法定条件是:(1) 外国法院作出的判决、裁定已经发生法律效力;(2) 法院地国与中国缔结了双边条约或共同参加了关于相互承认和执行法院判决的多边条约,或双方之间有相互承认和执行法院判决的互惠关系;(3) 中国法院在审查该等判决、裁定后,认为其不违反中国的基本原则或国家主权、安全、社会公共利益。在上述条件全部满足的情形下,外国法院的判决才能

够在中国得到承认和执行。①

但是,中国并没有加入任何与其他国家相互承认和执行法院判决的多边条约。根据我们的经验,除非当事人举证证明,否则中国法院多数情况下不认可中国与其他国家存在互惠关系。因此,在实践中,如果当事人想在中国申请承认和执行外国法院裁判,绝大多数情况下只能援引中国与法院地国缔结的双边条约。②

根据外交部公布的数据,截至2008年3月底,中国与五十多个国家缔结了各类双边司法协助类条约共99项,其中,包含承认及执行民事裁判内容的司法协助条约30项,但包含承认及执行商事裁判内容的司法协助条约仅12项,还有一些虽然已经签署多年,却始终无法取得相对国国内立法机构的批准,无法满足协定的生效条件,因此尚未施行。③

此外,即便法院地国与中国缔结了双边条约,在该等条约中往往还会列举双方法院可不予承认和执行的情形,其内容不限于《民事诉讼法》的原则性规定。

总之,在中国与法院地国没有缔结相互承认及执行法院判决的双边条约的情况下,或存在中国与法院地国缔结的双边条约中规定的可以不予承认和执行的情形时,相关外国法院的判决将无法得到中国法院的承认和执行,因此直接要求中国法院执行外国法律的判决,难度非常大。当然有关的外国当事人可以到中国法律另案起诉(如果时效没有问题的话),该外国法院的判决可以作为在中国法律起诉的一个证据,供中国法院参考。④

2. 外国法院的临时措施和保全措施令状一般得不到中国法院的承认和执行

为防止被告在诉讼过程中转移财产,逃避判决执行,原告通常会申请法院采取临时措施或保全措施。虽然形式各不相同,但各国民事诉讼程序

---

① 参见刘冰:《外国法院判决承认与执行条件问题研究》,载《广西政法管理干部学院学报》2007年1月第22卷第1期。

② 参见杜新丽:《论外国仲裁裁决在我国的承认与执行——兼论〈纽约公约〉在中国的适用》,载《比较法研究》2005年第4期。

③ 美国、英国、加拿大、日本、英属维尔京群岛等与中国经贸往来比较密切的国家或地区,均未与中国缔结民商事司法协助条约。条约清单参见外交部网站:http://www.fdi.gov.cn/pub/FDI/zgjj/tzhj/zzysh/gjgyty/t20090402_104106.htm?fclose=1,2009年12月14日访问。

④ 参见王国征:《外国法院判决承认与执行中的管辖权》,载《中国人民大学学报》1998年第5期。

法中基本都规定了与中国的财产保全措施类似的临时措施或保全措施。当外国法院为相关争议的管辖法院并发出临时措施或保全措施令状时,如果被告在中国境内有财产,则该等令状只有得到中国法院的承认和执行,才能对被告在中国境内的财产产生法律效力。

首先,如上所述,中国与美国、日本等世界主要经济体之间不存在相互执行法院判决或裁定的双边或多边条约。因此,这些国家的法院所作出的临时措施和保全措施令状在司法实践中不可能得到中国法院的承认和执行。

其次,在中国与有些国家签订的双边司法协助条约中,明确将临时措施和保全措施令状排除在可以相互承认和执行的民事裁判之外。而其他没有作出类似规定的双边司法协助条约,由于其未对缔约国有义务相互承认和执行的"裁决"作出明确定义,是否承认和执行外国法院下达的临时措施和保全措施令状,将取决于中国法院的自由裁量权。因此,该类令状几乎不可能得到中国法院的承认和执行。

3. 相关权利人不得依据外国法院的临时措施和保全措施令状直接到中国境内接管境内公司

在外国法院的临时措施和保全措施令状得到中国法院的承认和执行前,如果相关权利人依据外国法院的该等临时措施和保全措施令状直接到中国境内要求接管境内公司,则可能面临藐视中国司法主权的控告,下面是一则类似案例。①

2009年6月27日,毕马威华振会计师事务所及其广州分所正式向宿迁娃哈哈饮料有限公司等三家公司公开登报发表道歉声明,引起了媒体的广泛关注。该声明称:"毕马威华振会计事务所广州分所于2007年11月16日向宿迁娃哈哈饮料有限公司、宿迁娃哈哈恒枫食品有限公司及宿迁娃哈哈恒枫饮料有限公司等三家公司发送了一份信函,经宿迁中级人民法院和江苏省高院确认,该发送具有财产接管内容信函的行为违法,构成侵权,特此向上述三家公司就此行为道歉。"

这起案件源于2007年11月,达能在英属维尔京群岛(下称"BVI")和

---

① 该案例的报道引自《毕马威向娃哈哈公开道歉》,载新浪财经频道,http://finance.sina.com.cn/focus/KPMG_2009/index.shtml,2009年12月14日访问。

萨摩亚起诉娃哈哈非合资公司的外方股东。两地法院在被告不在场、未作抗辩的情况下签发了临时冻结和接管令,裁定由达能指定的毕马威为被告资产的接管人。此后,毕马威未经中国法院许可,就超越其接管权限在中国境内从事接管活动,向全国多家娃哈哈非合资公司及其审计机构、工商行政管理局、银行发送接管人函件,被宿迁娃哈哈饮料有限公司等三家企业告上了法庭。

2008年11月20日,江苏省宿迁市中级人民法院分别作出一审判决,认为毕马威的发函行为侵犯了中国司法主权,并对娃哈哈公司构成侵权,应立即停止该侵权行为,赔礼道歉,向三家原告企业各赔偿损失人民币30万元。

毕马威不服上述判决,向江苏省高级人民法院提起了上诉,辩称,"境外法院最终任命黄珍妮个人为接管人,并非任命上诉人(毕马威)为接管人",其不应该作为本案被告。2009年4月28日,江苏高院作出终审判决,认定案件的行为主体就是毕马威及其广州分所,主观上具有明显故意,违反了国家司法主权管辖原则,对宿迁娃哈哈公司带来的损失显而易见。一审适用法律正确,不存在程序违法问题,因此驳回上诉,维持了原判。

2008年6月27日,毕马威按照法院判决的要求公开进行了赔礼道歉。

(三)PE纠纷需要总体策划、统一协调,以确保外国仲裁裁决和外国法院判决的实际执行

如上所述,在境外仲裁和诉讼的过程中,均存在被诉一方隐藏、转移境内资产,致使胜诉判决无法执行的风险。因此,一旦发生PE纠纷,如何进行总体策划,统一协调境内和境外的法律程序,防止境内公司实际控制人转移资产,确保外国仲裁裁决和外国法院判决最终能够得到实际执行,是PE投资人的利益能否真正得到保障的关键。

三、PE中的某些协议及条款的效力问题

(一)是否涉嫌规避外资禁入的强制性规定

众所周知,中国法律对于外资的进入资格和业务范围有着较严格的监管,而许多PE架构的设计目的,就是在不直接违反该等法律限制的前提下,经营中国法限制外资经营的业务。因此,不能排除该等架构因涉嫌规

避中国法而被认定为无效的风险。

举例来说,虽然在 PE 投资中新浪模式被广为采用,但这一模式有法律专家认为有规避中国有关法律、法规和部门规章关于外资不得经营增值电信业务的禁止性规定的嫌疑。虽然诸多学者认为,商务部、信息产业部事实上对新浪模式存在某种程度的默认,但其毕竟从未正面对这种投资安排作出肯定的表态。一旦缔约方因新浪协议产生纠纷,提出要求对方实际履行新浪协议或依据该等协议承担违约责任的诉讼或仲裁请求,新浪协议的效力有待中国法院或仲裁机构的审判和裁定。

(二) 优先分红权和对赌条款的效力

如上所述,PE 合同、尤其是股东协议或股权购买协议中的一些条款是基于外国法的规定设置的,其中的一些概念和机制没有中国法基础,甚至与中国法下的某些制度和理念相矛盾。因此,一旦缔约方因某些此类条款产生纠纷,该等条款的效力也将受到挑战。

关于优先分红权条款。由于中国《公司法》仅允许股东约定分红比例而不允许约定分红的先后顺序,因此该等条款的效力存在一定的不确定性。

关于对赌条款。由于该等条款将可能致使外资在某些禁止外资全资或控股经营的产业企业独资控股,虽然这只是协议条款的可能结果之一,但该等条款的效力也有可能被认为因规避中国法而受到挑战。

四、PE 投资者争夺境内公司控制权的常见法律问题

PE 纠纷中最常出现的情形是对境内公司控制权的争夺。主要包括两个方面:第一,关于法定代表人的争夺;第二,关于公司主要财产,包括公司的公章、财务专用章、营业执照、银行印鉴等重要印章证照以及公司财务资料等重要文件资料的争夺。

在实践中,境内公司的原实际控制人一般不愿交出公司的控制权。即使 PE 投资者通过法定程序更换了法定代表人,如果不能取得公司重要的印章证照和公司财务资料,也难以实际控制境内公司,更难以充分搜集证据,追究实际控制人的法律责任。在 PE 投资者夺取境内公司控制权的过程中,一般会涉及如下法律问题。

(一)境内公司法定代表人更换问题

根据中国《民法通则》的规定①,企业在对外经营中,企业的法定代表人代表公司。根据《民事诉讼法》的规定②,公司的法定代表人代表公司参加民事诉讼。因此,公司控制权的争夺,首先体现在对公司法定代表人的争夺。如果PE投资者欲取得境内公司的控制权,首先应根据境内公司的章程履行内部程序,罢免公司原法定代表人,更换自己能够控制的新的法定代表人。

在根据章程更换了原法定代表人后,境内公司应立即向公司注册地的工商行政管理机关申请变更登记。否则,对法定代表人的更换不能产生对第三人的公示效力,新更换的法定代表人可能无法顺利对外行使职权,而原法定代表人如果继续以境内公司名义对外交易,其后果也将继续由境内公司承担(当然,交易相对方明知该法定代表人已被更换而恶意进行交易的除外)。

但是实践中的困难是,根据相关法律规定,在申请变更登记时,工商机关将要求公司提交加盖公章的变更登记申请书,而且,要求具体办理变更事宜的公司人员提交加盖公章的授权书。在这种情况下,如果境内公司的公章仍在原法定代表人的手中,境内公司将无法申请变更登记,在工商档案及营业执照上,境内公司的法定代表人仍将是已经被罢免的原法定代表人。

(二)争夺境内公司公章的法律问题

1. 重新刻制公章的相关法律问题

鉴于公章在公司控制权之争中的重要性,境内公司的原控制人在被罢免职务后一般不会主动交回公司公章。在难以取回原有公章的情况下,PE投资者可以尝试向公安机关申请挂失并新刻公章。

虽然各个地方对公章挂失所需文件及程序要求并不一致,但一般而

---

① 《民法通则》第38条规定:"依照法律或者法人组织章程规定,代表法人行使职权的负责人,是法人的法定代表人。"第43条规定:"企业法人对它的法定代表人和其他工作人员的经营活动,承担民事责任。"

② 《民事诉讼法》第49条规定:"法人由其法定代表人进行诉讼。"

言,公安机关都需要公司说明公章丢失或被盗的经过,并在报纸上发表挂失公告一定期间后,由法定代表人本人持营业执照原件办理新章刻制及登记备案事宜。鉴于这一程序应由营业执照上记载的法定代表人亲自前往公安机关办理,并且公章被他人占有拒不归还很难被定性为"丢失"或"被盗",因此,许多地方的公安机关倾向于在这种情况下不批准公章挂失。尤其是,公安机关一般在办理公章挂失手续时要求提供公司的营业执照副本的原件,如果PE投资者不能控制该境内公司的营业执照副本原件,则一般也难以办理公章挂失手续,从而难以通过挂失方式重新刻制公章。

2. 提起诉讼要求返还公章的法律问题

如果境内公司原法定代表人被罢免职务后拒绝交出公章,而且通过挂失方式也难以重新刻制公章,则PE投资者只能考虑通过诉讼方式要求原法定代表人返还公章。

在司法实践中,当公司作为原告时,起诉状上应当加盖公司公章,而如果诉讼请求是返还公章,则法院一般允许仅由法定代表人在起诉状上签字作为变通,但该等法定代表人应当与公司营业执照上的记载一致。然而,如果非法持有公章的人恰恰是原法定代表人,公司又无法申请法定代表人变更登记,则公司营业执照上的法定代表人仍将是已经被罢免的原法定代表人。在这种情况下,作为返还公章诉讼的被告即原法定代表人不可能签署起诉状。

因此,在不能取得公章的情况下,由新任法定代表人代表公司提起诉讼可能也存在一定困难。

(三)争夺境内公司营业执照副本的法律问题

如上所述,PE投资者新任命的境内公司的法定代表人在到公安机关办理公章挂失手续时,公安机关一般要求提供境内公司的营业执照副本的原件。因此,在公司控制权争夺中,取得公司营业执照副本的原件,也非常重要。但公司的原实际控制人也非常清楚这一点,因此,一般不会主动交出营业执照副本原件。但是,PE投资者可否通过挂失方式重新办理公司的营业执照副本呢?

根据中国国家工商行政管理局《营业执照遗失补领/换发申请提交材料规范》的规定,办理营业执照副本挂失需提交的材料为:(1)法定代表人签署的营业执照遗失补领/换发申请报告(内容包括:执照遗失的情况;由公司/企业加盖公章);(2)公司/企业签署的《指定代表或者共同委托代理人的证明》(公司/企业加盖公章)及指定代表或委托代理人的身份证件复印件;应标明指定代表或者共同委托代理人的办理事项、权限、授权期限;(3)刊登营业执照遗失并声明作废公告的报纸报样。

根据上述规定,办理营业执照正、副本挂失时所提交的相关材料,均需加盖公司的公章。因此,严格地按照规定流程,在不能加盖公章的情况下,办理营业执照的挂失亦存在障碍。

(四)争夺境内公司财务账册的法律问题

PE投资者在依据章程罢免境内公司实际控制人的高级管理职务后,可以要求原控制人交出公司财务账册等财务资料。如果原实际控制人拒绝返还,PE投资者可以考虑以境内公司名义向实际控制人,尤其是财务主管,提起返还公司资料的诉讼。并且在诉讼过程中申请法院对有关公司资料采取保全措施,以防止实际控制人在诉讼过程中转移、销毁境内公司资料,致使判决无法执行。

(五)董事、监事、高级管理人员损害公司利益的法律问题

《公司法》第148条规定:"董事、监事、高级管理人员应当遵守法律、行政法规和公司章程,对公司负有忠实义务和勤勉义务。董事、监事、高级管理人员不得利用职权收受贿赂或者其他非法收入,不得侵占公司的财产。"《公司法》第149条列举了董事、高级管理人员禁止从事的一系列行为。

据此,如作为境内公司实际控制人的高级管理人员实施了损害境内公司利益的行为,那么境内公司有权通过提起董事、监事、高级管理人员损害公司利益之诉,追究该等人员的责任。

(六)公司法人人格否认之诉

中国公司法确立了公司法人人格否认(又称"揭开公司面纱")之诉的法律原则。

1. 对境内公司的法人人格否认

当 PE 投资者是境内公司的小股东时,有可能会出现境内公司的创始股东作为大股东,滥用股东权利,给 PE 投资者造成损失的情况,如强行通过损害公司或 PE 投资者利益的股东会决议等。在这种情况下,PE 投资者可以依据《公司法》第 20 条第 2 款的规定追究其责任。

2. 对境内公司实际控制人关联公司的法人人格否认

在实践中,境内公司实际控制人实施损害境内公司利益的行为时,经常会以其关联公司为工具,通过虚构境内公司与其关联公司之间的合作关系和业务往来,实施转移、侵占境内公司资产、损害境内公司利益的行为。这些关联公司往往完全处于境内公司实际控制人个人的控制之下,甚至没有实际经营,财务混乱,并且其从境内公司获得的非法所得事实上落入了实际控制人个人或其亲属的腰包。但由于该等关联公司具有独立的法人地位,所以给 PE 投资者追究责任造成极大障碍。

例如,在我们办理的一起 PE 纠纷中,境内公司的原法定代表人将境内公司的资金以各种看似正当的名义支付给其亲属独资设立并任法定代表人的关联公司。在这种情况下,我们代表该境内公司,依据《公司法》第 20 条,主张应当否认境内公司实际控制人关联公司的法人人格,主张境内公司实际控制人与其关联公司承担连带责任。目前,该案尚在审理过程中。

第五节 PE 投资者可以在华采取的法律行动

根据写作目的,本节所探讨的 PE 诉讼,仅限于境外投资者对境内企业投资纠纷引发的 PE 诉讼。

一、在发生纠纷时 PE 投资者希望达到的目标

(一) 继续经营境内公司

在境内公司经营状况较好的情况下,PE 投资者会倾向于继续经营公司,毕竟重新选择和投资一个新公司要耗费更大的精力。在这种情况下,PE 投资者就需要基于与境内公司的股权关系,或各方签订的有关协议的

规定,更换作为境内公司高管人员的实际控制人,任命新的管理团队接管公司。

但是,正是由于继续经营公司意味着光明的前景和丰厚的回报,与PE投资者产生纠纷的境内公司实际控制人往往会拒绝交出公司控制权,双方进而发生争夺公司控制权的纠纷。

(二) 收回投资、还本保息

当境内公司由于创始人在PE投资前的虚假陈述,或因高管人员不能胜任职务或实施了损害公司利益的行为,而被认为已经不再有发展前途,此时,PE投资者可能希望尽快退出项目,收回投资,以便尽快投入到其他有前途的项目中去。

在这种情况下,由于境内公司已经没有太多发展空间,PE投资者难以通过并购、出售等方式退出。那么,PE投资者将很可能依据PE合同要求公司或其他股东回购其股权或对境内公司进行清算。如上所述,PE合同中的股权回购条款通常规定了一定幅度的溢价,而清算条款则规定了1至2倍的优先清算回报。比较理想的结果是,PE投资者根据上述条款取得了高于其投入资金的退出价款。即便做不到按约定比例溢价,PE投资者也会期望至少按其最初投入的金额,收回成本。

(三) 保全资产,得到更多担保

如果境内公司的实际控制人实施了侵占公司资产、损害公司利益的行为,并且境内公司仍处在其实际控制之下,而PE投资者不掌握境内公司的证照、印章、银行账户和其他资产,那么,在考虑如何处理境内公司或如何追究公司实际控制人责任之前,PE投资者的当务之急是尽快最大限度地保全公司资产,防止实际控制人进一步侵占、转移资产,以致PE投资者最终无法收回投资。

如果PE投资者已经采取了法律行动,进入了诉讼程序,那么他便可以借助民事诉讼中的保全措施,申请法院冻结境内公司的银行账户、查封、扣押境内公司的财产,防止实际控制人在诉讼过程中转移境内公司资产。同时,PE投资者还可以申请对实际控制人的个人财产实施财产保全,为将来就实际控制人转移、侵占的资产获得赔偿奠定基础。

(四)对抗境内债权人

当境内公司的实际控制人利用关联关系侵占公司资产、损害公司利益时,境内公司往往处于严重亏损的状态,在实际控制人的控制下,所有的成本和债务都由境内公司承担,而所有收入都落入了实际控制人的关联公司或其个人的腰包。

当PE投资者取得了境内公司的控制权后,实际控制人可能会煽动境内公司的债权人,甚至通过伪造合同、虚构债务等方式,向境内公司主张债权。在这种情况下,PE投资者需要安抚善意的债权人,以便争取时间追究实际控制人及其关联公司的责任,要求其赔偿损失。而对于与实际控制人串通的债权人甚至实际控制人的关联公司本身,PE投资者则可以考虑将其作为与实际控制人共同实施侵权行为的共同侵权人,对其提出侵权损害赔偿。

(五)了解公司状况

在PE投资者对境内公司完全失控的情况下,PE投资者甚至都难以了解境内公司的实际状况,尤其是财务状况,以致难以对下一步的行动作出决策。因此,在采取法律行动前,PE投资者往往希望首先能够了解境内公司的实际状况,这同时也是为下一步的法律行动搜集有利证据。

(六)控制公司、控制管理层,接管公司

在PE投资者对境内公司失控的情况下,无论其决定如何处理境内公司,是继续经营、出售还是清算,其均需首先重新获得对境内公司的控制权,并更换能够按照其指示行事的新的管理团队,以便其决策能够得到切实执行。接管公司后,PE投资者需首先对原高管人员实际控制公司期间遗留的各项事务进行清理善后,以规避潜在风险。

(七)惩罚违约行为或追究特定责任人的民事、刑事责任

就对PE纠纷的产生存在过错的有关单位和个人,境内公司和/或PE投资者有权依法追究其违约责任、侵权责任等民事责任,对于涉嫌构成犯罪的,追究其刑事责任。这一方面是为了给向PE投资者提供资金的投资

方一个交代,让有关责任人受到法律的制裁;另一方面,PE 投资者也可以在相关法律程序中,要求有关责任人返还其侵占的公司资产,追回 PE 投资者投入境内公司的资金,弥补损失。

(八) 对公司进行清算

当境内公司由于创始人或实际控制人的原因已经不再具有发展前景时,PE 投资者可能难以通过出售等方式实现退出目标,在这种情况下,为了最大限度地收回投资,最好的方法是对境内公司进行清算。这也是 PE 纠纷发生后 PE 投资者通常寻求的最终目标。

二、PE 投资者可以采取的非诉讼的法律行动

如上所述,PE 投资一旦出现纠纷,一般涉及对境内公司的实际控制权争夺问题,即使境内公司实际控制权的争夺不是 PE 投资者的最终目标,至少也是 PE 投资者实现其最终目标的重要手段之一。下面,根据我们的经验,论述一下 PE 投资者在与境内公司实际控制人的纠纷中可以采取的非诉讼的法律行动。

(一) 通过公司内部程序更换境内公司的董事、监事和其他高级管理人员,并办理工商变更备案手续

1. 通过公司内部程序更换境内公司的原法定代表人、董事和其他高级管理人员

如果根据境内公司章程,公司股东会或董事会有权通过决议选举及罢免公司法定代表人及其他高级管理人员,而且 PE 投资者并未丧失对境内公司股东会或董事会的控制,则可以根据章程规定作出相应的股东会或董事会决议,以罢免相关人员的职务。这无疑是最便捷、最可行的方案。

如果根据境内公司章程规定,公司的法定代表人、董事等由境外投资人任免(在境内公司为外商独资企业的情况下,公司章程通常如此规定),那么,境外投资人可根据境外投资人的公司章程规定,履行相应的内部程序(如通过股东会或董事会决议),更换境内公司的法定代表人和董事。

2. 在变更境内公司的法定代表人及董事后及时办理工商变更备案手续

在根据章程规定履行内部程序更换原法定代表人、董事后,境内公司应立即向工商机关申请变更登记。

如上所述,根据工商行政管理局的规定,如果 PE 投资者不能控制境内公司的公章,则办理法定代表人的工商变更备案手续难度很大。但在我们办理的一起案件中,经过与工商机关和外商投资企业审批机关的充分沟通和解释,PE 投资者委任的境内公司的新任管理团队在没有公司公章的情况下,最终完成了法定代表人的工商变更登记手续。因此,即使 PE 投资者不能控制境内公司的公章,也可以尝试通过与工商部门积极沟通的方式,争取办理法定代表人的工商变更备案手续。

3. 更换法定代表人、董事、高级管理人员应注意的问题

(1)更换境内公司的法定代表人、董事、高级管理人员,要严格根据境内公司章程的规定履行相应的内部程序。根据境内公司章程的不同规定,更换法定代表人、董事、高级管理人员,可能需要履行不同的内部程序。通常而言,公司的法定代表人、董事的更换,可能由股东(尤其是外商独资企业的情况)决定,也可能需要股东会会议决定;而境内公司其他高级管理人员的任免,一般需要境内公司董事会决议通过。因此,PE 投资者在更换境内公司的法定代表人、董事和其他高级管理人员时,必须严格按照境内公司章程的规定,履行相应的内部程序。

(2)如果需要通过境内公司股东会、董事会决议的方式任免相关人员,则应严格根据章程规定和法律规定的召集、通知、表决、决议方式和程序进行。如果公司股东会、董事会会议的召集、通知、表决、决议方式和程序有瑕疵,则其他股东可能提出股东会决议、董事会决议撤销之诉或无效之诉。

(3)如果更换境内公司的法定代表人或董事需要境内公司的境外母公司决定,则境外母公司应依据其公司章程和注册地法律的规定,恰当履行内部的程序作出决定(如董事会决议、股东会决议),防止境外母公司的股东或利害关系人依据境外母公司注册地法律向当地法院提起诉讼,挑战该董事会决议或股东会决议的效力。

（二）采取有力措施控制公司的公章、营业执照副本等公司的重要印鉴和证照

1. 在双方的矛盾完全明朗化之前，争取通过借用或通过控制实际保管人的方式，控制公司的公章、营业执照副本等公司的重要印鉴和证照

根据我们处理类似纠纷的经验，在 PE 投资者与公司实际控制人的矛盾完全明朗化之前，实际控制人对公章、营业执照副本等公司的重要印鉴和证照的控制比较松懈、警惕性不高，PE 投资者应该充分利用这个机会，通过借用的方式予以控制。

如果公司的实际控制人对公司印鉴、证照的保管人控制不严，PE 投资者可以通过与实际保管人交流意见等方式，控制实际保管人，从而达到控制相关印鉴、证照的目的。如果双方就控制公章印鉴问题发生冲突，公安机关一般以该事务属于公司内部事务而不属于治安案件为由，拒绝介入。

总之，如果 PE 投资者能够利用公司的实际控制人松懈的机会，设法控制公司的印鉴、证照，则往往可起到事半功倍的效果。

2. 通过挂失公章的方式另行刻制境内公司的新公章

根据我们的经验，在难以通过正常渠道取回公司公章的情况下，向公安机关申请挂失并新刻公章也是一种值得尝试的解决方案。

如上所述，根据公安机关挂失、重新刻制公章的规定，如果 PE 投资者委派的新任法定代表人已经办理了工商变更备案手续，且获得了新的营业执照副本，则通过申请挂失的方式一般能够重新刻制新的公章。

如果 PE 投资者不能控制该境内公司的营业执照副本原件，则通过正常程序一般难以办理公章挂失手续，从而难以通过挂失方式重新刻制公章。

但是，在我们办理的案件中，有些公安机关在充分听取当事人陈述的基础上，理解了原法定代表人拒不交还公章、拒不交出营业执照副本原件这一情况的特殊性，从而批准了当事人刻制新章的请求。

3. 通过挂失方式另行申领新的营业执照副本

如果 PE 投资者不能通过正常途径控制公司的营业执照副本，则在其控制公司公章的情况下，可根据中国国家工商行政管理局《营业执照遗失补领/换发申请提交材料规范》的规定，办理营业执照副本的挂失手续，从而补充申领新的营业执照副本。

如上所述,在PE投资者未控制公章从而不能在挂失申请文件上加盖公司公章的情况下,如果严格地按照规定流程,办理营业执照的挂失亦存在障碍。

但是,在我们办理的案件中,有些工商行政管理机关在充分听取当事人陈述的基础上,理解了原法定代表人拒不交还公章的特殊性,从而批准了当事人挂失营业执照的请求。

(三) 采取措施控制公司的财务账册等财务资料

我们理解,鉴于公司的财务账册等财务资料一般较多,而这些财务资料都由公司的财务人员专门保管,因此,对公司财务资料的控制,主要体现在对公司财务人员的控制。

在PE投资者委任境内公司新的法定代表人和管理团队后,可以通过向公司的财务主管人员发通告和律师函的方式,告知公司的法定代表人及管理团队已经更换的实际情况,要求其配合新的法定代表人和管理团队交接、开展工作,并警告,如果不按照公司的要求办理,则可能承担法律责任。有时候,上述通告和律师函能起到威慑作用,迫使财务人员配合。

在公司原财务人员不配合新的法定代表人和管理团队工作时,可以考虑更换财务人员,由新的财务人员接管原财务人员的工作,从而控制公司的财务资料。

如果上述手段和措施不能奏效,则一般只能通过诉讼途径解决问题。

三、PE投资者可以在中国法院提起的民事诉讼

(一) 以股东名义提起股东知情权诉讼

1. 提起股东知情权诉讼的法律依据

《公司法》第34条规定:"股东有权查阅、复制公司章程、股东会会议记录、董事会会议决议、监事会会议决议和财务会计报告。

股东可以要求查阅公司会计账簿。股东要求查阅公司会计账簿的,应当向公司提出书面请求,说明目的。公司有合理根据认为股东查阅会计账簿有不正当目的,可能损害公司合法利益的,可以拒绝提供查阅,并应当自股东提出书面请求之日起15日内书面答复股东并说明理由。公司拒绝提

供查阅的,股东可以请求人民法院要求公司提供查阅。"

2. 提起股东知情权诉讼的条件

根据上述规定,作为境内公司的股东,PE 投资者有权查阅境内公司的章程、决议、会议记录及财务会计报告和会计账簿。在 PE 投资者尚未完全取得境内公司的控制权时,如果公司实际控制人控制的公司拒绝 PE 投资者的正当要求,为了了解境内公司的经营状况,尤其是财务情况,PE 投资者可以依据《公司法》的上述规定,对境内公司提起诉讼,要求查阅会计账簿。

但是,PE 投资者提起股东知情权诉讼的前提条件是,PE 投资者能够控制境内公司的股东或股东之一,能够利用境内公司的股东身份提起股东知情权诉讼。

3. 提起股东知情权诉讼应注意的问题

(1) 前置程序问题

需要特别说明的是,法院在审查受理股东的知情权诉讼时,一般要求股东提供证据证明其已经履行了法定的前置程序,即其已"向公司提出书面请求,说明目的",并且公司在 15 日内"拒绝提供查阅"。只有在满足上述条件的情况下,PE 投资者才有权向法院提起诉讼。

在实践中,上述前置程序可能给 PE 投资者行使权利带来很大阻碍。在 PE 投资者向境内公司提出查阅会计账簿的书面请求后,境内公司的实际控制人将有时间和机会隐匿、销毁、篡改会计账簿,以致 PE 投资者即便在立案后立即申请财产保全,也有可能无法获得会计账簿,导致诉讼目的落空。

(2) 诉讼保全或诉前保全的重要性

为保证案件胜诉后的执行,也为了防止公司实际控制人在诉讼期间隐匿、销毁、篡改会计账簿,在提起诉讼的同时,PE 投资者应申请法院保全公司的财务账册、会计账簿,或者申请诉前保全。

因此,如果 PE 投资者想要通过诉讼行使股东知情权,其需要在采取行动前进行缜密的策划和安排,在时间上和诉讼各个阶段密切配合,以保障知情权的实现。

(二) 以公司名义提起返还公章、营业执照、财务账册等公司财产之诉

1. 提起返还财产之诉的法律依据

《公司法》第148条第2款规定:"董事、监事、高级管理人员不得利用职权收受贿赂或者其他非法收入,不得侵占公司的财产。"

最高人民法院发布的《第二次全国涉外商事海事审判工作会议纪要》(法发[2005]26号)第91条规定:"外商投资企业以持有该外商投资企业公章的自然人、法人或者其他组织为被告向人民法院提起诉讼,请求返还公章的,人民法院应予受理。"

2. 提起返还财产之诉的条件

根据公司法的基本理论,公司的公章、营业执照、税务登记证等印章、证照以及会计账簿等财务资料,通常被视作公司的重要财产。

根据上述法律规定和司法解释,如果PE投资者通过内部程序更换了境内公司的法定代表人,而原法定代表人被罢免职务后拒绝交出公章、营业执照、财务账册等公司重要财产,则可由境内公司新任法定代表人代表境内公司对原法定代表人及其他人员提起诉讼,要求其返还该等公司财产。

3. 谁能代表公司提起返还财产之诉

在司法实践中,根据法院受理民事诉讼案件的要求,当公司作为原告时,提交的起诉状和公司营业执照副本复印件上应当加盖公司公章。而如果原告的诉讼请求中包含返还公章的请求,则法院一般允许仅由公司法定代表人在起诉状上签字作为变通,但该等法定代表人应当与公司营业执照上的记载一致。

然而,如果非法持有公司公章的人恰恰是公司原法定代表人,公司又无法办理法定代表人的工商变更登记,则公司营业执照上的法定代表人仍将是已经被罢免的原法定代表人。在这种情况下,作为返还公章诉讼的被告即原法定代表人不可能代表公司签署起诉状。

值得注意的是,最近,在我们办理的一起案件中,最高人民法院在判决中认定,如经董事会决议等证明,原法定代表人确实已经被合法更换,在这种情况下,未到工商机关申请变更登记,并不影响公司法定代表人的合法变更,该等新任法定代表人有权代表公司提起并参加诉讼。可以说,上述

判决在一定程度上削弱了"法定代表人应以工商登记为准"的原则。

比如,在我们代理的北京首都国际投资管理有限责任公司(下称"首都国际")诉安达新世纪巨鹰投资发展有限公司(下称"安达新世纪")、天津公司医药产业发展有限公司股东权确权赔偿纠纷一案中,首都国际的原董事长陈某某被免除职务后,拒绝配合公司办理法定代表人变更的工商备案手续,首都国际遂以新任法定代表人苏某的名义代表公司提起诉讼。在诉讼过程中安达新世纪对首都国际的诉讼主体资格提出异议。

最高人民法院二审判决认为:"关于原审法院审理本案程序是否合法问题。黑龙江公司提出原审法院设立本案程序违法的主要上诉理由是根据法律、法规的规定,只有经企业登记机关核准登记,取得法定资格的企业法定代表人陈某某以及其授权的代理人有权代表企业参加诉讼。本院认为,根据本案查明的事实,陈某某作为北京公司、天津公司的原董事长,已经向公司提出辞职,后经公司股东会、董事会会议决议,免去其公司董事及董事长的职务,并选举了新任董事长。北京公司、天津公司向原审法院提交了由公司盖章的法定代表人身份证明书和授权委托书,系北京公司、天津公司的真实意思表示,亦不违反法律、法规的禁止性规定。北京公司尚未到工商部门进行法定代表人变更登记,以及陈某某的个人行为,均不能否定北京公司、天津公司对法定代表人的合法变更。故原审法院审理本案程序合法。"①

4. 提起财产返还之诉的保全和先予执行问题

(1) 诉讼保全、诉前保全问题的重要性

与提起股东知情权诉讼相比,提起返还财产之诉,更有必要采取诉讼保全或诉前保全措施。如果能够通过诉前保全或诉讼保全措施顺利保全了要求返还的财产,有时被告就会迫于压力主动与公司和解。

(2) 先予执行的可能性

《民事诉讼法》第97条规定:"人民法院对下列案件,根据当事人的申请,可以裁定先予执行:(一)追索赡养费、扶养费、抚育费、抚恤金、医疗费用的;(二)追索劳动报酬的;(三)因情况紧急需要先予执行的。"

第98条规定:"人民法院裁定先予执行的,应当符合下列条件:

---

① 见最高人民法院(2007)民二终字第93号民事判决书。

(一)当事人之间权利义务关系明确,不先予执行将严重影响申请人的生活或者生产经营的;(二)被申请人有履行能力。

人民法院可以责令申请人提供担保,申请人不提供担保的,驳回申请。申请人败诉的,应当赔偿被申请人因先予执行遭受的财产损失。"

根据上述规定,公司要求非法占有公司印章、营业执照、财务账册等公司重要财产的控制人返还上述财产,可能属于上述规定中"因情况紧急需要先予执行的"的情况。因此,公司在提起诉讼后,可以尝试申请法院先予执行,如果申请的理由充分,并提供适当的担保,则法院可能同意先予执行。

(三)以公司名义提起董事、监事、高级管理人员损害公司利益赔偿诉讼

1. 提起董事、监事、高级管理人员损害公司利益赔偿诉讼的法律依据

《公司法》第148条规定:"董事、监事、高级管理人员应当遵守法律、行政法规和公司章程,对公司负有忠实义务和勤勉义务。董事、监事、高级管理人员不得利用职权收受贿赂或者其他非法收入,不得侵占公司的财产。"《公司法》第149条规定了董事、高级管理人员不得从事的一系列行为。《公司法》第21条规定:"公司的控股股东、实际控制人、董事、监事、高级管理人员不得利用其关联关系损害公司利益。违反前款规定,给公司造成损失的,应当承担赔偿责任。"

2. 提起董事、监事、高级管理人员损害公司利益赔偿诉讼的条件

如果PE投资者了解到,境内公司的董事、监事、高级管理人员或其他实际控制人利用职务便利挪用或侵占了公司资金或财产,或利用关联交易损害公司利益,则PE投资者可以境内公司名义对其提起损害公司利益赔偿诉讼。

当然,最基本的前提条件是:第一,PE投资者能够控制境内公司,或至少是通过内部程序更换了自己能够控制的境内公司的法定代表人;第二,应当有初步的证据证明上述损害事实。

3. 提起董事、监事、高级管理人员损害公司利益赔偿诉讼应注意的问题

(1)被告的选择问题

在实践中,公司的实际控制人挪用、侵占公司财产,或通过关联交易的

方式损害公司利益,通常都不是通过一个人来完成的。就公司内部而言,公司的实际控制人一般通过其能控制的财务总监、行政主管等完成该等侵害公司利益的行为;就公司外部而言,公司的实际控制人一般将公司资产直接挪用至其能控制的关联公司,或通过与其能够控制的关联公司交易损害公司利益。因此,公司在对原实际控制人提起损害公司利益赔偿诉讼时,可以将原实际控制人、配合其完成侵权行为的公司财务总监和行政主管、外部的关联公司,作为共同被告,一并提起诉讼。①

在我们代理的一起典型的 PE 投资纠纷案件中,PE 投资者在控制境内公司后发现,原实际控制人利用职务之便,侵占公司资产,与关联公司发生交易,损害公司利益。受 PE 投资者的委托,我们以境内公司名义对公司原实际控制人提起损害公司利益赔偿诉讼,同时将公司的财务总监、原实际控制人的关联公司列为共同被告。目前,北京市第二中级人民法院已经开始审理该案。

(2)诉讼请求的合并问题

如上所述,在实践中,公司的实际控制人损害公司利益的行为往往由公司法定代表人、董事、财务主管等多个高管人员和亲属、关联公司等相互串通、共同实施。而且,一般侵权行为持续时间长,形式多样,往往有数个侵权行为。

当境内公司就高管人员实施的一系列侵权行为向法院提起诉讼时,有些法院会倾向于认为境内公司应就有关人员实施的每一侵权行为单独提起诉讼,而不应在一个案件中一并主张。但是,现实情况是,这些侵权行为往往相互联系,分案审理不仅不利于查明事实,更会增加境内公司的讼累。因此,在同一案件中就多个损害公司利益的行为提出多个诉讼请求时,须特别注意技巧和方式。

需要特别提到的是,在我们最近办理的一起董事、监事、高级管理人员损害公司利益诉讼中,我们代理公司对公司原总经理提出返还公司资料、确认其代表公司与其关联公司恶意串通订立的合同无效、返还非法侵占的房屋、汽车及资金并赔偿损失等总计八项诉讼请求。对方当事人提出管辖

---

① 参见李霖:《完善境内上市公司实际控制人披露监管的建议》,载《证券市场导报》2005 年 4 月号。

权异议,认为这些诉讼请求性质不同,应当分案审理。最终,最高人民法院二审裁定认为,原告基于被告恶意串通、共同侵权的同一事实提出多个请求,均属公司高管及高管与他人共同损害公司利益这一诉因,并据此驳回了被告的管辖权异议。①

(四)以公司名义提起排除妨碍之诉

在 PE 投资纠纷中,有时会发生这样一种情况,在 PE 投资者通过公司内部程序更换境内公司管理层、要求进行管理交接的情况下,原管理层拒不交接,并继续无理霸占公司办公场所,阻挠公司新任管理人员进入公司,影响公司的正常经营。在此情况下,根据《公司法》和《民法通则》的规定,境内公司可以对原管理层提起诉讼,请求法院排除妨碍。

1. 提起排除妨碍诉讼的法律依据

《公司法》第 3 条第 1 款规定:"公司是企业法人,有独立的法人财产,享有法人财产权。公司以其全部财产对公司的债务承担责任。"

《公司法》第 5 条第 2 款规定:"公司的合法权益受法律保护,不受侵犯。"

《公司法》第 148 条规定:"董事、监事、高级管理人员应当遵守法律、行政法规和公司章程,对公司负有忠实义务和勤勉义务。董事、监事、高级管理人员不得利用职权收受贿赂或者其他非法收入,不得侵占公司的财产。"

《民法通则》第 106 条第 2 款规定:"公民、法人由于过错侵害国家的、集体的财产,侵害他人财产、人身的应当承担民事责任。"

《民法通则》第 134 条第 1 款规定:"承担民事责任的方式主要有:(一)停止侵害;(二)排除妨碍;(三)消除危险;(四)返还财产;(五)恢复原状;(六)修理、重作、更换;(七)赔偿损失;(八)支付违约金;(九)消除影响、恢复名誉;(十)赔礼道歉。"

根据上述规定,境内公司依据公司章程规定更换原经营管理层,要求原经营管理层进行交接,原经营管理层拒绝执行,违反董事、监事、高级管

---

① 见龙岩某有限公司诉张某某、刘某某和漳州某公司高级管理人员损害公司利益赔偿纠纷一案,最高人民法院(2008)民 终字第 125 号民事裁定书。

理人员对公司的勤勉尽责义务;公司的办公场所属于公司的财产,原经营管理层霸占公司的经营场所,并阻挠公司新任管理层进入,属于侵害公司财产的行为。因此,PE 投资者可以境内公司名义对原经营管理层提起侵权之诉,要求排除妨碍。

2. 提起排除妨碍诉讼应注意的问题

(1) 谁作为诉讼的原告

境内公司的原经营管理人员在被解除职务后,拒不进行工作交接,并强行霸占公司办公场所,致使公司无法正常经营,损害公司的合法权益,因此,境内公司应当作为排除妨碍之诉的原告。除公司之外,公司新任管理层是否可以作为共同原告呢?

我们认为,由于受到公司原经营管理层的阻挠,公司新任经营管理层无法正常进入公司办公,使其无法正常行使对公司的经营管理权,可以说,其对公司的经营管理权亦受到侵害。因此,公司新任管理层作为共同原告起诉原经营管理层,应当具有事实根据。

但是,由于《公司法》及相关法律法规,对于在董事、监事、高级管理人员损害公司利益诉讼中,董事、高级管理人员是否可同时以损害董事、高级管理人员利益为由作为共同原告提起诉讼,没有明确规定,司法实践中此类案例也极为罕见。因此,在实际操作中,对于公司提起的此类侵权诉讼,公司新任经营管理层能否作为共同原告,法院可能存在争议。

(2) 可以提出的诉讼请求

我们认为,在此类诉讼中,境内公司可以提出如下诉讼请求:判令被告立即停止侵害,离开原告办公场所,并不得妨碍原告新任管理团队进入原告的办公场所;判令被告向原告赔偿因其妨碍原告的正常经营而给原告造成的损失;判令被告承担本案的全部诉讼费用。

(五) 以股东名义提出解散公司之诉

1. 适合提出解散公司之诉的情况

如上所述,在 PE 投资发生纠纷时,如果 PE 投资者能够通过公司内部程序控制境内公司,则 PE 投资者可以先行通过公司内部程序更换境内公司法定代表人及管理层,进而以公司名义代表公司提起诉讼的方式,逐步取得境内公司的实际控制权。然而,在 PE 投资者无法通过公司的内部程序及诉讼方式获得境内公司控制权的情况下,尤其是在 PE 投资者和境内公司创始人均为境内公司直接股东,且无法通过股东会形成有效决议的情况下,PE 投资者可以考虑向法院提起诉讼,请求解散公司。

2. 提起解散公司之诉的法律依据

《公司法》第 183 条规定:"公司经营管理发生严重困难,继续存续会使股东利益受到重大损失,通过其他途径不能解决的,持有公司全部股东表决权 10% 以上的股东,可以请求人民法院解散公司。"

3. PE 投资者提起解散公司之诉的前提条件

根据《公司法》第 183 条和《最高人民法院关于适用〈中华人民共和国公司法〉若干问题的规定(二)》(法释〔2008〕6 号)(下称"《公司法司法解释(二)》")第 1 条①的规定,PE 投资者提起解散公司之诉应具备如下条件:

(1) PE 投资者持有或合计持有境内公司表决权 10% 以上;

(2) 公司经营管理发生严重困难,继续存续会使股东利益受到重大损失,通过其他途径不能解决的。主要包括以下几种情形:第一,公司持续两年以上无法召开股东会或者股东大会,公司经营管理发生严重困难的;第二,股东表决时无法达到法定或者公司章程规定的比例,持续两年以上不能作出有效的股东会或者股东大会决议,公司经营管理发生严重困难的;第三,公司董事长期冲突,且无法通过股东会或者股东大会解决,公司经营管理发生严重困难的;第四,经营管理发生其他严重困难,公司继续存续会使股东利益受到重大损失的情形。

---

① 《最高人民法院关于适用〈中华人民共和国公司法〉若干问题的规定(二)》第 1 条规定:"单独或者合计持有公司全部股东表决权 10% 以上的股东,以下列事由之一提起解散公司诉讼,并符合公司法第 183 条规定的,人民法院应予受理:

(一)公司持续两年以上无法召开股东会或者股东大会,公司经营管理发生严重困难的;

(二)股东表决时无法达到法定或者公司章程规定的比例,持续两年以上不能作出有效的股东会或者股东大会决议,公司经营管理发生严重困难的;

(三)公司董事长期冲突,且无法通过股东会或者股东大会解决,公司经营管理发生严重困难的;

(四)经营管理发生其他严重困难,公司继续存续会使股东利益受到重大损失的情形。

股东以知情权、利润分配请求权等权益受到损害,或者公司亏损、财产不足以偿还全部债务,以及公司被吊销企业法人营业执照未进行清算等为由,提起解散公司诉讼的,人民法院不予受理。"

4. PE 投资者提起解散公司之诉可能达到的目的

(1) PE 投资者可以申请法院保全公司的财产和财务账册

根据《公司法司法解释(二)》第 3 条①的规定,PE 投资者在提起解散公司诉讼时,可以向人民法院申请财产保全或者证据保全。如果一旦采取了保全措施,则可以防止公司实际控制人在诉讼期间转移财产、销毁或者篡改公司账目等。

当然,根据上述司法解释的规定,PE 投资者申请财产保全或证据保全应当提供适当的担保。此外,法院采取的保全措施,应当不影响公司的正常经营。

(2) 可以通过解散公司,进而对公司进行清算,查清境内公司实际控制人侵害公司利益的情况,并分得公司剩余财产

根据《公司法司法解释(二)》第 7 条②的规定,在法院判决解散公司后 15 日内,公司应当依照《公司法》第 184 条的规定,开始自行清算,逾期不自行清算的,或虽然成立清算组但故意拖延清算的,PE 投资者可以申请法院强制清算。在强制清算过程中,由法院指定的清算组对公司进行清产核资。因此,PE 投资者可以通过解散公司,进而对公司进行清算,查清境内公司实际控制人侵害公司利益的情况。如果公司财产在清偿公司债务后仍有剩余,则 PE 投资者可以依据公司章程进行分配。

(3) 通过提起诉讼给公司实际控制人施加压力,有可能达到 PE 投资者以合理价格退出公司的目的

由于解散公司之诉对境内公司的影响巨大,且对损害公司的实际控制人存在极大的威慑力,因此,在 PE 投资者提起解散公司的诉讼后,尤其是对公司采取财产保全和证据保全措施后,公司的实际控制人往往主动与 PE 投资者进行和谈,希望通过和解解决双方的纠纷和分歧。

《公司法司法解释(二)》第 5 条规定:"人民法院审理解散公司诉讼案

---

① 《最高人民法院关于适用〈中华人民共和国公司法〉若干问题的规定(二)》第 3 条规定:"股东提起解散公司诉讼时,向人民法院申请财产保全或者证据保全的,在股东提供担保且不影响公司正常经营的情形下,人民法院可予以保全。"

② 《最高人民法院关于适用〈中华人民共和国公司法〉若干问题的规定(二)》第 7 条规定:"公司应当依照公司法第 184 条的规定,在解散事由出现之日起 15 日内成立清算组,开始自行清算。有下列情形之一,债权人申请人民法院指定清算组进行清算的,人民法院应予受理:(一) 公司解散逾期不成立清算组进行清算的;(二) 虽然成立清算组但故意拖延清算的;(三) 违法清算可能严重损害债权人或者股东利益的。"

件,应当注重调解。当事人协商同意由公司或者股东收购股份,或者以减资等方式使公司存续,且不违反法律、行政法规强制性规定的,人民法院应予支持。当事人不能协商一致使公司存续的,人民法院应当及时判决。

经人民法院调解公司收购原告股份的,公司应当自调解书生效之日起六个月内将股份转让或者注销。股份转让或者注销之前,原告不得以公司收购其股份为由对抗公司债权人。"

根据上述司法解释的规定,PE 投资者可能通过和解,由公司或公司实际控制人收购自己持有的公司的股权,从而顺利退出公司。

(六)提起股东代表诉讼

在 PE 投资纠纷中,如果 PE 投资者尚未取得境内公司的控制权,不能以境内公司的名义对实施了损害公司利益行为的高管人员提起诉讼,PE 投资者作为境内公司股东,可以以自己的名义提起股东代表诉讼。

应当注意到,PE 投资者提起股东代表诉讼的前提条件在于,PE 投资者是境内公司的直接股东,或能够控制境内公司的直接股东。但有些时候,PE 投资者会采取先设立离岸公司,再通过离岸公司间接投资到境内公司的方式,而离岸公司的高管层可能与境内公司的高管层相同,进而就会出现离岸公司作为境内公司的直接股东不会对其高管提起诉讼,而 PE 投资者由于并不是境内公司的直接股东而不具有起诉资格的情形。① 在此情况下,PE 投资者只能依据离岸公司的章程规定先行控制离岸公司,进而再以离岸公司的名义提起股东代表诉讼,而这无疑进一步加大了 PE 投资者收回境内公司控制权的难度。

四、PE 投资者可以在中国境内采取的刑事举报措施

根据《中华人民共和国刑法》(下称"《刑法》")的有关规定,挪用资金罪、职务侵占罪、合同诈骗罪、金融诈骗罪及虚假出资、抽逃出资罪等均为公诉罪名,由公安机关负责立案侦查,检察机关负责提起公诉。因此,如果 PE 投资者发现境内公司的高级管理人员、创始人股东等实施的违法行为已经涉嫌犯罪,PE 投资者可以依法向公安机关进行举报。公安机关在进

---

① 参见陈忆:《律师在离岸公司业务中的法律服务》,载《法治研究》2007 年第 10 期。

行审查后,如果认为被举报人已经涉嫌犯罪需要追究其刑事责任的,将根据《刑事诉讼法》的规定予以立案。

(一) 境内公司实际控制人可能涉嫌的犯罪

1. 职务侵占罪

《刑法》第 271 条规定:"公司、企业或者其他单位的人员,利用职务上的便利,将本单位财物非法占为己有,数额较大的,处 5 年以下有期徒刑或者拘役;数额巨大的,处 5 年以上有期徒刑,可以并处没收财产。"

根据《最高人民检察院公安部关于经济犯罪案件追诉标准的规定》第 75 条的规定:"职务侵占数额在 5000 元至 1 万元以上的,应予追诉。"

如果 PE 投资者能够证明,境内公司的实际控制人利用其担任境内公司高级管理人员的职务便利,将境内公司的财物非法占为己有,则其可能已经涉嫌职务侵占罪。

需要特别指出的是,根据我们的经验,境内公司实际控制人往往会利用其亲属或关联公司实施非法占有境内公司资产的行为,在这种情况下,在向公安机关举报实际控制人的职务侵占行为时,PE 投资者可能需要搜集进一步的证据,证明该等转移到实际控制人关联公司的资产最终事实上被实际控制人据为己有。

2. 挪用资金罪

《刑法》第 272 条规定:"公司、企业或者其他单位的工作人员,利用职务上的便利,挪用本单位资金归个人使用或者借贷给他人,数额较大、超过 3 个月未还的,或者虽未超过 3 个月,但数额较大、进行营利活动的,或者进行非法活动的,处 3 年以下有期徒刑或者拘役;挪用本单位资金数额巨大的,或者数额较大不退还的,处 3 年以上 10 年以下有期徒刑。"

《最高人民检察院、公安部关于经济犯罪案件追诉标准的规定》第 76 条规定:"公司、企业或者其他单位的工作人员,利用职务上的便利,挪用本单位资金归个人使用或者借贷给他人,涉嫌下列情形之一的,应予追诉:

(1) 挪用本单位资金数额在 1 万元至 3 万元以上,超过 3 个月未还的;

(2) 挪用本单位资金数额在 1 万元至 3 万元以上,进行营利活动的;

(3) 挪用本单位资金数额在 5000 元至 2 万元以上,进行非法活动的。"

如果 PE 投资者能够证明,境内公司的实际控制人利用其担任境内公司高级管理人员的职务便利,将境内公司资金归个人使用或借贷给其关联公司等,则其可能已经涉嫌挪用资金罪。

需要指出的是,如果有关款项的支付和使用有合法依据,如境内公司与有关公司和个人签订了合同或达成了借款安排,则该等支付行为有可能被认为是公司的经营行为,实际控制人不构成犯罪。

3. 合同诈骗罪

《刑法》第 224 条规定:"有下列情形之一,以非法占有为目的,在签订、履行合同过程中,骗取对方当事人财物,数额较大的,处 3 年以下有期徒刑或者拘役,并处或者单处罚金;数额巨大或者有其他严重情节的,处 3 年以上 10 年以下有期徒刑,并处罚金;数额特别巨大或者有其他特别严重情节的,处 10 年以上有期徒刑或者无期徒刑,并处罚金或者没收财产:

(一)以虚构的单位或者冒用他人名义签订合同的;

(二)以伪造、变造、作废的票据或者其他虚假的产权证明作担保的;

(三)没有实际履行能力,以先履行小额合同或者部分履行合同的方法,诱骗对方当事人继续签订和履行合同的;

(四)收受对方当事人给付的货物、货款、预付款或者担保财产后逃匿的;

(五)以其他方法骗取对方当事人财物的。"

如上所述,在吸引 PE 投资者进行投资时,境内公司创始人有时会对公司的经营状况作出虚假陈述,致使 PE 投资者错误地与其订立投资协议,将大量资金投入境内公司,并因此遭受巨大损失。境内公司创始人的该等行为有可能涉嫌合同诈骗罪。

但是,需要提醒注意的是,境内公司创始人构成合同诈骗行为的前提是,其在订立合同时就已经存在骗取财物的犯罪故意,且其通过种种方式直接非法占有了 PE 投资者投入境内公司的资金。

如果境内公司创始人在订立投资协议时作出虚假陈述的目的并不是为了自己非法占有 PE 投资者的资金,而是为了继续经营和发展境内公司,有关责任人系在实际控制境内公司的过程中产生将 PE 投资者的资金据为己有的意图,则其行为不符合合同诈骗罪的主观要件,不构成合同诈骗罪。

如果境内公司的创始人作出虚假陈述的后果仅仅是 PE 投资者错误地将资金投入到了境内公司,而境内公司创始人并未直接非法占有该等资金,而是始终将资金用于境内公司的经营管理,那么,其行为仅为民事欺诈行为,不符合合同诈骗罪的客观要件,不构成合同诈骗罪。

4. 虚假出资、抽逃出资罪

《刑法》第159条规定:"公司发起人、股东违反公司法的规定未交付货币、实物或者未转移财产权,虚假出资,或者在公司成立后又抽逃其出资,数额巨大、后果严重或者有其他严重情节的,处5年以下有期徒刑或者拘役,并处或者单处虚假出资金额或者抽逃出资金额2%以上10%以下罚金。"

《最高人民检察院、公安部关于经济犯罪案件追诉标准的规定》第3条规定:"公司发起人、股东违反公司法的规定未交付货币、实物或者未转移财产权,虚假出资,或者在公司成立后又抽逃其出资,涉嫌下列情形之一的,应予追诉:

1. 虚假出资、抽逃出资,给公司、股东、债权人造成的直接经济损失累计数额在10万元至50万元以上的;

2. 虽未达到上述数额标准,但具有下列情形之一的:

① 致使公司资不抵债或者无法正常经营的;

② 公司发起人、股东合谋虚假出资、抽逃出资的;

③ 因虚假出资、抽逃出资,受过行政处罚二次以上,又虚假出资、抽逃出资的;

④ 利用虚假出资、抽逃出资所得资金进行违法活动的。"

如果境内公司创始人作为出资的非货币财产,如高新技术等,价格虚高,或始终未足额缴付货币出资,或在境内公司成立后又抽逃出资,且其行为后果达到上述标准的,可能涉嫌虚假出资、抽逃出资罪。

(二) 向公安机关举报时应提交的证据

中国公安部发布的《公安机关办理经济犯罪案件的若干规定》(公通字[2005]101号)第9条规定:"经审查,同时符合下列条件的,应予立案:(一)认为有犯罪事实;(二)涉嫌犯罪数额、结果或其他情节达到经济犯罪案件的追诉标准,需要追究刑事责任;(三)属于该公安机关管辖。"

此外,公安部发布的《公安部关于严禁越权干预经济纠纷的通知》(公通字〔1995〕13号)、《关于严格执行刑事诉讼法、刑法有关问题的通知》(1998年1月23日发布),严厉禁止公安机关干预普通民事经济纠纷。因此,除非当事人的举报确有证据证明犯罪事实,公安机关一般不愿意介入经济事务,而是告知有关当事人通过民事诉讼途径解决。

因此,在追究有关人员的刑事责任时,PE投资者需要准备比较确切的证据材料证明存在犯罪事实,并与公安机关进行充分的沟通,以说服公安机关予以立案侦查。

(三)向公安机关举报可能达到与公司实际控制人和解的目的

根据公安机关查处经济犯罪案件的相关规定和惯常做法,公安机关在接到PE投资者的举报后,一般会进行立案审查,以决定是否正式立案。在立案审查过程中,公安机关可以请有关单位协助调查,或者依照规定的程序采取必要的调查措施,对企业法定代表人涉嫌经济犯罪的案件,可以责令其不得擅自离开企业所在地,并保证随传随到。根据公安机关初步审查的情况,如果有证据证明公司实际控制人确实涉嫌犯罪的,则公安机关将正式立案。公安机关一旦正式立案,则可以对犯罪嫌疑人采取强制措施,并对涉嫌的赃款、赃物采取冻结措施。

如果公司的实际控制人确实存在犯罪行为,那么,在公安机关正式立案之前的立案审查阶段,公司的实际控制人为了逃避可能的刑事处罚,则可能主动谋求与PE投资者的和解,以最大限度地避免被刑事追诉的可能。

在我们代理的一起新加坡PE投资者与境内公司实际控制人的纠纷中,PE投资者发现境内公司涉嫌犯罪,并向北京市公安机关进行了举报。在北京市公安机关立案审查过程中,境内公司实际控制人感到了巨大压力,多次主动要求与PE投资者和谈,提出多种和解方案。PE投资者最终通过和谈安全地将其投资退出了境内公司。

第六章 典型公司诉讼实操案例

本章从实务的角度出发,研究几个实际发生的具有典型性的公司诉讼案例,通过实例透析作为跨国公司应该如何应对发生在中国的公司诉讼。

案例一 | 跨国公司委派到合资企业的外籍董事被诉竞业禁止案

本案的大背景是经营饮料的某跨国公司(下称"跨国公司")与杭州某集团公司(下称"杭州集团")之间的合资纠纷。1996年以来,跨国公司及其关联公司与杭州集团及其关联公司先后合资设立了39家合资企业,经营状况良好,利润连年攀升。2007年5月,双方围绕合资公司的控制权发生纠纷,在全球范围内陆续爆发诉讼大战,双方相互指责对方违反了合资合同的禁止同业竞争条款。

2007年5月9日,跨国公司及其关联公司首先在瑞典提起8项仲裁案件,以违反同业竞争条款为主要理由,向杭州集团及其关联方索赔8亿欧元;2007年6月4日,跨国公司的关联公司又在美国针对杭州集团总裁的妻女及其关联公司提起诉讼,索赔3亿美元。当时,杭州集团方面面临巨大的诉讼、仲裁压力和舆论压力。2007年6月,应杭州集团的聘请,本所律师担任杭州集团的海外诉讼仲裁案件的总顾问,全面负责配合客户,组织处理与跨国公司的合资纠纷。本案是双方全球五十多个诉讼、仲裁案件中的一例。

案情概要

桂林某食品有限公司(下称"桂林公司"或"第三人")为杭州集团、桂林A公司与跨国公司的全资子公司新加坡公司(下称"新加坡公司")共同出资设立的合资公司,成立日期为2000年7月。起诉前,桂林公司的出资比例分别为:新加坡公司51%,杭州集团33%(原告),桂林A公司16%

（原告）。桂林公司一直未设监事会，公司的最高权力机构为董事会。桂林公司生产经营的主要产品为水、奶等饮料。2005年12月，被告嘉某某受新加坡公司的委派，担任桂林公司的董事。

被告嘉某某在担任桂林公司董事期间，受跨国公司及其子公司的委派，还担任跨国公司在境内另外设立的同样经营饮料的多家合资公司的董事。上述竞争性公司与桂林公司同属食品饮料行业，其营业执照注明的经营范围基本相同，上述竞争性公司主要生产经营的产品为水、奶等饮料，与桂林公司属于同类业务。

另外经调查发现，跨国公司在中国内地还投资于多个著名的食品饮料品牌，而委派到与杭州集团合资的公司的多名外籍董事，同时在近30家其他的食品饮料公司担任董事，这些兼职行为均未经过合资公司董事会的同意。跨国公司方面委派的董事显然涉嫌违反中国《公司法》关于董事竞业禁止的规定。

2007年6月26日，两原告向桂林公司董事会发出了《提请合资公司董事会对嘉某某损害合资公司利益的行为提起诉讼的函》，要求桂林公司对外籍董事嘉某某损害桂林公司利益的行为提起诉讼，但桂林公司拒绝提起诉讼。为此，两原告以股东名义代表桂林公司向桂林市中级人民法院提起股东代表诉讼。

客户目标

在本案发生之时，跨国公司由于提起海外的多个仲裁程序和诉讼程序而给杭州集团造成巨大的压力，加上舆论的压力，杭州集团希望能够就同业竞争等法律问题，澄清有关事实，从而消除来自跨国公司方面发起的关于杭州集团违约从事同业竞争的舆论压力。

另外，杭州集团和跨国公司双方在全球范围内的诉讼仲裁系列案件的一个核心争议焦点问题是："谁从事了同业竞争行为"，这主要是一个事实认定问题。客户希望能够通过本案确认跨国公司委派的董事从事竞业禁止的行为，使其在与跨国公司的全球诉讼、仲裁中在证据支持和事实认定方面居于比较有利的地位。

代理思路

1. 在全国多个法院起诉跨国公司方委派到合资公司的董事违反中国

《公司法》有关董事竞业禁止的规定

针对客户的目标，律师在接受杭州集团的聘请后，立即展开了对案件的全面调查、分析和研究。

由于跨国公司委派的董事在位于多个中国城市的与杭州集团合资公司业务相竞争的其他合资公司中担任董事，律师策划由杭州集团陆续在全国多个法院起诉跨国公司委派到合资公司的董事违反中国《公司法》有关竞业禁止的规定。本案是其中比较典型的一个案件。

2. 在合资公司不能对董事起诉的情况下，以股东身份对董事提起股东代表诉讼；策划向合资公司董事会发函要求合资公司起诉外籍董事，解决股东代表诉讼面临的前置程序问题

在律师仔细审阅相关材料后发现，跨国公司对桂林公司有间接控股权，合资公司无法通过决议向跨国公司委派的董事直接提起诉讼。针对这种情况，提出可以由两原告以桂林公司股东的身份对嘉某某提起股东代表诉讼。

但根据2005年修订的《公司法》的规定，公司的股东要对公司的董事侵权行为提起股东代表诉讼，应当首先请求公司监事会或者监事向人民法院提起诉讼。对两原告不利的是，桂林公司自成立至今并未设立监事会或监事，《公司法》对于未设立监事会或监事的合资公司的股东如何提起针对董事的股东代表诉讼的情形未作任何规定，这给两原告履行股东代表诉讼的前置程序出了一个难题。

本案中，我们综合分析了中国《公司法》和外商投资企业法律法规的立法意图，提出首先由两原告书面请求桂林公司董事会对违规的董事提起诉讼，在桂林公司拒绝后，由两原告提起股东代表诉讼。这一做法表面上虽未能严格履行《公司法》规定的前置程序（即应向监事会提出请求），但考虑到桂林公司确无监事会，而其董事从事竞业禁止行为损害桂林公司利益的情况，法院同意对两原告的起诉予以立案。

3. 广泛收集证据证明嘉某某违反中国《公司法》关于竞业禁止的规定，要求停止嘉某某在与合资公司有竞争关系公司的任职，给嘉某某和跨国公司造成一定的压力

经分析，我们认为，考察被告嘉某某的上述行为是否构成对《公司法》董事竞业禁止规定的违反，主要需要分析如下两点事实：(1) 被告兼职的

公司与桂林公司是否经营同类业务;(2)被告兼职的行为是否经过桂林公司董事会(合资公司不设股东会,董事会为其最高权力机构)的同意。

关于"董事是否从事经营同类业务"问题,我们结合有关实践认为,仅仅以工商部门查询调取的竞争性公司的营业执照上登记的"经营范围"作为证据,还不足以直接证明公司实际从事的业务内容,若要证明董事在竞争性公司实际从事了"同类的业务",必须提供该竞争性公司实际经营某"同类的业务"的其他证据。因此,办案律师还搜集了该竞争性公司实际经营某"同类的业务"的其他证据,分析了被告所兼职的几家公司实际生产的产品类型、销售模式、销售地域、产品价格定位等能够说明是否存在竞争的因素。因此,如何提供证据,通过对比的方式,证明董事兼职的几家公司实际经营的业务属于同类业务,存在一定的市场竞争关系,是原告在此争议焦点问题上的举证关键。

关于"被告兼职的行为是否经过合资公司董事会的同意"这一问题,我们结合最高人民法院关于《公司法》的解释对《公司法》条文的解读,认为董事会是合资企业的最高权力机构,考察合资公司的董事的竞业行为是否违法,应当考察其竞业行为是否经过了合资公司董事会的同意,如果被告的行为未经过桂林公司董事会的同意,则应视为违反《公司法》第149条第1款第(五)项的规定。桂林中院采纳了我们提出的上述代理意见。

4. 深入分析关于规定合资公司董事竞业禁止的法律以及董事因此应承担的法律责任,向法院提出合理请求,得到法院的支持

在证明被告的行为违反公司董事竞业禁止的规定后,还需要解决的一个问题是被告应当承担什么样的法律责任。对此,我们经分析研究认为,合资公司董事违反董事竞业禁止,损害合资公司及其股东合法权益的行为,既可以适用《民法通则》关于民事责任的一般性规定,也可以同时适用《公司法》中关于董事侵权的法律责任的特殊规定。此外,由于侵犯商业秘密是董事竞业禁止行为具体表现形式和手段之一,也可以适用《中华人民共和国反不正当竞争法》的相关规定。

本案中,两原告同时向法院提出了主张被告从事竞业行为所获得的收入和报酬归桂林公司所有和请求承担赔偿责任的两项请求,均获得了法院的支持。由于被告没有到庭,加之原告提出的索赔数额仅仅是一个象征性的赔偿数额,因此,法院并没有进一步阐明这两项请求权竞合的法律关系。

法院裁判

桂林市中级人民法院认为,被告嘉某某在担任第三人董事职务期间,同时担任与第三人有竞争关系的关联公司的董事职务,违反了《公司法》关于公司董事对其任职公司负有忠实和勤勉义务的规定和第三人公司章程的规定,可以认定其违法兼职的行为。被告通过该行为将第三人的商业秘密和技术秘密用于其兼职的竞争性公司的经营活动中,必然造成第三人在市场竞争中处于不利地位,遭受利益损失,也造成作为第三人股东的原告的利益损失。因此,被告应当承担相应的法律责任,除将违法兼职收入依法归入第三人所有之外,还应当赔偿原告及第三人受到的经济损失及支付的相关合理开支。另外,原告作为第三人的股东,在向第三人董事会书面提出催告函,要求第三人对被告向人民法院提起诉讼的请求被拒绝后,有权依法以自己的名义向人民法院提起诉讼。

据此,桂林中院判决如下:"(1)被告嘉某某停止在与第三人桂林公司有同业竞争关系的其他公司担任董事职务;(3)被告嘉某某因担任与第三人桂林公司有同业竞争关系的公司董事获得的收入人民币 15 万元归第三人桂林公司所有;(4)由被告嘉某某赔偿原告杭州集团、桂林 A 公司经济损失人民币 15 万元;(5)由被告嘉某某赔偿第三人桂林公司 20 万元;(6)由被告嘉某某赔偿原告杭州集团合理开支 3 万元。"

结语

在中国改革开放三十余年间,跨国公司进入中国,在同一行业投资设立或并购多家同行业公司的情况屡见不鲜,跨国公司从方便管理的角度,往往任命同一高级管理人员同时兼任其投资的多家同行业公司的董事,这既有利于节省公司的管理成本,也有利于执行公司的同一经营理念和政策,逐渐成为行业的惯例。然而,上述业内惯例并不符合 2005 年修订的《公司法》关于董事竞业禁止的规定,在中国法院遭遇了严峻的挑战,兼职董事面临重大诉讼风险和巨额赔偿责任。

根据本案的上述分析,"董事兼职的行为是否经过合资公司董事会的同意"是其行为是否符合《公司法》规定的关键。只要董事、经理的兼职行为获得了合资公司董事会的同意,就能基本避免承担竞业禁止法律责任的风险。因此，对于正在兼职的跨国公司董事来说，重要的是未雨绸缪，提前取得公司股东会或董事会（合资公司）的书面同意，及时使自己的兼职行为符合《公司法》的相关规定，如果等到股东间发生纠纷时，则恐怕为时已晚。

案例二　中国首例股东因出资不到位被法院判决限制股东权利诉讼案

案情概要

天津某医药产业发展有限公司（下称"天津公司"）系由北京某投资管理有限责任公司（下称"北京公司"）、A公司和B公司于2003年在天津成立的有限公司，注册资本3亿元。

根据协议约定，上述三发起人应分别出资1.3亿元、1.3亿元和4000万元。2003年5月12日，北京公司汇入天津公司出资款1.3亿元；5月12日、13日，A公司将1.3亿元出资汇入天津公司临时验资账户，又于5月16日自该账户转出；5月9日至13日，B公司将4000万元汇入天津公司临时验资账户，又于5月16日自该账户转出3000万元。

此后，天津公司的股东和股权结构发生了数次变动，但未发生新的出资行为。黑龙江某投资发展有限公司（下称"黑龙江公司"）通过受让其他股东的股权成为天津公司的股东。截至2005年7月，黑龙江公司共持有天津公司16500万股的股权，占天津公司总股权的55%，成为天津公司的控股股东，并办理了相应的工商变更登记手续。黑龙江公司受让股权后，向天津公司委派了董事长，实际控制了天津公司。在上述股权变动后，北京公司持有天津公司股权1100万股。

向黑龙江公司转让股权的天津公司的前手股东/原股东，均未对天津公司履行出资义务，黑龙江公司在受让股权时完全知悉这一情况，并分别在每次股权受让时与转让人、天津公司签订协议书、补充协议等，约定由黑龙江公司承接受让人对天津公司的出资义务。黑龙江公司在受让上述股权后，一直没有履行对天津公司的股东出资义务，也未支付股权对价。

2006年3月25日,北京公司的董事长陈某某提出辞职。同年5月8日,北京公司董事会选举苏某为董事长。但由于原董事长陈某某不配合,北京公司迟迟不能办理董事长变更的工商变更登记手续。

2006年5月16日,浙江省宁波市中级人民法院(下称"宁波中级法院")通知北京公司:黑龙江公司拖欠浙江某投资管理有限公司(下称"浙江公司")款项4905.328924万元一案已经进入执行程序,黑龙江公司与浙江公司达成执行和解协议,黑龙江公司以其持有的天津公司的股权16500万股折价3500万元抵偿给浙江公司,要求北京公司在20日内答复是否对该股权行使优先购买权。北京公司在收到宁波中级法院要求其行使优先购买权的通知后,委托本所为其提供法律服务。

客户目标

考虑到黑龙江公司对天津公司未出资,如果宁波中级法院裁定黑龙江公司以股权抵债,黑龙江公司持有的天津公司股权16500万股将被执行到浙江公司名下。而在浙江公司支付合理对价(法院裁定以股抵债)、受让黑龙江公司持有的天津公司股权后,天津公司可能将无法向浙江公司主张黑龙江公司未缴付的出资义务,而浙江公司在仅仅支付3500万元的对价后就将取得天津公司的控股股东地位,这将导致天津公司和北京公司的利益严重受损。因此,北京公司需要阻止对黑龙江公司持有的天津公司股权的执行,并要求黑龙江公司补足对天津公司的出资,维护天津公司和天津公司其他已出资股东的合法权益。

策划和代理

根据客户介绍的情况,经过紧急研究,我们初步拟定了代理此案的整体思路:第一,找出合法的理由,申请宁波中级法院中止对黑龙江公司持有的天津公司股权的执行,而黑龙江公司对天津公司未出资能否享有股东权利则是本案的核心,是向法院提起诉讼的突破口;第二,向人民法院提起诉讼,要求黑龙江公司补足对天津公司的出资,在其补足出资前确认黑龙江公司不享有对天津公司的股东权利。

1. 以黑龙江公司未出资为由向法院起诉主张其不享有天津公司的股东权利,并立即申请宁波市中级人民法院中止执行黑龙江公司持有的天津公司

的股权

对于股东不出资是否享有股东权利,或其股东权利是否应受到限制,并没有明确的法律规定作为依据,也没有相关判例可供参考,法学理论界对此问题也一直存在较大争议。但我们认为,作为代理律师,应从案件的基本证据和基本事实出发,从现行法律规定中尽量寻找可能的法律依据。没有法律规定的,则可以通过解读法律的立法精神为法院裁判提供参考。

我们经认真研究法律和相关案件材料,从《公司法》和天津公司章程的具体规定中找到了相关依据,主张股东享有股东权利的前提条件是股东必须履行出资义务,股东作为出资者必须按照股东对公司的出资比例(即实际投入公司的资本额)来享有资产受益、重大决策和选择管理者等股东权利。

于是,我们代表北京公司在黑龙江高级人民法院(下称"黑龙江高级法院")以黑龙江公司为被告提起诉讼。在案件立案后,我们代理北京公司申请宁波市中级法院中止执行黑龙江公司持有的天津公司的股权,得到了宁波中级法院的支持。

2. 面对天津公司因被黑龙江公司控制而不能对黑龙江公司提起诉讼的情况,策划由北京公司提起股东代表诉讼

黑龙江公司对天津公司出资不到位,侵犯了天津公司的合法权利,天津公司可以依法对黑龙江公司提起诉讼。但是,如上所述,黑龙江公司系天津公司的控股股东,天津公司已被黑龙江公司控制,天津公司不可能对黑龙江公司提起诉讼。

对此,我们经研究认为,依据《公司法》第152条的规定,北京公司作为天津公司的股东,在天津公司利益遭受侵害而天津公司又不能/不愿提起诉讼的情况下,北京公司可以以自己名义提起股东代表诉讼。而且,就本案情况而言,黑龙江公司不履行对天津公司的出资义务,不仅侵犯了天津公司的利益,而且违反了与北京公司签订的公司章程中各方关于出资的约定。因此,北京公司对黑龙江公司提起诉讼,应该具有诉讼主体资格。

此外,根据《公司法》第152条的规定,股东提起股东代表诉讼,非因情况紧急的应先履行前置程序(先要求监事会、监事、董事会或董事提起诉讼)。本案中,因宁波中级法院即将执行黑龙江公司所持天津公司股权,该情况可以视为紧急情况,因此,北京公司可以据此直接提起股东代表诉讼。

3. 在北京公司的原董事长被免职后不配合公司办理工商变更登记手续情况下,建议北京公司召开临时董事会作出决议,授权管理层和新任董事长代表公司对黑龙江公司提起诉讼

北京公司的原董事长陈某某在辞职并被免职后仍迟迟不配合公司办理工商变更登记,北京公司董事会委任的新董事长未在工商局办理变更登记手续,其是否有权代表公司提起诉讼可能存在争议。对此,我们认真分析后建议,由北京公司召开临时董事会作出决议,授权新任董事长代表公司对黑龙江公司提起诉讼。

法院裁判

1. 北京公司的诉讼请求

2006年6月初,我们代理北京公司在黑龙江高级法院对黑龙江公司提起诉讼,同时将天津公司列为第三人。具体的诉讼请求为:(1)确认黑龙江公司不享有对天津公司16500万股股权的股东权利;(2)黑龙江公司立即补足对天津公司的出资;(3)黑龙江公司赔偿北京公司违约金3000万元;(4)黑龙江公司承担本案的全部诉讼费用。在诉讼过程中,根据黑龙江高级法院的释明,我们代理北京公司对上述第一项诉讼请求进行了说明,请求依法确认黑龙江公司在实际履行出资义务前不享有16500万股的股东权利。

2. 法院裁判要旨

黑龙江高级法院一审判决认为:(1)公司的法定代表人的更换并不影响诉讼进行。北京公司通过合法的程序召开了股东会和董事会,免去了原董事长陈某某的董事及董事长职务,并选举苏某为新任董事长。在陈某某带走营业执照导致北京公司无法及时进行工商变更登记的情况下,北京公司亦就本次诉讼专门授权管理层处理。北京公司提起诉讼符合法律规定,其代理人有合法授权;(2)依据《公司法》第28条的规定,北京公司作为天津公司的股东,在其自身按期足额缴纳出资的情况下,可以向其他不按期足额出资的股东主张违约责任。因此,北京公司有权向黑龙江公司提起诉讼;(3)向黑龙江公司转让股权的股东未履行出资义务,黑龙江公司受让股权后亦未履行出资义务。股东权利的享受和行使须按其投入公司的资本额大小确定,股东在没有履行出资义务的情况下主张权利,则其投资收

益与出资风险之间不存在联系,明显有违公平原则,亦损害其他股东利益,应对其股东权利加以限制;(4)黑龙江公司未按约定缴纳出资,除应向公司足额缴纳外,应当向已按期足额缴纳出资的股东北京公司承担违约责任,黑龙江公司于2005年7月20日登记为天津公司股东,其应于该日起依照发起协议的约定按照北京公司的实际出资比例承担违约责任。

据此,黑龙江高级法院一审判决如下:(1)黑龙江公司于判决生效后十日内履行对天津公司16500万元出资义务;(2)如不能补足上述出资,则其不享有对天津公司16500万股的表决权、利润分配请求权及新股认购权;(3)黑龙江公司于判决生效后十日内按北京公司的出资份额向其赔偿违约损失(自2005年7月20日起至实际给付之日按16500万元每日万分之三计算)。

黑龙江公司不服一审判决向最高人民法院提起上诉,并主张:一审判决黑龙江公司不履行出资义务即限制其股东权利,没有法律依据。除此之外,其上诉理由与一审答辩理由基本相同。最高人民法院经审理驳回了黑龙江公司的上诉,维持了一审判决。

结语

本案涵盖了公司法的多个前沿问题。在《公司法》修订后不久、对有关股东权利(包括诉讼权利和实体权利)具体行使的规定尚未有十分明确规定的情况下,我们根据《公司法》的立法精神,克服重重现实障碍和法律前沿问题的挑战,代表客户提起诉讼,请求法院判决瑕疵出资股东缴付出资并对其股东权利进行限制,该诉讼最终获得最高人民法院的支持。

该案例在最高人民法院2007年召开的民商事审判工作会议上被作为典型案例交流,在业内具有相当影响。该案是最高人民法院判决的首起因股东出资不到位而限制股东权利案。同时,最高人民法院判决对如下争议问题进行了确认:明知股权存在出资瑕疵仍受让之股东负有补足出资的义务;工商部门未办理法定代表人的变更登记,不影响公司的新任法定代表人代表公司进行诉讼;股东不出资不影响其股东资格的取得。该案对类似的公司诉讼无疑具有重要的指导和参考意义。

在该案二审判决近三年后,最高人民法院于2011年1月颁布了《关于适用〈中华人民共和国公司法〉若干问题的规定(三)》。该司法解释第17

条规定:"股东未履行或者未全面履行出资义务或者抽逃出资,公司根据公司章程或者股东会决议对其利润分配请求权、新股优先认购权、剩余财产分配请求权等股东权利作出相应的合理限制,该股东请求认定该限制无效的,人民法院不予支持。"显然,该判例对最高人民法院该条司法解释的出台起到了推动作用。

案例三 中外合作经营企业的股权确权纠纷案

案情概要

1995年9月,张某某持厄瓜多尔某投资咨询有限公司(下称"厄瓜多尔公司")的授权委托书,代表厄瓜多尔公司与湖南某道路开发建设总公司(下称"湖南道路建设公司")签订中外合作经营企业合同,约定:设立合作公司,共同投资开发湖南省内一收费公路项目。其中,厄瓜多尔公司负责该项目桥梁部分的投资和建设,湖南道路建设公司负责道路部分的投资和建设,并约定项目通车收费后,双方按比例分享利润。9月底,合作公司取得工商局签发的企业法人营业执照。

1997年9月12日,张某某代表厄瓜多尔公司与香港实业公司签订《关于变更投资主体协议书》,约定:厄瓜多尔公司将公路项目中桥梁建设的前期费用如数转让给香港实业公司,转让之前应当进行审计,移交时以审计确认的实际数目为准。厄瓜多尔公司已投资金额,按其在桥梁建设投资总额中所占比例,拥有股份享有收益,厄瓜多尔公司配合香港实业公司办理投资主体变更手续。

同年9月19日,张某某代表厄瓜多尔公司与香港实业公司签订股权转让协议书,约定厄瓜多尔公司将其在合作公司中的全部股权转让给香港实业公司,股权转让作价3200万元,在协议生效后10日内支付。

同年9月24日,香港实业公司与湖南道路建设公司签订中外合作经营合同,其合同内容除主体由厄瓜多尔公司变更为香港实业公司外,其余和1997年9月12日的原合作合同一致。之后,政府主管部门批准了该股权转让,并为合作公司换发了批准证书及营业执照。

同年9月25日,香港实业公司向厄瓜多尔公司出具收据,称:"今收到厄瓜多尔公司参与我公司在合作公司的投资股金人民币3200万元(具体按财务清理数据为准),此项投资股金按照合作公司合同承担风险和分享利润,承担风险和分享利润的比例按该项投资款在我公司今后实际投资中所占比例计算。"

同年10月18日,厄瓜多尔公司与张某某签订协议,约定厄瓜多尔公司在合作公司的股权转让款3200万元归张某某所有,厄瓜多尔公司在该项目上的债权债务亦由张某某承担。

同年11月8日,张某某代表厄瓜多尔公司与香港实业公司签署合作公司账务移交说明。该账务移交说明包含资产负债表、债权债务和实收资本明细表、账簿、凭证清册等六部分资料,其中实收资本部分明确记载厄瓜多尔公司并未向合作公司进行任何实际投资,合作公司实收资本均为一些自然人小股东的投资,其中张某某投资19万元。

香港实业公司于1997年9月13日向张某某出具承诺书,载明:鉴于张某某自1995年3月以来,在公路合作开发项目考察、论证、竞争、签约、桥梁工程的招投标、施工管理和组织成立合作公司过程中作出了较大贡献,香港实业公司承诺以香港实业公司和其他国内外所有股东在合作公司投资总额中的1%的股份给张某某,作为他的贡献回报,并享有相应的股权,在合作合同有效期内有效。这份股份(股权)属于其私人财产,可以继承、转让和抵押。

由于厄瓜多尔公司并未对项目进行实际投资,在香港实业公司实际控制合作公司之前,合作公司仅进行了桥梁建设的部分前期工作。在香港实业公司正式接管合作公司后,香港实业公司开始大规模投入资金,组织进行了设计调整和实际施工。同时,香港实业公司也逐步清退了之前自然人的投资,因张某某在之后的一段时间内一直在合作公司任职,张某某个人的投资始终没有清退。后由于张某某侵吞公司财产、损害公司利益等原因,合作公司于1999年免除了张某某的职务。

合作公司开发的公路项目于2003年4月正式通车收费。之后,张某某多次向香港实业公司和合作公司发函,要求享有合作公司股权并进行利润分配,但双方一直未能协商一致。

2006年4月,张某某向湖南省某中级人民法院(下称"法院")起诉,要求:(1)判决确认香港实业公司在合作公司投资中的3200万元股权份额归其所有;(2)判决确认香港实业公司在合作公司投资总额中的1%的股份归其所有;(3)判决香港实业公司向其支付3200万的股权份额及1%的股份所产生的利润。

诉讼案件发生后,我们接受香港实业公司的委托,代理其应诉。

客户目标

由于香港实业公司实际控制人曾发生变更,除存档的部分材料外,香港实业公司目前的实际控制人并不了解当时交易的背景、股权定价的依据以及为何约定给予张某某1%的股权。因此,就香港实业公司而言,需要延缓诉讼进程,赢得时间进一步搜集资料、了解案情。

根据中国相关法律法规,张某某要求享有合作公司1%股权需经中外双方同意、修改合作公司合同和章程,并重新报主管机关审批,但事实上均未办理上述手续,香港实业公司希望主张张某某不能获得合作公司股权,无权参与分配合作公司利润。

此外,香港实业公司也希望给张某某设置一定的障碍,促使张某某放弃过高的、不合理的预期,进而可能在合适的时机与张某某达成和解。

策划代理

根据香港实业公司的目标和要求,我们结合案件具体情况,制定了如下的代理思路,并按相关方案和策略实施了代理工作。

1. 延缓诉讼进程

考虑到本案的实际情况以及香港实业公司的上述目标,围绕张某某在提交代理手续和证据等方面的瑕疵,我们建议通过各种诉讼策略延缓诉讼进程,主要有:提出管辖权异议、对原告诉讼主体身份和代理人身份提出异议、申请法院鉴定及重新鉴定、申请追加湖南道路建设公司作为第三人参加诉讼等。事实上,通过上述工作,一审诉讼共进行了两年多的时间,基本实现了香港实业公司的初步目标。

2. 在法律上对张某某要求取得合作公司股权的诉讼请求进行反驳

我们研究认为,原告要求享有合作公司股权的基础只能是从香港实业公司处受让。而根据法律规定,如果香港实业公司转让合作公司的股权给张某某,则必须经过合作各方的同意,并且必须报审批机关批准。而本案中原告享有投资权益的事宜并未经合作公司中方同意,也未经审批机关批准,故香港实业公司开具给厄瓜多尔公司所谓投资股金的收据无效,其要求享有3200万股权的诉讼请求不能成立。

同理,原告要求享有合作公司1%股权实质上增加了合作公司的合作主体,需经中外双方同意、修改合作公司合同和章程,并重新报主管机关审批,但事实上均未办理上述手续,故香港实业公司的单方承诺无效,原告的诉讼请求不能成立。

3. 从厄瓜多尔公司没有对合作公司进行实际投资的角度,对张某某要求取得合作公司股权的诉讼请求进行反驳

(1) 没有任何财务凭证证明厄瓜多尔公司实际投资,厄瓜多尔公司的实际角色决定了其不可能对合作公司真实投资。

经研究材料,我们发现,张某某主张厄瓜多尔公司对合作公司进行了实际投资,但没有提供任何的财务凭证或银行凭证。此外,厄瓜多尔公司的注册地在厄瓜多尔,在中国大陆没有任何的投资项目,也没有设立任何的组织机构或派驻任何的常驻人员,实际上仅为香港人张某控制的一个空壳公司。张某某"借用"厄瓜多尔公司名义,与政府方签订了中外合作经营合同,主要是为了获得中外合作经营企业作为外资企业的各种优惠政策,厄瓜多尔公司的上述角色决定了其不可能实际投资。

(2) "股权转让协议"、"收据"等表面证据并不体现当事人的真实权利义务。

在香港实业公司和厄瓜多尔公司签署的《股权转让协议书》中,表述为"厄瓜多尔公司原已在合作公司投资3200万元,此次股权转让亦作价3200万元",而此时,香港实业公司并未进入合作公司,不了解合作公司的真实投资情况,因此股权定价仅能依据厄瓜多尔公司一方的陈述。即使如此,香港实业公司也并非完全认可该陈述,而是在"收据"及相关协议中均表示"以财务清理数据为准"。

而事实上,财务清理审计结果显示厄瓜多尔公司未实际投资。在股权转让协议及收据签署后的1997年11月8日,张某某及香港实业公司代表签署了"账务移交说明",即双方对合作公司的账目进行了审计确认,并签署了双方认可的说明。该说明即是财务清理审计结果的体现,证明厄瓜多

尔公司未实际投资，实际投资的仅是各个自然人。

4. 就张某某损害合作公司事宜进行充分举证，影响法官对当事人之间权利义务公平性的判断

根据我们的了解，张某某在担任合作公司副董事长期间，长期占用并拒不归还合作公司资产，侵害合作公司权益达330多万元。虽然该问题与张某某主张的股权确权法律关系没有直接关联，但可能影响法官对当事人之间权利义务公平性的判断，因此，我们建议客户在张某某侵害合作公司权益方面搜集证据，提交法院。

法院裁判

在经多次证据交换和开庭审理后，法院作出了如下判决：

1. 关于张某某的诉讼主体资格是否适格的问题

香港实业公司认为原告张某某的身份不明确，其诉讼主体资格不适格，对厄瓜多尔公司与张某某之间的股权转让协议上的张某的签字的真实性提出了异议，并在法定期限内申请了笔迹鉴定。为此，法院委托了司法鉴定机构对厄瓜多尔公司给张某某出具的授权委托书上张某签字与厄瓜多尔公司与张某某签订的权利转让协议上张某签字的同一性进行司法鉴定。经鉴定，认定具有同一性。但香港实业公司对该鉴定持有异议，申请重新鉴定。

对此，法院认为，原告张某某的委托代理人在庭审中提交了张某某的户口簿，张某某本人还就其身份问题主动到法院接受了调查核实，更为重要的是，张某某作为厄瓜多尔公司委托代理人参与合作公司筹建、开办的全过程，不仅代理了厄瓜多尔公司与湖南道路建设公司签订了合作开办合作公司的合同，还在合作公司成立之初至变更外方合作者之前一直担任合作公司董事长，负责合作公司的经营管理工作。在任职期间，代表厄瓜多尔公司签订了股权转让协议，代理移交了财务资料。对张某某受厄瓜多尔公司委托的上述行为，香港实业公司从未提出过异议。在股权转让过程中，香港实业公司为感谢张某某所做的工作，还承诺给张某某1%的股份。上述事实充分说明香港实业公司对张某某系厄瓜多尔公司委托代理人的身份是认可的。此外，在张某某多次主张权利时，香港实业公司并未对张某某的权利人资格和身份提出异议。

综合上述事实,法院认为张某某作为厄瓜多尔公司的委托代理人资格或者厄瓜多尔公司在合作公司权利受让人,证明其身份的证据是充分的,事实是清楚的。因此,法院认为香港实业公司请求重新鉴定的理由不充分,法院不予支持。香港实业公司对张某某身份和诉讼主体资格所提出的异议与客观事实不符,不予采纳。

2. 关于原告张某某是否有权取得香港实业公司在合作公司投资总额中3200万元的权利份额问题

原告张某某主张,香港实业公司在受让厄瓜多尔公司在合作公司的外方投资者权利后,理应支付3200万元价款,但香港实业公司通过1997年9月26日的收据又约定将本应支付给厄瓜多尔公司的3200万元权利转让金作为厄瓜多尔公司在合作公司的投资,厄瓜多尔公司有权按照该笔转让金在香港实业公司对合作公司投资中所占的比例与合作公司的其他投资者一道承担风险和分享利润。因此,在厄瓜多尔公司将上述权利转让给原告后,原告亦有权占有相应权利份额。

香港实业公司及第三人合作公司认为,厄瓜多尔公司和张某某的上述权利转让行为不具有真实性、合法性,厄瓜多尔公司没有向合作公司投资,厄瓜多尔公司无权取得股权转让款及相关权益。

法院认为,虽然厄瓜多尔公司将其在合作公司的外方投资者权利作价3200万元转让给香港实业公司,并得到了合作公司另一投资者的同意和政府主管部门的批准,但后来根据香港实业公司的要求,该3200万元的权利转让金又转作了厄瓜多尔公司在合作公司的投资。由于双方这一权利转让行为未取得合作公司中方合作者的同意,也未经政府主管部门批准,该权利转让行为尚没有发生法律效力。原告的请求缺乏法律依据,被告的抗辩理由成立,法院予以采纳。

3. 关于原告的诉讼请求性质及是否超过法定诉讼时效期间的问题

从原告张某某诉讼请求来看,其主要内容有两项:一是要求确认其在合作公司3200万元投资的权利份额,并取得该权利份额相应的利润;二是请求确认香港实业公司在合作公司投资中1%的投资份额及利润归其所有。由此可以看出,原告张某某请求的并不是厄瓜多尔公司在合作公司权利出让的价款,即不是请求香港实业公司清偿债务的给付之诉,而是对其在合作公司权利份额的确认之诉和由此派生的相应利润的给付之诉。根据物权的基本原理,原告的诉讼请求不存在超过诉讼时效的问题。

4. 关于原告张某某提出的将香港实业公司在合作公司投资总额中的1%的权利份额确认归其所有的诉讼请求是否具有法律依据的问题

1997年9月13日,香港实业公司向张某某出具承诺书,承诺将该公司及合作公司的国内外所有股东在合作公司投资总额的1%股份赠与给张某某。该承诺中,有部分赠与系无权处分,因为香港实业公司没有权利擅自将合作公司的其他投资者的权利赠与他人。但香港实业公司将本公司在合作公司投资总额中的份额赠与给张某某系其真实意思表示,内容不违反法律、行政法规的禁止性规定,具有法律效力。张某某要求确认香港实业公司在合作公司投资总额的1%份额归其所有,具有法律依据,法院予以支持。

原告张某某同时提出要求香港实业公司支付该1%权利份额产生的利润,因其未提交证据证明香港实业公司在合作公司的投资产生了盈利,故对其该项诉讼请求不予支持。

依据上述理由,法院进行了下述判决:(1)确认香港实业公司在合作公司的投资总额的1%的权利份额归张某某所有;(2)驳回张某某的其他诉讼请求。

法院作出上述判决后,各方当事人均未提出上诉,该判决也已发生法律效力。

结语

本案中一个重要的争议问题,就是中外合作经营企业的合作一方承诺将合作企业一定的股权份额给予第三方,但未经政府主管部门批准和其他合作者同意,第三方能否取得中外合作经营企业的股权。

我们注意到,法院判决支持张某某享有"投资总额的1%的权利份额"的表述与张某某的诉状及香港实业公司的承诺书均有所不同。张某某诉状要求的是"1%的股份",而香港实业公司承诺书的表述为"1%的股份"、"享有相应股份的股权"。因此,诉状和承诺书中所称的"股份"或"股权"应当是指公司法意义上作为股东享有的权利,包括财产性的自益权和人身性的共益权。而判决书中"权利份额"的限定词为"投资总额",故我们倾向于认为该判决所称的"权利份额"应仅限于财产性的利益,而不包括参与公司经营管理等人身性利益。

可以说,法院的上述判决具有一定的创造性,回避了取得中外合作经营企业股权必须经政府主管机关批准和其他合作方同意的要件,同时保护了张某某在获得赠与时的善意。但是,"权利份额"并非特定的法律概念,内涵和外延具有不确定性,存在不同理解和发生歧义的可能性,极有可能给未来判决的执行带来争议。

基于上述分析,在该案判决后,我们向香港实业公司提出了以下意见和建议:首先,该判决系确权判决,非给付之诉,取得中外合作经营企业的股权须经合作各方同意和审批,因此,张某某不能仅基于享有"投资总额的1%的权利份额"而要求进行合作公司的股权变更登记;其次,香港实业公司和合作公司可以拒绝张某某参与公司的经营管理,我们倾向于认为,法院判决确定张某某享有的权利仅仅是财产性的,而不包括参与公司经营管理的权利;最后,依据该判决,我们倾向于认为张某某的法律地位类似于隐名投资者,主要权利或利益仅体现为在公司有盈利时参与分红,如公司并无盈利,可以拒绝其要求分配利润的请求。

案例四
中外合作开发房地产合同纠纷案

案情概要

2000年3月25日,泰国某集团企业有限公司(下称"泰国公司")与辽宁某耐火材料有限公司(下称"耐火材料公司")签订《合作合同书》。主要内容是:(1)耐火材料公司提供沙河口区九至十万平方米土地及地面建筑和有关设施等作为合作条件,由泰国公司出资开发建设大连某购物中心(下称"大连购物中心"),并由泰国公司实施全面管理,耐火材料公司不承担经营风险。合作期为20年;(2)泰国公司每年向耐火材料公司支付金额,第一年500万元,第二年900万元,第三年至第五年每年700万元,第六年起每年以700万元为基数按国家统计部门物价增长指数调整;(3)泰国公司应当在大连购物中心领取营业执照之日起7天内支付100万元定金。自交付定金之日起60天内,耐火材料公司应当完成设备搬迁,并将土地及现有建筑物交给泰国公司,耐火材料公司从交付土地之日起120天时若未能收到其余400万元,可视为泰国公司违约,耐火材料公司有权终止合同;(4)留在地面上的建筑物及各种设施由泰国公司处置;(5)泰国公司出资为耐火材料公司建造一座800至1000平方米办公楼,产权归耐火材料公司,建筑地点双方另行商定;(6)购物中心建成后,泰国公司负责安置耐火材料公司200至300名符合条件的职工就业。

上述协议签订后,2000年7月17日,大连市对外经济贸易委员会批准设立大连购物中心,同日由大连市人民政府颁发外商投资企业批准证书。2000年7月25日,颁发大连购物中心营业执照。

2000年10月20日,泰国公司向耐火材料公司支付定金100万元。2000年12月31日,耐火材料公司完成厂区内的设备搬迁,但未完成土地及建筑物的书面交接手续。

2001年5月16日,泰国公司致函耐火材料公司,称其已经依约交付定金,要求耐火材料公司尽快腾出办公楼并交付土地。2001年5月30日,耐火材料公司致函泰国公司,要求:(1)收函之日起20日内支付400万元;(2)收函之日起20日内将新建办公楼的立项、开工、竣工日期等问题作书面通知;(3)交付相关文件和证明材料。

2001年6月6日,泰国公司致函耐火材料公司,要求耐火材料公司立即将未拆除完部分于10日内清除,并于2001年6月25日之前,以书面形式将土地交付使用。

2001年7月3日,耐火材料公司通知泰国公司解除《合作合同书》,并保留索赔权。

在客户聘请我们参与本案纠纷处理之前,围绕合作合同,耐火材料公司和泰国公司先后已经发生了两起诉讼。第一起诉讼是耐火材料公司诉泰国公司,诉请法院解除合作合同,判令被告泰国公司承担违约责任。第二起诉讼是泰国公司诉耐火材料公司,诉请被告耐火材料公司继续履行合同。

第一起诉讼,经大连市中级人民法院一审、辽宁省高级人民法院二审,耐火材料公司的诉请被法院生效判决予以驳回。

第二起诉讼,经一审,大连市中级人民法院支持了泰国公司的诉请,判决耐火材料公司继续履行合同。耐火材料公司不服一审判决,向辽宁省高级人民法院提起上诉。辽宁省高级人民法院裁定将案件发回大连市中级人民法院重审。

在第二起诉讼发回重审一审期间,本所接受耐火材料公司委托开展相关代理工作。

客户目标

根据与客户的交流,客户希望通过我们的代理工作,在第一起诉讼全面败诉、法院已经判决合同不能解除的情况下,能在第二起诉讼案件下,由人民法院以生效判决方式驳回泰国公司的诉讼请求。

策划和代理

耐火材料公司前期诉讼的接连败诉对我们的代理工作提出了较高难度的挑战。因为,从常理来看,对于一个合同而言,既然一方主张解除合同的请求无法得到支持,则该合同应当继续履行,因为一个合同不可能处于既不能合法解除而又无法继续履行的状态。

为应对上述挑战,我们主要从如下几个方面向耐火材料公司提出我们的意见和建议。

1. 在全面了解本案相关事实的前提下,从多个角度论证《合作合同书》在法律上不应继续履行

(1)《合作合同书》不具有"合同"在内容上应有的"具体性"和"确定性",并非正式合同,而应属无法律约束力的"合同意向书",因此不应继续履行。

(2)《合作合同书》属于中外合作经营合同,根据法律规定和当事人约定,该合同必须经过批准才能生效。由于政府部门从未批准该合同,故《合作合同书》至今仍未生效,不应继续履行。

(3)《合作合同书》为无效合同,不应继续履行。《合作合同书》名为合作,实为出租国有划拨土地,未经批准依法无效;在未经土地管理部门批准的情况下,《合作合同书》擅自改变土地用途,违反《土地管理法》及其实施条例的明确规定,依法无效;合作合同书为泰国公司法定代表人陈某某通过非法行贿方式,与耐火材料公司原副董事长、总经理刘某恶意串通而签订的,该合同损害了国家利益,应当依法认定为无效合同。合同无效,不

应继续履行。

（4）"大连购物中心"为商业项目，其土地使用权的取得依法必须采取招标、拍卖、挂牌方式，双方当事人擅自以协议方式转让土地使用权，违反法律法规的明确规定，不应继续履行。

（5）耐火材料公司与后来成立的大连购物中心不存在任何法律关系，耐火材料公司没有义务向与自己无关的大连购物中心交付土地；泰国公司作为外国企业法人，耐火材料公司同样不应向其交付土地，否则将违反我国法律法规对外国企业法人直接使用国有土地从事经营行为的管制。

（6）泰国公司在签订《合作合同书》后，未将耐火材料公司视为合作一方将《合作合同书》报政府部门批准，而是违反约定与他人合资成立了大连购物中心。由于泰国公司违约在先，导致耐火材料公司与泰国公司成立合作企业大连购物中心的合同目的已经落空，故《合作合同书》不应继续履行。

（7）根据《合同法》第66条规定，泰国公司未履行为耐火材料公司新建办公楼的义务，在其履行该项义务前，耐火材料公司有权拒绝继续履行《合作合同书》。

（8）泰国公司欠缴巨额注册资本，其投资成立的多家公司已因经营状况不佳而被工商机关依法吊销营业执照，在泰国公司明显无履约能力的情况下，耐火材料公司依法有权拒绝履行合作合同书。

2. 在全面了解本案相关事实的前提下，从多个角度论证《合作合同书》在事实上不能继续履行

（1）由于《合作合同书》对于诸多重大事项约定不明，且在《合作合同书》签订后，双方多次就合同的实质性内容（即双方的主要权利和义务）进行协商而未能达成一致，在双方就合同的实质性内容达成一致意见之前，《合作合同书》不能也无法继续履行。

比如，双方未能就办公楼问题（泰国公司的主要义务之一）达成确定性的一致意见；在合同签订后，双方多次就土地使用权问题进行协商而未达成确定性的一致意见；依据合作合同，泰国公司应负责安置耐火材料公司200—300名"符合乙方（泰国公司）条件"的下岗职工。但至今双方未能就具体录用人数、录用条件、录用职工的待遇等达成一致意见，致使合同无法继续履行。

(2) 泰国公司未履行为耐火材料公司新建办公楼的义务，使耐火材料公司不能腾退旧办公楼，继续履行合作合同书。

(3) 双方签订《合作合同书》的本意是双方共同成立中外合作企业大连购物中心，耐火材料公司提供土地作为合作条件。而耐火材料公司不是泰国公司和案外人后来成立的大连购物中心的合作一方，因此，耐火材料公司不能依据《合作合同书》履行向合作企业交付土地的合作义务。

(4) 合作土地至今仍然处于查封状态，耐火材料公司不能继续履行合同。作为《合作合同书》标的的大连市沙河口区西南路931号土地，已分别被大连市中级人民法院和本溪市溪湖区人民法院查封，且至今仍然处于被查封状态（本溪市溪湖区人民法院于2007年2月13日续封，查封期限至2008年3月3日），在合同标的已被查封的情况下，耐火材料公司不能继续履行合同。

(5) 大连购物中心成立已逾六年，合作基础情况已经发生重大变化，《合作合同书》不能也无法继续履行。《合作合同书》约定的合同义务履行期限早已到期，双方均未依约履行，这一事实持续已超过六年。六年中合作土地的价值已经发生重大变化，《合作合同书》中约定的每年700万元的费用已丧失公平性和现实意义，从而使得该合同已经失去履行的基础和可能。

3. 通过向有关政府主管部门反映情况，消减对方当事人通过多种途径对法院施加的不利影响

本案中，对方当事人利用其外商身份，通过多种途径多个渠道向法院施加压力。为削减对方当事人对法院的不利影响，我们建议客户采取相对应的行动。

鉴于在中国的现行司法体制下，政府和社会环境对法院裁判的影响力，而耐火材料公司属于大型国有企业，本案诉争土地的得失影响到耐火材料公司上千职工的利益，进而可能影响到社会稳定。所以，我们建议，耐火材料公司可以以其特殊身份以及中国的特殊司法环境向人民法院施加影响，以对抗对方当事人的影响。该部分工作对于泰国公司通过有关政府部门向人民法院施加的影响形成有效的对抗，从而使得人民法院能够从法律专业角度出发对本案作出客观公正的判决。

法院裁判

2007年初,经我们努力并在耐火材料公司的积极配合下,耐火材料公司在大连市中级人民法院的一审重审获得胜诉,法院判决驳回泰国公司要求继续履行合同的诉讼请求。耐火材料公司在本案中的不利局面得到扭转。

重审一审判决作出后,泰国公司向辽宁省高级人民法院提出上诉。二审期间,泰国公司及其法定代表人通过多种渠道对辽宁省高级人民法院施加影响,案件难度增大,二审审判期限一再延长。但是,在我们和耐火材料公司的通力合作下,通过克服多重困难,辽宁省高级人民最终于2009年作出终审判决,驳回泰国公司上诉,维持大连市中级人民法院重审一审判决。

耐火材料公司二审全面胜诉。我们提出的观点和意见基本被辽宁省高级人民法院直接采纳。二审判决主要论点如下:

泰国公司请求耐火材料公司履行合作合同义务,立即腾退正在使用的办公楼,应否得到支持,关键在于合同约定的内容是否清楚明晰,合同的标的是否存在瑕疵,合同内容能否得到全面的切实履行。(1)诉讼双方签订的合作合同约定,泰国公司出资为耐火材料公司建800—1000平方米办公楼,地点另行确定。该项约定关于建楼事件不清,规格不清,地点不清,建楼地点协商不成如何处理也不明确。因此,该项约定无法得到切实履行。(2)诉讼双方合作合同约定,耐火材料公司提供土地作为合作条件。虽然双方对土地出让金的缴纳作了约定,但对涉案土地权属是办理到泰国公司名下,还是办理到耐火材料公司名下,或是办理到大连购物中心名下,没有约定。合作期满,土地归属也没有约定。(3)涉案土地因另案已被查封,因此,继续履行合作合同,则作为履行标的的土地存在瑕疵。鉴于上述因素,诉讼双方签订的合同无法继续履行。

结语

《孙子兵法》曰,"知己知彼,百战不殆"。我们在本案中代理中国客户在与跨国公司进行的合作纠纷诉讼中争取到胜利的成功经验,对跨国公司如何在华诉讼也具有非常宝贵的参考价值。

首先,当然也是最重要的一点是,跨国公司在处理在华争议时,需要特别注意对方当事人的背景和身份,以决定相应的处理争议的策略。如果对方当事人是国有企业或者资金来源具有国家投资背景,或者,虽然对方当事人不是国有企业,也无政府投资背景,但如果是当地的大型企业,当地的纳税大户,则尤其需要注意相关政府部门(包括中央和地方的)对人民法院在处理争议时所可能施加的影响。该种影响的可能性的存在将大大增加通过司法途径解决纠纷的成本和不可预测性。

其次,在处理与国内当事人的争议时,需要特别注意争议的性质,尤其是该争议的处理所涉及的影响的范围和程度。按照中国政府目前的既定方针,稳定压倒一切。所以,如果跨国公司在华诉讼属于集体诉讼,或者争议的处理会牵涉到群体利益和民众利益,则对于多数人利益的保护,以维护社会的稳定,是司法机关在处理争议时会着重考虑的因素。

最后,鉴于中国法律制度建设(包括立法、执法和司法)正处在一个逐步完善的动态过程中,进步的整体态势有利于跨国公司在华投资,但法律制度的动态化所带来的不确定性和不可预期性也会增加跨国公司在华投资的风险,所以,在对华投资前,对合作的对方当事人、合作的项目从多方面、多个角度进行谨慎的调查了解,并聘请对中国法律环境有深刻体会和把握的中国律师对项目合作的合规性以及具体操作进行整体把关,对于跨国公司在华投资的成功、争议的防范和争议出现后的顺利解决是非常重要的。

案例五 合资公司的外方董事被中方股东提起诉讼并被限制离境纠纷案

案情概要

1997年4月,某汽车领域的跨国集团下属公司与中国某实业公司签订合资经营合同(下称"合资合同"),成立中外合资经营企业(下称"合资公司")。共同经营组装、制造、推销、经销和销售自产工业用柴油机和有关辅助产品,以及就该等产品提供售后服务和技术咨询服务。合资期限为50年,合资经营合同约定了仲裁条款。

在签订合资合同的同时,合资公司与外方股东所属的跨国集团总公司

(下称"集团总公司")签订了《零部件供应合同》,作为合资合同的附件之一。根据《零部件供应合同》,集团总公司同意向合资公司供应特定型号的工业用柴油机的零部件,以便合资公司能够将相应零部件组装成成品销售。同时还约定,如果集团总公司决定不再生产《零部件供应合同》列明的相关产品时,可以书面通知合资公司取消该合同。根据合资合同的规定,如果《零部件供应合同》被取消,则合资合同就要终止。

合资公司成立后,最主要的业务就是将其从集团总公司进口零部件组装成外方股东品牌的工业用柴油机。其余少部分业务是将中方提供的零部件组装成工业用柴油机。

自2001年以来,外方股东在中国设立的另外一家全资子公司A公司一直为合资公司销售其产品并提供所有的售后服务。

后来,随着中国汽车零部件加工业对外商独资企业的逐渐开放,外方股东在中国又设立了另一家全资子公司B公司,主要从事发动机及其辅助产品的生产、自产产品的销售及售后服务业务。B公司的厂房正在建设过程中,截至目前并没有进行任何生产和销售活动。

A公司和B公司成立之始,合资公司的总经理邓某(外方股东委派)和董事白某(外方股东)接受外方股东的委派同时在A公司和B公司担任董事。

2005年前后,集团总公司停止生产《零部件供应合同》中约定供应的11款产品。但双方没有更新或续签任何新的《零部件供应合同》。而集团总公司也一直将其生产的《零部件供应合同》中没有规定的新型号的工业用发动机的产品零部件供应给合资公司进行组装。自2008年3月起,集团总公司以《零部件供应合同》约定的11款产品已停产为由,停止向合资公司供货。

由于得不到集团总公司零部件的供应,纠纷发生前,合资公司基本处于停产的状态。

2008年6月,合资公司中方股东以"董事、经理损害公司利益"为由向江苏省某中级人民法院(下称"地方中院")提起诉讼,将邓某、白某、A公司、B公司、外方股东分列为第一、第二、第三、第四、第五被告,将合资公司列为第三人。

原告诉称:(1)邓某和白某违反了法定的竞业禁止义务,A公司、B公司与合资公司的业务存在竞争关系;(2)合资公司外方股东明知邓某和白某存在法定竞业禁止义务,仍委派其担任A公司和B公司的董事,共同参与了侵权行为;(3)A公司和B公司剥夺了合资公司的商业机会,使其受到损失。上述五被告共同采取了所谓的"违反商业道德和诚实信用的侵权行为","导致合资公司损失",要求法院判令邓某和白某将"其兼职取得的收入"归合资公司所有,并要求五被告共同连带赔偿合资公司"损失"900万元人民币。

2008年8月,地方中院对A公司采取财产保全措施,冻结其账户中500万元的额度。同年9月1日,邓某、白某均被该中院限制出境,在追加400万元人民币担保的情况下,地方中院才解除了对邓某和白某的限制出境措施。

2008年8月,本所接受外方股东的委托,代理其应对中方股东提起的上述"董事、经理损害公司利益"诉讼。

客户目标

我们接受外方股东的委托后,立即对案件的背景情况和案件事实进行了认真研究和分析。针对中方股东所提起的"董事、经理损害公司利益"的股东代表诉讼,我们初步认为:首先,在中方股东提起诉讼前,白某和邓某已辞去在A公司、B公司、合资公司的相应职务,中方股东所主张的竞业禁止行为不存在;其次,中方股东所指控的A公司的商业资源,并非来源于在合资公司担任董事、总经理职务的白某和邓某利用职务之便掌握的信息,而是A公司自行开发的客户,白某和邓某并未向A公司和B公司提供合资公司的任何商业机密,从未实施过任何损害合资公司利益的行为;再次,白某和邓某在外方股东、A公司、B公司并未取得任何收入,中方股东要求将白某和邓某在外方股东、A公司、B公司的收入归入合资公司,不能成立。

基于上述分析,我们理解,中方股东提起本案诉讼的最终目的并非追究相关董事、经理以及外方股东的损害赔偿责任,而是指向中方股东与外方股东之间的合资纠纷。

合资公司之初,中国市场限制外资经营汽车发动机加工、销售业务,外方遂通过与中方股东设立合资公司的方式进入中国市场。随着中国进一步开放市场,外方股东可以设立独资子公司在中国生产和销售发动机后,根据外方股东所属集团的整体经营策略,外方股东决定停止向合资公司供货,使合资公司失去其业务收入的主要来源,据此,引发中方股东与外方股东之间的纠纷。因此,合资纠纷才是本案中方股东和外方股东争议的实质和根源。

基于上述背景,外方股东需要将与中方股东之间的合资纠纷获得一揽子的妥善解决,否则中方股东很可能将采取其他的诉讼或非诉讼方式施加进一步的压力。同时,客户也希望了解如果中方股东采取其他对外方股东不利的行动,会对外方股东造成什么样的影响,外方股东应当如何应对。

策划和代理

1. 根据案件具体情况确定总体思路,注重纠纷实质以解决根本问题,避免局限于只应对本案诉讼

表面上看,中方股东提起的本案诉讼,是认为外方股东委派到合资公司的董事、经理存在竞业禁止的行为,损害了公司的利益,并据此要求董事、经理及外方股东和外方股东的其他子公司承担连带赔偿责任,而本案纠纷的真正原因是中方股东和外方股东因合资合同引发的纠纷,因此我们提出了如下总体应对思路:

(1) 对本案的应诉应考虑到外方股东与中方股东的合资法律关系

经过对文件和有关背景的全面分析,我们认为本案的起因源于中外双方的合资分歧,而外方股东在本案中的抗辩理由可能被中方股东在处理合资纠纷时加以利用,因此,我们向客户建议在应对本案(包括答辩思路、举证和抗辩免责的理由)时,要充分顾及合资合同法律关系。

(2) 处理好本案的应诉与中方股东和谈的关系,打谈结合,边打边谈

我们理解,本案中,中方股东挑起诉讼是应对与外方股东合资纠纷的一种手段或步骤,因此,要真正消除各方的分歧、解决各方的纠纷,最关键的是解决合资纠纷。基于此,我们建议外方股东在应诉时处理好与中方股东和谈的关系,一方面积极应诉,另一方面不放弃和谈机会,可以打谈结合,边打边谈,最初要以打为主,以打促谈,必要时可根据情况变化及时调整策略。

2. 通过提出管辖权异议、申请法院驳回中方股东的起诉等方式,延缓诉讼进程,给中方股东造成一定压力,为解决争议、促进和谈争取时间

(1) 向法院提出管辖权异议,延缓诉讼进程、为客户赢取时间

在我们的诉讼实践中,常常会由于客户需要更多的时间而向法院提出管辖权异议。如果提出这样的异议,法院就必须放下实体问题的审理来先审理有关管辖权问题,这样就可以为客户赢得一定的时间。

中国法院与外国法院不同,外国法院在审理案件时常常需要在双方律师和法院的时间表都允许的情况下推进案件的审理,而中国法院只会根据法院自己的时间表进行审理,所以当我方客户(尤其是作为被告时)的确需要时间来准备案件时,提出"管辖权异议"就不失为争取时间的有效方法。

本案的案由为"公司董事、经理损害公司利益纠纷",也就是说本案为侵权类纠纷。虽然地方中院是合资公司所在地的法院,作为侵权行为地法院对此案有管辖权,但是我们认为可以将向法院提出管辖权异议作为延缓诉讼进程,争取时间的策略之一。事实上,我们通过提出管辖权异议并上诉,成功地将案件进入实体审理的时间推迟了一年多,为客户争取了时间,达到了客户的目标。

(2) 以中方股东未履行前置程序即提起股东代表诉讼为由,向地方中院申请驳回起诉

根据中方股东的起诉状,中方股东是作为合资公司的股东代表合资公司提起诉讼,请求判令白某、邓某将其在 A 公司、B 公司和外方股东取得的收入归合资公司所有,并请求判令五被告连带赔偿合资公司损失。显然,原告提起的本案诉讼属"股东代表诉讼"。

根据《公司法》的规定,股东提起股东代表诉讼需履行前置程序,股东如对董事、高级管理人员提起诉讼,可以书面请求监事会/监事提起诉讼,股东如对监事提起诉讼,则可以书面请求董事会/执行董事提起诉讼,而只有当监事会/监事、董事会/执行董事拒绝提起诉讼,或者自收到股东书面请求之日起 30 日内未提起诉讼,或者情况紧急、不立即提起诉讼将会使公司利益受到难以弥补的损害的,股东方有权提起股东代表诉讼。但本案中中方股东并没有履行前置程序也没有证明存在紧急情况,因此其直接提起股东代表诉讼应被驳回。但考虑到本案中合资公司尚未设立监事会或监

事,因而中方股东也可能会以此作为无法履行前置程序的抗辩理由。

另外,鉴于中方股东在当地的影响力,我们认为在这个问题上尽管存在不确定的因素,向地方中院指出目前案件存在的程序上的瑕疵,仍然可以给法院施加一定的压力。

3. 向当地有关部门的负责人反映中院受理此案、限制外方股东高管人员出境违反《公司法》、给外方造成严重损害的情况,争取地方中院驳回起诉,尽可能减少地方保护主义对此案的不利影响

考虑到白某及邓某均曾被地方中院采取过限制出境的极端措施,我们认为中方股东在当地显然很有影响力,地方保护主义的影响在本案中无法避免。

为求得达到较好的效果,争取地方中院驳回中方股东的起诉,尽可能减少地方保护主义对此案的不利影响,我们建议由外方股东或外方股东的上级公司向当地有关部门的负责人反映中院受理此案、限制高管人员出境违反《公司法》、给外方股东造成严重损害的情况。

4. 进一步全面了解本案的案情,寻找对方的缺陷,在论证充分和必要的情况下,对中方股东及其高管人员提起诉讼或仲裁,以打促谈

在中方股东先行提起诉讼的情况下,我们认为可以进一步搜集材料,寻找对方的缺陷,适时对中方股东采取法律行动。我们建议可以搜集充分证据证明中方股东存在违反《合资经营合同》等合同的违约行为,或其高管存在违反竞业禁止义务的情形,必要时对中方股东及其高管人员提起诉讼或仲裁,打击中方股东的攻势,促使其与外方股东进行和谈,解决双方的根本争议问题。

案件进展

客户根据我们提出的建议,相应地采取了对策。通过提出管辖权异议并上诉,成功地拖延了案件实体审理进程,使该案在法院立案近一年半后未能进入实体审理程序。通过提出股东代表诉讼的前置程序问题,并通过向当地政府反映情况,成功地抵消了对方当事人对法院的影响。从而,迫使中方股东同意与外方股东就合资问题进行会谈。目前,双方就合资问题已达成一揽子和解协议,中方股东已经撤诉。

结语

本案的背景源自中国外商投资产业政策的变化和发展。中国市场在允许外商投资某些领域之初,对投资的方式进行了限制,例如汽车发动机领域,起初只允许外资采取与中方合资的方式进入中国市场,在这种情况下一些跨国公司一般选择在境内寻找中方合作伙伴设立合资企业。但随着中国进一步开放市场,允许外资设立全资子公司在中国生产和销售发动机,合资公司开始失去意义,此时跨国公司出于商业利益的考虑可能选择对合资公司进行清算。但是,与此同时中方股东不愿意失去合资公司为其带来的预期利益,不同意解散合资公司。因此,中外双方往往会在合资公司的存续问题上发生重大分歧。

从上面的案例分析可以看出,中外双方在正式面对合资本身的纠纷前,出于成本或整体策略考虑,可能会寻找其他切入点,例如向另一方或另一方委派的高管人员提起侵权之诉,以此作为迫使另一方解决合资纠纷的手段,或为解决合资纠纷做准备。在这种情况下,跨国公司需要分析双方争议的实质所在,从全局、整体的角度策划应对策略,并有针对性地就已发生的诉讼作出积极反应,打击对手的气焰,为全面解决争议创造条件。

案例六
中外合资企业诉其高管损害公司利益赔偿纠纷案

案情概要

A 公司是 1993 年成立的中外合资企业,注册资本 2 亿元人民币,因 A 公司董事长和董事会成员大部分为外籍人员,不能长期在中国国内履行职务,故一直授予聘请的总经理较大的经营自主权利。

2006 年 1 月,A 公司聘请张某担任公司总经理。但是张某在担任 A 公司总经理期间,不仅未尽到总经理的忠实和勤勉义务,反而利用担任总经理的机会,实施了以下行为:(1)实际控制了公司的运营,将 A 公司财务部门整体转移到其控制的其他公司办公地点,致使 A 公司对其财务部门及财务资料失去实际控制;(2)利用公司赋予的签订贷款合同的权利,以公司固定资产为抵押,向银行签订了巨额借款合同,并将上述款项转移到其控制的关联公司。

2007年年底,A公司董事长察觉到张某实施的上述行为后,于2007年12月底作出董事会决议,免除了张某的总经理职务,并要求其向董事会新任命的总经理交接工作。

但是,张某在被解除总经理后,又实施了以下侵害A公司权益的行为:(1)利用新年休假期间,指使他人将A公司营业执照正、副本,外商投资企业批准证书正、副本,企业组织机构代码证正、副本,房产证、法人代码证等公司证照取走,拒不归还给A公司;(2)拒不将包括财务账簿和财务凭证在内的所有财务资料返还A公司;(3)拒不返还其在担任总经理期间使用的原告房产及车辆;(4)假冒董事长签名、使用其控制的A公司公章,将A公司持有的一子公司的全部股权(A公司对该子公司出资3865万元人民币,占该子公司30%股权),转让给其控制的关联公司,并以同样手段骗取了审批部门和工商登记部门对股权转让行为的批准和备案,且受让方至今没有支付任何股权转让款;(5)冒用董事长签名,使用其控制的A公司印章,将A公司已经获得国家主管部门审批的一重大水泥项目转让给其控制的关联公司。

经了解,在张某担任总经理职务期间以及被解聘后,其实施的行为给A公司造成的损失大致如下:(1)张某转移了A公司的银行贷款,总额可能超过人民币2600万元,转移了A公司的流动资金,总额可能超过人民币3200万元,占用A公司房产和车辆,价值超过人民币200万元;(2)张某转让公司对外股权投资,给A公司造成损失不低于人民币3650万元,转移A公司名下的水泥项目,造成的损失难以直接计算;(3)张某控制了公司的所有印鉴和文件,造成公司无法对张某在任期间A公司的经营情况进行审计,也无法正常经营。

客户目标

在A公司与本所接洽的过程中,A公司向我们表示了该公司对张某采取法律措施所希望达到的诉讼目的,主要包括:

(1)立即控制A公司的印鉴和财务资料,避免张某进一步损害公司利益,并了解张某损害A公司利益的具体数额;

(2)通过诉讼立即查封张某冒用公司名义转让的A公司的股权;

（3）尽可能要求张某赔偿 A 公司的损失,给张某施加压力;

（4）尽量通过一个整体的诉讼一揽子解决所有争议;

（5）尽量避免案件受到当地保护主义的不利影响(张某在其所在的地级市具有相当的影响力)。

策划和代理

1. 案件的难点

结合案件实际情况以及 A 公司的诉讼目的,我们分析认为,本案要达到 A 公司的目的,存在如下难点：

（1）张某实施的多个行为涉及的法律关系不同,多个诉讼请求同时主张,未必得到法院支持

根据诉讼的内容分析,A 公司的诉讼要求中不但包括确认之诉的内容,如确认股权转让合同无效之诉,又包括给付之诉的内容,如返还印鉴和财务资料、赔偿损失等。而根据诉的性质分析,A 公司的诉讼请求又包含着合同之诉(合同效力)和侵权之诉(赔偿损失)两方面的内容。

根据诉讼的一般原则,合同之诉和侵权之诉由于属于完全不同的两个大法律关系,基于不同法律关系的诉讼请求很难合并为一个诉讼。

（2）案件的管辖层级难以提升

根据级别管辖原则,确认之诉、返还之诉等类诉讼并不涉及标的金额,故一般这类案件均由基层人民法院管辖。而根据最高人民法院规定的各级法院受理案件标的的规定,合资公司所在的省高级人民法院审理标的额为 1 亿元以上且当事人同为一个省级辖区的案件。本案中 A 公司和张某以及其他被告均属于福建省籍,涉案所有行为的发生地也均在福建省。同时,A 公司对张某到底侵占或转移了公司多少资产并没有明确掌握到明确和具体的证据。依据现有证据,案件至多会由当地中级人民法院管辖。而由于张某在当地的影响力,如果在当地中级人民法院提起诉讼,很可能受到案外因素的干扰,而对 A 公司产生不利影响。

2. 我们的策划

（1）以张某担任 A 公司总经理为突破口,设计相关诉讼请求,解决管辖和并案诉讼问题

针对案件的事实情况以及客户的期望,通过研究,我们认为,应当以张

某担任A公司总经理这一点为突破口,利用公司法规范,将张某所实施的所有侵害公司的行为(包括与其关联公司共同实施的侵权行为)均作为其作为公司高管人员损害公司利益的行为,设计到一个诉讼中。

根据《公司法》第149条和第150条的规定,张某作为A公司总经理,应当依照公司法规定对A公司承担忠实、勤勉义务,并不得损害公司利益。如对张某提起一个公司高级管理人员损害公司利益赔偿纠纷诉讼,则因其违反忠实、勤勉义务所引起的损害行为给A公司造成的一系列损失,A公司依法可一并主张,且救济形式可不拘泥于某一种诉讼类型。

根据以上思路,我们设计了如下诉讼方案:

第一,案件当事人。将张某列为第一被告,将接受张某指示实施侵占A公司印鉴及文件的另一自然人列为第二被告,将受让A公司股权的张某关联公司列为第三被告。

第二,诉讼请求。我们设计的具体诉讼请求为:① 判令第一被告和第二被告返还A公司财务账簿、财务文件及印鉴;② 判令第一被告假冒原告名义与第三被告恶意串通签订的《股权转让协议》无效;③ 判令第一被告和第三被告返还A公司持有的子公司30%股权(价值3865万元);④ 判令第一被告返还其非法侵占的A公司车辆、房屋;⑤ 判令第一被告返还其非法侵占的原告资金3000余万元,返还其侵占的原告其他财产2600万元;⑥ 判令第一被告赔偿因其侵权行为给A公司造成的经济损失500万元;⑦ 判令三被告承担原告因此案而支出的合理律师费用50万元;⑧ 判令三被告承担本案的全部诉讼费用。

第三,管辖法院。在上述诉讼请求中,既包含了确认合同无效的内容,也包括股权、金钱的返还内容,以及损害赔偿内容,但所有诉讼请求均围绕张某作为A公司高级管理人员损害公司利益这一诉因展开,且诉讼标的超过人民币1亿元,故管辖法院应为福建省高级人民法院。

据此方案,在经过A公司确认后,我们于2008年向福建省高级人民法院提起诉讼,法院经审查后,对本案正式予以立案。

(2) 通过申请查封和保全,防止张某利用公司资料对公司实施进一步的侵权行为

因A公司重要的公司资料(如财务资料)均被张某控制,A公司的诉讼目标之一即是控制公司资料,防止张某利用这些资料进一步损害公司利

益。我们经过研究认为,因上述资料属于诉讼争议标的,且 A 公司的返还请求并不属于法律明确规定的可以先予执行的事由,所以直接取回公司资料的目标可能无法一步实现。在如实告知 A 公司如上意见的同时,我们也告知 A 公司,可以通过诉讼保全方式申请法院对 A 公司的资料采取保全措施,通过保全,同样可以达到防止张某进一步利用公司资料实施侵权行为。此外,为防止张某及其关联公司将非法受让的 A 公司持有的其他公司的股权再行转移,对该股权也应当进行查封。

在征得 A 公司同意并提供担保的情况下,在本案立案的同时,我们即向法院申请保全张某控制的 A 公司资料、查封第三被告持有的涉案股权。法院随后以裁定形式批准了我公司的请求,对资料予以保全,对股权予以查封。

通过本所律师的以上的设计,A 公司初步的诉讼目的基本达成。

案件进展

在 A 公司提起诉讼后,张某向福建省高级人民法院提出管辖权异议,主要理由是:A 公司将不同诉因的请求合并审理错误,应当将所有诉讼请求拆分后提起多个诉讼解决;A 公司虚构诉讼标的,违反级别管辖规定。

我们代表 A 公司答辩认为,A 公司的所有诉讼请求均是基于公司高级管理人员损害公司利益赔偿纠纷这一案由提出的。关于损失数额,因张某控制了 A 公司的财务账簿,故具体损失数额应当在 A 公司取回账簿后,或者在法院主持下对张某控制 A 公司期间的财务状况进行审计后方可详细计算,故此,在 A 公司已经提交了证明损失数额的初步证据后,不能认定 A 公司虚构诉讼标的。

法院经审查,完全支持了我们提出的答辩意见,裁定驳回了张某的管辖权异议。

张某不服,向最高人民法院提出管辖权异议上诉。最高人民法院终审认为:A 公司提出的确认合同无效、返还股权的诉讼请求是"基于第一被告与第三被告恶意串通、共同侵权的同一事实提出的多个请求",该请求"与本案案由确定为公司高级管理人员损害公司利益赔偿纠纷并不冲突";福建省高级人民法院审理本案不违反法律规定。据此,最高人民法院驳回了张某的上诉申请。

综上所述,我们为 A 公司策划的诉讼方案基本实现了 A 公司的诉讼目的。目前,本案已经进入实体审理阶段。

结语

本案诉讼,在公司的董事、监事、高级管理人员损害公司利益赔偿诉讼中,具有典型的意义。通常而言,在该类案件中,公司的董事、监事、高级管理人员实施的损害公司利益的行为,一般不仅仅有一件,而往往有一系列的行为。而且,有些侵权行为是董事、监事、高级管理人员单独实施的,有些侵权行为是董事、监事、高级管理人员与其他人共同实施的,在此情况下,公司能否将董事、监事、高级管理人员实施的若干侵权行为并入一个案件中处理,就成为司法实践中容易引起争议的问题。我们认为,在此情况下,公司作为受害人有选择权。本案省高级人民法院的一审裁定和最高人民法院的终审裁定支持了我们的观点。

本案诉讼的另一启示意义在于,诉讼律师应利用民事诉讼法和最高人民法院司法解释关于级别管辖的规定,尽可能规避地方保护主义对诉讼案件的不利影响。根据民事诉讼法的规定和人民法院受理案件时的一般做法,当事人在向人民法院递交起诉材料时,并不需要提交足够的证据材料证明自己的诉讼请求能够确定的成立,而只需提交初步证据证明自己的诉讼请求有一定证据即可。因此,在特定情况下,当事人可以通过提高诉讼请求金额的方式提高案件管辖法院的级别。

案例七 | 境外 PE 投资者与公司实际经营管理人的公司控制权争夺纠纷案

本案是一起典型的 PE 纠纷,所涉及的投资模式则是目前被广泛采用的新浪模式。由于 PE 投资者往往不直接参与被投资公司的经营管理,PE 投资者能否获得预期的回报,成功实现"退出",往往与被投资公司的实际控制人和经营者的行为存在着密切关系。但很多被投资企业的收益达不到预期,投资项目的失败更多时候归因于被投资公司实际控制人的不当、违法,甚至犯罪行为。

案情概要

2006年,外国投资基金S公司、M公司和C公司(以下统称为"PE投资者")采用新浪模式准备投资境内一SNS网站,即:PE投资者、网站创始人共同在开曼群岛设立SPV公司,由该SPV公司在境内设立外商独资企业Y公司;创始人在境内设立内资公司Z并取得经营电信增值业务所需许可等;Y公司与Z公司及创始人签订一系列的合作协议,约定由Y公司向Z公司提供独家技术咨询服务,而Z公司应将收入扣除成本后的全部收益支付给Y公司作为服务费,创始人将其在Z公司的股权质押给Y公司并将相关股东权利全部委托给Y公司行使,以此作为其履行独家技术咨询服务协议项下义务的担保。

2007年,另一家外国投资基金参与到这一项目中。四家外国投资基金前后总计向该项目投资950万美元。而由于Y公司和Z公司实际是在共同经营该SNS网站,因此网站创始人成为了两家公司的实际控制人。

但是,在2008年,PE投资者发现,在商谈投资事宜时,网站创始人对网站流量作出了虚假陈述,导致网站收益与预期差距很大。经非正式的内部审计,PE投资者还发现了网站创始人,即Y公司和Z公司的实际控制人在经营管理过程中存在大量不当使用资金的行为。

在这种情况下,PE投资者与网站创始人进行谈判,网站创始人同意辞去在SPV的职务,SPV董事会作出了相应决议。由于网站创始人不再担任SPV的职务,根据创始人与PE投资者签订的协议,PE投资者行使了股权购买权,强制收购了创始人在SPV公司的股权,并因此获得了召开特别董事会及作出决议所需票数。2008年7月,SPV召开特别董事会,决议免除创始人在Y公司的全部职务,并要求其将公司交给新任高管人员。

然而,网站创始人不仅拒绝交接公司资料,反而在境外采取了一系列的法律措施,阻挠PE投资者执行董事会决议:网站创始人依据合同向香港国际仲裁中心(HKIAC)提起仲裁请求确认S公司和M公司强制收购股权的行为无效,要求恢复其在SPV的股权;基于该仲裁案,网站创始人又向开曼法院申请禁令,禁止SPV行使股东权利,不得对Y公司进行任何公司治理、股权结构等方面的任何变更。

与此同时,新任命的高管人员依据已经作出的SPV董事会决议,向国内有关工商行政管理机构申请变更Y公司的法定代表人和章程。由于网站创始人拒不交出公章和营业执照等，PE投资者花费了近半年的时间才完成工商变更。拿到新的营业执照后，新任管理团队立即到Y公司开户银行办理印鉴变更。此时，PE投资者投入的950万美元仅剩下了不到1000万元人民币。

2009年3月，新任管理团队着手处理Y公司实际控制权及员工问题。由于Y公司和Z公司一直在同一地点办公，且网站创始人占据着该办公地点，新任管理团队租用了新的办公室，并向全体员工发出通知，要求其到新的办公地点报到。然而，没有任何员工到新办公地点上班。经了解，新任管理团队发现，在2月初，网站创始人就已以Y公司的名义与全体员工解除了劳动关系，并让员工与Z公司签订了劳动合同。

客户目标

由于PE投资者与创始人之间的纠纷涉及诸多法律关系和法律程序，在境外，创始人已经主动提起了仲裁并申请了禁令。在这种情况下，PE投资者希望能够主动出击，以中国大陆为战场，对创始人采取相应法律行动，一方面对创始人在境外启动的法律程序起到抗衡和制约的作用，另一方面也希望能够让创始人为其不当行为承担相应的法律责任，并最大限度地减少损失、收回投资。

在这种情况下，PE投资者聘请本所，要求我们作为双方纠纷的总策划和总协调，一方面提出并执行在中国大陆采取法律行动的方案，另一方面使之与香港和开曼的法律程序相互配合和协调。

策划和代理

1. 对公司财务人员提起诉讼，要求其返还财务资料，为取得公司控制权做准备

经深入分析后，我们首先提出，取得Y公司的实际控制权是当务之急，也是进一步采取其他法律行动的前提和基础。新任管理团队虽然在法律上取得了Y公司的控制权，完成了工商变更登记，但Y公司的所有公司资料，尤其是财务资料仍在创始人手中，潜藏着极大的风险。因此，采取法律行动的首要目标就是取得公司资料。取得公司资料后就可以进行审计，并追究创始人的责任。

在所有公司资料中,财务资料又是最关键的。并且,根据我国《会计法》等有关法律法规,财务人员有义务保管,并且在离职后有义务交接财务资料。而在司法实践中,通常认为财务人员的保管和交接义务应适用举证责任倒置原则,即原告只需证明被告是财务人员,至于其是否履行了交接义务,应由被告财务人员承担举证责任。因此,要求财务人员返还财务资料,公司的证明责任最小。这对于几乎不掌握任何公司资料和证据的 Y 公司而言无疑是最佳选择。

因此,我们建议以最快的速度向 Y 公司原财务人员提起诉讼,要求其返还 Y 公司财务资料。其中,Y 公司的财务主管与网站创始人间具有亲属关系,这将对网站创始人形成一定程度的威慑。并且,为了防止网站创始人隐匿、销毁财务资料,我们还向法院申请了财产保全措施。虽然创始人已经将原始凭证、账簿等财务资料转移出了 Y 公司原来的财务室,但经我们申请,法院查封了财务室中的两台电脑,其中一台中储存着 Y 公司的电子账。而这些电子账将成为 PE 投资者追究网站创始人个人责任的最重要证据。

2. 对网站创始人及其关联公司提起高管损害公司利益诉讼,要求返还公司资料和侵占的资金

在提起针对财务人员的诉讼后,我们又代表 Y 公司向网站创始人及其关联公司提起了高管损害公司利益诉讼,诉讼请求包括返还除财务资料之外的其他公司资料,以及将网站创始人转移到其关联公司的资金返还 Y 公司等。

由于几乎不掌握任何公司资料,追究网站创始人的责任的难度很大,并存在许多程序上的问题。

首先,返还公司资料与要求赔偿损失在表面看来是两项不同的案由——返还原物和损害赔偿,法院曾提出要求我们在两案中分别提出。但是,事实上,这两项诉讼请求都是基于网站创始人在任 Y 公司高管人员期间的不当行为提出的,均可归为"董事、监事、高级管理人员损害公司利益"这一案由。

其次,由于实施侵权行为的是网站创始人,因此理论上,Y 公司仅可起诉侵权人。但是,Y 公司的资金事实上并未被转入网站创始人的个人账

户,而是转入了 Z 公司和另一家关联公司。因此,将这两家关联公司作为被告,不仅便于查明事实,也便于将来申请法院采取财产保全措施及判决的执行。法院提出,两家关联公司是独立的法律主体,即使这两家公司从 Y 公司接受款项不存在法律依据,应视为不当得利,而非高管损害公司利益,不应列为本案被告。但我们主张,两家由网站创始人个人控制的关联公司事实上是网站创始人实施侵权行为的工具,关联公司与网站创始人构成共同侵权,均应列为本案被告。

法院最终接受了我们的上述主张,将关联公司与网站创始人一起列为本案被告,为追回投入资金向前推动了一步。

3. 在开曼法律程序中,积极抗辩并申请撤销禁令

关于开曼法律程序和 HKIAC 仲裁问题,这两个程序适用的法律都不是中华人民共和国法律,因此这两个程序中涉及的多数程序和实体问题均需由相应法域的律师依据适用法律提供意见。在本案中,我们基于处理类似案件的经验,对开曼和香港两个程序涉及的相关问题及其结果的影响向客户提供了相应建议。

在开曼,由于 Y 公司工商变更登记在禁令作出后才完成,故创始人向法院提出,SPV 行使了股东权利,违反了禁令。我们建议,PE 投资者一方面积极抗辩创始人的该指责,另一方面申请撤销禁令。因为法院下达禁令的目的是在香港仲裁案未决期间,维持 Y 公司的经营管理状态,以免损害任何一方的利益。然而,在申请了禁令后,创始人却操纵 Y 公司与所有员工解除了劳动合同,致使 Y 公司没有任何人员可以开展经营活动,这无疑违反了禁令的主旨,是在滥用禁令。

另一方面,由于 PE 投资者在 SPV 持有的股权均为优先股,而其强制收购的网站创始人的股份是普通股,且收购的原因就是 PE 投资者需要一定比例的普通股才能召开董事会并作出决议。但是,根据股东间协议,PE 投资者有权在任何时候将优先股转换为普通股。因此,我们指出只要 PE 投资者行使该等权利,将其持有的部分优先股转换为普通股,则无论香港仲裁的结果如何,网站创始人都无法重新取得在 SPV 董事会的多数票,无法阻止 PE 投资者作出决议。

4. 在香港仲裁程序方面,尽量拖延程序避免败诉对 PE 投资者的不利影响

在香港仲裁方面,经外国律师分析,PE 投资者仍存在败诉的风险,因此,在综合考虑整个诉讼程序后,我们建议,尽量拖延仲裁程序,以避免败诉后 PE 投资者丧失对 SPV 的控制权,导致在大陆的法律行动难以继续。

客户采取了我们的建议,在大陆法律程序的压力下,网站创始人主动提出双方在香港仲裁的框架下进行和解谈判。目前,双方正在进行谈判。

结语

本案是一起非常典型的因 PE 投资而引发的公司控制权纠纷,只不过由于存在境外的法律程序而更加复杂。其中,全局策划非常重要,只有各个程序相互配合,相互促进,才能最大限度地起到打击对方的作用。

需要特别说明的是,本案中仍有一个法律程序尚未启动,即基于新浪协议提起的仲裁。根据新浪协议,网站创始人将其持有经营电信增值业务所需执照的 Z 公司的全部股权质押给 Y 公司,Y 公司随时可以要求无偿收购该等股权。事实上,在本案纠纷发生之初,PE 投资者已经向网站创始人发函,宣布行使上述股权收购权。但考虑到争议股权是 Z 公司的股权,对于取得 Y 公司的控制权并没有直接的帮助,这一法律程序尚未启动。但在适当的时候,采取这一法律行动无疑将对网站创始人形成更大的压力。

案例八 境外 PE 投资者并购境内公司被欺诈而引发的纠纷案

案情概要

T 公司是一家在新加坡注册的 PE 投资公司。在 2008 年 1 月前,TS 集团是一家由齐某、齐某父亲与齐某叔叔三人作为股东(分别持股 90%、5%、5%)的国内有限责任公司,实际为家族企业,主要经营农产品及农产品制品。上述三人担任 TS 集团的董事,其中齐某为董事长。

T 公司与 TS 集团的投资合作商谈开始于 2007 年 11 月。经过一段时间的商谈,2008 年 1 月 18 日,齐某等三人与 T 公司签订了《TS 集团合作经营合同》、《关于TS集团之增资并购协议》以及《TS集团章程》,齐某等三人与T公司及TS集团签订了《关于在中国境内投资TS集团之基础合作协议》,TS集团与T公司签订了《TS集团与T公司投资有限公司之股东借款协议》。上述合同中约定,T公司向TS集团投入3000万美元,其中,作为新增注册资本投入1800万美元,作为股东无息贷款投入1200万美元。

TS集团于2008年1月24日经依法批准成为中外合作经营企业,T公司成为TS集团的新股东,持有TS集团25%的权益,齐某等三人合计持有TS集团75%的权益。齐某继续担任TS集团的董事长,实际控制TS集团。T公司虽然依据约定向TS集团派出两名董事,但未参与TS集团的实际经营管理。依照合同约定,T公司于2008年2月作为新增注册资本投入1800万美元,于2008年4月作为股东无息贷款投入1200万美元,履行了合同约定的投资义务。

2008年7月,T公司接到匿名电话,被告知TS集团有虚构财务资料以骗取T公司投资的行为。为查清有关事实,T公司此后分别与TS集团及其实际控制人齐某等三人等进行了交涉,并于2008年9月底聘请一家财务咨询服务有限公司(下称"咨询公司")开始进入TS集团进行调查了解。在咨询公司的调查过程中,发现了关于TS集团及齐某等人制作虚假财务资料以骗取T公司的投资、并在其后将T公司的投资用于归还银行贷款以及汇入个人账户等行为的一些相关证据材料。

截至2008年9月,TS集团银行账户上仅余资金一千多万元人民币。

客户目标

本案中客户已经掌握了大量的对齐某等人不利的证据,初步表明齐某等人和TS集团涉嫌犯罪。针对齐某等人及TS集团的不法行为,客户希望通过法律行动,将因受骗而投入的款项尽快收回,或者即使无法尽快收回投入款项,但也要为将来的法律行动准备证据、创造条件,以最终达到挽回投资损失的目的。

策划和代理

T公司在得知齐某等人及TS集团的虚构财务资料的行为后,委托我们策划相应的法律行动为追讨投资款做相应的准备。为了使T公司尽快收回投资,避免其损失的扩大,我们建议客户首先通过谈判解决双方之间的纠纷,一方面协助T公司进行必要的正面交涉,一方面积极搜集齐某等人及TS集团的相关犯罪证据,综合采用刑事、民事结合的途径,迫使齐某等人和解。

1. 搜集齐某等人有力的犯罪证据,为下一步法律行动做准备、创造条件

考虑到齐某等人行为可能涉嫌犯罪,如果要针对齐某等人可能涉嫌犯罪的行为采取相应行动,首先要取得有利的证据。在我们的策划和建议下,T公司在向对方采取正式的法律行动之前,先取得了下列证据:齐某等人为虚增利润、虚报经营业绩而伪造的其他公司印章电脑图样36枚;齐某等管理层人员共同造假的往来邮件;齐某等人制作的TS集团虚假财务报告3份;投资款划转的相关财务凭据;《TS集团财务专项调查分析报告》;咨询公司出具的《TS集团财务审查报告》等。

2. 在掌握了齐某等人及TS集团的不法行为及相应证据后,向公安机关进行刑事举报,对其造成巨大压力,迫使其和谈

考虑到,相比于民事途径,刑事途径可以借助公安部门的侦查手段查实齐某等人的欺诈行为,而如果单纯通过民事途径解决,客户需要自己提供证据,虽然客户已经掌握了相当的证据,但在充分证明齐某等人存在欺诈行为方面仍然存在一定困难;另外,刑事途径可以向齐某等人施加更大的压力,有利于迫使其尽快退还投资款项。因此,在掌握了齐某等人及TS集团的犯罪证据后,我们对其所可能涉及的罪名进行了分析,建议以齐某等人及TS集团可能涉嫌合同诈骗罪、挪用资金罪、侵占公司资金罪、伪造公司印章罪、非法制造普通发票罪等,向公安机关举报。

经过我们与客户之间的沟通探讨,客户同意决定采取该方案,以刑事举报的方式向TS集团及齐某等人采取法律行动。而且通过我们的努力,已经搜集到了齐某等人及TS集团的不法行为比较明确的证据,虽然仍有部分证据依赖于公安部门的侦查活动,但现有的证据应当已经符合刑事立案的基本条件。

2008年12月19日,我们代表T公司向北京市公安局经济犯罪侦查处递交了举报材料,举报齐某、齐某父亲、齐某叔叔、张某和TS集团及其各子公司涉嫌合同诈骗罪、伪造公司企业印章罪、非法制造普通发票罪、职务侵

占罪、挪用资金罪和骗取贷款罪。

案件进展

在我们代表客户向公安机关举报后,公安机关已经立案调查,并多次约谈被举报人。这给齐某等人造成了极大压力,齐某等人多次主动与我们的客户约谈,承认错误,并表示愿意积极设法偿还客户的投资款项和借款。目前,双方的谈判仍在进行中。

结语

在有些 PE 投资纠纷中,公司的创始人为骗取 PE 投资者的信任,进而获得 PE 投资者的投资,有时会虚构公司财务资料或其他财务数据。在骗取 PE 投资者的投资后,公司的创始人还可能利用其实际控制人的身份,挪用甚至侵占公司资金。这样,公司创始人的行为则可能涉嫌构成经济犯罪。在此情况下,PE 投资者可以以公司创始人欺诈为由要求退还投资款,还可以选择向公安机关举报,以给公司创始人施加更大的压力,达到追回投资款的目的。

附录

附录一　最高人民法院关于适用《中华人民共和国公司法》若干问题的规定(一)

(法释〔2006〕3号)

为正确适用2005年10月27日十届全国人大常委会第十八次会议修订的《中华人民共和国公司法》,对人民法院在审理相关的民事纠纷案件中,具体适用公司法的有关问题规定如下:

第一条　公司法实施后,人民法院尚未审结的和新受理的民事案件,其民事行为或事件发生在公司法实施以前的,适用当时的法律法规和司法解释。

第二条　因公司法实施前有关民事行为或者事件发生纠纷起诉到人民法院的,如当时的法律法规和司法解释没有明确规定时,可参照适用公司法的有关规定。

第三条　原告以公司法第二十二条第二款、第七十五条第二款规定事由,向人民法院提起诉讼时,超过公司法规定期限的,人民法院不予受理。

第四条　公司法第一百五十二条规定的180日以上连续持股期间,应为股东向人民法院提起诉讼时,已期满的持股时间;规定的合计持有公司百分之一以上股份,是指两个以上股东持股份额的合计。

第五条　人民法院对公司法实施前已经终审的案件依法进行再审时,不适用公司法的规定。

第六条　本规定自公布之日起实施。

附录二 最高人民法院关于适用《中华人民共和国公司法》若干问题的规定(二)

(法释〔2008〕6号)

为正确适用《中华人民共和国公司法》,结合审判实践,就人民法院审理公司解散和清算案件适用法律问题作出如下规定。

第一条 单独或者合计持有公司全部股东表决权百分之十以上的股东,以下列事由之一提起解散公司诉讼,并符合公司法第一百八十三条规定的,人民法院应予受理:

(一)公司持续两年以上无法召开股东会或者股东大会,公司经营管理发生严重困难的;

(二)股东表决时无法达到法定或者公司章程规定的比例,持续两年以上不能作出有效的股东会或者股东大会决议,公司经营管理发生严重困难的;

(三)公司董事长期冲突,且无法通过股东会或者股东大会解决,公司经营管理发生严重困难的;

(四)经营管理发生其他严重困难,公司继续存续会使股东利益受到重大损失的情形。

股东以知情权、利润分配请求权等权益受到损害,或者公司亏损、财产不足以偿还全部债务,以及公司被吊销企业法人营业执照未进行清算等为由,提起解散公司诉讼的,人民法院不予受理。

第二条 股东提起解散公司诉讼,同时又申请人民法院对公司进行清算的,人民法院对其提出的清算申请不予受理。人民法院可以告知原告,在人民法院判决解散公司后,依据公司法第一百八十四条和本规定第七条的规定,自行组织清算或者另行申请人民法院对公司进行清算。

第三条 股东提起解散公司诉讼时,向人民法院申请财产保全或者证据保全的,在股东提供担保且不影响公司正常经营的情形下,人民法院可予以保全。

第四条 股东提起解散公司诉讼应当以公司为被告。

原告以其他股东为被告一并提起诉讼的,人民法院应当告知原告将其他股东变更为第三人;原告坚持不予变更的,人民法院应当驳回原告对其他股东的起诉。

原告提起解散公司诉讼应当告知其他股东,或者由人民法院通知其参加诉讼。其他股东或者有关利害关系人申请以共同原告或者第三人身份参加诉讼的,人民法院应予准许。

第五条 人民法院审理解散公司诉讼案件,应当注重调解。当事人协商同意由公司或者股东收购股份,或者以减资等方式使公司存续,且不违反法律、行政法规强制性规定的,人民法院应予支持。当事人不能协商一致使公司存续的,人民法院应当及时判决。

经人民法院调解公司收购原告股份的,公司应当自调解书生效之日起六个月内将股份转让或者注销。股份转让或者注销之前,原告不得以公司收购其股份为由对抗公司债权人。

第六条 人民法院关于解散公司诉讼作出的判决,对公司全体股东具有法律约束力。

人民法院判决驳回解散公司诉讼请求后,提起该诉讼的股东或者其他股东又以同一事实和理由提起解散公司诉讼的,人民法院不予受理。

第七条 公司应当依照公司法第一百八十四条的规定,在解散事由出现之日起十五日内成立清算组,开始自行清算。

有下列情形之一,债权人申请人民法院指定清算组进行清算的,人民法院应予受理:

(一)公司解散逾期不成立清算组进行清算的;

(二)虽然成立清算组但故意拖延清算的;

(三)违法清算可能严重损害债权人或者股东利益的。

具有本条第二款所列情形,而债权人未提起清算申请,公司股东申请人民法院指定清算组对公司进行清算的,人民法院应予受理。

第八条 人民法院受理公司清算案件,应当及时指定有关人员组成清算组。

清算组成员可以从下列人员或者机构中产生:

(一)公司股东、董事、监事、高级管理人员;

(二)依法设立的律师事务所、会计师事务所、破产清算事务所等社会中介机构;

(三)依法设立的律师事务所、会计师事务所、破产清算事务所等社会中介机构中具备相关专业知识并取得执业资格的人员。

第九条 人民法院指定的清算组成员有下列情形之一的,人民法院可以根据债权人、股东的申请,或者依职权更换清算组成员:

(一)有违反法律或者行政法规的行为;

(二)丧失执业能力或者民事行为能力;

(三)有严重损害公司或者债权人利益的行为。

第十条 公司依法清算结束并办理注销登记前,有关公司的民事诉讼,应当以公司的名义进行。

公司成立清算组的,由清算组负责人代表公司参加诉讼;尚未成立清算组的,由原法定代表人代表公司参加诉讼。

第十一条 公司清算时,清算组应当按照公司法第一百八十六条的规定,将公司解散清算事宜书面通知全体已知债权人,并根据公司规模和营业地域范围在全国或者公司注册登记地省级有影响的报纸上进行公告。

清算组未按照前款规定履行通知和公告义务,导致债权人未及时申报债权而未获清偿,债权人主张清算组成员对因此造成的损失承担赔偿责任的,人民法院应依法予以支持。

第十二条 公司清算时,债权人对清算组核定的债权有异议的,可以要求清算组重新核定。清算组不予重新核定,或者债权人对重新核定的债权仍有异议,债权人以公司为被告向人民法院提起诉讼请求确认的,人民法院应予受理。

第十三条 债权人在规定的期限内未申报债权,在公司清算程序终结前补充申报的,清算组应予登记。

公司清算程序终结,是指清算报告经股东会、股东大会或者人民法院确认完毕。

第十四条 债权人补充申报的债权,可以在公司尚未分配财产中依法清偿。公司尚未分配财产不能全额清偿,债权人主张股东以其在剩余财产分配中已经取得的财产予以清偿的,人民法院应予支持;但债权人因重大过错未在规定期限内申报债权的除外。

债权人或者清算组,以公司尚未分配财产和股东在剩余财产分配中已经取得的财产,不能全额清偿补充申报的债权为由,向人民法院提出破产清算申请的,人民法院不予受理。

第十五条 公司自行清算的,清算方案应当报股东会或者股东大会决议确认;人民法院组织清算的,清算方案应当报人民法院确认。未经确认的清算方案,清算组不得执行。

执行未经确认的清算方案给公司或者债权人造成损失,公司、股东或者债权人主张清算组成员承担赔偿责任的,人民法院应依法予以支持。

第十六条 人民法院组织清算的,清算组应当自成立之日起六个月内清算完毕。

因特殊情况无法在六个月内完成清算的,清算组应当向人民法院申请延长。

第十七条 人民法院指定的清算组在清理公司财产、编制资产负债表和财产清单时,发现公司财产不足清偿债务的,可以与债权人协商制作有关债务清偿方案。

债务清偿方案经全体债权人确认且不损害其他利害关系人利益的,人民法院可依清算组的申请裁定予以认可。清算组依据该清偿方案清偿债务后,应向人民法院申请裁定终结清算程序。

债权人对债务清偿方案不予确认或者人民法院不予认可的,清算组应当依法向人民法院申请宣告破产。

第十八条 有限责任公司的股东、股份有限公司的董事和控股股东未在法定期限内成立清算组开始清算,导致公司财产贬值、流失、毁损或者灭失,债权人主张其在造成损失范围内对公司债务承担赔偿责任的,人民法院应依法予以支持。

有限责任公司的股东、股份有限公司的董事和控股股东因怠于履行义务,导致公司主要财产、账册、重要文件等灭失,无法进行清算,债权人主张其对公司债务承担连带清偿责任的,人民法院应依法予以支持。

上述情形系实际控制人原因造成,债权人主张实际控制人对公司债务承担相应民事责任的,人民法院应依法予以支持。

第十九条 有限责任公司的股东、股份有限公司的董事和控股股东,以及公司的实际控制人在公司解散后,恶意处置公司财产给债权人造成损失,或者未经依法清算,以虚假的清算报告骗取公司登记机关办理法人注销登记,债权人主张其对公司债务承担相应赔偿责任的,人民法院应依法予以支持。

第二十条 公司解散应当在依法清算完毕后,申请办理注销登记。公司未经清算即办理注销登记,导致公司无法进行清算,债权人主张有限责任公司的股东、股份有限公司的董事和控股股东,以及公司的实际控制人对公司债务承担清偿责任的,人民法院应依法予以支持。

公司未经依法清算即办理注销登记,股东或者第三人在公司登记机关办理注销登记时承诺对公司债务承担责任,债权人主张其对公司债务承担相应民事责任的,人民法院应依法予以支持。

第二十一条 有限责任公司的股东、股份有限公司的董事和控股股东,以及公司的实际控制人为二人以上的,其中一人或者数人按照本规定第十八条和第二十条第一款的规定承担民事责任后,主张其他人员按照过错大小分担责任的,人民法院应依法予以支持。

第二十二条 公司解散时,股东尚未缴纳的出资均应作为清算财产。股东尚未缴纳的出资,包括到期应缴未缴的出资,以及依照公司法第二十六条和第八十一条的规定分期缴纳尚未届满缴纳期限的出资。

公司财产不足以清偿债务时,债权人主张未缴出资股东,以及公司设立时的其他股东或者发起人在未缴出资范围内对公司债务承担连带清偿责任的,人民法院应依法予以支持。

第二十三条 清算组成员从事清算事务时,违反法律、行政法规或者公司章程给公司或者债权人造成损失,公司或者债权人主张其承担赔偿责任的,人民法院应依法予以支持。

有限责任公司的股东、股份有限公司连续一百八十日以上单独或者合计持有公司百分之一以上股份的股东,依据公司法第一百五十二条第三款的规定,以清算组成员有前款所述行为为由向人民法院提起诉讼的,人民法院应予受理。

公司已经清算完毕注销,上述股东参照公司法第一百五十二条第三款的规定,直接以清算组成员为被告、其他股东为第三人向人民法院提起诉讼的,人民法院应予受理。

第二十四条 解散公司诉讼案件和公司清算案件由公司住所地人民法院管辖。公司住所地是指公司主要办事机构所在地。公司办事机构所在地不明确的,由其注册地人民法院管辖。

基层人民法院管辖县、县级市或者区的公司登记机关核准登记公司的解散诉讼案件和公司清算案件;中级人民法院管辖地区、地级市以上的公司登记机关核准登记公司的解散诉讼案件和公司清算案件。

附录三

最高人民法院关于适用《中华人民共和国公司法》若干问题的规定(三)

(法释〔2011〕3号)

为正确适用《中华人民共和国公司法》,结合审判实践,就人民法院审理公司设立、出资、股权确认等纠纷案件适用法律问题作出如下规定。

第一条 为设立公司而签署公司章程、向公司认购出资或者股份并履行公司设立职责的人,应当认定为公司的发起人,包括有限责任公司设立时的股东。

第二条 发起人为设立公司以自己名义对外签订合同,合同相对人请求该发起人承担合同责任的,人民法院应予支持。

公司成立后对前款规定的合同予以确认,或者已经实际享有合同权利或者履行合同义务,合同相对人请求公司承担合同责任的,人民法院应予支持。

第三条 发起人以设立中公司名义对外签订合同,公司成立后合同相对人请求公司承担合同责任的,人民法院应予支持。

公司成立后有证据证明发起人利用设立中公司的名义为自己的利益与相对人签订合同,公司以此为由主张不承担合同责任的,人民法院应予支持,但相对人为善意的除外。

第四条 公司因故未成立,债权人请求全体或者部分发起人对设立公司行为所产生的费用和债务承担连带清偿责任的,人民法院应予支持。

部分发起人依照前款规定承担责任后,请求其他发起人分担的,人民法院应当判令其他发起人按照约定的责任承担比例分担责任;没有约定责任承担比例的,按照约定的出资比例分担责任;没有约定出资比例的,按照均等份额分担责任。

因部分发起人的过错导致公司未成立,其他发起人主张其承担设立行为所产生的费用和债务的,人民法院应当根据过错情况,确定过错一方的责任范围。

第五条 发起人因履行公司设立职责造成他人损害,公司成立后受害人请求公司承担侵权赔偿责任的,人民法院应予支持;公司未成立,受害人请求全体发起人承担连带赔偿责任的,人民法院应予支持。

公司或者无过错的发起人承担赔偿责任后,可以向有过错的发起人追偿。

第六条 股份有限公司的认股人未按期缴纳所认股份的股款,经公司发起人催缴后在合理期间内仍未缴纳,公司发起人对该股份另行募集的,人民法院应当认定该募集行为有效。认股人延期缴纳股款给公司造成损失,公司请求该认股人承担赔偿责任的,人民法院应予支持。

第七条 出资人以不享有处分权的财产出资,当事人之间对于出资行为效力产生争议的,人民法院可以参照物权法第一百零六条的规定予以认定。

以贪污、受贿、侵占、挪用等违法犯罪所得的货币出资后取得股权的,对违法犯罪行为予以追究、处罚时,应当采取拍卖或者变卖的方式处置其股权。

第八条 出资人以划拨土地使用权出资,或者以设定权利负担的土地使用权出资,公司、其他股东或者公司债权人主张认定出资人未履行出资义务的,人民法院应当责令当事人在指定的合理期间内办理土地变更手续或者解除权利负担;逾期未办理或者未解除的,人民法院应当认定出资人未依法全面履行出资义务。

第九条 出资人以非货币财产出资,未依法评估作价,公司、其他股东或者公司债权人请求认定出资人未履行出资义务的,人民法院应当委托具有合法资格的评估机构对该财产评估作价。评估确定的价额显著低于公司章程所定价额的,人民法院应当认定出资人未依法全面履行出资义务。

第十条 出资人以房屋、土地使用权或者需要办理权属登记的知识产权等财产出资,已经交付公司使用但未办理权属变更手续,公司、其他股东或者公司债权人主张认定出资人未履行出资义务的,人民法院应当责令当事人在指定的合理期间内办理权属变更手续;在前述期间内办理了权属变更手续的,人民法院应当认定其已经履行了出资义务;出资人主张自其实际交付财产给公司使用时享有相应股东权利的,人民法院应予支持。

出资人以前款规定的财产出资,已经办理权属变更手续但未交付给公司使用,公司或者其他股东主张其向公司交付、并在实际交付之前不享有相应股东权利的,人民法院应予支持。

第十一条 出资人以其他公司股权出资,符合下列条件的,人民法院应当认定出资人已履行出资义务:

(一)出资的股权由出资人合法持有并依法可以转让;

(二)出资的股权无权利瑕疵或者权利负担;

(三)出资人已履行关于股权转让的法定手续;

(四)出资的股权已依法进行了价值评估。

股权出资不符合前款第(一)、(二)、(三)项的规定,公司、其他股东或者公司债权人请求认定出资人未履行出资义务的,人民法院应当责令该出资人在指定的合理期间内采取补正措施,以符合上述条件;逾期未补正的,人民法院应当认定其未依法全面履行出资义务。

股权出资不符合本条第一款第(四)项的规定,公司、其他股东或者公司债权人请求认定出资人未履行出资义务的,人民法院应当按照本规定第九条的规定处理。

第十二条 公司成立后,公司、股东或者公司债权人以相关股东的行为符合下列情形之一且损害公司权益为由,请求认定该股东抽逃出资的,人民法院应予支持:

(一)将出资款项转入公司账户验资后又转出;

(二)通过虚构债权债务关系将其出资转出;

(三)制作虚假财务会计报表虚增利润进行分配;

(四)利用关联交易将出资转出;

(五)其他未经法定程序将出资抽回的行为。

第十三条 股东未履行或者未全面履行出资义务,公司或者其他股东请求其向公司依法全面履行出资义务的,人民法院应予支持。

公司债权人请求未履行或者未全面履行出资义务的股东在未出资本息范围内对公司债务不能清偿的部分承担补充赔偿责任的,人民法院应予支持;未履行或者未全面履行出资义务的股东已经承担上述责任,其他债权人提出相同请求的,人民法院不予支持。

股东在公司设立时未履行或者未全面履行出资义务,依照本条第一款或者第二款提起诉讼的原告,请求公司的发起人与被告股东承担连带责任的,人民法院应予支持;公司的发起人承担责任后,可以向被告股东追偿。

股东在公司增资时未履行或者未全面履行出资义务,依照本条第一款或者第二款提起诉讼的原告,请求未尽公司法第一百四十八条第一款规定的义务而使出资未缴足的董事、高级管理人员承担相应责任的,人民法院应予支持;董事、高级管理人员承担责任后,可以向被告股东追偿。

第十四条 股东抽逃出资,公司或者其他股东请求其向公司返还出资本息、协助抽逃出资的其他股东、董事、高级管理人员或者实际控制人对此承担连带责任的,人民法院应予支持。

公司债权人请求抽逃出资的股东在抽逃出资本息范围内对公司债务不能清偿的部分承担补充赔偿责任、协助抽逃出资的其他股东、董事、高级管理人员或者实际控制人对此承担连带责任的,人民法院应予支持;抽逃出资的股东已经承担上述责任,其他债权人提出相同请求的,人民法院不予支持。

第十五条 第三人代垫资金协助发起人设立公司,双方明确约定在公司验资后或者在公司成立后将该发起人的出资抽回以偿还该第三人,发起人依照前述约定抽回出资偿还第三人后又不能补足出资,相关权利人请求第三人连带承担发起人因抽回出资而产生的相应责任的,人民法院应予支持。

第十六条 出资人以符合法定条件的非货币财产出资后,因市场变化或者其他客观因素导致出资财产贬值,公司、其他股东或者公司债权人请求该出资人承担补足出资责任的,人民法院不予支持。但是,当事人另有约定的除外。

第十七条　股东未履行或者未全面履行出资义务或者抽逃出资,公司根据公司章程或者股东会决议对其利润分配请求权、新股优先认购权、剩余财产分配请求权等股东权利作出相应的合理限制,该股东请求认定该限制无效的,人民法院不予支持。

第十八条　有限责任公司的股东未履行出资义务或者抽逃全部出资,经公司催告缴纳或者返还,其在合理期间内仍未缴纳或者返还出资,公司以股东会决议解除该股东的股东资格,该股东请求确认该解除行为无效的,人民法院不予支持。

在前款规定的情形下,人民法院在判决时应当释明,公司应当及时办理法定减资程序或者由其他股东或者第三人缴纳相应的出资。在办理法定减资程序或者其他股东或者第三人缴纳相应的出资之前,公司债权人依照本规定第十三条或者第十四条请求相关当事人承担相应责任的,人民法院应予支持。

第十九条　有限责任公司的股东未履行或者未全面履行出资义务即转让股权,受让人对此知道或者应当知道,公司请求该股东履行出资义务、受让人对此承担连带责任的,人民法院应予支持;公司债权人依照本规定第十三条第二款向该股东提起诉讼,同时请求前述受让人对此承担连带责任的,人民法院应予支持。

受让人根据前款规定承担责任后,向该未履行或者未全面履行出资义务的股东追偿的,人民法院应予支持。但是,当事人另有约定的除外。

第二十条　公司股东未履行或者未全面履行出资义务或者抽逃出资,公司或者其他股东请求其向公司全面履行出资义务或者返还出资,被告股东以诉讼时效为由进行抗辩的,人民法院不予支持。

公司债权人的债权未过诉讼时效期间,其依照本规定第十三条第二款、第十四条第二款的规定请求未履行或者未全面履行出资义务或者抽逃出资的股东承担赔偿责任,被告股东以出资义务或者返还出资义务超过诉讼时效期间为由进行抗辩的,人民法院不予支持。

第二十一条　当事人之间对是否已履行出资义务发生争议,原告提供对股东履行出资义务产生合理怀疑证据的,被告股东应当就其已履行出资义务承担举证责任。

第二十二条　当事人向人民法院起诉请求确认其股东资格的,应当以公司为被告,与案件争议股权有利害关系的人作为第三人参加诉讼。

第二十三条　当事人之间对股权归属发生争议,一方请求人民法院确认其享有股权的,应当证明以下事实之一:

(一)已经依法向公司出资或者认缴出资,且不违反法律法规强制性规定;

(二)已经受让或者以其他形式继受公司股权,且不违反法律法规强制性规定。

第二十四条　当事人依法履行出资义务或者依法继受取得股权后,公司未根据公司法第三十二条、第三十三条的规定签发出资证明书、记载于股东名册并办理公司登记机关登记,当事人请求公司履行上述义务的,人民法院应予支持。

第二十五条　有限责任公司的实际出资人与名义出资人订立合同，约定由实际出资人出资并享有投资权益，以名义出资人为名义股东，实际出资人与名义股东对该合同效力发生争议的，如无合同法第五十二条规定的情形，人民法院应当认定该合同有效。

前款规定的实际出资人与名义股东因投资权益的归属发生争议，实际出资人以其实际履行了出资义务为由向名义股东主张权利的，人民法院应予支持。名义股东以公司股东名册记载、公司登记机关登记为由否认实际出资人权利的，人民法院不予支持。

实际出资人未经公司其他股东半数以上同意，请求公司变更股东、签发出资证明书、记载于股东名册、记载于公司章程并办理公司登记机关登记的，人民法院不予支持。

第二十六条　名义股东将登记于其名下的股权转让、质押或者以其他方式处分，实际出资人以其对于股权享有实际权利为由，请求认定处分股权行为无效的，人民法院可以参照物权法第一百零六条的规定处理。

名义股东处分股权造成实际出资人损失，实际出资人请求名义股东承担赔偿责任的，人民法院应予支持。

第二十七条　公司债权人以登记于公司登记机关的股东未履行出资义务为由，请求其对公司债务不能清偿的部分在未出资本息范围内承担补充赔偿责任，股东以其仅为名义股东而非实际出资人为由进行抗辩的，人民法院不予支持。

名义股东根据前款规定承担赔偿责任后，向实际出资人追偿的，人民法院应予支持。

第二十八条　股权转让后尚未向公司登记机关办理变更登记，原股东将仍登记于其名下的股权转让、质押或者以其他方式处分，受让股东以其对于股权享有实际权利为由，请求认定处分股权行为无效的，人民法院可以参照物权法第一百零六条的规定处理。

原股东处分股权造成受让股东损失，受让股东请求原股东承担赔偿责任、对于未及时办理变更登记有过错的董事、高级管理人员或者实际控制人承担相应责任的，人民法院应予支持；受让股东对于未及时办理变更登记也有过错的，可以适当减轻上述董事、高级管理人员或者实际控制人的责任。

第二十九条　冒用他人名义出资并将该他人作为股东在公司登记机关登记的，冒名登记行为人应当承担相应责任；公司、其他股东或者公司债权人以未履行出资义务为由，请求被冒名登记为股东的承担补足出资责任或者对公司债务不能清偿部分的赔偿责任的，人民法院不予支持。

附录四
最高人民法院关于审理外商投资企业纠纷案件若干问题的规定(一)

(法释〔2010〕9号)

为正确审理外商投资企业在设立、变更等过程中产生的纠纷案件,保护当事人的合法权益,根据《中华人民共和国民法通则》、《中华人民共和国合同法》、《中华人民共和国物权法》、《中华人民共和国公司法》、《中华人民共和国中外合资经营企业法》、《中华人民共和国中外合作经营企业法》、《中华人民共和国外资企业法》等法律法规的规定,结合审判实践,制定本规定。

第一条 当事人在外商投资企业设立、变更等过程中订立的合同,依法律、行政法规的规定应当经外商投资企业审批机关批准后才生效的,自批准之日起生效;未经批准的,人民法院应当认定该合同未生效。当事人请求确认该合同无效的,人民法院不予支持。

前款所述合同因未经批准而被认定未生效的,不影响合同中当事人履行报批义务条款及因该报批义务而设定的相关条款的效力。

第二条 当事人就外商投资企业相关事项达成的补充协议对已获批准的合同不构成重大或实质性变更的,人民法院不应以未经外商投资企业审批机关批准为由认定该补充协议未生效。

前款规定的重大或实质性变更包括注册资本、公司类型、经营范围、营业期限、股东认缴的出资额、出资方式的变更以及公司合并、公司分立、股权转让等。

第三条 人民法院在审理案件中,发现经外商投资企业审批机关批准的外商投资企业合同具有法律、行政法规规定的无效情形的,应当认定合同无效;该合同具有法律、行政法规规定的可撤销情形,当事人请求撤销的,人民法院应予支持。

第四条 外商投资企业合同约定一方当事人以需要办理权属变更登记的标的物出资或者提供合作条件,标的物已交付外商投资企业实际使用,且负有办理权属变更登记义务的一方当事人在人民法院指定的合理期限内完成了登记的,人民法院应当认定该方当事人履行了出资或者提供合作条件的义务。外商投资企业或其股东以该方当事人未履行出资义务为由主张该方当事人不享有股东权益的,人民法院不予支持。

外商投资企业或其股东举证证明该方当事人因迟延办理权属变更登记给外商投资企业造成损失并请求赔偿的,人民法院应予支持。

第五条 外商投资企业股权转让合同成立后,转让方和外商投资企业不履行报批义务,经受让方催告后在合理的期限内仍未履行,受让方请求解除合同并由转让方返还其已支付的转让款、赔偿因未履行报批义务而造成的实际损失的,人民法院应予支持。

第六条 外商投资企业股权转让合同成立后,转让方和外商投资企业不履行报批义务,受让方以转让方为被告、以外商投资企业为第三人提起诉讼,请求转让方与外商投资企业在一定期限内共同履行报批义务的,人民法院应予支持。受让方同时请求在转让方和外商投资企业于生效判决确定的期限内不履行报批义务时自行报批的,人民法院应予支持。

转让方和外商投资企业拒不根据人民法院生效判决确定的期限履行报批义务,受让方另行起诉,请求解除合同并赔偿损失的,人民法院应予支持。赔偿损失的范围可以包括股权的差价损失、股权收益及其他合理损失。

第七条 转让方、外商投资企业或者受让方根据本规定第六条第一款的规定就外商投资企业股权转让合同报批,未获外商投资企业审批机关批准,受让方另行起诉,请求转让方返还其已支付的转让款的,人民法院应予支持。受让方请求转让方赔偿因此造成的损失的,人民法院应根据转让方是否存在过错以及过错大小认定其是否承担赔偿责任及具体赔偿数额。

第八条 外商投资企业股权转让合同约定受让方支付转让款后转让方才办理报批手续,受让方未支付股权转让款,经转让方催告后在合理的期限内仍未履行,转让方请求解除合同并赔偿因迟延履行而造成的实际损失的,人民法院应予支持。

第九条 外商投资企业股权转让合同成立后,受让方未支付股权转让款,转让方和外商投资企业亦未履行报批义务,转让方请求受让方支付股权转让款的,人民法院应当中止审理,指令转让方在一定期限内办理报批手续。该股权转让合同获得外商投资企业审批机关批准的,对转让方关于支付转让款的诉讼请求,人民法院应予支持。

第十条 外商投资企业股权转让合同成立后,受让方已实际参与外商投资企业的经营管理并获取收益,但合同未获外商投资企业审批机关批准,转让方请求受让方退出外商投资企业的经营管理并将受让方因实际参与经营管理而获得的收益在扣除相关成本费用后支付给转让方的,人民法院应予支持。

第十一条 外商投资企业一方股东将股权全部或部分转让给股东之外的第三人,应当经其他股东一致同意,其他股东以未征得其同意为由请求撤销股权转让合同的,人民法院应予支持。具有以下情形之一的除外:

(一)有证据证明其他股东已经同意;

(二)转让方已就股权转让事项书面通知,其他股东自接到书面通知之日满三十日未予答复;

(三)其他股东不同意转让,又不购买该转让的股权。

第十二条 外商投资企业一方股东将股权全部或部分转让给股东之外的第三人,其他股东以该股权转让侵害了其优先购买权为由请求撤销股权转让合同的,人民法院应予支持。其他股东在知道或者应当知道股权转让合同签订之日起一年内未主张优先购买权的除外。

前款规定的转让方、受让方以侵害其他股东优先购买权为由请求认定股权转让合同无效的,人民法院不予支持。

第十三条 外商投资企业股东与债权人订立的股权质押合同,除法律、行政法规另有规定或者合同另有约定外,自成立时生效。未办理质权登记的,不影响股权质押合同的效力。

当事人仅以股权质押合同未经外商投资企业审批机关批准为由主张合同无效或未生效的,人民法院不予支持。

股权质押合同依照物权法的相关规定办理了出质登记的,股权质权自登记时设立。

第十四条 当事人之间约定一方实际投资、另一方作为外商投资企业名义股东,实际投资者请求确认其在外商投资企业中的股东身份或者请求变更外商投资企业股东的,人民法院不予支持。同时具备以下条件的除外:

(一)实际投资者已经实际投资;

(二)名义股东以外的其他股东认可实际投资者的股东身份;

(三)人民法院或当事人在诉讼期间就将实际投资者变更为股东征得了外商投资企业审批机关的同意。

第十五条 合同约定一方实际投资、另一方作为外商投资企业名义股东,不具有法律、行政法规规定的无效情形的,人民法院应认定该合同有效。一方当事人仅以未经外商投资企业审批机关批准为由主张该合同无效或者未生效的,人民法院不予支持。

实际投资者请求外商投资企业名义股东依双方约定履行相应义务的,人民法院应予支持。

双方未约定利益分配,实际投资者请求外商投资企业名义股东向其交付从外商投资企业获得的收益的,人民法院应予支持。外商投资企业名义股东向实际投资者请求支付必要报酬的,人民法院应酌情予以支持。

第十六条 外商投资企业名义股东不履行与实际投资者之间的合同,致使实际投资者不能实现合同目的,实际投资者请求解除合同并由外商投资企业名义股东承担违约责任的,人民法院应予支持。

第十七条 实际投资者根据其与外商投资企业名义股东的约定,直接向外商投资企业请求分配利润或者行使其他股东权利的,人民法院不予支持。

第十八条 实际投资者与外商投资企业名义股东之间的合同被认定无效,名义股东持有的股权价值高于实际投资额,实际投资者请求名义股东向其返还投资款并根据其实际投资情况以及名义股东参与外商投资企业经营管理的情况对股权收益在双方之间进行合理分配的,人民法院应予支持。

外商投资企业名义股东明确表示放弃股权或者拒绝继续持有股权的,人民法院可以判令以拍卖、变卖名义股东持有的外商投资企业股权所得向实际投资者返还投资款,其余款项根据实际投资者的实际投资情况、名义股东参与外商投资企业经营管理的情况在双方之间进行合理分配。

第十九条 实际投资者与外商投资企业名义股东之间的合同被认定无效,名义股东持有的股权价值低于实际投资额,实际投资者请求名义股东向其返还现有股权的等值价款的,人民法院应予支持;外商投资企业名义股东明确表示放弃股权或者拒绝继续持有股权的,人民法院可以判令以拍卖、变卖名义股东持有的外商投资企业股权所得向实际投资者返还投资款。

实际投资者请求名义股东赔偿损失的,人民法院应当根据名义股东对合同无效是否存在过错及过错大小认定其是否承担赔偿责任及具体赔偿数额。

第二十条 实际投资者与外商投资企业名义股东之间的合同因恶意串通,损害国家、集体或者第三人利益,被认定无效的,人民法院应当将因此取得的财产收归国家所有或者返还集体、第三人。

第二十一条 外商投资企业一方股东或者外商投资企业以提供虚假材料等欺诈或者其他不正当手段向外商投资企业审批机关申请变更外商投资企业批准证书所载股东,导致外商投资企业他方股东丧失股东身份或原有股权份额,他方股东请求确认股东身份或原有股权份额的,人民法院应予支持。第三人已经善意取得该股权的除外。

他方股东请求侵权股东或者外商投资企业赔偿损失的,人民法院应予支持。

第二十二条 人民法院审理香港特别行政区、澳门特别行政区、台湾地区的投资者、定居在国外的中国公民在内地投资设立企业产生的相关纠纷案件,参照适用本规定。

第二十三条 本规定施行后,案件尚在一审或者二审阶段的,适用本规定;本规定施行前已经终审的案件,人民法院进行再审时,不适用本规定。

第二十四条 本规定施行前本院作出的有关司法解释与本规定相抵触的,以本规定为准。